V&R

GERALD KRUHÖFFER

Grundlinien des Glaubens

Ein biblisch-theologischer Leitfaden

VANDENHOECK & RUPRECHT
IN GÖTTINGEN

Biblisch-theologische Schwerpunkte

BAND 1

CIP-Titelaufnahme der Deutschen Bibliothek

Kruhöffer, Gerald:
Grundlinien des Glaubens: ein biblisch-theologischer Leitfaden /
Gerald Kruhöffer. – Göttingen: Vandenhoeck u. Ruprecht, 1989
(Biblisch-theologische Schwerpunkte; Bd. 1)
ISBN 3-525-61282-6
NE: GT

Umschlag: Michael Rechl, Wanfried
© 1989 Vandenhoeck & Ruprecht, Göttingen
Printed in Germany. – Das Werk einschließlich aller seiner Teile
ist urheberrechtlich geschützt. Jede Verwertung außerhalb
der engen Grenzen des Urheberrechtsgesetzes ist ohne
Zustimmung des Verlages unzulässig und strafbar.
Das gilt insbesondere für Vervielfältigungen, Übersetzungen,
Mikroverfilmungen und die Einspeicherung und Verarbeitung
in elektronischen Systemen.
Gesetzt aus Sabon auf Linotron 202 System 4
Satz und Druck: Gulde-Druck GmbH, Tübingen
Bindearbeit: Hubert & Co., Göttingen

Vorwort

Jede Einführung in die Theologie stößt immer wieder auf bestimmte fundamentale Fragen: Worin hat der Glaube an Gott seinen Grund? In welchem Sinn beruft sich der christliche Glaube auf Jesus Christus? Mit welchen Herausforderungen und kritischen Anfragen hat sich christlicher Glaube in der Gegenwart auseinanderzusetzen?

Es versteht sich von selbst, daß unter der genannten Zielsetzung eine Konzentration auf ausgewählte thematische Schwerpunkte erfolgen muß. So werden in den Kapiteln I bis X Themenkreise behandelt, die von der Tradition des christlichen Glaubens wie von der gegenwärtigen Diskussion her bedacht werden müssen. Jedes Kapitel beginnt mit einem Abschnitt über „Biblische Grundlagen" (Teil A). Hier werden ausgewählte biblische Texte sowie Aussagen einzelner biblischer Schriften zum jeweiligen Thema interpretiert. Dabei werden Fragestellungen und Erkenntnisse der neueren wissenschaftlichen Bibelauslegung (= Exegese) dargestellt. Der zweite Abschnitt eines jeden Kapitels ist überschrieben: „Systematisch – theologische Aspekte" (Teil B). Dieser Abschnitt geht von der Voraussetzung aus, daß die biblische Botschaft eine lange Wirkungsgeschichte hat und in der Gegenwart eine aktuelle Auslegung erfährt. So werden im Teil B zunächst Aussagen aus der Theologiegeschichte dargestellt, die für die weitere Zeit besondere Bedeutung erlangt haben (z.B. Alte Kirche, Mittelalter, Reformation). Aber auch kritische Fragen des neuzeitlichen Denkens (Aufklärung und Religionskritik im 19./20. Jahrhundert) müssen berücksichtigt werden. Auf diesem Hintergrund ergibt sich die besondere Fragestellung der Systematischen Theologie: Wie kann auf der Grundlage der Bibel die christliche Botschaft heute verantwortlich dargestellt und bezeugt werden? Um einen Einblick in die Diskussion zu geben, werden jeweils einige der neueren theologischen Ansätze dargestellt. Auf Grund der ausgewählten theologischen Schwerpunkte konnten bestimmte Fragen nicht genauer aufgenommen werden, wie z. B. exegetische Erkenntnisse zu einzelnen biblischen Schriften (speziell zum Alten Testament), aber auch Probleme der Sozialethik. Darüber hinaus wird der Fachkundige leicht bemerken, welche wichtigen Probleme auch noch hätten behandelt werden können. Doch mußten hier bestimmte Grenzen gezogen werden, wenn der Rahmen nicht gesprengt werden sollte.

Die Bibelstellen sind im allgemeinen nach der revidierten Lutherübersetzung von 1984 zitiert. Gelegentlich ist vor allem bei alttestamentlichen Texten die Übersetzung der Zürcher Bibel, bei Texten aus den Briefen die Übersetzung des Neuen Testaments von Ulrich Wilckens herangezogen worden.

Die vorliegende Veröffentlichung ist im Rahmen meiner Arbeit am Religionspädagogischen Institut der Evangelisch-lutherischen Landeskirche Hannovers in Loccum entstanden. Die behandelten theologischen Grundfragen sind auf verschiedenen Fortbildungsveranstaltungen für Religionslehrer vorgetragen und vor allem im Gespräch diskutiert worden. Gerade aus diesen oft sehr intensiven Gesprächen habe ich für die Darstellung wichtige Anregungen bekommen.

Mein besonderer Dank für die Anregung zu dieser Arbeit und der Möglichkeit, das geplante Vorhaben zu realisieren, gilt Herrn Prof. Dr. Dr. Gerhard Besier, Herrn Dr. Jörg Ohlemacher sowie dem Verlag Vandenhoeck & Ruprecht. Frau Ingeborg Hensel, Frau Elka Schönwald und Frau Ute Watermülder danke ich für das Schreiben des Manuskriptes. Ein herzlicher Dank gilt auch meiner Frau für vielfältige Hilfe und Ermutigung beim Fertigstellen der Arbeit.

Loccum, in der Osterzeit 1988   Gerald Kruhöffer

Inhalt

II. Gott der Schöpfer

III. Sünde und Leid

IV. Jesus von Nazareth

V. Die Menschwerdung Gottes

VI. Das Kreuz Jesu Christi

VII. Die Auferstehung Jesu Christi

VIII. Die Gegenwart Gottes – der Heilige Geist

IX. Die Kirche

X. Die christliche Hoffnung

Einleitung:
Bibel – Bekenntnis – Theologie

Die Bibel bildet die Grundlage des Christentums. Die Schriften des Alten und Neuen Testaments sind der historische Ursprung und zugleich der bleibende Maßstab für die christliche Botschaft und den christlichen Glauben. Nach evangelischem Verständnis kann die Bibel allerdings nicht als ein Gesetzbuch angesehen werden, das eine Fülle von religiösen oder ethischen Vorschriften enthält. Die inhaltliche Mitte der biblischen Schriften liegt vielmehr in dem Evangelium von Jesus Christus. Das heißt: In der Botschaft, in der Person und Geschichte Jesu begegnet die gute Nachricht von der Barmherzigkeit Gottes, auf die sich der christliche Glaube gründet. Zentrum der Bibel ist das, „was Christum treibt" (Luther). Von dieser Mitte her sind die einzelnen biblischen Aussagen zu verstehen[1] und auch kritisch zu prüfen. Die Worte der Bibel haben nicht alle gleiches Gewicht; sie sind vielmehr daraufhin zu befragen, ob und in welcher Weise sie das Evangelium von Jesus Christus zur Geltung bringen. Diese Anschauung charakterisiert ein evangelisch-reformatorisches Bibelverständnis, das sich von einer gesetzlich-fundamentalistischen Auffassung unterscheidet.

Gotteswort im Menschenwort

Die Bibel ist[2] nicht „vom Himmel gefallen", sondern von Menschen aus unterschiedlichen Zeiten geschrieben. Die Entste-

---

[1] Diesen Fragenkreis hat in der neueren Diskussion vor allem E. Käsemann bedacht in: Exegetische Versuche und Besinnungen, Band I, Göttingen [2]1960, S. 214–223.

[2] Zum Verständnis der Bibel vgl. G. Ebeling, Dogmatik I, S. 24–41; W. Joest, Dogmatik 1, S. 57–80; H. Ott/K. Otte, Die Antwort des Glaubens, Stuttgart/Berlin [3]1981, S. 41–63; H. G. Pöhlmann, Abriß der Dogmatik, Gütersloh [4]1985, S. 59–80.

hung der alttestamentlichen Schriften umfaßt einen Zeitraum von 1000 Jahren, die der neutestamentlichen Schriften etwa 100 Jahre. Die biblischen Zeugen sind daher zunächst einmal aus ihrer geschichtlichen Situation zu verstehen. Ihre Schriften enthalten viel Zeitbedingtes, z.B. Anschauungen des damaligen Weltbildes, Ungenauigkeiten oder Irrtümer über einzelne historische Ereignisse. Es wäre verfehlt, wollte man diese Beobachtungen abstreiten oder versuchen, sie mit apologetischen Tricks aus der Welt zu schaffen. Dies alles gehört vielmehr zur Geschichtlichkeit der biblischen Schriften. In diesem Sinne ist die Bibel als Menschenwort anzusehen.

Für den christlichen Glauben ist die Bibel aber nicht einfach ein interessantes religiöses Dokument der Vergangenheit. Vielmehr wird in den biblischen Schriften der Zuspruch des Evangeliums, die Anrede Gottes an die Menschen vernommen. Der Glaubende sieht daher die Bibel als Gottes Wort an. In der älteren Theologie wurde dies im Sinne der Lehre von der Inspiration verstanden. Diese Lehre besagt: Die biblischen Schriftsteller sind vom Heiligen Geist erleuchtet, „inspiriert" worden; daher ist der Wortlaut der Bibel direkt von Gott eingegeben. Diese Lehre von der Inspiration wird in der neueren Theologie nicht mehr vertreten, denn sie widerspricht der Einsicht von der Bibel als Menschenwort. Die Bibel ist „Gotteswort im Menschenwort". Die biblischen Schriftsteller sind als Menschen ihrer Zeit zu sehen. Aber in ihren menschlichen Worten vernimmt der Glaubende die Anrede Gottes, den befreienden Zuspruch des Evangeliums. So wird die Bibel zum Wort Gottes. Daher glauben Christen nicht an die Bibel; sie glauben an Jesus Christus, dessen Botschaft in der Bibel begegnet.

Bibel und kirchliche Tradition

Wie ist die Sammlung der verschiedenen alt- und neutestamentlichen Schriften zum verbindlichen „Kanon" der Bibel geworden? Im Urchristentum übernahm man zunächst das Alte Testament; um das Jahr 200 wurde dann die Sammlung neutestamentlicher Schriften festgelegt; einige Bücher blieben allerdings längere Zeit umstritten (Hebräer-, Jakobus-, Judas-, 2. und 3. Johannes-, 2. Petrusbrief und die Johannesoffenbarung), bis sich später ihre Anerkennung durchsetzte. Auf jeden Fall bleibt festzuhalten: Die Festlegung des Kanons ist durch eine kirchliche Entscheidung erfolgt. Im Blick auf die neutestamentlichen Schriften ist deren zeitliche Nähe zu Jesus und der Zeit der Apostel von Bedeutung. Entscheidend ist allerdings die Wirkungsgeschichte der einzelnen Bücher: Die Schriften, die ins Neue Testament aufgenommen wurden, waren vorher schon als gottesdienstliche Lesungen im Leben der Gemeinden anerkannt. In ihnen hatten die Gläubigen das entscheidende Zeugnis von Jesus Christus vernommen. Darum wurden diese Schriften zum verbindlichen Maßstab erklärt. Auch in späterer Zeit sollte durch sie das Evangelium von Jesus Christus vermittelt werden.

Die Reformatoren haben den Grundsatz aufgestellt, daß allein die Heilige Schrift Grundlage für die christliche Verkündigung und den Glauben ist (= „sola scriptura"). Im Katholizismus wird daneben auch die kirchliche Tradition als verbindlich angesehen. In der katholischen Theologie wird aufgrund der neueren geschichtlichen Erkenntnisse darauf hingewiesen: Auch das Neue Testament ist aus der Tradition der frühesten Zeit entstanden. Diese unbestreitbare Erkenntnis berechtigt aber nicht zu der Auffassung, daß die Kirche weitere Lehren der kirchlichen Überlieferung neben der Bibel als gleichwertig ansehen kann. Nach evangelischem Verständnis ist die Bibel die maßgebende Tradition, an der alle weitere Verkündigung der Kirche zu messen ist.

Zur Bedeutung des Alten Testaments

Durch die Verbindung von Altem und Neuen Testament ergeben sich eine Reihe von Fragen. Worin liegen Gemeinsamkeiten und Unterschiede zwischen beiden Teilen der Bibel? In welchem Sinne kann das Alte Testament für den christlichen Glauben verbindlich sein? Wo liegen die Grenzen des Alten Testaments, worin besteht seine bleibende Bedeutung für die Christen?

Die Alte Kirche hat das Alte Testament zum Kanon der Bibel gerechnet. In den ersten Jahrhunderten gab es Strömungen, die sich gegen diese Entscheidung wandten, und die das Alte Testament nicht als Teil der Heiligen Schrift anerkannt haben (z. B. Marcion). Demgegenüber hat die Kirche an ihrer Entscheidung festgehalten: Das Alte Testament wurde nicht preisgegeben; es blieb vielmehr Bestandteil der Bibel. Auf der anderen Seite wurde sehr früh gesehen, daß viele Aussagen des Alten Testaments nicht mit dem Glauben an Jesus Christus vereinbar sind. Diesem Problem begegnete man durch eine besondere Auslegung: Man verstand die entsprechenden Aussagen nicht im wörtlichen, sondern im übertragenen Sinne; man bezeichnete dies als „allegorische Auslegung"; in dem natürlichen Wortlaut wurde der „geistliche" Sinn, die Beziehung auf Jesus Christus gesucht. Diese Auslegungsmethode wurde problematisch, als man in der Neuzeit die biblischen Texte in ihrem geschichtlichen Sinn verstehen lernte. Angesichts dieser Erkenntnis stellte sich die Frage nach der Bedeutung des Alten Testaments aufs neue.

Ohne Frage ist im geschichtlichen Sinn das Alte Testament die Voraussetzung des Neuen. Die bleibende Bedeutung des Alten Testaments[3] für den christlichen Glauben muß vor allem unter folgenden Gesichtspunkten gesehen werden:

a) Das Alte Testament bezeugt den Glauben an den einen Gott; dieser Glaube, der im ersten Gebot seinen prägnanten Ausdruck findet, ist im Neuen Testament aufgenommen[4]; er wird durch die Botschaft von der Offenbarung Gottes in Jesus Christus vertieft.

b) Das Alte Testament bekennt Gott als den Schöpfer und versteht die Welt als Schöpfung. Auch dieses Verständnis wird im Neuen Testament vorausgesetzt und vertieft: Der Schöpfer ist zugleich der Erlöser.

c) Das Alte Testament beschreibt sehr realistisch die menschliche Schuld und Erfahrungen des Leidens; es spricht von Menschen, die in ihrem Glauben an Gott immer wieder bedroht und angefochten sind. Dieses Verständnis des Menschen ist auch für das Neue Testament grundlegend.

d) Der alttestamentliche Glaube richtet sich auf die Verheißung

---

[3] Zum Verständnis des Alten Testaments in der neueren Theologie vgl. außer der in Anmerkung 2 genannten Literatur: G. v. Rad, Theologie AT, Bd. II, S. 329–424; W. H. Schmidt, Ansätze zum Verstehen des Alten Testaments; Evangelische Theologie 47, 1987, S. 436–459; C. Westermann, Theologie AT, S. 192–205; W. Zimmerli, atl. Theologie, S. 205–207.

[4] W. H. Schmidt formuliert: „Im Ersten Gebot darf man die Kontinuität in der Diskontinuität zwischen alttestamentlichem und christlichem Glauben erkennen" (aaO S. 453, vgl. S. 457f.)

Gottes. Damit weist das Alte Testament über sich selbst hinaus. Das Neue Testament bezeugt die Gegenwart Gottes in Jesus Christus und zugleich die Verheißung des kommenden Reiches Gottes. So verbindet der Glaube an den kommenden Gott das Alte und das Neue Testament.

Die alttestamentlichen Schriften sind in einem Zeitraum von über 1000 Jahren entstanden. Schon daraus erklärt sich, daß sich im Alten Testament unterschiedliche, manchmal gegensätzliche Vorstellungen finden. Es gibt eine Entwicklung des Glaubens, die im Laufe der Zeit zu neuen Einsichten führt. Trotz dieses Tatbestandes können einige Punkte genannt werden, an denen aus christlicher Sicht Grenzen des Alten Testaments liegen, und an denen das Neue Testament über das Alte hinausführt:

a) Im Alten Testament ist die Gemeinschaft Gottes mit den Menschen an das Volk Israel gebunden. Damit hängt zusammen, daß die rettende Nähe Gottes als Bewahrung vor den Feinden oder als Sieg über andere Völker gesehen wird. In diesem Zusammenhang hat die Vorstellung vom „heiligen Krieg" ihre Bedeutung. An mehreren Stellen der späteren Zeit wird das Heil Gottes nicht nur für Israel, sondern für alle Völker verkündigt. (z. B. Jes 40,5; 52,10). Diese Linie wird im Neuen Testament aufgenommen: Die Offenbarung Gottes in Jesus Christus gilt allen Menschen, die Kirche umfaßt alle Völker.

b) Im Alten Testament finden sich über die Zehn Gebote hinaus eine Fülle von Geboten und Gesetzen, die das Leben des Volkes einschließlich des Gottesdienstes regeln. Diese rechtlichen und rituellen Vorschriften sind mit dem Wirken Jesu überholt. Hier gilt: „Christus ist des Gesetzes Ende" (Röm 10,4). Für den Glauben Israels geht Gottes rettendes und bewahrendes Handeln allem menschlichen Tun voraus. In einigen alttestamentlichen Schriften (z. B. 5. Mose 7,12 f.; 28,9; Jer 7,3−7) steht jedoch die Aussage im Vordergrund: Wenn die Menschen Gebote befolgen, dann wird Gott ihnen gnädig sein. Diese Anschauung ist im Neuen Testament überwunden. Die vergebende Liebe Gottes gilt den Menschen trotz ihrer Schuld.

c) Im Alten Testament wird ein Retter, ein „Messias" erwartet. An mehreren Stellen wird dieser Messias als irdischer Herrscher vorgestellt, der Gerechtigkeit und Frieden verwirklichen wird. Daneben gibt es andere Verheißungen, die über diese Vorstellungen hinausgehen, z.B. die Verheißung des neuen Bundes (Jer 31,31−34) oder des leidenden Gottesknechts (Jes 53). Im Neuen Testament ist die messianische Erwartung aufgenommen und zugleich durch Jesus Christus verändert und überboten: In ihm wird die Gegenwart Gottes erfahren, die Versöhnung zwischen Gott und Mensch. Damit ist das Reich Gottes schon gegenwärtig, seine endgültige Erfüllung steht aber noch aus.

Historisch-kritische Forschung

In der Neuzeit wird die Bibel mit den Methoden der historisch-kritischen Forschung ausgelegt. Das heißt: Die Bibel wird wie andere geschichtliche Texte interpretiert. Die historisch-kritische Forschung fragt nach der ursprünglichen Textgestalt: Wann ist ein Text entstanden? Wer hat ihn verfaßt? Welches ist der ursprüngliche Wortlaut? Welches ist sein „Sitz im Leben" (d.h. in welcher Situation des Lebens hatte er eine Bedeutung)? Liegt ein historischer Bericht oder eine andere literarische Form vor? In welchem Verhältnis stehen seine Aussagen zu religiösen Vorstellungen der Umwelt? Dies alles sind Fragen nach historischen Sachverhalten, die mit mehr oder weniger großer Wahrscheinlichkeit beantwortet werden können.

Das Recht der historisch-kritischen Forschung liegt in der Erkenntnis, daß die Bibel von verschiedenen Menschen unterschiedlicher Zeiten geschrieben wurde. Deshalb sollte man die Fragestellungen der Bibelwissenschaft nicht verdächtigen oder ablehnen. Gewiß gibt es einzelne Interpretationen, die anfechtbare Thesen oder eine überzogene Kritik vertreten. Aber solche Meinungen sind am ehesten durch eine besser begründete Auslegung des Textes zurückzuweisen. Insgesamt ist durch die historisch-kritische Forschung die Vielfalt und der Reichtum der biblischen Schriften herausgearbeitet worden. Da die Offenbarung Gottes im Wort von Menschen begegnet, kann dieses Wort auch mit den von Menschen entwickelten Methoden befragt und interpretiert werden.

Neben dem Recht der historisch-kritischen Bibelauslegung

muß aber auch ihre Grenze beachtet werden. Die historische Forschung befragt einen Text in seiner Situation damals. In diesem Text will aber zugleich die Anrede Gottes heute vernommen werden. Das Menschenwort der Bibel will als Gotteswort gehört werden. Dies aber läßt sich mit historischen Methoden nicht vermitteln. Vielmehr wird hier das biblische Wort zur unmittelbaren Anrede, es spricht in die Situation des Menschen hinein, es läßt ihn die Gegenwart Gottes erfahren und weckt so den Glauben. Dieses Geschehen ist eine Wirkung des göttlichen Geistes[5] am Menschen.

Die Kirchlichen Bekenntnisse

Im Laufe der Geschichte hat die Kirche in verschiedenen Bekenntnissen[6] das für sie maßgebende Verständnis des christlichen Glaubens formuliert. Hier sind zunächst die drei altkirchlichen Bekenntnisse zu nennen: das „Apostolische Glaubensbekenntnis" (aus dem 5. Jahrhundert; die Vorform, das altrömische Taufbekenntnis, das „Romanum", stammt bereits aus dem 2. Jahrhundert), das „Nizänische Glaubensbekenntnis" (das auf den Konzilien von Nizäa 325 und Konstantinopel 381 angenommen wurde) und das „Athanasianische Glaubensbekenntnis" (aus dem 7. Jahrhundert). Für den Gottesdienst hat das Nizänische Glaubensbekenntnis eine besondere Bedeutung gewonnen – vor allem in der Ostkirche sowie in der Meßfeier der römisch-katholischen Kirche. In der evangelischen Kirche ist vor allem das Apostolische Glaubensbekenntnis verbreitet. Die Reformatoren haben die drei altkirchlichen Bekenntnisse ausdrücklich anerkannt. Sie bringen damit zum Ausdruck, daß sie nicht eine neue Kirche gründen, sondern die eine christliche Kirche erneuern wollten.

Wie sind die Aussagen der kirchlichen Bekenntnisse zu verstehen? Werden hier einzelne Sätze ausgesprochen, die man „glauben", d. h. für wahr halten muß? Wird damit ein Glaubensgesetz aufgerichtet, das alle Christen anzuerkennen haben? Diese Fragen werden vielfach im Blick auf das Apostolische Glaubensbe-

---

5 Vgl. dazu Kapitel VIII, A.1 und B.2.
6 Zur Bedeutung der Bekenntnisse vgl. W. Joest, Dogmatik 1, S. 81–87.

kenntnis gestellt. Nun widerspricht die hier vorausgesetzte Anschauung vom Glauben als Für-wahr-halten dem evangelischen
Verständnis. Dies wird bereits an Luthers Erklärung des Glaubensbekenntnisses im Kleinen Katechismus deutlich[7]. Wesentlich sind die Aussagen: Ich glaube an Gott, an Jesus Christus, an
den Heiligen Geist. Oder genauer: Ich glaube an Gott, der sich in
Jesus Christus offenbart, und der im Heiligen Geist gegenwärtig
ist. Alle anderen Aussagen des Bekenntnisses sind erklärende,
interpretierende Sätze; sie sind aus der jeweiligen Situation der
Kirche formuliert; sie können daher zeitbedingt sein und sind
vor allem darauf hin zu befragen, ob sie das Gesamtzeugnis der
Bibel angemessen zur Sprache bringen. Was dies für einzelne
Aussagen (z.B. zur Jungfrauengeburt oder Himmelfahrt) bedeutet, kann nicht im vorhinein festgelegt, sondern erst bei der
Erörterung der jeweiligen Fragen aus biblischer und systema-
tisch-theologischer Sicht geklärt werden. Das gemeinsame Glaubensbekenntnis verbindet die Christen über die Zeiten und auch
über konfessionelle Grenzen hinweg. Es wird daher nicht möglich sein, die überlieferten Glaubensbekenntnisse zu ersetzen;
vielmehr geht es darum, sie zu interpretieren und verständlich zu
machen. Auch können in den Gottesdiensten Bekenntnisse aufgenommen werden, die in der Gegenwart entstanden sind[8].

Zur Zeit der Alten Kirche wurde in der Auseinandersetzung
um das Gottes- und Christusverständnis das trinitarische und
das christologische Dogma formuliert[9]. Diese Lehrentscheidun-
gen sind von den Reformationskirchen anerkannt worden. Aus
der Reformationszeit stammen eine Reihe von Bekenntnissen,
die in den evangelisch-lutherischen Kirchen zu den Bekenntnisschriften zusammengefaßt wurden[10]. Die bekanntesten sind das
von Philipp Melanchthon verfaßte „Augsburger Bekenntnis"
(1530), sowie der „Kleine Katechismus" und der „Große Katechismus" (beide 1529) von Martin Luther. In der evangelisch-
reformierten Kirche, die auf Zwingli und Calvin zurückgeht,

[7] M.Luther, Der Kleine Katechismus, Neuausgabe Hannover 1986,
S. 12−14 = Bekenntnisschriften, S. 542−545.

[8] Vgl. G. Ruhbach (Hg.) Glaubensbekenntnisse für unsere Zeit, Gütersloh,
²1985.

[9] Zum trinitarischen Dogma s.u. VIII, B.1, zum christologischen Dogma s.
V.B.1.

[10] Vgl. H.G. Pöhlmann (Hg.), Bekenntnisschriften.

sind die verbindlichen Bekenntnisschriften nicht genau festgelegt. Bekannt geworden sind vor allem der von J. Calvin verfaßte „Genfer Katechismus" (1542) sowie der „Heidelberger Katechismus" (1563) von Z. Ursinus und K. Olevianus, der weite Verbreitung gefunden hat. Im 20. Jahrhundert hat die Theologische Erklärung von Barmen aus dem Jahr 1934 besondere Bedeutung gewonnen. Sie bezeugt gegenüber dem Verständnis der „Deutschen Christen" das Bekenntnis zu Jesus Christus als dem *einen* Wort Gottes[11]. Die Bekenntnisse im evangelischen Sinn verstehen sich als Auslegung der biblischen Botschaft in einer bestimmten geschichtlichen Situation. Sie nehmen nicht die Verbindlichkeit der Bibel für sich in Anspruch, sie sind vielmehr am Maßstab der biblischen Verkündigung kritisch zu messen. Die Bekenntnisse der Reformationszeit heben besonders hervor: Zentrum der biblischen Schriften ist das Evangelium von Jesus Christus, die Botschaft von der Rechtfertigung[12]. Dieses Verständnis gilt es auch in der Gegenwart festzuhalten, im Blick auf die gewandelte Situation neu zu verstehen und in den ökumenischen Dialog mit den anderen Konfessionen einzubringen.

Zur Aufgabe der Theologie

In der vorliegenden Arbeit wird Theologie – wie heute im evangelischen Raum allgemein üblich – als Selbstbesinnung über den christlichen Glauben bzw. die christliche Botschaft verstanden. So spricht G. Ebeling von der „Rechenschaft über den christlichen Glauben"[13], H. Ott versteht das theologische Denken als „Selbstexplikation des Glaubens"[14]. Dabei umfaßt die theologische Arbeit mehrere Fragerichtungen. Gefragt wird nach dem geschichtlichen Grund des Glaubens (Bibelwissenschaft), nach der Wirkungsgeschichte (Kirchen- und Theologiegeschichte), nach der gegenwärtigen Bedeutung des christlichen Glaubens (Systematische Theologie) und nach der Vermittlung

---

[11] Vgl. dazu Kap. V., B.3.1.

[12] Vgl. dazu VI., B.2 und VIII. B.2.

[13] G. Ebeling, Studium der Theologie. Eine enzyklopädische Orientierung, Tübingen 1975, S. 174; vgl. Dogmatik I, S. 1 ff.

[14] H. Ott/K. Otte, Die Antwort des Glaubens, Stuttgart/Berlin ³1981, S. 38.

der christlichen Botschaft (Praktische Theologie, zu der auch die Religionspädagogik[15] zu rechnen ist).

Theologie als Rechenschaft über den christlichen Glauben ist eine Funktion der Kirche, d. h. sie nimmt als Auslegung der biblischen Botschaft auch eine kritische Funktion in der faktisch existierenden Kirche wahr, sie bemüht sich um ein angemessenes Verstehen der christlichen Verkündigung und gibt damit zugleich Impulse für die Vermittlung der christlichen Botschaft in der Gegenwart.

---

[15] Vgl. u. a. G. Adam/R. Lachmann, Religionspädagogisches Kompendium, Göttingen 1984, S. 15; G. Kruhöffer, Wieviel Theologie brauchen Religionslehrer/innen? Zum theologischen Profil der Religionspädagogik, in: J. Ohlemacher/H. Schmidt (Hg.): Grundlagen der Religionspädagogik, Göttingen 1988, S. 70−91.

I. Die Frage nach Gott –
Glaube und Vernunft

A. Biblische Grundlagen

Nach biblischem Verständnis erfährt der Mensch dadurch von der Wirklichkeit Gottes, daß Gott sich in Ereignissen der Geschichte zu erkennen gibt, daß er sich „offenbart". Diese Offenbarung geschieht jeweils in einem Wort, das dem Menschen die Gegenwart Gottes erschließt und ihn zum Glauben ruft. Glauben bedeutet dabei nicht meinen, vermuten oder nur ungenau wissen; Glauben bezeichnet vielmehr das Vertrauen, das sich auf die Verheißung des Wortes Gottes verläßt. Charakteristisch für das biblische Verständnis ist das Bekenntnis zu der Einzigkeit Gottes im Unterschied zu der Vorstellung von den vielen Göttern in der Umwelt der Bibel. Die Aussagen von Gott, seinem Wort und vom Glauben sollen nun an verschiedenen Texten des Alten und Neuen Testaments aufgezeigt werden.

1. Gotteserfahrungen in der Väterüberlieferung

Das früheste geschichtliche Zeugnis[1] für den Gottesglauben in Israel ist die Berufung Abrahams (1. Mose 12,1–9; 15,1–6).

---

[1] Die Schriften der fünf Bücher Mose (= Pentateuch) gehen nach den Erkenntnissen der neueren alttestamentlichen Wissenschaft auf verschiedene Quellenschriften zurück, die später in die jetzt vorliegende Fassung zusammengefaßt sind.
Man unterscheidet folgende Quellenschriften: Jahwist (= J, nach der Gottesbezeichnung Jahwe, Entstehungszeit etwa 950 v. Chr.; Datierung umstritten), Elohist (= E, nach der Gottesbezeichnung Elohim, etwa 800 v. Chr.), Deuteronomium (= D, 7. Jh. v. Chr.), Priesterschrift (= P, etwa 550 v. Chr.); vgl. W. H. Schmidt, Einführung AT, S. 47. Die Quellenschriften nehmen die mündliche Überlieferung auf, die viele Jahrhunderte hindurch von einer Generation zur anderen weitergegeben wurde. Der Text 1. Mose 12,1–9 gehört zu J; 1. Mose 15,1–6 zu J und E (vgl. v. Rad, 1. Mose, S. 132, S. 134, S. 153 f.). Der Gottesname „Jahwe" wurde später in ehrfürchtiger Scheu nicht ausgesprochen, sondern mit „der Herr" umschrieben.

Abraham vernimmt den Ruf Jahwes[2], der ihm einen bestimmten Auftrag gibt und mit diesem Auftrag eine Verheißung verbindet.

Im Unterschied zu den damals verbreiteten Vorstellungen von den Naturgottheiten ist Jahwe nicht an einen bestimmten Ort gebunden. Vielmehr sagt er dem Abraham seine Begleitung auf dem Weg in das verheißene Land zu. Jahwe offenbart sich also in der Geschichte. Er ist der mitgehende Gott, der Gott der Verheißung, der dem Abraham das Land und Nachkommenschaft verspricht und ihm dafür seinen Segen zusagt. So wie Abraham bekennen sich dann später Isaak, Jakob und seine Söhne zu dem *einen* Gott, der in der Geschichte begegnet, und sie vertrauen seiner Verheißung.

Die historische Forschung hat auf genauere Einzelheiten hingewiesen[3]: Auffällig ist an manchen Stellen die Gottesbezeichnung in den Texten aus der Väterzeit, z.B. „Gott Abrahams" (1. Mose 31,53; Ps 47,10) oder die urtümlich klingenden Namen „Schrecken Isaaks" (1. Mose 31,54) und „Starker Jakobs" (1. Mose 49,24; Ps 132,2). Man spricht hier von dem „Gott der Väter", der jeweils einer einzelnen Person erscheint, damit aber für dessen ganze Familie bzw. Sippe Bedeutung gewinnt. Für diese Zeit der Väter lassen sich historische und religionsgeschichtliche Erkenntnisse in vielen Einzelfragen nicht gewinnen. Auf jeden Fall wird in den alttestamentlichen Überlieferungen der Unterschied zwischen der Verehrung des Vätergottes und dem Glauben an Jahwe noch gesehen. Zugleich aber betonen die alttestamentlichen Schriften den Zusammenhang: Der Gott der Väter ist kein anderer als Jahwe. Es ist der Gott, der sich in der Geschichte den Menschen offenbart, der als der mitgehende Gott die Menschen begleitet und seine Verheißung

---

[2] Historisch gehört Abraham in die Zeit des 2. Jahrtausends v. Chr.; vgl. H. Donner, Geschichte des Volkes Israel und seiner Nachbarn in Grundzügen, Grundrisse zum Alten Testament, ATD Ergänzungsreihe 4.1, Göttingen, 1984, S. 81.
Im biblischen Text begegnet zunächst der Name Abram, der nach 1. Mose 17,5 in Abraham geändert wird. Darüber in welcher Weise der Ruf Jahwes dem Abraham begegnet, wird in der Erzählung nicht reflektiert. – Zum Alten Testament insgesamt vgl. auch F. Johannsen/Chr. Reents, Alttestamentliches Arbeitsbuch für Religionspädagogen, Stuttgart/Berlin/Köln/Mainz 1986; Sachwissen, S. 23–39, S. 57–69; H. Schwarz, Gotteslehre 3, S. 6–21, S. 78–81.
[3] Vgl. W.H. Schmidt, Atl. Glaube, S. 17–35.

zur Erfüllung bringt. Diese Erfahrung war für die Zeit der Väter wie für den späteren Glauben Israels wesentlich.

Glaube

In 1. Mose 15,1–6 wird die Verheißung Gottes an Abraham durch den Hinweis auf den Sternenhimmel bekräftigt: „Sieh gen Himmel und zähle die Sterne; kannst du sie zählen? … So zahlreich sollen deine Nachkommen sein" (1. Mose 15,5). Von Abraham wird hier ausdrücklich gesagt: Er „glaubte dem Herrn" (1. Mose 15,6), das heißt: Abraham vertraut auf die Verheißung Gottes, und zwar gerade angesichts seiner eigenen Zweifel, ob sich die Zusage Gottes auch erfüllen werde (vgl. 1. Mose 15,1). Von diesem Geschehen des Glaubens wird dann gesagt: „das rechnete er ihm zur Gerechtigkeit" (1. Mose 15,6). Anders als im heute üblichen Sprachgebrauch ist „Gerechtigkeit" in der Bibel ein gemeinschaftsbezogener Begriff. Er bedeutet: einer Gemeinschaft, einer bestehenden Ordnung gerecht werden. So wird Abraham durch seinen Glauben, durch sein Vertrauen auf die Verheißung der Gemeinschaft mit Gott gerecht, und dies wird ihm von Gott ausdrücklich zugesprochen.

So zeigen bereits diese frühen Erzählungen wesentliche Elemente des biblischen Glaubensverständnisses. Grundlegend ist das göttliche Verheißungswort, das dem Menschen als Anspruch und Angebot begegnet. Dieses Wort ruft dazu auf, der Zusage Gottes zu vertrauen, sich auf seine Verheißung zu verlassen.

Zusammenfassung

Die Berufung des Abraham ist das früheste geschichtliche Zeugnis vom Gottesglauben in Israel. Inmitten einer polytheistischen Umwelt bekennen sich die „Väter" (Abraham, Isaak, Jakob und seine Söhne) zu dem *einen* Gott, dessen Anrede sie in Ereignissen der Geschichte vernehmen und auf dessen Wort (Verheißung von Nachkommen und Land) sie vertrauen.

2. Gotteserfahrungen in der Exodusüberlieferung

Die grundlegende Gotteserfahrung für den Glauben Israels ist die Befreiung aus Ägypten (= Exodus)[4]. Historisch ist es nicht wahrscheinlich, daß nach der Väterzeit die Vorfahren aller zwölf Stämme des späteren Israel in Ägypten gewesen sind; eher wird es sich um einen Teil, etwa den Stamm Joseph gehandelt haben. Die Befreiung aus der Unterdrückung in Ägypten hat sich dann aber der ganze Zwölfstämmebund Israel zu eigen gemacht und als die grundlegende Gotteserfahrung bekannt[5].

Am Berg Horeb[6] wird dem Mose eine besondere Gottesbegegnung zuteil (2. Mose 3). Er empfängt einen besonderen Auftrag und eine damit verbundene Verheißung: Jahwe wird sein Volk aus der Sklaverei aus Ägypten herausführen. Er wird als der rettende, als der befreiende Gott erfahren werden.

Der Name Gottes – nicht Schall und Rauch

Im Zusammenhang der Berufung des Mose ist die Frage nach dem Namen Gottes von besonderer Bedeutung. Für die Menschen des Altertums war der Name keinesfalls nebensächlich, er war nicht „Schall und Rauch". Name bedeutet vielmehr Macht. Auf diesem Hintergrund ist der Dialog 2. Mose 3,13−15 zu verstehen. Gott sprach zu Mose: „Ich werde sein, der ich sein werde" (2. Mose 3,14). Er gibt den Menschen seines Volkes in ihrer Geschichte die Zusage: ich werde für euch da sein. Dem entspricht die dem Mose gegebene Verheißung „ich werde mit dir sein" (2. Mose 3,12). Jahwe sagt seinem Volk seine rettende und bewahrende Gegenwart zu; darin erfahren sie seine Macht. Eben darum geht es in der Offenbarung des Gottesnamens.

---

[4] Vgl. M. Noth, Das zweite Buch Mose, S. 25−34, S. 80−95; G. v. Rad, Theologie AT I, S. 189−200; R. Rendtorff, Das Alte Testament, Eine Einführung, Neukirchen-Vluyn 1983, S. 148−150; C. Westermann, Theologie AT, S. 28−46; W. Zimmerli, atl. Theologie, S. 12−20; Die Zeit des Auszugs aus Ägypten läßt sich nur ungefähr angeben, etwa 1250−1200 v. Chr., vgl. H. Donner, aaO, S. 90f.

[5] Vgl. Zimmerli, aaO, S. 17.

[6] Der Berg hat in den einzelnen Quellenschriften verschiedene Namen: beim Jahwisten und in der Priesterschrift „Sinai", beim Elohisten „Gottesberg", beim Deuteronomisten (Einschub in E) „Horeb" (vgl. M. Noth, 2. Mose, S. 25, W. H. Schmidt, Atl. Glaube, S. 48).

Die Rettung am Schilfmeer

„Der Herr führte uns heraus aus Ägypten" (5. Mose 26,8). Dieses Bekenntnis spricht die Mitte des Glaubens Israels aus. Es wird in dem Abschnitt 2. Mose 13, 17−14,31 erzählerisch entfaltet. Dabei enthalten die in der Erzählung verarbeiteten Quellen unterschiedliche Vorstellungen über den Hergang im Einzelnen[7]; sie stimmen jedoch in der Auffassung überein, daß die Rettung am Meer das entscheidende Ereignis der Herausführung aus Ägypten darstellt. Jetzt hat die Unterdrückung durch die Ägypter endgültig ein Ende gefunden, der Weg in das verheißene Land ist frei.

Fürchten und Glauben

Für Israel wird die Rettung am Meer das grundlegende Ereignis in der Geschichte des Volkes und − damit untrennbar verbunden − für die Geschichte des Glaubens. Das Geschehen der Rettung versteht Israel als „die große Machttat" Jahwes; die Befreiung ist Werk Gottes, der dem Volk seine rettende Nähe zugesagt hat. Dies wird am Schluß des Textes deutlich ausgesprochen: „Als Israel die große Machttat sah, die der Herr an den Ägyptern vollbracht hatte, da fürchtete das Volk den Herrn, und sie glaubten an den Herrn und an seinen Knecht Mose (2. Mose 14,31)." „Fürchten" bedeutet hier so viel wie „Ehrfurcht haben". Diese Ehrfurcht gebührt dem Gott, dessen Macht im Geschehen der Rettung erfahren wurde. Das Volk fürchtete den Herrn, und sie glaubten an ihn. Der zweifelnde Kleinglaube ist überwunden. Sie glauben, das heißt: sie vertrauen auf Gott, sie verlassen sich auf ihn. Wenn dabei gesagt wird, sie glaubten an den Herrn und an seinen Knecht Mose, dann wird damit dieser natürlich nicht mit Gott auf eine Stufe gestellt. Vielmehr wird er als der Bote gesehen, der die Verheißung Gottes dem Volk übermittelt.

So kommen in diesem zentralen Text die beiden grundlegenden

---

[7] Nach der jahwistischen Darstellung ließ Jahwe das Meer durch einen starken Ostwind „weggehen", so daß „es zu trockenem Land wurde". Die durch den „Gottesschrecken" fliehenden Ägypter laufen in ihrer Verwirrung in das Meer hinein (2. Mose 14,21 a.27), das inzwischen „zurückgekehrt" war. Nach der jüngeren priesterschriftlichen Darstellung erhält Mose die Anweisung, durch Erheben seines Stockes das Meer zu „spalten"; die Israeliten gehen auf dem Trockenen mitten durchs Meer, wobei die Wassermassen zu beiden Seiten wie Mauern stehen (2. Mose 14,22); vgl. M. Noth, aaO, S. 90−95.

Aspekte des biblischen Glaubensverständnisses klar zum Ausdruck: Die Verheißung Gottes – vermittelt durch das Wort des Boten – und der Glaube, das heißt das Vertrauen auf die göttliche Verheißung[8]. Dieser Glaube ist nichts Feststehendes, er wird stets vom Nicht-Glauben bedroht. Er bleibt deshalb auf das Wort der Verheißung angewiesen. Die Zusage „ich werde für euch da sein" will immer wieder neu gehört werden.

Die Erfahrung von der Herausführung aus Ägypten wird in vielen Psalmen besungen (z. B. Ps 78, 105, 106, 136). In Ps 106 werden die rettenden Taten Gottes gerühmt, zugleich wird das Verhalten der Menschen beklagt: „Unsere Väter in Ägypten wollten deine Wunder nicht verstehen. Sie gedachten nicht an deine große Güte…" (Ps 106,7 f.). Gott aber rettete sie um seines Namens willen. In der Sprache des Hymnus wird dieses Ereignis so beschrieben: „Er schalt das Schilfmeer, da wurde es trocken, und führte sie durch die Tiefen wie durch trockenes Land und half ihnen aus der Hand dessen, der sie haßte, und erlöste sie von der Hand des Feindes" (Ps 106,9 f.). In dem Ereignis der Rettung erfahren die Israeliten die Gegenwart Gottes: „Da glaubten sie an seine Worte und sangen sein Lob" (Ps 106,12). Diese dichterischen Aussagen entsprechen denen in den erzählenden Texten 2. Mose 13–14.

Jahwe – ein strafender Gott?

Bei der Rettung am Schilfmeer kamen die ägyptischen Verfolger im Meer um. In dem Mirjamlied wird gerade dies besonders hervorgehoben: „Laßt uns dem Herrn singen, denn er hat eine herrliche Tat getan, Roß und Mann hat er ins Meer gestürzt." (2. Mose 15,21). Wie ist diese Seite des Geschehens zu beurteilen? Folgende Gesichtspunkte sollten dazu bedacht werden:

a) Der Pharao hat sich der von Mose vorgebrachten Weisung Jahwes widersetzt. Er hat die Israeliten nicht ziehen lassen, ihre Fronarbeit vielmehr verschärft und zuletzt versucht, sie nach Ägypten zurückzuholen. Die Folge dieses Verhaltens ist die Katastrophe der Ägypter am Schilfmeer.

---

[8] Das Wort „glauben" spielt in den prophetischen Schriften vor allem bei Jesaja eine Rolle, z. B. Jesaja 7,9: „Glaubt ihr nicht, so bleibt ihr nicht"; wörtlich: „Wenn ihr euch nicht festmacht (d. h. in Jahwes Zusage), so werdet ihr nicht gefestigt (= bewahrt) werden", vgl. auch Jes 28,16 f.

b) Damit ist aber bereits eine Grenze des alttestamentlichen Verständnisses erreicht. Sie hängt damit zusammen, daß es im Alten Testament um die Glaubensgeschichte eines Volkes geht, und damit zugleich um seine Rettung und Bewahrung. Sie vollzieht sich wie hier beim Exodus so, daß die Feinde des Volkes untergehen.

c) Dies ist im Neuen Testament anders. Die dort verkündigte Rettung geschieht nicht an *einem* Volk, sondern an der Gemeinde der Glaubenden aus allen Völkern. Die Rettung, die Jesus Christus bringt, vollzieht sich daher nicht auf Kosten anderer. Vielmehr ist Jesus für alle, auch für seine Feinde gestorben. So ist im Neuen Testament die Grenze der alttestamentlichen Rettungserfahrung überwunden.

Zusammenfassung

Die Befreiung aus Ägypten ist das grundlegende Ereignis in der Geschichte des Volkes Israel. In der Berufung des Mose offenbart Jahwe seinen Namen mit der Zusage: „Ich werde für euch da sein." Das Geschehen der Rettung erfährt Israel als die Tat Jahwes. In diesem Geschehen ist der Glaube begründet, das Vertrauen auf die Verheißung Gottes.

3. Gott und die Götter – das erste Gebot

Die Herausführung aus Ägypten ist Voraussetzung und Begründung für das erste Gebot: „Ich bin Jahwe, dein Gott, der ich dich aus dem Lande Ägypten, aus dem Sklavenhaus herausgeführt habe" (2. Mose 20,2)[9]. In dem Geschehen der Befreiung wird Jahwe als der rettende Gott erfahren. Die Rettung begrün-

---

[9] Vgl. dazu M. Noth, aaO, S. 121–135; H. Donner, aaO, S. 97–102; G. v. Rad, aaO, S. 216–225; R. Rendtorff, aaO, S. 150–153; C. Westermann, aaO, S. 154–164; W. Zimmerli, aaO, S. 100–108.

An verschiedenen Stellen wird die Beziehung zwischen Jahwe und Israel als „Bund" bezeichnet (z.B. 1. Mose 15,19 ff.; 2. Mose 19,5; 24,7). Bund meint das Versprechen, das Jahwe gibt und/oder die Verpflichtung, die er den Menschen auferlegt (vgl. W.H. Schmidt, Atl. Glaube, S. 114–117). – Die Aussage von der „Erwählung" Israels (z.B. 5. Mose 7,6–8) bringt zum Ausdruck: die Berufung Israels beruht allein auf der Liebe Gottes, nicht auf menschlichen Vorzügen (vgl. W.H. Schmidt, aaO, S. 117–119).

det den Anspruch Jahwes: „Du sollst nicht andere Götter haben neben mir." Dieses Bekenntnis Israels stellt religionsgeschichtlich eine Besonderheit dar: Nicht einer Vielzahl von Gottheiten, sondern Jahwe allein gebührt Anbetung und Verehrung. Mit ihm allein ist Israel im Glauben verbunden, nur an seinem Gebot soll das Volk den Maßstab für sein Leben finden. Diese Exklusivität des Jahweglaubens ist für Israel charakteristisch.

Man hat die Frage gestellt, ob hier schon ein Monotheismus vorliegt, also die Lehre, die besagt: Es existiert nur ein Gott. Wahrscheinlich wird man auf dieser frühen Stufe der Glaubensgeschichte Israels noch nicht von einem reflektierten Monotheismus sprechen können, sondern eher von einer Monolatrie, das heißt von der *Verehrung* nur eines Gottes. Dabei wird die Existenz anderer Götter, göttlicher Wesen oder Dämonen nicht grundsätzlich bestritten. Sie haben aber für den, der sich zu dem einen Gott bekennt, keine praktische Bedeutung.

In den Geboten kommt zum Ausdruck: Jahwe schließt mit Israel einen Bund, eine besondere Gemeinschaft. Diese Gemeinschaft ist nicht etwas Naturgegebenes, vielmehr wird sie allein durch die befreiende Zuwendung Jahwes zu seinem Volk gestiftet. Dem entspricht die Tatsache, daß für die Menschen die Möglichkeit der Abwendung von Jahwe besteht. Statt des einen Gottes neben ihm andere Götter zu haben, war für Israel eine immer wieder neu aufbrechende Versuchung.

Du sollst dir kein Bildnis machen

Mit dem ersten Gebot ist das Bilderverbot verbunden: „Du sollst dir kein Gottesbild machen..." (2. Mose 20,4). Auch das Bilderverbot ist für Israel charakteristisch im Blick auf die religiöse Umwelt. Es darf allerdings nicht so verstanden werden, als ob sich in Israel ein höheres geistiges Verständnis im Gegensatz zu den grob materiellen Vorstellungen seiner Umgebung herausgebildet habe. Das Verbot, ein Gottesbild zu schaffen, will vielmehr die Freiheit und Unverfügbarkeit Jahwes wahren. Er geht nicht in das von Menschen Geschaffene ein, und der Mensch kann über ihn nicht verfügen.

Den Namen Jahwes nicht mißbrauchen

Eben dies kommt auch in dem Gebot zum Ausdruck: „Du sollst den Namen des Herrn, deines Gottes, nicht mißbrauchen..." (2. Mose 20,7). Im Namen Jahwes ist seine Macht gegenwärtig. Deshalb ist es dem Menschen verwehrt, diesen Namen „zu Nichtigem" auszusprechen, also ihn zum Zwecke der Magie oder im Bereich des Rechtes zum Meineid zu mißbrauchen.

Das goldene Stierkalb

Im weiteren Zusammenhang des Dekalogs kommt zum Ausdruck, daß nach Meinung der Erzähler für Israel die Gefahr der Abwendung von Jahwe von Anfang an bestand. Die Geschichte vom „Goldenen Kalb" (2. Mose 32)[10] bietet dafür ein anschauliches Beispiel. Das Bild des aus Gold gefertigten Stierkalbes dürfte als ein Symbol für Fruchtbarkeit und Macht anzusehen sein. Dies entspricht den Vorstellungen der kanaanäischen Naturreligion, mit denen die Israeliten in Palästina bekannt werden. Die kanaanäischen Gottheiten, z. B. Baal, sind Naturgottheiten. Sie sind die „anderen Götter", vor denen das erste Gebot die Israeliten warnt. Damit wird eine Auseinandersetzung angesprochen, die in vielen Abschnitten der Geschichte Israels[11] eine Rolle gespielt hat – der Streit zwischen Gott und den Göttern.

Zusammenfassung

In der Herausführung aus Ägypten hat Israel Jahwe als den rettenden, befreienden Gott erfahren. In diesem Geschehen ist das erste Gebot begründet, das die Verehrung anderer Götter neben Jahwe verwehrt. Das erste Gebot hat in der Glaubensge-

---

10 Vgl. M. Noth, aaO, S. 198–207. – Im Zusammenhang mit Fragestellungen feministischer Theologie ist die These vertreten worden, der Ausschließlichkeitsanspruch Jahwes habe die Göttinnen aus der israelitischen Volksreligion verdrängt und die Gottesvorstellung patriarchalisch geprägt. Historisch ist jedoch das Vorhandensein eines Matriarchats im frühen Israel nicht nachweisbar. Für die Gottesvorstellung Israels ist charakteristisch, daß sie die geschlechtliche Differenzierung transzendiert (vgl. Luise Schottroff, Artikel „Feministische Theologie", Evangelisches Kirchenlexikon, Band I, Göttingen 1986, Sp. 1287 f.; Susanne Heine, Wiederbelebung der Göttinnen? Göttingen 1987, S. 49–85).

11 Vgl. dazu u. a. Jos 24; 1. Kön 18; Jes 44,6–20; Jer 2.

schichte Israels eine grundlegende Bedeutung. Es bezeugt Jahwe als den einen Gott, dessen Anspruch unbedingt gilt.

4. Jesu Botschaft von Gott

Ein neuer Glaube?

Die Botschaft von Gott im Neuen Testament setzt die Gotteserfahrungen in der Gemeinde Israels voraus. Zugleich betonen die neutestamentlichen Zeugen, daß Jesus in einzigartiger Vollmacht die Nähe Gottes verkündigt und gelebt hat[12]. Dies wird programmatisch am Anfang des Markusevangeliums deutlich in einem Wort, das den Beginn der Wirksamkeit Jesu beschreibt, und dessen Formulierung wahrscheinlich bereits vom Evangelisten geprägt ist: „Nachdem Johannes gefangengesetzt war, kam Jesus nach Galiläa und predigte das Evangelium Gottes und sprach: Die Zeit ist erfüllt und das Reich Gottes ist herbeigekommen. Kehrt um und glaubt an das Evangelium" (Mk 1,14 f.). Das Auftreten Jesu wird als Erfüllung der Zeit verstanden, seine Verkündigung wird als „das Evangelium Gottes" beschrieben, d. h. als die gute Botschaft Gottes von seiner Nähe und Zuwendung zu den Menschen. Diese gute Botschaft begegnet dem Menschen im Wort und im Tun Jesu. Sie lädt den Menschen zum Glauben, zum Vertrauen auf die Nähe Gottes ein. Der Glaube bedeutet dabei eine Veränderung der eigenen Existenz, „Umkehr", d. h. die Hinwendung zu der Wirklichkeit Gottes. Die Offenbarung Gottes ist also hier an das Wirken Jesu, an seine Person und Geschichte gebunden.

Was ist das größte Gebot?

In welcher Weise die Aussagen des Alten Testaments im Neuen Testament aufgenommen werden, dafür ist die Frage nach dem größten Gebot aufschlußreich und zwar in der frühesten und ausführlichsten Fassung Mk 12,28−34[13]. In seiner Antwort knüpft Jesus unmittelbar an das Alte Testament (5. Mose 6,4.5) an: „Höre Israel, der Herr, unser Gott, ist allein der Herr, und du

---

[12] S. dazu im Einzelnen Kap. IV,A.2.
[13] Vgl. E. Schweizer, Markus, S. 142−145.

sollst Gott, deinen Herrn, lieben von ganzem Herzen, von ganzer Seele, von ganzem Gemüt und von allen deinen Kräften." Jesus verkündigt also keinen neuen Gott, sondern er lebt im Glauben an Gott, der sich in Israel offenbart hat; er legt das Bekenntnis zu dem einen Gott mit besonderer Vollmacht aus. Dieser Gott, so hat Jesus es mit seinen Worten und Taten bezeugt, wendet sich in Liebe den Menschen zu. Darin ist der Anspruch an den Menschen begründet: „Du sollst Gott, deinen Herrn lieben..." Mit Liebe (griechisch: Agape) ist hier nicht ein Gefühl gemeint, sondern eine Bestimmung des Willens, der das ganze Sein der menschlichen Person prägt. Deshalb werden hier das Herz, die Seele, das Denken und alle Kräfte genannt. Das Gebot erinnert somit an die ständig gegebene Gefahr, Gott zu vergessen oder sich bewußt ihm zu verschließen[14]. Es weist zugleich darauf hin: Weil Gott *einer* ist, weil er sich in Liebe den Menschen zuwendet, darum ist die dem Menschen angemessene Antwort, Gott von ganzem Herzen zu lieben.

Charakteristisch ist nun, daß Jesus dem größten Gebot das andere hinzufügt, dessen Formulierung sich – allerdings an anderer Stelle – auch bereits im Alten Testament findet (3. Mose 19,18): „Du sollst deinen Nächsten lieben wie dich selbst." Damit wird etwas aufgenommen, was schon im Dekalog angelegt war: Die Gottesliebe und die Nächstenliebe gehören untrennbar zusammen[15]. „Es ist kein anderes Gebot größer als dieses" (Mk 12,31).

Es ist deutlich: Jesus nimmt wesentliche Aussagen der Glaubensüberlieferung Israels auf. Aber er vertieft sie im Zusammenhang seiner Botschaft von Gott. Dabei spielt anders als im Alten Testament nicht das Problem der „anderen Götter" eine Rolle. Vielmehr geht es vor allem um die Frage: Prägt die Gottesbeziehung wirklich die ganze Existenz des Menschen? Liebt er Gott von ganzem Herzen und seinen Nächsten wie sich selbst?

---

[14] Dies kommt auch in der Versuchungsgeschichte zum Ausdruck. Der Versuchung, die Reiche der Welt und ihre Herrlichkeit zu gewinnen, wenn er den Teufel anbetet, stellt Jesus das Wort gegenüber: „Du sollst anbeten den Herrn, deinen Gott, und ihm allein dienen (Mt 4,10; Lk 4,8).

[15] Dazu s. u. Kap. IV,A.3.

Zusammenfassung

Jesus lebt in dem Glauben Israels an den *einen* Gott. In seinem Wirken hat er in einzigartiger Vollmacht die Nähe Gottes verkündigt. Er ruft damit die Menschen zum Glauben und erinnert an das Gebot, Gott von ganzem Herzen zu lieben und den Nächsten wie sich selbst.

5. Die Botschaft von Gott im Urchristentum

Gott und die Götter bei Paulus

Die Briefe des Apostels Paulus sind das früheste Dokument für die Ausbreitung der Christusbotschaft in der Welt des hellenistischen Heidentums. Durch die Begegnung mit den dort herrschenden polytheistischen Vorstellungen wird die Botschaft von dem einen Gott erneut aktuell. Allerdings war die monotheistische Anschauung bereits durch das hellenistische Judentum in den Ländern des Mittelmeerraumes verbreitet, auch hatte sich im griechisch-hellenistischen Denken ein philosophisch reflektierter Monotheismus gebildet. An diese Gedanken knüpfen die urchristlichen Missionare an[16]. So erinnert Paulus die Christen in Thessalonich daran, „welchen Eingang wir bei euch gefunden haben, und wie ihr euch bekehrt habt zu Gott von den Göttern, zu dienen dem lebendigen und wahren Gott" (1. Thess 1,9).

An anderer Stelle betont Paulus: „Wir wissen: Es gibt keinerlei Götzen auf der Welt. Es gibt keinen Gott außer dem einzigen" (1. Kor 8,4). Diese Gewißheit muß sich jedoch mit der damals verbreiteten Vorstellung von den vielen Göttern und vor allem mit dem Phänomen der kultischen Verehrung dieser vielen Gottheiten auseinandersetzen. Paulus argumentiert folgendermaßen: Die von den Menschen verehrten „Götter" existieren durchaus im „Himmel" und auf der Erde, d. h.... „in der Schöpfung, sind also selbst Geschöpfe, wenn auch pervertierte"[17]. Sie sind Kräfte der Schöpfung, die fälschlicherweise göttlich überhöht werden. Für die Christen dagegen, so betont Paulus, „gibt

---

[16] Vgl. R. Bultmann, Theologie NT, S. 69 f.; E. Lohse, Ntl. Theologie, S. 72 f.
[17] Vgl. H. Conzelmann, Der erste Brief an die Korinther, Göttingen [12]1981, S. 170.

es nur den einen einzigen Gott: den Vater, von dem her alles ist, und auf den hin wir leben; und den einen einzigen Herrn: Jesus Christus, durch den alles ist, und durch den auch wir selbst leben" (1. Kor 8,6). Wesentlich ist nicht das Wissen, daß es keine Götzen gibt; entscheidend ist vielmehr die existentielle Gewißheit, daß wir uns allein auf den einzigen Gott, den Vater, und auf den einzigen Herrn Jesus Christus verlassen.

Charakteristisch an diesem Bekenntnis des Paulus ist: Er bringt die Gewißheit von dem einen Gott im Zusammenhang mit Jesus Christus zum Ausdruck. In ihm hat der eine Gott, an dessen Verheißungen Israel glaubte, sich endgültig offenbart. Somit ist durch Jesus Christus der Glaube an den einen Gott bestätigt und vertieft worden.

Kann jeder Mensch Gott erkennen?

Nun spricht Paulus auch von einer Gotteserkenntnis, die allen Menschen zugänglich ist. Er nimmt damit Gedanken auf, die bereits im hellenistischen Judentum (Philo von Alexandrien) oder in der stoischen Philosophie verbreitet waren. So führt er in Röm 1,19 ff. aus: Was man von Gott erkennen kann, ist unter den Menschen offenbar. „Denn Gottes unsichtbares Wesen, das ist seine ewige Kraft und Gottheit, wird seit der Schöpfung der Welt ersehen aus seinen Werken, wenn man sie wahrnimmt, so daß sie keine Entschuldigung haben" (Röm 1,20). Die Schuld der Menschen besteht darin: Sie wußten von Gott, aber sie haben diese Erkenntnis nicht bewahrt, sondern haben sich dem Nichtigen zugewendet. Sie „haben die Herrlichkeit des unvergänglichen Gottes vertauscht mit einem Bild gleich dem eines vergänglichen Menschen und der Vögel und der vierfüßigen und der kriechenden Tiere" (Röm 1,23). So haben sie „Gottes Wahrheit" in Lüge verkehrt und das Geschöpf verehrt und ihm gedient... statt dem Schöpfer" (Röm 1,25). Paulus setzt also voraus: Die Menschen haben die Möglichkeit, aus der Welt Gott zu erkennen. Faktisch aber kommen sie nicht zu dieser Erkenntnis Gottes, bzw. verkehren sie wieder. Sie setzen etwas Irdisches an die Stelle Gottes. Sie verehren das Geschöpf anstelle des Schöpfers. Darin besteht die Schuld der Menschen, und Paulus betont mit Nachdruck, daß sie dafür keine Entschuldigung haben[18].

---

[18] Vgl. G. Bornkamm, Paulus, S. 133 f., S. 143.

Das Urchristentum verkündigt in der vom Polytheismus geprägten hellenistischen Welt in Aufnahme der alttestamentlichen Tradition die Botschaft von dem einen Gott, der in Jesus Christus endgültig offenbar geworden ist.

B. Systematisch-theologische Aspekte

1. *Erkenntnis Gottes durch die Vernunft?* –
Die Gottesbeweise in der Theologie des Mittelalters

Die Denker des Mittelalters verbinden Glauben und Wissen, Offenbarung und Vernunft. In diesem Zusammenhang entwickkeln sie die „Gottesbeweise", in denen sie versuchen, die Erkenntnis Gottes der menschlichen Vernunft einsichtig zu machen.

Glauben um zu erkennen – Anselm von Canterbury

Eine besondere Bedeutung hat der „ontologische Gottesbeweis" des Anselm von Canterbury (1033–1109). Für Anselm sucht der Glaube nach umfassendem Verstehen; die vernünftige Einsicht ist eine Folge des Glaubens. In diesem Sinne ist der berühmt gewordene Satz zu verstehen: „Ich glaube, damit ich erkenne."[1] In seinem ontologischen Gottesbeweis argumentiert Anselm folgendermaßen:

a) Er bedenkt zunächst die Meinung des Menschen, der in seinem Herzen spricht: Es ist kein Gott (Ps 14,1). Aber selbst dieser Mensch versteht, daß mit dem Begriff „Gott" das Höchste und Absolute gedacht ist, „etwas, im Vergleich zu dem etwas Höheres undenkbar ist."

b) Der Gedanke von Gott als dem Höchsten hat die Eigenschaft, daß er im Geist des Menschen existiert. Es gibt jedoch eine höhere Form des Seins; dann nämlich, wenn etwas nicht nur im Geist des Menschen, sondern in der Wirklichkeit existiert. (Anselm bringt den Vergleich mit dem Maler. Das

---

[1] Anselm von Canterbury, Proslogion, prooemium, c.1; vgl. A. Adam, Lehrbuch der Dogmengeschichte, Band 2, Gütersloh 1968, S. 67.

Bild, das er malen will, trägt er im Geist in sich. Aber erst wenn er sein Bild gemalt hat, existiert es in der Wirklichkeit.)

c) Das Sein in der Wirklichkeit ist höher als das bloße Sein im Geist; und dies muß dem Höchsten zugeschrieben werden. „Und dieses bist du, Herr unser Gott!"[2] Mit dieser Aussage schließt Anselms Argumentation. In ihr bleibt das Denken nicht bei sich selbst, sondern es öffnet sich dem Höchsten und Absoluten.

Die fünf Wege des Thomas von Aquin

In anderer Weise als Anselm versucht Thomas von Aquin (1225–1274), dem Denken die Wirklichkeit Gottes einsichtig zu machen. Thomas nennt fünf Wege, um das Dasein Gottes zu beweisen[3].

a) Der erste Weg geht von dem Phänomen der Bewegungen aus. Jede Bewegung setzt eine Ursache, einen Anstoß voraus (z. B. bewegt sich der Stab dadurch, daß er von der Hand geführt wird). Alles, was bewegt wird, muß von etwas anderem in Bewegung gesetzt werden, und das wiederum von etwas anderem. So kommt man schließlich zu einem „ersten Bewegenden", das von nichts bewegt wird, und dies erkennen alle als Gott.

b) Eine Wirkung hat eine Ursache; sie ist ihrerseits die Wirkung einer anderen Ursache. So kann man fortfahren, bis man zu einer ersten Ursache kommt, die alle Gott nennen.

c) Es gibt den Unterschied zwischen dem Möglichen und dem Notwendigen. Die Dinge müssen nicht so sein, wie sie sind, sie könnten auch anders sein. Wenn nun alles zufällig ist, weist es auf das Nichtsein hin. Die notwendigen Dinge aber wirken auf etwas hin, was aus sich heraus notwendig ist; das nennen alle Gott.

d) Es gibt verschiedene Stufen der Vollkommenheit. Denn es findet sich in den Dingen etwas mehr oder weniger Gutes, Edles. Von diesen verschiedenen Stufen kann auf eine vollkommene Grundlage – auf das Wahrste, Beste, Edelste und damit auf das höchste Sein geschlossen werden; und das nennen wir Gott.

---

[2] Proslogion, c.3.
[3] Summa Theologia Iq2,3.

e) Die Dinge der Natur und die Menschen sind auf Ziele hin gerichtet. Von der Zielbestimmtheit in der Welt läßt sich auf ein höchstes Vernunftwesen schließen, das alle Dinge zum endgültigen Ziel lenkt, und das nennen wir Gott.

Können die Gottesbeweise überzeugen?

Stellt man die Frage, ob die angeführten Argumente das Dasein Gottes schlüssig beweisen, so ist zunächst folgende Voraussetzung zu beachten: Für Thomas steht die Existenz Gottes aufgrund der göttlichen Offenbarung unbezweifelbar fest. Die Bemühungen der menschlichen Vernunft in philosophischen Fragen nach Gott sind von daher als eine nachträgliche Denkbemühung zu verstehen[4]. Inwiefern unabhängig von dieser Voraussetzung die gedanklichen Argumente für das Dasein Gottes überzeugen können, das muß im Anschluß an die Position Kants genauer bedacht werden.

Allerdings soll in diesem Zusammenhang bereits ein Einwand gegen die Gottesbeweise genannt werden. Thomas geht selbstverständlich davon aus: Der philosophischen Fragen sich erschließende Gott, der „erste Beweger", „das absolut Seiende", ist identisch mit dem Gott, der sich in der Bibel offenbart. Im katholischen Bereich hat später Blaise Pascal (1623–1662) die gegensätzliche Aussage aufgestellt: „Gott Abrahams, Gott Isaaks, Gott Jakobs, nicht der Philosophen und Gelehrten."[5] Dennoch hat das Bemühen, das Dasein Gottes mit der menschlichen Vernunft zu erfassen, eine nachhaltige Wirkung ausgeübt. Für die katholische Kirche ist Thomas von Aquin zum maßgebenden Theologen geworden. In der weiteren Lehrentwicklung wird das daran deutlich, daß im 1. Vatikanischen Konzil 1870 ausdrücklich betont wird: Es gibt zwei verschiedene Erkenntnisordnungen, die eine hat ihren Ursprung aus der menschlichen Vernunft, die andere im gottgewirkten Glauben. So kann Gott durch das natürliche Licht der Vernunft in der Schöpfung mit Sicherheit erkannt werden[6].

---

[4] Vgl. A. Adam, aaO, S. 110.

[5] B. Pascal, Über die Religion (Pensées), hg. von E. Wasmuth, Heidelberg, [5]1954, S. 248.

[6] Vaticanum I, Sessio 3, 24. 4. 1870, Kap. 1 und 4, Texte in: Quellen zur Konfessionskunde, hg. von K. D. Schmidt und W. Sucker, Reihe A, Band 1, Lüneburg 1954–1957, S. 32–34.

Aber auch in der protestantischen Theologie des 17. Jahrhunderts (der altprotestantischen Orthodoxie) wurde der Ansatz der „natürlichen Theologie" vertreten, daß der menschlichen Vernunft die Erkenntnis Gottes möglich sei. Diese Ansicht spielte auch im Zeitalter der Aufklärung eine besondere Rolle. Mit der aufkommenden Kritik am Christentum und atheistischen Strömungen ist dann eine neue Situation entstanden, in der die Theologie nicht einfach auf traditionelle Denkmuster zurückgreifen konnte, sondern die Frage nach Gott in neuer Weise aufnehmen mußte (s. u. B.6).

Zusammenfassung

Die mittelalterliche Theologie hat versucht, die Erkenntnis Gottes der menschlichen Vernunft einsichtig zu machen, so Anselm von Canterbury in dem ontologischen Gottesbeweis und Thomas von Aquin in den fünf Wegen, die das Dasein Gottes beweisen. Für die mittelalterlichen Theologen ist der mit der Vernunft erkannte Gott und der sich in der Bibel offenbarende Gott identisch.

2. Erkenntnis Gottes im Glauben – Luthers Auslegung des ersten Gebots

Das erste Gebot spielt in Luthers Theologie eine wesentliche Rolle. Dies wird in der Auslegung der Katechismen deutlich. Im Kleinen Katechismus beschreibt Luther den Sinn dieses Gebots mit den Worten: „Wir sollen Gott über alle Dinge fürchten, lieben und vertrauen."[7] Die Einsichten, die in dieser knappen Formulierung zusammengefaßt sind, werden in den Ausführungen des Großen Katechismus weiter entfaltet.

Gott – woran du dein Herz hängst

Luther fragt: „Was heißt ,einen Gott haben' bzw. was ist ,Gott'? Antwort: Ein ,Gott' heißt etwas, von dem man alles Gute erhoffen und zu dem man in allen Nöten seine Zuflucht nehmen soll.' ,Einen Gott haben' heißt also nichts anderes, als ihm von

---

[7] M. Luther, Der Kleine Katechismus, in: Bekenntnisschriften S. 538.

41

Herzen vertrauen und glauben... Denn die zwei gehören zusammen, Glaube und Gott. Woran du nun, sage ich, dein Herz hängst und verlässest, das ist eigentlich dein Gott."[8]

Es gibt vieles, woran die Menschen ihr Herz hängen, und worauf sie sich unbedingt verlassen. Luther nennt dafür eine Reihe von Beispielen. Es kann sein, daß die Menschen auf Geld und Gut ihr ganzes Herz setzen, oder daß sie auf Wissen und Klugheit, auf Macht, Beliebtheit, Freundschaft und Ehre unbedingt vertrauen. Dann machen sie etwas Irdisches zum Götzen und setzen es an die Stelle des wahren Gottes. Entsprechendes gilt von der damals verbreiteten Heiligenfrömmigkeit und vom Aberglauben, ebenso von der heidnischen Religion.

Die schlimmste Form der Abgötterei ist die Werkgerechtigkeit. Sie versucht, durch das eigene Tun einen Anspruch auf Lohn bei Gott zu erwerben. Diese menschliche Haltung will „nichts von Gott geschenkt nehmen, sondern alles selbst erwerben oder mit überschüssigen [guten] Werken verdienen"[9]. Dies aber bedeutet, daß man aus Gott einen Götzen macht und sich selbst für Gott hält. Die Werkgerechtigkeit wird darum vom ersten Gebot her in besonderer Weise kritisiert.

So sehr das erste Gebot als unbedingter Anspruch Gottes an den Menschen ernstgenommen werden muß, so ist es doch vor allem vom Evangelium her zu verstehen. Die Aussage „Ich bin der Herr, *dein* Gott", enthält eine Zusage, ja sie ist selbst Evangelium, gute Botschaft für den Menschen.

Die umstrittene Wirklichkeit Gottes

Das erste Gebot hat eine besondere Bedeutung, weil die Wirklichkeit Gottes bei den Menschen umstritten ist. Luther geht davon aus, daß alle Menschen von Gott wissen; „denn es ist noch nie ein Volk so ruchlos gewesen, daß es nicht einen Gottesdienst eingerichtet und gehalten hätte"[10]. Die menschliche Vernunft weiß, *daß* Gott ist; aber sie weiß nicht, *wer* er ist. So spielt die menschliche Vernunft „Blindekuh mit Gott"[11], d.h. sie greift daneben. Sie trifft nicht den wahren

---

[8] M. Luther, Der Große Katechismus, Bekenntnisschriften S. 595 f.
[9] Bekenntnisschriften, S. 600.
[10] Bekenntnisschriften, S. 599.
[11] Vgl. WA 19, S. 206 f.

Gott, sondern einen Götzen, ein Wunschgebilde der menschlichen Seele.

Der Mensch kann von sich aus den wahren Gott nicht finden, er kann ihn nicht mit seiner Vernunft erkennen. Demgegenüber bringt das erste Gebot die Zuwendung Gottes zur Welt zum Ausdruck: „Ich bin der Herr, *dein* Gott." In dieser Zusage ist der Anspruch des Gebotes begründet. Die Zusage erwartet die Antwort, das Vertrauen des Menschen.

Zusammenfassung

Luther zeigt in seiner Auslegung des ersten Gebots, daß die Wirklichkeit Gottes zwischen Gott und den Göttern umstritten ist. Verschließt sich der Mensch dem wahren Gott, dann macht er sich andere Götter und setzt auf sie sein Vertrauen. Angesichts dieser Realität bezeugt Luther das Evangelium von Jesus Christus, in dem sich Gott zu erkennen gibt.

3. Gott als „Postulat der praktischen Vernunft" – Immanuel Kant

Immanuel Kant (1724–1804) hat die traditionellen Gottesbeweise einer grundlegenden Kritik unterzogen. Er geht dabei von folgender Überlegung aus[12]: Die Kategorien des menschlichen Verstandes und die Anschauungsformen von Raum und Zeit sind Ausdruck der menschlichen Endlichkeit. Sie gelten daher für die Beziehungen zwischen den endlichen Dingen, also innerhalb der Welt. Die „reine Vernunft" erforscht die innerweltliche Wirklichkeit; sie zeigt den Zusammenhang von Ursache und Wirkung auf. Die „reine Vernunft" kann aber nicht erfassen, was über den innerweltlichen Bereich hinausgeht. Gott, Freiheit, Unsterblichkeit lassen sich mit Hilfe der „reinen Vernunft" nicht aufzeigen. Damit entfällt die Möglichkeit, das Dasein Gottes der menschlichen Vernunft logisch schlüssig zu beweisen; so übt Kant an den überkommenen Gottesbeweisen grundsätzliche Kritik.

---

12 Vgl. I. Kant, Kritik der reinen Vernunft, ²1787, Philosophische Bibliothek, Band 37a, hg. von K. Vorländer, Hamburg 1956.

Zum Wesen des Menschen gehört aber nicht nur die „reine Vernunft", sondern zugleich die „praktische Vernunft". Sie liegt auf einer anderen Ebene; sie stellt eine andere Dimension der Vernunft dar. Im Bereich der praktischen Vernunft begegnet dem Menschen die ethische Forderung; diese Forderung des Sittengesetzes nennt Kant den „kategorischen Imperativ". Der „kategorische Imperativ" trifft den Menschen unbedingt, so daß er seiner Freiheit gewiß wird, und daß er als vernünftiges Wesen dieser Forderung zustimmt. Die Freiheit des Menschen ist von der reinen Vernunft nicht aufweisbar; sie ist aber als grundlegende Gegebenheit mit der praktischen Vernunft gesetzt.

Die Unbedingtheit des sittlichen Gesetzes erfordert einen außermenschlichen Gesetzgeber. „Das moralische Gesetz gebietet, das höchste mögliche Gut in einer Welt mir zum letzten Gegenstande alles Verhaltens zu machen. Dieses kann ich nicht zu bewirken hoffen, als nur durch die Übereinstimmung meines Willens mit dem eines heiligen und gütigen Welturhebers."[13] So sind für Kant „Gott, Freiheit und Unsterblichkeit" Postulate (= notwendige Erfordernisse) der praktischen Vernunft[14].

Kants Denken führt nicht zur Skepsis oder zum Atheismus, er hält vielmehr am Gottesgedanken fest. „Zwei Dinge erfüllen das Gemüt mit immer neuer und zunehmender Bewunderung und Ehrfurcht, je öfter und anhaltender sich das Nachdenken damit beschäftigt: der bestirnte Himmel über mir und das moralische Gesetz in mir."[15]

Zusammenfassung

Kant kritisiert die überlieferten Gottesbeweise. Denn die „reine Vernunft" kann nur die innerweltlichen Zusammenhänge erforschen und damit über das Dasein Gottes nichts aussagen. Zur „praktischen Vernunft" dagegen gehört die ethische Forderung. Ihre Unbedingtheit weist auf einen göttlichen Gesetzgeber. Gott ist somit ein „Postulat der praktischen Vernunft".

---

[13] I. Kant, Kritik der praktischen Vernunft, 1787, Philosophische Bibliothek, Band 38, hg. v. K. Vorländer, Hamburg 1959, S. 149.

[14] Vgl. I. Kant, Die Religion innerhalb der Grenzen der bloßen Vernunft, hg. von K. Vorländer, Hamburg, ⁶1956, S. 174f.

[15] I. Kant, Kritik der praktischen Vernunft, S. 186.

4. Widerlegung Gottes durch die Vernunft? –
Aspekte des neuzeitlichen Atheismus

Der Atheismus, die grundsätzliche Bestreitung der Existenz Gottes, ist ein für die Neuzeit typisches Phänomen. Die Naturwissenschaft erforscht und erklärt die Welt nach den Naturgesetzen, indem sie den Zusammenhang von Ursachen und Wirkungen aufzeigt. Dafür wird Gott als Erklärungsprinzip überflüssig.

Dazu ist nun zu bedenken: Auf der Basis der Wissenschaft kann die Frage nach Gott nicht sinnvoll gestellt werden. Die Existenz Gottes läßt sich mit wissenschaftlichen Mitteln nicht beweisen und auch nicht widerlegen. Daher liegt es auf einer anderen Ebene, ob ein Wissenschaftler persönlich an Gott glaubt oder nicht. Atheismus ist kein Ergebnis moderner Wissenschaft, sondern eine philosophisch-weltanschauliche Überzeugung. Ein philosophisch-weltanschaulicher Atheismus wird im 19. Jahrhundert von mehreren Denkern vertreten, deren Gedanken bis in die Gegenwart hinein wirken.

4.1 Gott als Gedanke des Menschen – Ludwig Feuerbach

Feuerbach (1804–1872)[16] geht von dem Grundgedanken aus: Die alleinige Wirklichkeit ist der Mensch oder die Gattung Mensch. Im Unterschied zum Tier ist der Mensch sich seines gattungsmäßigen Wesens bewußt. Vom menschlichen Selbstbewußtsein her ist das Wesen der Religion und des christlichen Gottesglaubens zu verstehen.

Gott nach dem Bilde des Menschen geschaffen

In diesem Zusammenhang formuliert Feuerbach seine entscheidende These: Gott ist ein Gedanke, eine Idee des Menschen. Nicht Gott schuf den Menschen zu seinem Bilde, sondern der Mensch schuf Gott nach seinem Bilde. Die Idee Gottes ist von der menschlichen Einbildungskraft entworfen. Die Idee Gottes und alle Inhalte der Religion sind daher Illusionen; das Geheimnis der Theologie ist Anthropologie.

---

[16] Zu Feuerbach vgl. U. Neuenschwander, Gott im neuzeitlichen Denken, Band 2, Gütersloh 1977, S. 102–117.

Gott ist daher das Spiegelbild des Menschen, ein Wunschbild des menschlichen Herzens. Der Mensch möchte unsterblich sein; so schafft er sich die Idee des ewigen Gottes, der dem Menschen Unsterblichkeit gibt. Der Gottesgedanke ist somit eine Projektion des Menschen, das Göttliche das ins Jenseits projizierte Menschliche – und nichts sonst.

Atheismus als Humanisierung

Das Wesen der Religion gilt es zu durchschauen, damit die Menschen aus „Kandidaten des Jenseits zu Studenten des Diesseits" und so „zu ganzen Menschen" werden[17]. Feuerbach hält den Atheismus für den wahren Humanismus, der den Menschen zu sich selbst bringt. Auf diesem Hintergrund ist die Aussage zu verstehen: „So ist der Mensch der Gott des Menschen."[18]

Feuerbachs Atheismus hat im 19. Jahrhundert eine beträchtliche Wirkung gehabt; bis in die Gegenwart hinein werden seine Gedanken als Einwand gegen den Gottesglauben empfunden. Die Verbindung der Jenseitskritik mit der Bejahung des diesseitigen Lebens entspricht einer herrschenden Tendenz im neuzeitlichen Lebensgefühl.

Kritische Fragen zu Feuerbach

Feuerbachs These, Gott sei eine Projektion, eine Wunschvorstellung des Menschen, ist zunächst auf der philosophischen Ebene zu bedenken. „Wenn die Götter Wunschwesen sind, so folgt daraus für ihre Existenz oder Nicht-Existenz gar nichts."[19] Ich kann die Erfahrung der Welt psychologisch ableiten, aber das spricht nicht gegen die Erfahrung einer von mir unabhängigen Welt. Ich kann meine Gotteserfahrung psychologisch ableiten, aber das sagt nichts gegen die Existenz eines von mir unabhängigen Gottes. Der psychologischen Erfahrung kann durchaus etwas Wirkliches entsprechen.

Ein weiteres Argument ist hinzuzufügen: Wenn man von Projektion spricht, dann ist dabei vorausgesetzt: Ein Bild wird

---

[17] L. Feuerbach, Das Wesen der Religion, Sämtliche Werke; Band 8, hg. von W. Bohlin und F. Jodl, Stuttgart ²1959 ff., S. 360.

[18] L. Feuerbach, Das Wesen des Christentums, Werke Band 6, S. 100.

[19] E. v. Hartmann, zitiert bei H. Küng, Existiert Gott? München ²1983, S. 243.

immer auf etwas projiziert – auf eine Wand, auf einen Schirm.
Mit anderen Worten: Die Sphäre, in die die Gottesbilder projiziert werden, ist selbst keine Projektion. Sondern sie ist die
Dimension des Unbedingten oder Absoluten[20]. Feuerbach berücksichtigt nicht, daß der Mensch immer schon vom Absoluten
beansprucht und ergriffen ist.

Für Feuerbach ist der Mensch der „Gott des Menschen". Auf
diese Weise sieht er an dem tatsächlichen, erfahrbaren Wesen des
Menschen vorbei[21]. Zwar rechnet er auch mit der Möglichkeit,
daß der einzige Teufel des Menschen der Mensch sein könne.
Aber dieser Gedanke ist nicht beherrschend. Im Vordergrund
steht ein optimistisches Menschenbild, in dem das Böse und
Fragwürdige im Menschen nicht in seiner Realität gesehen wird.

4.2 Religion als Opium des Volkes – Karl Marx

Marx (1818–1883) nimmt Feuerbachs Religionskritik auf
und führt sie im Blick auf die Gesellschaft weiter. „Der Mensch
macht die Religion, die Religion macht nicht den Menschen."[22]
Die Kritik der Religion hält er im wesentlichen für abgeschlos-
sen, der Begriff „Gott" kommt bei ihm nicht vor. Die vorhandene Religion ist für ihn „der Seufzer der bedrängten Kreatur, das
Gemüt einer herzlosen Welt"[23]. Aber sie ist der verkehrte Seufzer. Sie läßt das wirkliche Elend unangetastet, sie verhindert, die
verkehrten gesellschaftlichen Zustände zu verändern. Sie tröstet
vielmehr den Menschen über seine Wirklichkeit hinweg. „Sie ist
das Opium des Volks."[24]

Religionskritik

Die Religionskritik wird für Marx zur Kritik der wirklichen
Zustände, die zur revolutionären Veränderung führt. „Die Kri-
tik des Himmels verwandelt sich damit in die Kritik der Erde, die
Kritik der Religion in die Kritik des Rechts, die Kritik der
Theologie in die Kritik der Politik."[25] Erst in einer veränderten

20 Vgl. P. Tillich, Systematische Theologie, Band I, S. 248.
21 Vgl. U. Neuenschwander, aaO, S. 112 f., S. 116.
22 K. Marx/F. Engels, Werke, Berlin 1962 ff., Bd. I, S. 378.
23 AaO, S. 385.
24 AaO, S. 378.
25 AaO, S. 379.

Gesellschaft kann der Mensch zu sich selbst kommen. Deshalb ist es für Marx wichtig, daß „die Wurzel für den Menschen" „der Mensch selbst" sei[26].

Neues religiöses Fragen

In seiner Religionskritik geht Marx von der Voraussetzung aus, daß der Verlust Gottes keine Leere zurückläßt, die anderweitig ausgefüllt werden müßte. Sobald die gesellschaftliche Wirklichkeit intakt sei, verliere der Gottesglaube seine Bedeutung, er werde in der nachrevolutionären Gesellschaft einfach verschwinden. Demgegenüber zeigt die heutige Entwicklung, daß in den nachrevolutionären Gesellschaften die religiösen Fragen keineswegs verschwunden sind; von neueren marxistischen Denkern wie Bloch, Garaudy, Kolakowski, Machovec werden sie aufs neue erörtert. Die Frage nach Gott ist eben nicht nur eine Klassenfrage, sondern eine Menschheitsfrage[27]. Das Problem des Atheismus, was an die Stelle Gottes treten könne, läßt sich nicht mit einfachen rationalen Antworten lösen.

4.3 Der Tod Gottes – Friedrich Nietzsche

Nietzsche (1844–1900) trägt in seinem philosophischen Denken eine großangelegte Geschichtsdeutung vor. Nach seiner Anschauung geht die lange, durch Platonismus und Christentum bestimmte Epoche ihrem Ende entgegen, und mit dem Beginn der neuen Epoche vollzieht sich die Heraufkunft des Nihilismus. In diesem Zusammenhang proklamiert Nietzsche den Tod Gottes. Nietzsche empfindet den Atheismus aber nicht einfach als etwas Befreiendes, vielmehr erschrickt er vor der Tiefe und den Konsequenzen dieser Entdeckung.

Tod Gottes – Nihilismus

So heißt es im Aphorismus vom „tollen Menschen": „Wohin ist Gott? rief er, ich will es euch sagen! *Wir haben ihn getötet – ihr und ich. Wir alle sind seine Mörder!" „Was taten wir, als wir diese Erde von ihrer Sonne losketteten? Wohin bewegt sie sich*

---

[26] AaO, S. 385.
[27] Vgl. U. Neuenschwander, aaO, S. 133.

nun? Wohin bewegen wir uns? Fort von allen Sonnen? Stürzen wir nicht fortwährend?... Irren wir nicht wie durch ein unendliches Nichts?"[28] Für Nietzsche steht fest: Gott ist tot, Gott bleibt tot. Das Kommen des Nihilismus ist ein unausweichliches Schicksal.

Der Übermensch

Den Beginn der neuen Epoche versteht Nietzsche aber gleichzeitig als eine Befreiung. Der Mensch, wie er jetzt ist, muß überwunden werden: „Tot sind alle Götter, nun wollen wir, daß der Übermensch lebe."[29] Der Übermensch ist erfüllt vom Willen zum diesseitigen Leben; darin realisiert sich der „Wille zur Macht"; er ist der neue, höchste Wert, zugleich das Geheimnis des Seins überhaupt, „das innerste Wesen aller Dinge". Hier kommt es zur Umwertung aller bisherigen Werte. Der Übermensch lebt „Jenseits von Gut und Böse". An die Stelle des Gegensatzes von gut und böse tritt der Gegensatz von stark und schwach. Es gibt kein Mitleid mehr, das Schwache verdient keine Schonung – eine Konsequenz des Bildes, das Nietzsche vom Übermenschen entwirft.

Fragen an Nietzsche

Nietzsches leidenschaftliches Ringen um die Frage nach Gott ist von einer Intensität geprägt, die weit über andere atheistische Positionen hinausreicht. Diese Tiefe der Gedanken und der existentiellen Erfahrung ist natürlich im allgemeinen Bewußtsein nicht aufgenommen. Nietzsches Proklamation „Gott ist tot" hat dennoch eine erhebliche Wirkung gehabt. Eine umfassende Auseinandersetzung mit dieser These kann nur vom Ganzen der christlichen Theologie her gegeben werden.

An dieser Stelle soll zunächst der folgende Punkt bedacht werden: Nietzsches Atheismus führt zur Proklamation des Übermenschen. Hier erhebt sich die grundsätzliche Anfrage: Kann der „Wille zur Macht" die letzte Wahrheit über den Men-

---

[28] F. Nietzsche, Die Fröhliche Wissenschaft, Aphorismus 125, in: Nietzsches Werke, Kritische Gesamtausgabe, Band V,2, 1973, G. Colli/M. Montinari (Hg.) 1973, S. 158 ff.
[29] F. Nietzsche, Also sprach Zarathustra, 1883, in: Nietzsches Werke, Band VI,1, S. 352 f.

schen sein? Die Wahrheit des Lebens zeigt sich gerade darin, daß das Lebensrecht des anderen anerkannt, daß der eigene Wille zur Macht also begrenzt wird. In diesem Sinne nennt A. Schweitzer Nietzsches Lebensbejahung eine unethische Lebensbejahung. Dem schrankenlosen Willen zur Macht ist die „Ehrfurcht vor dem Leben" entgegenzusetzen[30].

4.4 Freiheit ohne Gott – Jean-Paul Sartre

Sartre (1905–1980) ist ein Vertreter der Existenzphilosophie. Diese im 20. Jahrhundert bedeutsame Strömung ist nicht an sich atheistisch. Sie hat aber bei Sartre, in dem von ihm vertretenen Existentialismus eine atheistische Ausprägung erfahren.

Der Mensch – zur Freiheit verurteilt

Sartre[31] nimmt seinen Ausgangspunkt bei der Freiheit des Menschen. Der Mensch ist das, was er aus sich macht. Indem er sich wählt, definiert er sich selbst. Darin besteht seine Freiheit. Aber er kann nicht wählen, ob er diese Freiheit wünscht oder nicht. Er ist zur Freiheit verurteilt.

Von diesem Ansatz her folgert Sartre weiter: Nur Gott oder der Mensch kann etwas sein. Gott mit seiner Allmacht wäre der Tod der menschlichen Freiheit. Von daher wird der typisch existentialistische Einwand erhoben: Die menschliche Freiheit bedeutet die Aufhebung Gottes. Wenn Gott etwas ist, dann ist der Mensch ein Nichts, wenn aber der Mensch etwas ist, dann ist Gott ein Nichts.

Der Mensch ohne Gott

Diese atheistische Position, der Ansatz bei der Existenz, ermöglicht für Sartre überhaupt erst die Verantwortlichkeit des Menschen. Dafür hat die Gottesfrage ihre Bedeutung verloren. Selbst wenn es einen Gott gäbe, wenn man seine Existenz beweisen könnte, würde das nichts ändern. Denn der Mensch definiert sich abgesehen von Gott, allein von sich selbst her.

Auf Sartre haben die Gedanken Nietzsches und die Kriegser-

---

[30] Darauf weist U. Neuenschwander hin, vgl. aaO, S. 144.
[31] Vgl. U. Neuenschwander, aaO, S. 150–157.

fahrungen des 20. Jahrhunderts tief gewirkt. So kann er die Freiheit des Menschen nicht in dem optimistischen Sinn sehen, wie es etwa Feuerbach getan hat[32]. Vielmehr erfährt der Mensch, indem er auf sich selbst gestellt ist, ein metaphysisches Verlassensein, das ihn belastet. Wenn Gott nicht ist, dann ist alles erlaubt, dann gibt es nichts mehr, was von vornherein gut ist.

Fragen an Sartre

An Sartres Konzeption ist die kritische Anfrage zu richten, ob sich seine scharfe Entgegensetzung von Gott und Mensch aufrechterhalten läßt. Zweifellos ist im Laufe der Geschichte wiederholt ein Gottesverständnis vertreten worden, bei dem Gott auf Kosten des Menschen gedacht wurde. Es muß aber gefragt werden, ob damit das biblische Gottesverständnis vor allem in seiner neutestamentlichen Ausprägung getroffen ist. Im Neuen Testament werden Gott und Freiheit zusammengesehen. Gott achtet den Menschen in seiner Würde, durch Jesus Christus wird dem Menschen die Freiheit gerade erst erschlossen. Die Auseinandersetzung mit Sartre macht es also notwendig, das christliche Freiheitsverständnis genauer zu bedenken, um es so in die Auseinandersetzung mit dem atheistischen Existentialismus einzubringen.

Zusammenfassung

Im Rahmen des neuzeitlichen Atheismus behauptet Feuerbach, Gott sei ein Gedanke oder Wunschbild des Menschen. Für Marx ist die Religion das „Opium des Volkes". Nietzsche spricht vom Heraufziehen des Nihilismus und proklamiert den Tod Gottes. Für Sartre bedeutet die menschliche Freiheit die Aufhebung Gottes. Bei vielen atheistischen Denkern wird der Mensch oder die Menschheit absolut gesetzt. Gerade diese Position muß in der Auseinandersetzung mit dem Atheismus aus christlicher Sicht kritisch befragt werden.

---

[32] Vgl. U. Neuenschwander, aaO, S. 156.

5. Die Frage nach Gott in der neueren Theologie

5.1 Gott, der ganz Andere – Karl Barth

Karl Barth geht in seinem theologischen Denken nicht von der Frage des Menschen nach Gott aus; er versucht auch nicht, die atheistische Bestreitung Gottes mit rationalen Argumenten zu widerlegen. Vielmehr setzt er beim Zentrum des christlichen Glaubensbekenntnisses ein, das mit den Worten beginnt: „Ich glaube an Gott." „Gott ist der *Gegenstand* des Glaubens, der Inhalt der Verkündigung der christlichen Gemeinde."[33] Gott im christlichen Sinne ist nicht zu verstehen als eine Fortsetzung der Ideen, die das religiöse Denken von sich aus entwickelt. Er ist der ganz Andere. „Gott im Sinne des christlichen Glaubens befindet sich nicht in der Reihe der Götter."[34]

Der Gott, von dem die christliche Verkündigung redet, tritt an die Stelle dessen, was sonst „Gott" genannt wird. Es geht um die Begegnung des Menschen mit dieser Wirklichkeit, die der Mensch nicht von sich aus gesucht und gefunden hat. Die christliche Rede von Gott besteht in der Feststellung: Im Buch des Alten und des Neuen Testaments wird von Gott geredet. Darum gilt es, zu hören, was dort von ihm gesagt wird. In der ganzen Bibel wird nie der Versuch unternommen, Gott zu beweisen, „sondern in der Bibel wird schlicht von Gott geredet als von dem, der keines Beweises bedarf. Es wird da von einem Gott geredet, welcher auf Schritt und Tritt *sich selber beweist*: Da bin ich, und indem ich bin und lebe und handle, wird es überflüssig, daß ich noch bewiesen werde."[35] Nur von dieser Selbstoffenbarung her kann in der christlichen Kirche von Gott geredet werden.

Damit ist deutlich, was Monotheismus im christlichen Glauben bedeutet. Es geht um die Einzigkeit Gottes, um sein Anderssein „allen Anderen gegenüber, verschieden von all den lächerlichen Gottheiten, die der Mensch erfindet. Wenn man das einmal gesehen hat, so kann man nur lachen, und es geht durch die Bibel ein Gelächter über diese Figuren. Wo der wahre Gott einmal gesehen wird, da stürzen die Götter in den Staub, da bleibt der

---

[33] K. Barth, Dogmatik im Grundriß, Zürich, [3]1947, S. 39.
[34] AaO, S. 40.
[35] AaO, S. 43.

Einzige."[36] Hier gewinnt das erste Gebot seine Bedeutung. Seine Aufforderung „Du sollst keine anderen Götter neben mir haben" bekommt für den Glaubenden die Kraft eines „du kannst nicht".

Zusammenfassung

Karl Barth geht von der Selbstoffenbarung Gottes aus. Er stellt dieses Zeugnis von der Wirklichkeit Gottes dem menschlichen Fragen nach Gott und auch der menschlichen Bestreitung Gottes gegenüber. Man kann der menschlichen Vernunft die Wirklichkeit Gottes nicht logisch zwingend beweisen. Die christliche Verkündigung hat vielmehr den Selbstbeweis Gottes zu bezeugen.

5.2 Was uns unbedingt angeht – Paul Tillich

„Glaube ist das Ergriffensein von dem, was uns unbedingt angeht."[37] Mit dieser Formulierung versucht Paul Tillich zum Ausdruck zu bringen, was für den Glauben wesentlich ist. Dabei betont er: „Glaube" ist – anders als in der landläufigen Anschauung und im normalen Sprachgebrauch – nicht ein bloßes Meinen oder Vermuten, aber auch nicht ein Für-wahr-Halten von übernatürlichen, religiösen Sätzen. Glaube ist vielmehr eine existentielle Angelegenheit – das Ergriffensein eines Menschen von dem, „was ihn unbedingt angeht". Es gehört zum Wesen des Menschen, nach dem Unbedingten zu fragen; diese Frage ist in der Endlichkeit des Menschen begründet.

Nun gibt es im persönlichen und sozialen Leben der Menschen vieles, was zum unbedingten Anliegen werden kann, beispielsweise der Erfolg, das soziale Prestige oder die wirtschaftliche Macht. Es kann eine nationale Partei oder Gruppe die Macht der Nation zu ihrem letzten Anliegen machen und die Forderung erheben, daß ihm alle anderen Anliegen – sogar Gerechtigkeit und Humanität geopfert werden.

---

[36] AaO, S. 45 f.; vgl. auch K. Barth, KD, II/1, S. 499 f.
[37] P. Tillich, Wesen und Wandel des Glaubens, Frankfurt M./Berlin 1961, S. 9 = Offenbarung und Glaube. Schriften zur Theologie II, Gesammelte Werke Band VIII, Stuttgart 1970, S. 111–196, vgl. zum Folgenden außerdem S. 9–11, S. 20 f., S. 57–60.

Für den Glauben des Alten Testaments ist das, was unbedingt angeht, nicht die Nation, sondern es „ist der Gott der Gerechtigkeit, der der allmächtige Gott, der Gott der gesamten Schöpfung genannt wird, weil er für jeden Menschen und für jedes Volk die Verkörperung der Gerechtigkeit ist."[38]

Deshalb kann in seinem Namen das Große Gebot verkündet werden: „Du sollst Gott, deinen Herrn, lieben von ganzem Herzen, von ganzer Seele, von ganzem Gemüt und von allen deinen Kräften" (5. Mose 6,5)[39]. Am Großen Gebot gewinnt Tillich seine Formulierung „das, was uns unbedingt angeht" und das damit verbundene Kriterium zur Unterscheidung zwischen wahrhaft und scheinbar Unbedingtem. So kann er sagen: Im Götzenglauben werden vorläufige endliche Realitäten (z.B. „Erfolg" oder die „Nation") in den Rang des Unbedingten erhoben. Wenn ihr Anspruch sich als Irrtum erweist, dann ist die unausbleibliche Folge davon eine „existentielle Enttäuschung", die den Menschen in der Tiefe seines Personseins trifft. Die biblische Botschaft weist auf diese Gefahr hin; sie betont den Unterschied zwischen wahrem Glauben und Götzenglauben, und sie bezeugt den Gott, der allein der wahrhaft Unbedingte genannt werden kann.

Zusammenfassung

Tillich bezeichnet den Glauben als das Ergriffensein von dem, was uns unbedingt angeht. Er zeigt auf, daß vielfach etwas Vorläufiges, Endliches und Bedingtes in den Rang des Unbedingten erhoben wird; demgegenüber weist das erste Gebot auf Gott hin, von dem allein gilt, daß er uns unbedingt angeht.

5.3 Zur Frage nach Gott in der neueren Theologie – Zusammenfassung

Für die Theologie ist es in der gegenwärtigen Situation angemessen, von der spezifisch christlichen Gotteserfahrung, also von der Offenbarung Gottes in Jesus Christus auszugehen[40].

---

[38] AaO, S. 10.
[39] AaO, S. 11.
[40] Über die genannten Beispiele hinaus gibt es in der neueren Theologie ein intensives Nachdenken über die Wirklichkeit Gottes; vgl. zuletzt W. Pannen-

Dieser Ansatz schließt eine argumentative Auseinandersetzung mit atheistischen Anschauungen ein[41]. Wahrscheinlich wird ein bewußter Atheismus heute gar nicht so oft vertreten. Seine Gedanken wirken eher in der Form, daß sie Unsicherheit oder Skepsis im Blick auf den Glauben zu Gott verbreiten. Der Theologie ist es angesichts dieser Herausforderung nicht möglich, die Wirklichkeit Gottes dem menschlichen Denken schlüssig zu beweisen. Wohl aber hat sie darauf hinzuweisen, daß die menschliche Vernunft über sich selbst hinausfragt und die Frage nach Gott stellt.

Für die christliche Theologie ergibt sich daraus: Sie hat beim „Strittigsein Gottes" einzusetzen und damit den Ansatz aufzunehmen, den Luther in seiner Auslegung des ersten Gebotes entwickelt hat. So formuliert Gerhard Ebeling: „Wer Gott ist, das läßt sich nur sagen im Widerspruch zu allem, was Gott zu sein in Anspruch nimmt und für Gott gehalten wird, was die Funktion des Göttlichen ausübt."[42] Man kann nicht von der Selbstverständlichkeit eines monotheistischen Gottesgedankens ausgehen. Vielmehr gilt es zu erkennen, daß gerade in der neu-

berg, Systematische Theologie, Band 1, Göttingen 1988. Pannenberg macht in diesem Werk die Frage nach der Wahrheit der christlichen Lehre ausdrücklich zum Thema der systematischen Theologie und betont, daß die Darstellung der christlichen Lehre sich „der Strittigkeit der Wirklichkeit Gottes und seiner Offenbarung in der Welt stellen" muß (aaO, S. 59; insgesamt S. 58–72). – Zur Diskussion in der neueren Theologie vgl. W. Joest, Dogmatik 1, S. 113–165; Sachwissen, S. 153–176.

[41] In dem Bemühen, die Situation des neuzeitlichen Menschen angemessen zu erfassen, entwickelte sich in Amerika die Richtung der „Death-of-God-Theology"; Hauptvertreter: Altizer, van Buren, Hamilton.

Eine ähnliche Position vertritt Dorothee Sölle in ihren frühen Veröffentlichungen: Stellvertretung. Ein Kapitel Theologie nach dem „Tode Gottes", Stuttgart/Berlin, 1965, NA 1982.

Atheistisch an Gott glauben. Beiträge zur Theologie 1968, NA, München 1983. Der Mensch der Neuzeit, so meint D. Sölle, kommt ohne die überweltliche Vorstellung eines himmlischen Wesens aus. Zugleich aber geht es ihr darum, an der Sache Jesu festzuhalten.

Kritik: Die Theologie kann eine atheistische Deutung der Neuzeit nicht einfach übernehmen. Es geht vielmehr darum, angesichts der Fragen und Herausforderungen der Neuzeit das Besondere der biblischen Botschaft von Gott zur Geltung zu bringen. (Für eine ausführliche kritische Auseinandersetzung vgl. H. Ott, Gott, Stuttgart/Berlin 1971, S. 127–138). Zur Problematik insgesamt vgl. Erwachsenenkatechismus, S. 47–89; H. G. Pöhlmann, Der Atheismus oder der Streit um Gott, Gütersloh [5]1986; H. Schwarz, Gotteslehre 1.

[42] G. Ebeling, Dogmatik I., S. 170; vgl. auch S. 122–124.

zeitlichen Welt die „anderen Götter" eine Realität sind. Geht nämlich die Bindung an das Christentum verloren, so liegt es nahe, daß der Mensch sich einen Religionsersatz sucht – eine Weltanschauung, eine Ideologie, eine Lebensdeutung, die innerweltliche Werte absolut setzt[43]. Demgegenüber bezeugt die christliche Botschaft den Gott, der sich in Jesus Christus offenbart hat, der als der wahre Gott erkannt werden und den Menschen zu seiner Bestimmung bringen will.

---

[43] Vom 1. Gebot her wird eine kritische Abgrenzung zu bestimmten Phänomenen wie Aberglaube, Okkultismus und verschiedenen religiösen Bewegungen notwendig; vgl. dazu die in Kapitel IX B, Anmerkung 45 genannte Literatur.

II. Gott der Schöpfer

Der christliche Glaube nennt Gott den Schöpfer und sieht den Menschen und die Welt als Geschöpfe Gottes. Wie ist der Schöpfungsglaube in der Gegenwart zu verantworten? Was bedeutet er in einer von der Wissenschaft erforschten und von der Technik geprägten Welt?

A. Biblische Grundlagen

In der Bibel spielen vor allem in mehreren Schriften des Alten Testaments die Schöpfungsaussagen eine wichtige Rolle. Ausgangspunkt des Redens vom Schöpfer und der Schöpfung ist die Situation des Menschen in einer bedrohten Welt. Das Bekenntnis zum Schöpfer bringt dann zum Ausdruck, daß die Welt erhalten und das Leben bewahrt wird. Nicht ein intellektuelles Problem, sondern eine existentielle Frage und Gewißheit stehen also hinter der Schöpfungserzählung. „Das Reden von der Schöpfung hatte den Sinn, in der gegenwärtigen Gefährdung von Mensch und Welt den Anfang wiederzuholen (das heißt erzählend zu wiederholen). ... Verbindung mit dem Anfang bedeutete Verbindung mit dem Grund der Welt."[1]

Durch das Nebeneinander der verschiedenen Texte – etwa durch den priesterschriftlichen und jahwistischen Schöpfungsbericht – wird bereits deutlich: Es gibt nicht *die* biblische Aussage über die Schöpfung, sondern verschiedene Glaubenszeugnisse von Gott dem Schöpfer und der Welt als Schöpfung, die aus unterschiedlichen Zeiten stammen, unterschiedliche Vorstellungen enthalten und jeweils bestimmte Aspekte in den Vordergrund rücken. Diesen Sachverhalt gilt es im Blick auf den Schöpfungsglauben in der Gegenwart besonders zu beachten.

---

[1] C. Westermann, Schöpfung, Stuttgart/Berlin, [3]1979, S. 25; zum Ganzen vgl. Erwachsenenkatechismus, S. 172–187.

1. Die Welt als Gottes Schöpfung – 1. Mose 1

Der Schöpfungsbericht der Priesterschrift[2] 1. Mose 1,1–2,4a bezeugt den einen Gott, der durch sein schöpferisches Wort alle Dinge ins Dasein ruft. Von dieser Grundaussage her sind die an einigen Stellen des Textes anklingenden mythischen Aussagen und Vorstellungen des antiken Weltbildes zu deuten.

Das schöpferische Wort

Am Anfang steht Gottes schöpferisches Wirken. Das Wort, das 1. Mose 1,1 für „schaffen" gebraucht wird (hebr.: bara), ist dem Tun Gottes vorbehalten. Damit wird zum Ausdruck gebracht: Das Schaffen Gottes ist mit dem menschlichen Gestalten nicht vergleichbar.

Der priesterliche Schöpfungstext ist durch die Situation des Zweistromlandes geprägt. So gilt Wasser als das Urelement und zugleich als das Bedrohliche. Dies klingt 1. Mose 1,2 in einigen mythisch gefärbten Aussagen an: „die Erde war wüst und leer" (hebr.: tohu wabohu), dies bezieht sich auf das Chaos der Urzeit; „es war finster auf der Tiefe" heißt wörtlich: über der Urflut. Das hebräische Wort „tehom" hängt offenbar mit „Tiamat", dem babylonischen Chaosdrachen zusammen. Der Gotteshauch, der über den Wassern schwebt (1. Mose 1,2), dürfte ebenfalls zur Beschreibung des Urchaos gehören. Alle diese mythischen Vorstellungen haben im Zusammenhang des priesterlichen Schöpfungsberichts ihre ursprüngliche Bedeutung verloren. Sie haben keine mythische Mächtigkeit mehr, sondern sie sind zum Material geworden, das der Schöpfer gestaltet.

„Und Gott sprach: Es werde Licht! Und es ward Licht!" (1. Mose 1,3). Das Licht ist das erste Schöpfungswerk. Durch den Wechsel von Licht und Finsternis wird die Kategorie der Zeit eingeführt, die der Kategorie des Raumes vorgeordnet wird. So kann die Priesterschrift die Schöpfung in einer Abfolge von sechs Tagen beschreiben. Nach dem Licht wird die Erschaffung einer „Feste" genannt, nämlich des Himmels. Die Feste des

---

[2] Zur Priesterschrift vgl. Kap. I, Anmerkung 1. Zu 1. Mose 1 insgesamt vgl. G. v. Rad, 1. Mose, S. 34–54; G. v. Rad, Theologie AT, Band I, S. 156–165; W.H. Schmidt, Atl. Glaube, S. 178–186; C. Westermann, Theologie AT, S. 72–88; W. Zimmerli, Atl. Theologie, S. 26–29.

Himmels soll die Wasser oberhalb und unterhalb der Feste voneinander trennen. Hier begegnet eine verbreitete Vorstellung der damaligen Zeit: Über der als Scheibe gedachten Erde wölbt sich der Himmel, und über ihm befindet sich der Himmelsozean. Auch hier wird das Wasser als das Bedrohliche angesehen. Nur durch die Feste wird der Himmelsozean am Herabstürzen gehindert. So wird der Raum für das Leben auf der Erde geschaffen.

Im Rahmen des Sechstagewerkes beschreibt nun die Priesterschrift die Werke der Schöpfung. Auffällig an der Reihenfolge ist, daß die Erschaffung der Gestirne (1. Mose 1,14–19) erst nach den Pflanzen genannt wird. Dies läßt sich wahrscheinlich von der Auseinandersetzung mit mythischen Vorstellungen der Umwelt erklären. Die Namen „Sonne" und „Mond" werden überhaupt nicht erwähnt. Sie werden lediglich als „Lichter" bezeichnet. Da die Gestirne vielfach als Götter verehrt werden, wird damit ihre Göttlichkeit bestritten. Sie sind nur Geschöpfe; im Rahmen der Schöpfung wird ihnen ihre Funktion zugewiesen.

Bei der Erschaffung der Pflanzen begegnet die Formulierung „Es lasse die Erde aufgehen Gras und Kraut..." (1. Mose 1,11 f.). Hier scheint noch die Vorstellung von der schöpferischen Kraft der Erde, von der „Mutter Erde" durch. Das Tun der Erde ist aber von der Priesterschrift dem schöpferischen Wort Gottes unterstellt. Er wird als der alleinige Schöpfer des Lebens bezeugt.

Der Mensch nach dem Bilde Gottes geschaffen

Die Erschaffung des Menschen beschreibt die Priesterschrift im Zusammenhang mit den Landtieren. Dadurch wird die Zusammengehörigkeit von Menschen und Tieren zum Ausdruck gebracht. Zugleich aber wird die Besonderheit des Menschen betont: „Und Gott sprach: Lasset uns Menschen machen, ein Bild, das uns gleich sei" (1. Mose 1,26). Hinter der Aussage „Lasset uns Menschen machen" steht die in Babylon verbreitete Auffassung vom Götterrat. Die Priesterschrift läßt diese Vorstellung stehen[3], möglicherweise um anzudeuten: Der Mensch ist der Sphäre der göttlichen Wesen, aber nicht Gott selbst nahe.

---

[3] Eine andere Deutung wurde im Laufe der Kirchengeschichte gegeben: das „uns" wurde als innergöttliches Gespräch des Vaters mit dem Sohn und dem

Erstaunlicherweise wird der Mensch als das „Bild" Gottes bezeichnet (1. Mose 1,26 f.). Das bedeutet nicht, daß Gott menschengestaltig vorzustellen ist, sondern vielmehr, daß der Mensch nur von Gott her zu verstehen ist[4]. Die Gottebenbildlichkeit des Menschen besteht nicht in einer Eigenschaft, sondern in seiner Beziehung zu Gott. In dieser Beziehung ist nach biblischem Verständnis die Menschenwürde begründet. Die Aussage vom „Bild" Gottes wird ergänzt durch das abstraktere Wort „nach seiner Ähnlichkeit". Damit wird eine Distanzierung des Menschen gegenüber Gott ausgedrückt.

Wichtig ist die weitere Aussage: Der Mensch ist als Mann und Frau geschaffen. Nach alttestamentlicher Überzeugung steht Gott selbst im Unterschied zu vielen Gottheiten der Umwelt außerhalb der geschlechtlichen Differenzierung. Gott ist nicht männlich oder weiblich. Dagegen gehört es konstitutiv zum Menschen, als Mann und Frau geschaffen zu sein. Eine Abwertung der Sexualität ist dem biblischen Denken, vor allem dem Alten Testament, fremd. Die Tatsache, daß der Mensch als Mann und Frau geschaffen ist, gehört vielmehr zu der guten Schöpfung Gottes.

Die Aussage, daß der Mensch nach dem Bilde Gottes geschaffen ist, wird nun vor allem an dem Auftrag deutlich, der dem Menschen gegeben ist: „Und Gott segnete sie und sprach zu ihnen: Seid fruchtbar und mehret euch und füllet die Erde und machet sie euch untertan und herrschet über die Fische im Meer und über die Vögel unter dem Himmel und über das Vieh und über alles Getier, das auf Erden kriecht" (1. Mose 1,28). Der Mensch wird von Gott gesegnet; er soll mit seinen Nachkommen die Erde bewohnen[5]. Der dem Menschen gegebene Auftrag wird in einer Sprache beschrieben, die sonst die Herrschaft des Königs charakterisiert. Nach antikem Verständnis gilt der König als Segensträger für das ihm anvertraute Reich. Daher kann der dem Menschen gegebene Auftrag nicht als ein willkürliches Herrschen verstanden werden. Vielmehr hat der Mensch diese Herrschaft in Verantwortung vor

---

Heiligen Geist verstanden. Diese christliche Deutung dürfte sich vom Text selbst her nicht begründen lassen.

[4] So gegenüber anderen Deutungen, Zimmerli, aaO, S. 28.

[5] Das moderne Problem der Überbevölkerung liegt selbstverständlich völlig außerhalb des Horizontes der damaligen Zeit.

Gott dem Schöpfer und zum Wohl der Schöpfung wahrzunehmen.

Die Schöpfung – sehr gut?

Nach jedem Schöpfungswerk heißt es „Und Gott sah, daß es gut war", und am Schluß „Gott sah an alles, was er gemacht hatte, und siehe, es war sehr gut" (1. Mose 1,31). Damit soll nicht die vorhandene Welt mit ihrem Unrecht verherrlicht und stabilisiert werden. Die Unvollkommenheit, auch die menschliche Schuld darf nicht verschwiegen werden (s. Kap. III). Es geht vielmehr darum, Gott über dem zu preisen, was er gut geschaffen hat. Daß die Schöpfung gut ist, läßt sich nicht aus der Welt ablesen. Denn an den Werken der Schöpfung ist vieles, was dem Menschen unbegreiflich, grausam oder sinnlos erscheint. Der Mensch aber kann das Ganze nicht überblicken. Demgegenüber betont die Schöpfungsgeschichte: das Ganze hat Sinn; denn es kommt vom Schöpfer her, und darum ist es gut.

Dies bedeutet für den Menschen: ... er ist „befreit zur Freude am Geschaffensein und zur Freude an der Schöpfung ohne Angst und Zweifel." „Aber genau so ermöglicht dieser Satz ein Leiden mit den Leidenden, ein Durchstehen von Katastrophen, ein Aushalten in den Fragen nach dem Warum, weil das Gutsein des Geschaffenen nur vom Schöpfer selbst zerstört werden könnte."[6]

Der priesterschriftliche Schöpfungstext schließt mit der Aussage: Gott „ruhte am siebenten Tage von allen seinen Werken, die er gemacht hatte" (1. Mose 2,2). Dies ist das Ziel der Schöpfung. Es wird ausdrücklich betont, daß Gott den siebenten Tag segnete und ihn heiligte. Der Name „Sabbat" wird nicht genannt; auch wird kein Gebot für den Feiertag formuliert. Aber die Aussagen in 2. Mose 2,2 f. weisen deutlich auf den Sabbat hin, der so im Rahmen der Schöpfung seine Begründung erfährt. Arbeit und Ruhe haben ihre Zeit, „die Ruhe, die dem Ursprung des Lebens gewidmet ist, die sich ganz Gott zuwendet und dem, was er vollbracht hat, damit Leben bestehe"[7].

---

[6] C. Westermann, Schöpfung, aaO, S. 90.
[7] G. Sauter, Was heißt: nach Sinn fragen?, München 1982, S. 65.

Zusammenfassung

Der priesterschriftliche Schöpfungstext bezeugt Gott, der durch sein schöpferisches Wort die Welt und alles Leben ins Dasein ruft. Der Mensch empfängt durch die Beziehung zu Gott seine unverlierbare Würde; mit der Herrschaft über die Erde wird ihm eine besondere Verantwortung übertragen.

2. Der Mensch in der Schöpfung – 1. Mose 2

In dem Bericht des Jahwisten von der Schöpfung 1. Mose 2, 4b–25[8] sind, wie vielfach in der Auslegung angenommen wird, ein älterer Bericht von der Menschenschöpfung und ein jüngerer von der Weltschöpfung zusammengearbeitet. Anders als im priesterschriftlichen Schöpfungstext ist hier als Hintergrund die Situation des trockenen Landes zu sehen, in dem der Regen für die Entfaltung des Lebens als besonders notwendig empfunden wird. Der Jahwist hat eine anthropologische Perspektive, das heißt: Er konzentriert das Geschehen der Schöpfung auf den Menschen. Um ihn herum gruppieren sich die übrigen Werke der Schöpfung.

Das Geheimnis des Menschen

Der Jahwist gebraucht sehr bildkräftige, zum Teil massive Vorstellungen, die es in ihrer symbolischen Bedeutung zu erfassen gilt. „Da machte Jahwe den Menschen aus Erde vom Acker und blies ihm den Lebensodem in die Nase. Und so ward der Mensch ein lebendiges Wesen" (1. Mose 2,7). Im Hebräischen liegt bei der ersten Aussage ein Wortspiel vor: Der Mensch heißt „adam", der Erdboden „adama". Hier wird bereits in der Sprache angedeutet: Der Mensch gehört mit der Erde zusammen; er besteht aus Elementen der Erde. Damit ist nun die zweite Aussage zu verbinden: Gott haucht dem Menschen den Lebensodem ein. Dadurch wird der Mensch zu einem lebenden Wesen[9]. Beides ist für den Menschen charakteristisch – die Verbindung mit

---

[8] Zum Jahwisten, vgl. Kap. I, Anmerkung 1; zu 1. Mose 2 vgl. G. v. Rad, 1. Mose, S. 59–69; ferner die Anm. 2 genannte Literatur.

[9] Das hebräische Wort „nephesch" wird in älteren Übersetzungen oft mit „Seele" wiedergegeben, es bedeutet aber einfach „Leben".

der Erde und die Beziehung zu der lebensschaffenden Kraft Gottes.

Der Auftrag: bebauen und bewahren

Der Lebensraum des Menschen wird als „Garten in Eden gegen Osten hin" beschrieben (1. Mose 2,8). Dieser Garten darf nicht als Zaubergarten, Schlaraffenland oder Paradies zum Genießen verstanden werden. Denn der Mensch bekommt einen besonderen Auftrag: „Und Jahwe nahm den Menschen und setzte ihn in den Garten Eden, daß er ihn bebaute und bewahrte" (1. Mose 2,15). Betont die Priesterschrift die verantwortliche Herrschaft über die Welt, so legt der Jahwist den Akzent auf das Bebauen und Bewahren. Darin besteht der Auftrag des Menschen in der Schöpfung. In diesem Zusammenhang spricht der Text von den beiden besonderen Bäumen im Garten, dem „Baum des Lebens" und dem „Baum der Erkenntnis des Guten und Bösen" (1. Mose 2,9.16 f.). Dabei bedeutet „Erkenntnis des Guten und Bösen" nach hebräischem Sprachgebrauch Erkenntnis von allem[10]. Dem Menschen ist in der Schöpfung ein großer Spielraum zugedacht: „Du darfst essen von allen Bäumen im Garten" (1. Mose 2,16). Erst auf diesem Hintergrund wird das Gebot formuliert, von dem Baum der Erkenntnis nicht zu essen. Der Baum der Erkenntnis steht so für die dem Menschen gesetzte Grenze. Es gehört zur Geschöpflichkeit des Menschen, die ihm vom Schöpfer gesetzten Grenzen zu achten.

In 1. Mose 2,19 f. beschreibt der Jahwist die Erschaffung der Tiere. Sie sind als Hilfe für den Menschen gedacht. Es wird ausdrücklich hervorgehoben, daß der Mensch den Tieren Namen gibt. Hier wird die Bedeutung der Sprache deutlich, die den Menschen vor den übrigen Geschöpfen auszeichnet. Damit nimmt er die ihm vom Schöpfer verliehene Selbständigkeit wahr. Auch darin realisiert sich sein Auftrag zur Gestaltung der Welt.

Die Gemeinschaft – Mann und Frau

Die Tiere können dem Menschen nicht die Hilfe sein, die er wirklich braucht; dies führt zu dem Entschluß Jahwes, die Frau zu schaffen (1. Mose 2,21–25). Bei der Vorstellung, daß die

---

[10] Vgl. G. v. Rad, 1. Mose, S. 65.

Frau aus einer Rippe des Mannes gemacht sei, klingt eine alte mythologische Anschauung nach. Die Zusammengehörigkeit von Mann und Frau wird im Hebräischen wieder durch ein Wortspiel ausgedrückt: Der Mann heißt „isch" und die Frau „ischa". Wichtig ist nun, daß bereits in 1. Mose 2,18 „Gehilfin" nicht die Unterordnung der Frau unter dem Mann meint. Vielmehr wird von der Frau gesagt, sie ist „ein Gegenüber, das ihm (dem Mann) entspricht". „Es ist Hilfe im weitesten Sinne des Wortes gemeint, ein gegenseitiges Helfen in allen Bereichen des Lebens."[11]

Der Vergleich des priesterschriftlichen und des jahwistischen Schöpfungstextes zeigt: Es wird in der Bibel in verschiedenartiger Weise von der Schöpfung geredet. Dabei werden im Blick auf das Weltbild unterschiedliche Vorstellungen verwendet – z. B. in der kosmologischen Sicht des Priesters und der anthropologischen Sicht des Jahwisten. Schon von daher ist deutlich, daß der Glaube an Gott den Schöpfer nicht an bestimmte weltbildliche Vorstellungen gebunden werden kann. Diese Einsicht muß bei der Frage nach dem Schöpfungsglauben in der Gegenwart wieder aufgenommen werden (s. u. B 2).

Zusammenfassung

Der jahwistische Schöpfungstext beschreibt die Geschöpflichkeit des Menschen in seiner Verbundenheit mit der Erde und zugleich in seiner besonderen Beziehung zum Schöpfer. Der Auftrag des Menschen besteht im Bebauen und Bewahren der Erde. Der Mensch ist zur Gemeinschaft geschaffen, die im Miteinander von Mann und Frau ihren exemplarischen Ausdruck findet.

---

[11] C. Westermann, Schöpfung, S. 124.

3. Schöpfungsaussagen in den Psalmen und den prophetischen Schriften „Was ist der Mensch?"

In mehreren Psalmen[12] finden sich Aussagen über die Schöpfung. Ps 8 steht inhaltlich dem priesterschriftlichen Schöpfungstext nahe. Der Dichter geht von der Situation des Menschen aus. Er nimmt staunend die Größe der Welt wahr und fragt angesichts des Himmels und der Gestirne: „Was ist der Mensch, daß du seiner gedenkst, und des Menschen Kind, daß du dich seiner annimmst?" (Ps 8,5)

In diesen Worten wird zum Ausdruck gebracht: Der Mensch ist nicht ein bedeutungsloses Staubkorn in dem unermeßlichen Universum, sondern er ist vor Gott dem Schöpfer wichtig. Gott denkt an ihn, er nimmt sich seiner an. Der Mensch wird mit einer besonderen Würde ausgezeichnet; er ist „wenig niedriger gemacht als Gott" (Ps 8,6)[13]. Darin ist der Auftrag begründet, der dem Menschen gegeben wird – die verantwortliche Herrschaft über die Schöpfung (Ps 8,7–9).

Freude an der Schöpfung

Mehrere Aussagen von Ps 104 sind dem Sonnenhymnus des ägyptischen Königs Echnaton (Amenopis IV. 1365–1348 v. Chr.) ähnlich[14]. Es wird aber nicht die Sonne gepriesen, sondern Jahwe, der sich in Licht hüllt wie ein Kleid, der den Himmel wie ein Zeltdach ausspannt (Ps 104,2). Das Gotteslob bringt die Freude an der Schöpfung zum Ausdruck, die in vielfältiger Weise besungen wird. Dabei geht die Schilderung der Schöpfung am Anfang (Ps 104,1–9) unmittelbar über in Aussagen über das schöpferische Wirken Gottes in der Gegenwart (Ps 104,10 ff.). Aussagen über den Menschen (z. B. Ps 104,14 f. 23) sind in die Schilderung der übrigen Schöpfung eingebettet. So wird deut-

---

[12] Vgl. C. Westermann, Ausgewählte Psalmen, Göttingen 1984; vgl. u. a. Ps 19,2–7; 33,6–9; 139; 147; 148.

[13] Wörtlich: wenig niedriger als die Elohim, die göttlichen Wesen; damit wird die Distanz zu Gott selbst ausgedrückt.

[14] Text und Erklärung bei W. Beyerlin, Religionsgeschichtliches Textbuch zum Alten Testament, ATD Ergänzungsreihe 1, Göttingen ²1985, S. 43–46. Zu den Schöpfungsaussagen in der Weisheitsliteratur vgl. u. a. Spr 3,19; 8,22–26; Hiob 38; 39; 40,6–41,26.

lich, daß das Leben des Menschen in vielfacher Weise mit dem Leben der anderen Geschöpfe verbunden ist.

Der Schöpfer als Erlöser

Bei dem zur Zeit des babylonischen Exils lebenden Propheten *Deuterojesaja* (Jesajabuch Kapitel 40–55)[15] spielt die Botschaft von Gott dem Schöpfer eine wesentliche Rolle. Der Prophet setzt sich mit dem Polytheismus seiner Umwelt in Babylon auseinander (s. Kap. I,A.3). Um die Nichtigkeit der Götter zu erweisen, greift Deuterojesaja auf die Tradition der Schöpfung zurück. Den vielen Göttern stellt er Jahwe als den einen, wahren Gott gegenüber; er ist als der Schöpfer der Welt der unvergleichliche: „Mit wem wollt ihr mich also vergleichen, dem ich gleich sei, spricht der Heilige? Hebet eure Augen in die Höhe und seht! Wer hat dies geschaffen? Er führt ihr Heer vollzählig heraus und ruft sie (d. h. die Sterne) alle mit Namen; seine Macht und starke Kraft ist so groß, daß nicht eins von ihnen fehlt" (Jes 40,25 f.). Die Gestirne sind nicht Götter (als die sie in Babylon verehrt werden), sie sind Geschöpfe. Sie weisen auf den hin, der alles geschaffen hat und dessen schöpferische Kraft in jedem einzelnen Geschöpf wirkt.

Die Botschaft von Gott dem Schöpfer wird mit der Erlösung verbunden. Darin liegt eine Besonderheit in der Verkündigung Deuterojesajas: Die Schöpfung hat nicht nur etwas mit dem Anfang zu tun, sondern zugleich mit der Gegenwart. Das schöpferische Wirken Gottes in der Gegenwart besteht in der Erlösung. Dies wird etwa Jes 43,1 deutlich: „Und nun spricht der Herr, der dich geschaffen hat, Jakob, und dich gemacht hat, Israel: Fürchte dich nicht, denn ich habe dich erlöst; ich habe dich bei deinem Namen gerufen; du bist mein." Mit der Erlösung meint der Prophet die bevorstehende Befreiung aus Babylon und die Rückkehr nach Jerusalem. „Schaffen" und „Erlösen" können synonym gebraucht werden. Die Botschaft vom Schöpfer wird also unmittelbar in die gegenwärtige Situation der Menschen hineingesprochen mit der Zusage: „Fürchte dich nicht!"

---

15 Vgl. zum Ganzen C. Westermann, Das Buch Jesaja, Kapitel 40–66, ATD 19, Göttingen, ⁵1986; zu den Schöpfungsaussagen bei Deuterojesaja vgl. G. v. Rad, Theologie AT II, S. 252–260; W. Zimmerli, Atl. Theologie, S. 29 f.

Nach alttestamentlichem Verständnis ist der Segen des Schöpfers in der ganzen Schöpfung wirksam, darin daß er „in einem stillen Wirken Wachstum und Gedeihen gibt, ... Kinder schenkt und aufwachsen läßt, der Arbeit Gelingen gibt". Das segnende Wirken betrifft „den Menschen in der Gemeinschaft, von der Ehe und Familie bis in alle Differenzierungen des Gemeinschaftslebens hinein"[16]. Im gottesdienstlichen Segen wird der Mensch unter das segnende Wirken des Schöpfers gestellt. Eine frühe Formulierung, der „aaronitische Segen", ist in 4. Mose 6,24—26 überliefert und hat sich bis in den heutigen Gottesdienst hinein erhalten:

> „Der Herr segne dich und behüte dich;
> der Herr lasse sein Angesicht leuchten über dir
> und sei dir gnädig;
> der Herr hebe sein Angesicht über dich
> und gebe dir Frieden."

Der gottesdienstliche Segen spricht die Nähe Gottes zu; im Behüten und Bewahren vollzieht sich das segnende Wirken des Schöpfers an seinen Geschöpfen.

Das Gebet zu Gott dem Schöpfer

Gerade in den Schöpfungspsalmen wird etwas Wesentliches am biblischen Gottesverständnis deutlich. Es geht nicht nur um ein Reden von Gott, sondern um ein Reden zu Gott, also um das Gebet. Die Schöpfungspsalmen sind Gebete, in denen Gott angesprochen wird. Dabei ist vorausgesetzt: Menschen haben die Anrede Gottes vernommen. Durch das Wort seiner Zeugen ist Gott ihnen vernehmbar geworden. Darum können die Menschen zu Gott sprechen, zu ihm beten.

Die Menschen der Bibel bleiben in ihrer Wahrnehmung der Welt nicht bei sich selbst stehen. Dem biblischen Verständnis liegt auch die Anschauung fern, das Göttliche sei eine unfaßbare, unpersönliche Kraft. Vielmehr ist für die biblische Gotteserfahrung wesentlich, daß Menschen die Anrede Gottes vernehmen und daraufhin zu ihm sprechen, ihn als das „ewige Du" (Martin Buber) anreden können. Die Beter der Schöpfungspsalmen lo-

---

[16] C. Westermann, Theologie AT, S. 88, S. 97, vgl. zum Ganzen S. 88—101.

ben Gott als den Schöpfer. Der Mensch staunt über die Schöpfung, er freut sich über ihre Werke, er nimmt das Geheimnis seines Lebens dankbar an, und er preist dafür den Schöpfer. Dies ist ein Grundmotiv für das Gebet zu allen Zeiten.

Zusammenfassung

Die alttestamentlichen Schriften reden in vielfältiger Weise von Gott dem Schöpfer und der Welt als seiner Schöpfung. Dabei treten jeweils einzelne Aspekte hervor, z. B. in den Psalmen das Lob des Schöpfers. Das Reden zu Gott, das Beten, gehört zur Geschöpflichkeit des Menschen. Übereinstimmend betonen die alttestamentlichen Aussagen: Gott hat die Welt ins Dasein gerufen und seine schöpferische Kraft ist überall und zu allen Zeiten wirksam.

4. *Schöpfungsaussagen im Neuen Testament*

Die Gewißheit von Gott dem Schöpfer, die in den Schriften des Alten Testaments einen breiten Raum einnimmt, wird im Neuen Testament vorausgesetzt. Darum werden die Aussagen vom Schöpfer nicht ausführlich wiederholt. Dennoch finden sich einige Stellen, an denen ausdrücklich von Gott, dem Schöpfer, geredet wird.

Vögel und Lilien – Zeugen der Güte des Schöpfers

In der *Verkündigung Jesu* ist zunächst an Mt 5,45 zu denken, wo es von Gott heißt: „…er läßt seine Sonne aufgehen über Böse und Gute und läßt regnen über Gerechte und Ungerechte." Die Schöpfung wird hier zum Zeugen für die Güte Gottes, der sein Tun nicht vom Verhalten der Menschen abhängig macht. Damit wird die in der Schöpfung wahrnehmbare Güte Gottes zum Motiv für die Liebe, die auch dem Ungerechten und dem Feind gilt.

An einer anderen Stelle spricht Jesus von dem erhaltenden Wirken Gottes in der Schöpfung: „Seht die Vögel unter dem Himmel an: sie säen nicht, sie ernten nicht, sie sammeln nicht in die Scheunen; und euer himmlischer Vater ernährt sie doch. Seid ihr denn nicht viel mehr als sie?" „Schaut die Lilien auf dem Feld an, wie sie wachsen: sie arbeiten nicht, auch spinnen sie nicht. Ich sage euch, daß auch Salomo in aller seiner Herrlichkeit nicht gekleidet gewesen ist wie eine von ihnen. Wenn nun Gott das Gras auf dem Feld so kleidet, das doch heute steht und morgen in den Ofen geworfen wird: sollte er das nicht vielmehr für euch tun, ihr Kleingläubigen?" (Mt 6,26.28–30).

Was heißt: sorget nicht?

Den Worten Jesu wird man nicht gerecht, würde man sie als Ausdruck eines naiven Optimismus verstehen oder als Aufforderung, nichts für den Lebensunterhalt zu tun[17]. Es geht vielmehr darum, nicht der Macht der Sorge zu verfallen. Deshalb weist Jesus auf die Vögel und die Lilien hin. Was an ihnen deutlich wird, kann allerdings nicht jeder erkennen. Vielmehr ist die Botschaft von Gott, die Jesus verkündigt, hier vorausgesetzt. Aus der Gewißheit von Gott wird die Welt zur Schöpfung, jetzt können die Vögel und die Lilien als Zeugen für den Zusammenhang der Schöpfung werden, in der Gottes schöpferische und lebenerhaltende Kraft wirksam ist.

Die leidende und hoffende Schöpfung

In den Briefen des Paulus sind vor allem die Aussagen im Römerbrief zu beachten. In Röm. 1,19–23 spricht Paulus davon, daß alle Menschen Gott aus den Werken der Schöpfung erkennen könnten, aber faktisch diese Erkenntnis nicht wahrnehmen[18]. An anderer Stelle beschreibt er den Zusammenhang zwischen dem Menschen und der übrigen Schöpfung. Die Welt ist vom Menschen und seinem Tun geprägt. Alle Geschöpfe sind um des Menschen willen der Nichtigkeit unterworfen: „Denn sehnsüchtig wartet die Schöpfung darauf, daß die Söhne Gottes offenbar werden. Der Nichtigkeit ist die Schöpfung nämlich unterworfen, nicht freiwillig, sondern durch den, der sie unterworfen hat – freilich auf Hoffnung: Denn auch sie, die Schöpfung, soll von der Knechtschaft der Vergänglichkeit befreit wer-

---

[17] Vgl. E. Schweizer, Markus, S. 104f.; H. Weder, Rede, S. 211–214; G. Strecker, Die Bergpredigt. Ein exegetischer Kommentar, Göttingen 1984, S. 140–146.
[18] S. dazu Kapitel I, A.5.

den zur herrlichen Freiheit der Kinder Gottes" (Röm 8,19–21). Paulus sieht hier eine enge Verbindung zwischen dem Menschen und der gesamten Schöpfung[19]. Der Vergänglichkeit unterworfen, wartet sie auf die endgültige Befreiung der Kinder Gottes. Hier wird die Perspektive der Hoffnung wichtig, von der später zu reden sein wird[20].

Zusammenfassung

Die Aussagen des Alten Testaments vom Schöpfer werden im Neuen Testament vorausgesetzt. Jesus betont in seiner Verkündigung die Güte des Schöpfers, die für den Glaubenden in der Welt wahrzunehmen ist. Paulus sieht den Menschen im Zusammenhang mit der übrigen Schöpfung, die leidet und sich nach Erlösung sehnt.

B. Systematisch-theologische Aspekte

1. Der Schöpfungsglaube in der Theologie Luthers

„Ich glaube, daß mich Gott geschaffen hat"

Die mittelalterliche Theologie nannte Gott das „höchste Sein" oder die „erste Ursache"[1]. Im Unterschied dazu setzt Luther nicht bei der Frage nach dem Anfang, sondern bei der gegenwärtigen Situation des Menschen ein, wenn er den Glauben an Gott den Schöpfer beschreibt. So heißt es im Kleinen Katechismus:

> „Ich glaube, daß mich Gott geschaffen hat samt allen Kreaturen, mir Leib und Seele, Augen, Ohren und alle Glieder, Vernunft und alle Sinne gegeben hat und noch erhält…"[2]

Bereits an diesen Worten wird deutlich: Für Luther ist die Rede vom Schöpfer nicht ein weltanschauliches Wissen, sondern

---

[19] Vgl. W. Schrage, Bibelarbeit über Röm 8,18–23, in: J. Moltmann (hg.), Versöhnung mit der Natur?, München 1986, S. 150–166.

[20] S. u. Kapitel X.

[1] S. Kapitel I, B 1. Bereits Augustinus betont: Gott hat Himmel und Erde aus Nichts erschaffen.

[2] M. Luther, Der Kleine Katechismus, in: Bekenntnisschriften S. 542 f.; vgl. dazu die Interpretation bei O. Bayer, Schöpfung als Anrede, Tübingen 1986, S. 89–108; zum Ganzen vgl. W. Joest, Dogmatik 1, S. 165–185.

eine existentielle Überzeugung, eine Gewißheit des Glaubens: „Ich glaube, daß *mich* Gott geschaffen hat." Dabei wird der einzelne Mensch und die Gesamtheit der Geschöpfe eng zusammengesehen. So wird Gott als der Schöpfer aller Kreaturen, als der Ursprung alles Lebens bezeugt.

In ähnlicher Weise beschreibt Calvin die existentielle Bedeutung des Glaubens an den Schöpfer: „Diese Worte lehren uns nicht nur zu glauben, daß Gott ist, sondern vielmehr zu erkennen, daß er *unser* Gott ist, und zu vertrauen, daß wir zu jenen gehören, denen er verheißen hat, *ihr* Gott zu sein, und die er als *sein* Volk annimmt."[3]

Wie wirkt der Schöpfer?

Für Luther ist wichtig, daß Gottes schöpferisches Wirken auch in der Erhaltung des Lebens erfahren wird. In der Erklärung zum 1. Artikel betont er, daß wir Essen und Trinken und alles zum Leben Notwendige von Gott empfangen, und daß unser Leben von ihm behütet und bewahrt wird. Darin erfahren wir seine göttliche Güte und Barmherzigkeit.

Luther ist sich natürlich der Tatsache bewußt, daß der Mensch das Leben von seinen Eltern empfängt, und daß die zur Erhaltung des Lebens notwendigen Dinge aus dem natürlichen Zusammenhang der Welt kommen. Im Großen Katechismus wird dies klar angesprochen: „...die Kreaturen sind nur die Hand, das Rohr und das Mittel, wodurch Gott alles gibt, wie er der Mutter Brüste und Milch gibt, um sie dem Kinde zu reichen, und wie er Korn und Gewächs aller Art aus der Erde zur Nahrung gibt: lauter Güter, deren keiner eine Kreatur selbst machen kann."[4]

Gottes schöpferisches Wirken vollzieht sich nicht außerhalb, sondern innerhalb des natürlichen Zusammenhanges der Welt. So nimmt der glaubende Mensch in den natürlichen Vorgängen der Schöpfung die Güte des Schöpfers wahr; in den Gaben erkennt er den Geber.

---

[3] J.Calvin, Christliche Unterweisung. Der Genfer Katechismus von 1537, Gütersloh 1978, S. 38.

[4] M.Luther, Der Große Katechismus, in: Bekenntnisschriften, S. 602.

Mit seinem schöpferischen Wirken und lebendigen Erhalten ist Gott überall in der Welt gegenwärtig. Zugleich aber geht Gott der Schöpfer nicht in der Welt auf; er bleibt vielmehr das Gegenüber der Geschöpfe. „Sein eigen göttlich Wesen kann ganz und gar in allen Kreaturen und in einer jeglichen besonderen sein, tiefer, innerlicher, gegenwärtiger als die Kreatur sich selbst ist, und doch wiederum nirgend und in keiner mag und kann umfangen sein, daß er wohl alle Dinge umfängt und drinnen ist, aber keins ihn umfängt und in ihm ist."[5] Gottes Immanenz (= sein Eingehen in die Welt) und seine Transzendenz (= seine Weltüberlegenheit) gehören untrennbar zusammen.

Die Erkenntnis, von Gott dem Schöpfer ist für Luthers Verständnis des Glaubens grundlegend. Wohl weiß die menschliche Natur und Vernunft, daß Gott ist. So haben die Heiden ihn als Weltregenten erkannt; aber von einer „Schöpfung aus dem Nichts" haben sie nichts gewußt und daher auch nichts von dem entscheidenden Wirken des Schöpfers. Diese Erkenntnis kommt erst, wenn Gott sich in seiner Offenbarung zu erkennen gibt, also in seinem Wort in Jesus Christus. Wer hier der Wirklichkeit Gottes begegnet, der erkennt Gott als den Schöpfer der Welt; er nimmt in seinem Leben und in der Welt das Wirken des Schöpfers wahr.

Zusammenfassung

Für Luther ist der Schöpfungsglaube Ausdruck persönlicher Gewißheit: Der Mensch versteht sich im Zusammenhang mit allen Kreaturen als Geschöpf Gottes. Als der Schöpfer steht Gott der Welt gegenüber (Transzendenz), zugleich aber ist seine schöpferische und erhaltende Kraft in allen Geschöpfen wirksam (Immanenz).

---

[5] M. Luther, WA 73, S. 137.

2. Schöpfungsglaube und Naturwissenschaft

Widersprüche zwischen Bibel und Wissenschaft?

Durch das Aufkommen der neuzeitlichen Naturwissenschaft wurde der Schöpfungsglaube in seiner überlieferten Gestalt infragegestellt[6]. Zunächst hat man dabei Widersprüche zwischen naturwissenschaftlichen Erkenntnissen und Aussagen der Bibel festgestellt: Das geozentrische Weltbild der Bibel läßt sich nicht mit den Erkenntnissen vom Sonnensystem im Weltall vereinbaren; die Vorstellung vom Sechs-Tage-Werk der Schöpfung steht im Widerspruch zu den langen Zeiträumen von der Entstehung der Erde bis zum Werden des Lebens. Das Wahrnehmen dieser Unterschiede führte zunächst zu dem Gedanken: Die biblischen Aussagen von der Schöpfung sind überholt; damit wurde der Schöpfungsglaube selbst fraglich. Die Entstehung der Welt und des Lebens lassen sich rein „natürlich" erklären – eine Anschauung, die auch heute noch im populären Verständnis verbreitet ist. Besondere Beachtung fand im Zusammenhang mit den Forschungen Darwins (1809–1882) der Gedanke der Evolution des Lebens. Danach hat sich auch der Mensch aus dem Tierreich entwickelt. Dieser Gedanke der Evolution wurde zunächst vielfach als Infragestellung des Schöpfungsglaubens verstanden. Denn – so meinte man – wenn der Mensch Glied in einer langen Entwicklung des Lebens ist, dann kann er nicht von Gott geschaffen sein.

Wissenschaft und Glaube nach neuerem Verständnis

Eine neue Sicht des Verhältnisses von Wissenschaft und Glaube bahnte sich durch die weitere Entwicklung der Naturwissenschaft an[7], die mit den Stichworten der Relativitätstheorie und Quantenmechanik umrissen werden kann. In den Fragestellungen dieser Forschungsrichtungen wurde die Erkenntnis wichtig,

---

[6] In diesem Zusammenhang spielt der Konflikt zwischen Galilei und der katholischen Kirche eine wesentliche Rolle. Dadurch, daß von der Kirche die neuen naturwissenschaftlichen Erkenntnisse unterdrückt wurden, verstärkte sich der Widerspruch zu der traditionellen Schöpfungslehre.

[7] Vgl. P. Jordan, der Naturwissenschaftler vor der religiösen Frage, Stuttgart 1987 (Neuausgabe); C. F. v. Weizsäcker, Der Garten des Menschlichen. Beiträge zur geschichtlichen Anthropologie, München/Wien 1977, S. 442.

daß auch die objektivierende Naturbeschreibung nicht „an sich" gültige Erkenntnisse liefert, sondern daß ihre Aussagen auf den jeweiligen Beobachter bezogen sind. Die Naturwissenschaft sieht in diesem Verständnis ihre Möglichkeiten, sie nimmt zugleich ihre Grenzen wahr. Sie befindet sich nicht in einem zwangsläufigen Gegensatz zum Schöpfungsglauben. Vielmehr hat sich die Einsicht durchgesetzt, daß Naturwissenschaft und Glaube sich auf verschiedenen Ebenen bewegen. Ein Konflikt zwischen beiden entsteht nur dann, wenn der Schöpfungsglaube sich auf bestimmte Vorstellungen von der Welt festlegt (z. B. das geozentrische Weltbild) und von der Anerkennung dieser Anschauungen den rechten Glauben abhängig macht[8]. Ein Konflikt wäre zum anderen möglich, wenn die Naturwissenschaft den Rahmen wissenschaftlicher Aussagen überschreitet und selbst zur Weltanschauung wird.

Wissen und doch glauben

Selbstverständlich soll der biblische Schöpfungsglaube nicht wissenschaftlich bewiesen werden. Vielmehr geht es um die Einsicht, wie Aussagen des Glaubens und der Wissenschaft jeweils in ihrer besonderen Intention verstanden und aufeinander bezogen werden können. Die astrophysikalische und biologische Entwicklungslehre widerspricht keineswegs dem Schöpfungsglauben der Bibel. Vielmehr kann die Entwicklungslehre als eine Entfaltung des Schöpfungsglaubens innerhalb der naturwissenschaftlichen Fragestellung angesehen werden. In diesem Verständnis ist die Schöpfung nicht auf den zeitlichen Anfang beschränkt, sie schließt vielmehr den Prozeß der Entwicklung ein. Schöpfung vollzieht sich auch im Prozeß der Evolution. So formuliert G. Süßmann: „*Daß* Gott die Welt durch sein Wort geschaffen hat, wird auf dem ersten Blatt der Bibel bezeugt. Wie es bei der Erschaffung in raum-zeitlicher Hinsicht zuging (und noch zugeht) zeigt Gott uns heute durch die Naturwissenschaft."[9] Die „naturhistorischen" Sätze der Bibel sind nicht

---

[8] Diese Anschauung wird von der Richtung des „Kreationismus" in den USA neuerdings wieder nachdrücklich vertreten, ebenso von fundamentalistischen Gruppierungen.

[9] G. Süßmann, Artikel „Naturwissenschaft und Christentum", in RRG[3], Band IV, Sp. 1381.

einhellig, sie können nicht als Glaubenssätze angesehen werden. Eindeutig ist dagegen die biblische Aussage: Die ganze Welt ist von Gott geschaffen und von ihm abhängig. Diese Glaubensaussage steht in keinem Gegensatz zur naturwissenschaftlichen Welterkenntnis.

In ähnlicher Weise betont der Biologe J. Illies[10]: Naturwissenschaft und Bibel schließen sich nicht als Gegensätze aus. Es ist vielmehr möglich, das eine zu wissen und doch das andere zu glauben.

Zusammenfassung

Die naturwissenschaftliche Welterkenntnis und der biblische Schöpfungsglaube widersprechen sich nicht. Die Bibel bezeugt, daß Gott die Welt erschaffen hat und durch seine schöpferische Kraft erhält. Der Schöpfungsglaube ist aber nicht an bestimmte Vorstellungen über die Entstehung der Welt und des Lebens gebunden.

3. Der Schöpfungsglaube angesichts der bedrohten Welt

Die ökologische Krise der Neuzeit stellt eine besondere Herausforderung für den christlichen Schöpfungsglauben dar. Die Entwicklung von Wissenschaft und Technik hat sich vor allem in dem vom Christentum geprägten Teil der Menschheit vollzogen. Im Gefolge der modernen Zivilisation ist es dabei zu erheblichen Eingriffen in die natürliche Lebenswelt, zu einer „Ausbeutung der Natur" gekommen. Die zerstörerischen Folgen sind inzwischen allgemein ins Bewußtsein getreten. Das Überleben der Menschheit und des Lebens auf der Erde überhaupt scheinen fraglich geworden zu sein.

Gnadenlose Folgen des Christentums?

Bei der Frage nach den geistigen Ursachen der ökologischen Krise wurde auch das biblische Menschen- und Weltverständnis kritisch befragt, vor allem der Herrschaftsauftrag des Menschen

---

[10] Vgl. J. Illies, Der Mensch in der Schöpfung. Ein Naturwissenschaftler liest die Bibel, Zürich 1977, S. 15.

über die anderen Geschöpfe. Steht der Auftrag „macht euch die Erde untertan!" (1. Mose 1,28) nicht in einem ursächlichen Zusammenhang mit der Zerstörung der Erde als Folge der technischen Zivilisation? So hat es C. Amery in seinem Buch „Das Ende der Vorsehung" beschrieben und von den gnadenlosen Folgen des Christentums gesprochen. Doch wird dieses Verständnis den Intentionen der biblischen Botschaft kaum gerecht. Bereits bei der Interpretation der biblischen Schöpfungstexte (s. o. A, 1 und 2) wurde deutlich: Die Herrschaft des Menschen ist nicht als willkürliche Ausbeutung der Natur, sondern als eine in Verantwortung vor Gott wahrgenommene Herrschaft verstanden. Daraus folgt, wie G. Altner ausführt[11]: Die gnadenlosen Folgen sind nicht in der jüdisch-christlichen Tradition angelegt, sondern vielmehr Ergebnis einer Ungehorsamsgeschichte. In der Neuzeit pervertierte die biblisch intendierte Herrschaft des Menschen über die Natur zu einer technokratischen Ausbeutung.

Ehrfurcht vor dem Leben

Gibt es eine Hoffnung in dieser Krise? Sind im geistigen Bewußtsein und gerade auch in der Theologie Ansätze für eine Umkehr möglich? G. Altner plädiert neben anderen dafür, die Zusammenhänge und Wechselwirkungen von Natur und Geschichte neu wahrzunehmen[12]. Aufgrund dieser Einsicht ergibt sich eine andere Einstellung zur Natur: Der Mensch lernt sich als Geschöpf unter anderen Geschöpfen verstehen. Er sieht die Natur als Partner, erst so kann die nichtmenschliche Schöpfung auf angemessene Weise in das Handeln einbezogen werden. Der christliche Schöpfungsglaube besinnt sich auf das Ganze, er behält die Vieldimensionalität des Lebens im Blick. So bekommt die von Albert Schweitzer geforderte „Ehrfurcht vor dem Leben" besondere Dringlichkeit[13]. Von dieser Einsicht lassen sich

---

[11] Vgl. A. Altner, Schöpfung am Abgrund, Neukirchen-Vluyn, ²1977, S. 32, S. 70.

[12] Vgl. aaO, S. 140 ff., S. 170 ff.

[13] Vgl. A. Schweitzer, Aus meinem Leben und Denken, Leipzig 1947, S. 144–147. Zur neueren Diskussion vgl. O. Bayer, Schöpfung als Anrede, Tübingen 1986; G. Liedke, Im Bauch des Fisches. Ökologische Theologie, Stuttgart/Berlin, ⁴1984; J. Moltmann, Gott in der Schöpfung. Ökologische Schöpfungslehre, München 1985.

Maßstäbe für eine Ethik der Schöpfung in christlicher Verantwortung entwickeln.

Zusammenfassung

Angesichts der ökologischen Krise ist die Intention der biblischen Schöpfungsaussagen neu zu bedenken. Eine willkürliche Herrschaft über die Welt ist dem Menschen verwehrt. Vielmehr ist nach biblischem Verständnis der Mensch vom Schöpfer zur verantwortlichen Gestaltung der Welt beauftragt. Der biblische Schöpfungsglaube sieht den Menschen im Zusammenhang mit allen Geschöpfen. Gott steht als der Schöpfer im Gegenüber zur Welt, ist aber zugleich in allen Geschöpfen gegenwärtig.

4. Die Frage nach dem Person-Sein Gottes

Die biblische Botschaft bezeugt Gott den Schöpfer als ein personales Gegenüber: Er spricht, er ruft durch sein Wort die Welt ins Dasein. Im Denken der Neuzeit[14] wurde vor allem gefragt: Ist es angemessen, von einem persönlichen Gott zu reden? Wird eine solche Vorstellung dem Wesen Gottes überhaupt gerecht?

Was heißt: Gott – ein personhaftes Gegenüber?

In der genannten Problematik gewinnt eine religionswissenschaftliche Beobachtung besondere Bedeutung, auf die Pannenberg[15] in folgender Weise hingewiesen hat: Der Gedanke des Personalen ist gar nicht am Menschen gewonnen. Er hat vielmehr seinen Ursprung in der religiösen Erfahrung. In der Begegnung mit dem Heiligen erfährt sich der Mensch als Person: Er begegnet einer unverfügbaren Macht, die ihn als verantwortliches Wesen beansprucht. Das aber bedeutet: Nicht der Mensch überträgt personale Vorstellungen auf Gott. Vielmehr gilt das Umgekehrte: Alles Reden von der Personalität hat seinen Grund

---

[14] Vgl. B. De Spinoza, Die Ethik, übers. von O. Baensch, Hamburg 1963, S. 87; J. G. Fichte, Über den Grund, Werke, Band V, S. 186; zum Ganzen: U. Neuenschwander, Denker des Glaubens, Band 2, Gütersloh 1977, S. 20–43.

[15] Vgl. W. Pannenberg, Grundfragen systematischer Theologie, Band 1, Göttingen, ³1979, S. 381–385.

in der religiösen Erfahrung. Wenn also Gott personhaft gedacht wird, dann wird damit seine Macht gerade nicht begrenzt. Vielmehr wird damit seine Unverfügbarkeit und Heiligkeit zum Ausdruck gebracht. Diese Überlegungen, die an religionswissenschaftliche Beobachtungen anknüpfen, können aufzeigen, daß die Rede vom personhaften Gegenüber Gottes wesenhaft zur religiösen Erfahrung gehört.

Da mit der Rede vom „persönlichen Gott" mancherlei Mißverständnisse verbunden sind, ist es für die Theologie wichtig, zu einem angemessenen Verständnis dieser Aussage zu kommen. So betont Tillich[16]: Gott ist nicht eine Person in dem Sinne, wie Menschen Personen sind. Aber Gott ist auch nicht weniger als eine Person; er ist kein unpersönliches Es, kein blindes Schicksal. Aus diesem Grunde sieht Tillich das Symbol „persönlicher Gott" als unverzichtbar an. Den Menschen kann nichts unbedingt angehen, was weniger als eine Person ist. Gott aber ist der Name für das, was uns unbedingt angeht. Deshalb gebraucht Tillich den Ausdruck: Gott „der Grund alles Personhaften".

Es gibt ein Psalmwort, das in diesem Zusammenhang von Bedeutung ist: „Der das Ohr gepflanzt hat, sollte der nicht hören? Der das Auge gemacht hat, sollte der nicht sehen?" (Ps 94,9). Die göttliche Wirklichkeit, die den Menschen in seinem Personsein unbedingt angeht, ist selber eine personale Wirklichkeit. Darum führt H. Ott[17] die Überlegungen Tillichs weiter. Gott ist der Grund alles Persönlichen, das heißt: Er redet uns an und wird von uns im Gebet angeredet. Er ist daher – in einem höheren Sinne – selber Person. Natürlich kann er nicht wie ein Mensch eine Person neben anderen sein. Gott ist vielmehr das „ewige Du" (Martin Buber). Er begegnet dem Menschen mit einem unbedingten Anspruch, mit der einzigartigen Verheißung seiner Gegenwart. Darum geht auch unsere Anrede an Gott nicht ins Leere, sondern sie wird von ihm gehört.

---

[16] Vgl. P. Tillich, Systematische Theologie I, S. 283.
[17] Vgl. H. Ott, Gott, Stuttgart/Berlin, 1971, S. 78–84, mit dem Hinweis auf die Trinitätslehre S. 86–90; dazu s. u. VIII, B.1.

Die Bedeutung des Gebets im Zusammenhang der christlichen Gotteslehre hat G. Ebeling nachdrücklich herausgearbeitet[18]. Im Gebet wird der Lebens- und Erfahrungsbezug des Glaubens an Gott deutlich. Damit soll selbstverständlich nicht ein Gottesbeweis geführt werden. Vielmehr geht es darum, etwas aufzuweisen und Verstehen zu vermitteln. Das Gebet ist ein Urphänomen, das in vielfältiger Form in der Religionsgeschichte in Erscheinung tritt, vom Christentum dann aber geradezu ins Zentrum gerückt wird[19].

Sieht man das Gebet als Phänomen des menschlichen Lebens, so läßt sich sagen: Es „versammeln sich im Gebet gegebenenfalls die stärksten Affekte der Angst und der Freude, der Verzweiflung und der Gewißheit, der Klage und des Jubels. Aber auch die Affekte sind ja nichts, was der Mensch macht, sondern etwas, was über ihn kommt und ihn mitreißt, was ihm widerfährt und was er erleidet."[20] Daher ist das Gebet wie die Gottesbeziehung überhaupt gegenüber dem Denken und Tun eine Wirklichkeit eigener Art.

Von einem Selbstgespräch unterscheidet sich das Gebet dadurch, daß es einen Adressaten anspricht und mit ihm als einem wirklichen Gegenüber rechnet. „Man kann nicht anders beweisen, daß man mit der Wirklichkeit Gottes rechnet, als indem man zu ihm betet."[21] Die Voraussetzung also besteht in dem Reden Gottes zum Menschen. Dies gilt selbst angesichts der Klage über das Schweigen Gottes. Auch diese Klage ist ein Zeichen dafür, daß nicht das Reden des Menschen, sondern sein Angesprochensein das Entscheidende am Gebet ist.

So verdichtet sich im Gebet die Gottesbeziehung insgesamt. Der Beter fügt Gott und seine eigene Lebenswirklichkeit zusammen. Dietrich Bonhoeffer hat es so zum Ausdruck gebracht: „Ich glaube, daß Gott kein zeitloses Fatum ist, sondern daß er auf aufrichtige Gebete und verantwortliche Taten wartet und antwortet."[22]

---

[18] Vgl. G. Ebeling, Dogmatik I, S. 192–245.
[19] Vgl. aaO, S. 208 f.
[20] AaO, S. 200.
[21] AaO, S. 202.
[22] D. Bonhoeffer, Widerstand und Ergebung, München/Hamburg, ²1965, S. 19.

Die Frage, ob bzw. in welchem Sinne Gott als ein personales Gegenüber zu verstehen ist, wurde in der neueren Diskussion in vielfältiger Weise bedacht. Der Mensch überträgt nicht personale Vorstellungen auf Gott. Vielmehr hat das Reden von der Personalität seinen wesenhaften Ursprung in der religiösen Erfahrung. So ist nach christlichem Verständnis Gott kein unpersönliches Es, sondern der Grund alles Personhaften, das „ewige Du". Darin ist das Gebet, das Reden zu Gott als einem personhaften Gegenüber begründet.

5. Schöpfungsglaube heute – Zusammenfassung

Im Glauben an Gott den Schöpfer erfaßt der Mensch das Geheimnis der Welt und des Lebens. Er sieht sein Leben nicht als etwas Selbstverständliches an, sondern versteht es als gute Gabe des Schöpfers, als etwas Großes und Wunderbares. Er betrachtet sein Leben nicht als ein Ergebnis von Vererbung und Umwelt, sondern erkennt: Das persönliche Leben hat einen einmaligen, unverwechselbaren Sinn. Damit hat jeder Mensch vor Gott eine unverlierbare Würde. Im Glauben an Gott den Schöpfer wird das Leben bejaht – mit seinem Glück und seiner Erfüllung, wie mit seinen Grenzen und Problemen. So wird auch die Gemeinschaft mit anderen Menschen als eine besondere Gabe des Schöpfers erkannt, in der es zum Verstehen und zur Begegnung kommt. Der Schöpfungsglaube läßt den Zusammenhang mit allen Lebewesen erkennen, mit denen der Mensch als Geschöpf unter Geschöpfen verbunden ist. Dies alles führt zur Bejahung des Lebens, zur Freude an der Schöpfung, zum Dank gegenüber dem Schöpfer.

Der Schöpfungsglaube schließt eine Verantwortung des Menschen ein. Der Mensch hat in besonderer Weise den Auftrag, Mitarbeiter Gottes zu sein, das Leben und den Lebensraum der Schöpfung verantwortlich zu gestalten. Von da aus sind Maßstäbe zu gewinnen für eine Ethik der Schöpfung, um das anvertraute Leben zu bewahren. Hier wird die Frage dringlich: Können die Menschen ihren Auftrag zur Herrschaft über die Erde noch verantwortlich wahrnehmen? Oder werden sie am Ende die

Lebensgrundlagen der Erde zerstören? Eine einfache Antwort auf diese Überlebensfrage kann es nicht geben. Aus christlicher Sicht ist darauf hinzuweisen: Ein Optimismus, der die Probleme verharmlost, ist ebenso verwehrt wie ein Pessimismus oder eine Resignation, die sich mit dem anscheinend Unabänderlichen abfindet. „Menschen ‚können' sie (die Schöpfung) zwar antasten, aufs äußerste gefährden – aber können sie ihr die geschöpfliche Disposition nehmen, auch in allem, was sie zerstören? Die christliche Theologie hat dies mit dem Hinweis auf... das fortwirkende Schöpferwirken Gottes verneint."[23] Daher ist an die Verheißung der biblischen Botschaft zu erinnern: Gott gibt seine Schöpfung nicht auf. Diese Zusage gilt auch heute, und darin besteht der Grund zur Hoffnung. So ermutigt die biblische Botschaft dazu, von dieser Hoffnung her an die Aufgaben heranzugehen, die notwendig sind, um die Schöpfung zu bewahren. Oder – wie P. Stuhlmacher formuliert: „Es ist uns Christen nicht verheißen, daß wir selber durch unser Tun und Lassen die Schöpfung retten können, aber es ist uns aufgegeben, Zeichen der Hoffnung zu setzen. Gott hat sein Ja zur Schöpfung in Christus nicht widerrufen sondern bekräftigt, und weil wir dies wissen, sind wir auch berechtigt und berufen, dieses göttliche Ja tatkräftig zu bezeugen."[24]

---

[23] G. Sauter, Was heißt: nach Sinn fragen? München 1982, S. 68.
[24] P. Stuhlmacher, Die ökologische Krise als Herausforderung an die Biblische Theologie, Evangelische Theologie 48, 1988, S. 327; zum Ganzen vgl. H. Grewel, Brennende Fragen christlicher Ethik, Göttingen 1988, S. 85–124. O. Schnübbe (Hg.), Embryotransfer und Gentechnologie. Chancen und Risiken, Vorlagen 48/49, hg. von E. Lohse, Hannover 1986.

III. Sünde und Leid

In der biblischen Botschaft spielt die Rede von der Sünde eine grundlegende Rolle. Das Wort „Sünde" hat allerdings im normalen Sprachgebrauch heute eine völlig andere Bedeutung gewonnen; es bezeichnet zumeist ein moralisches Fehlverhalten, dem oft kein besonderes Gewicht beigemessen wird. Dieses moralisierte, verflachte Sündenverständnis hat mit der in der Bibel beschriebenen Erfahrung der Sünde kaum etwas zu tun. In der Bibel ist „Sünde" in erster Linie nicht ein ethischer sondern ein religiöser Begriff. „Sünde" bedeutet Trennung des Menschen von Gott. Diese Abwendung des Menschen von Gott ist der Grund für alle Störung der menschlichen Gemeinschaft. In diesem Sinne hat die Sünde auch ethische Auswirkungen.

Durch das schuldhafte Tun sind viele Leiden verursacht. Daneben gibt es aber auch das Leiden, das mit der Endlichkeit des Menschen zusammenhängt, z. B. Krankheit und Tod. Die Wirklichkeit der Sünde und des Leidens kommt in vielen biblischen Texten zur Sprache, von denen jetzt einige bedacht werden sollen[1].

A. Biblische Grundlagen

1. Das Verständnis der Sünde in der biblischen Urgeschichte

1.1 Sein-Wollen wie Gott – 1. Mose 3

Einer der klassischen Texte ist 1. Mose 3, die Geschichte vom „Sündenfall", die mit dem vorangehenden jahwistischen Schöpfungsbericht und den anschließenden Kapiteln zur sogenannten „Ur-geschichte" (1. Mose 1–11) gehört. Mit diesem Begriff ist allerdings nicht die Beschreibung einer frühen historischen Epo-

---

[1] Zum Verständnis der Sünde in der biblischen Urgeschichte, vgl. G. v. Rad, 1. Mose, S. 69–131; G. v. Rad, Theologie AT I, S. 167–174; W. Zimmerli, Atl. Theologie, S. 147–154; C. Westermann, Theologie AT, S. 102–104.

che gemeint. Vielmehr kommt in der Urgeschichte zum Ausdruck, was grundsätzlich von Gott, Welt und Mensch gilt. Die Intention des Textes besteht nicht darin, im historischen Sinne von den ersten Menschen zu berichten. Das wird schon daran deutlich, daß Adam und Eva keine Eigennamen sind. „Adam" bedeutet ursprünglich: Mensch, und „Eva" die Lebensspenderin, die Mutter. Darin kommt zum Ausdruck: Es geht um das, was exemplarisch für alle Menschen gültig ist. Wenn der Jahwist vom Anfang erzählt, dann will er damit zeigen, was vom Ursprung her und darum zu jeder Zeit für den Menschen in seinem Gegenüber zu Gott gilt.

Woher kommt das Böse?

Die jahwistische Erzählung beginnt mit dem Auftreten der Schlange (1. Mose 3,1). In der Auslegung wird seit langem darauf hingewiesen, daß die Schlange nicht eine Verkörperung des Bösen, des Satans oder Teufels darstellt. Auch widerspricht es der biblischen Anschauung, daß von Anfang an ein gutes und ein böses Prinzip, Gott und der Teufel nebeneinander bestehen. Die Gestalt der Schlange bringt lediglich zum Ausdruck: Das Böse tritt gleichsam von außen an den Menschen heran; und doch ist es der Mensch selbst, der in das Böse einwilligt. Die Bibel erklärt das Böse nicht, sie nennt keine Ursache, auf die es zurückzuführen ist; sie läßt vielmehr das Geheimnis des Bösen stehen. Denn der Mensch hat Freiheit. Er kann sich von Gott trennen und dem Bösen zuwenden.

Wissen, was gut und böse ist

Der Begriff „Sünde" wird im Text nicht verwandt; ihre Realität wird vielmehr in erzählender Weise beschrieben. Die Frage: „Ja, sollte Gott gesagt haben: ihr sollt nicht essen von allen Bäumen im Garten?" (1. Mose 3,1) enthält bereits eine Distanzierung von Gott. Die Frau stellt das hier Gesagte richtig und weist darauf hin: Sie essen von den Früchten aller Bäume, aber nicht von dem Baum mitten im Garten (vgl. 1. Mose 3,2 f.)[2].

---

[2] Daß die Frucht des Baumes ein Apfel sei, steht nicht im Text; vgl. G. v. Rad, aaO, S. 73. Auch die Meinung, die Frau sei eher zur Sünde zu verführen als der Mann, läßt sich aus dem Text nicht begründen.

Hier wird deutlich: Gott hat dem Menschen einen großen Spielraum gegeben, aber er hat ihm zugleich eine Grenze gesetzt; dafür steht der Baum mitten im Garten als Symbol. Die dem Menschen gesetzte Grenze wird nun kritisch infragegestellt: „...Gott weiß, an dem Tage, da ihr davon eßt, werden eure Augen aufgehen, und ihr werdet sein wie Gott und wissen, was gut und böse ist" (1. Mose 3,5). Der Ausdruck „wissen, was gut und böse ist", bedeutet im hebräischen Sprachgebrauch: alles wissen. Die Gefahr für den Menschen besteht darin, daß er alles wissen, daß er sein will wie Gott und damit die ihm als Menschen gesetzte Grenze überschreitet.

Flucht vor Gott

Der Text beschreibt, wie die Menschen der Sünde erliegen und sich darum vor Gott zu verbergen suchen: „Und Gott der Herr rief Adam und sprach zu ihm: Wo bist du? Und er sprach: Ich hörte dich im Garten und fürchtete mich, denn ich bin nackt, darum versteckte ich mich" (1. Mose 3,9 f.). Angesichts dieser Frage erkennt der Mensch seine Grund-Verfehlung: Das Böse liegt in der Trennung von Gott; er will von Gott loskommen, darum versteckt er sich vor ihm und fürchtet ihn. Die von ihm begangene Schuld schiebt er der Frau zu, und die wiederum weist auf die Schlange hin, die sie betrogen habe. Der Erzähler aber läßt keine Zweifel daran: Jeder ist für sein Tun verantwortlich.

Das verlorene Paradies

Die Abwendung des Menschen von Gott hat Folgen. Der Text sieht sie in der Härte der Lebenswirklichkeit: Die Frau wird mit Schmerzen Kinder gebären (1. Mose 3,16), der Mann soll mit Mühe und Schweiß den Acker bebauen (1. Mose 3,17–19). Die Menschen werden aus dem Paradies vertrieben: „Da wies ihn Gott der Herr aus dem Garten Eden, daß er die Erde bebaute, von der er genommen war" (1. Mose 3,23). Der Mensch lebt nicht mehr in der unmittelbaren Nähe Gottes, und er hat die Folgen seiner Schuld zu tragen.

Zugleich bringt der Text an anderen Stellen zum Ausdruck: Trotz des Bösen hat Gott Geduld mit dem Menschen, er bewahrt

sein Leben. Trotz der Sünde bleibt der Mensch Gottes Geschöpf;
er kann die Erde bebauen und gestalten. In der früheren Auslegung hat man in 1. Mose 3,15 einen Hinweis auf Jesus Christus
gesehen: „...ich will Feindschaft setzen zwischen dir (= der
Schlange) und der Frau und zwischen deinen Nachkommen und
ihren Nachkommen; der soll dir den Kopf zertreten, und du
wirst ihn in die Ferse stechen." Dem Wortlaut nach ist hier ein
Hinweis auf Jesus Christus kaum zu begründen. Vom Gesamtzu-
sammenhang der Bibel wird damit aber eine wichtige Einsicht
ausgesprochen: Die Sünde des Menschen, seine Trennung von
Gott, behält nicht das letzte Wort.

1.2 Die zerstörerischen Folgen der Sünde – 1. Mose 4–11

Die Texte der biblischen Urgeschichte stehen miteinander in
einem inneren Zusammenhang; so ist die Erzählung von Kain
und Abel (1. Mose 4,1–16)[3] deutlich mit 1. Mose 3 verbunden:
Die Abwendung des Menschen von Gott hat zur Folge, daß auch
die Gemeinschaft zwischen den Menschen zerbricht. Das wird in
der Erzählung vom Brudermord in erschreckender Weise deutlich. Die Schuld hat ihre Wurzel im menschlichen Herzen: „Da
ergrimmte Kain sehr und senkte finster seinen Blick" (1. Mose
4,5). Dabei wird Kain nachdrücklich auf seine Verantwortung
angesprochen: „Ist's nicht also: Wenn du recht handelst, darfst
du frei aufschauen; handelst du aber nicht recht, so lauert die
Sünde vor der Tür, und nach dir steht ihre Begierde; du aber
sollst Herr werden über sie!" (1. Mose 4,7).

„Wo ist dein Bruder?"

Kain erschlägt seinen Bruder Abel. Die menschliche Schuld
kann vor Gott nicht verborgen bleiben: „Da sprach der Herr zu
Kain: Wo ist dein Bruder Abel? Er sprach: Ich weiß nicht; soll ich
meines Bruders Hüter sein?" (1. Mose 4,9). In diesen Worten
kommt zum Ausdruck, wie tief die menschliche Gemeinschaft

---

3 Die Geschichte von Kain und Abel ist ursprünglich eine selbständig überlieferte Erzählung gewesen und erst später in den Zusammenhang mit 1. Mose 3
gebracht worden. Damit ist die oft gestellte Frage, woher Kain seine Frau nahm
(1. Mose 4,17), wenn doch Kain und Abel die Söhne des ersten Menschenpaares
waren, gegenstandslos. Die ursprünglich selbständige Erzählung setzte die Existenz vieler Menschen bereits voraus. –

zerbrochen ist. Auch diese Schuld hat Folgen: Kain wird verflucht, unstet und flüchtig soll er auf Erden leben. Zugleich aber bleibt für ihn eine Hoffnung: Er empfängt ein Zeichen[4], damit niemand ihn erschlägt (1. Mose 4,11–15) – auch dies ein Hinweis auf die bewahrende Güte Gottes.

Der Bund mit Noah

Im weiteren Verlauf erzählt die biblische Urgeschichte, wie sich die Sünde der Menschen immer mehr steigert. Dies kommt in der Geschichte von der Flut (Sintflut) zum Ausdruck. Der Erzählstoff, der viele Parallelen in anderen Religionen hat, z.B. im babylonischen Gilgameschepos, ist den Erzählern vorgegeben. Sie deuten dieses Geschehen als Folge der menschlichen Bosheit, „daß... alles Dichten und Trachten ihres Herzens nur böse war" (so der Jahwist, 1. Mose 6,5), „die Erde war voller Frevel" (so die Priesterschrift, 1. Mose 6,12). Dennoch wird in der Katastrophe der Flut das Leben bewahrt – Noah wird mit seiner Familie zusammen mit den Tieren gerettet.

Am Schluß der Flutgeschichte steht die Zusage Gottes: „Ich will hinfort nicht mehr die Erde verfluchen um der Menschen willen; denn das Dichten und Trachten des menschlichen Herzens ist böse von Jugend auf..." (1. Mose 8,21). Trotz der menschlichen Sünde hält Gott am Menschen und der Welt fest. Er will das Leben seiner Geschöpfe bewahren. Darum gibt es die verläßlichen Ordnungen der Schöpfung: „Solange die Erde steht, soll nicht aufhören Saat und Ernte, Frost und Hitze, Sommer und Winter, Tag und Nacht" (1. Mose 8,22). Im priesterlichen Abschluß der Erzählung (1. Mose 9,1–17) schließt Gott mit Noah einen Bund, indem er zusagt, das Leben zu erhalten. Der Regenbogen soll das Zeichen dieses Bundes sein.

Der Turm von Babylon

Die Turmbaugeschichte (1. Mose 11,1–9) erzählt von dem Plan der Menschen, einen Turm bis an den Himmel zu bauen, und damit die Möglichkeiten des Menschen ins Grenzenlose zu

---

[4] Die Geschichte von Kain steht zweifellos im Zusammenhang mit dem Stamm der Keniter, bei denen ein Stammeszeichen, eine Art Tätowierung, verbreitet war; vgl. G. v. Rad, aaO, S. 87 f.

steigern. Aber Gott widersteht diesem Tun; er verwirrt ihre Sprache und zerstreut sie in alle Länder. Die Turmbaugeschichte endet ohne eine Verheißung. Es ist aber zu beachten, daß sich die Berufung Abrahams unmittelbar anschließt (1. Mose 12,1–3). Darin kommt zum Ausdruck: Gott macht einen neuen Anfang – mit einer Gruppe von Menschen, mit dem Volk Israel, das zum Segen für alle Menschen werden soll.

Wer ist der Teufel?

Es wurde bereits deutlich: Das Alte Testament gibt keine Erklärung für die Realität des Bösen. Daher spielt auch die Rede vom „Satan" oder „Teufel" kaum eine Rolle. Sofern das Wort „Satan" auftaucht, bezeichnet es den Ankläger im innermenschlichen und im göttlichen Bereich[5].

In Sach 3,1 ff. und Hiob 1 f. begegnet die Vorstellung, daß es in der Welt der Engel auch einen „Satan" gibt, der als Ankläger auftritt und mit kritischen Fragen die Dinge auf die Probe stellt, z.B. mit der Frage, ob Hiob nur darum fromm sei, weil es ihm gut gehe. In diesen Aussagen kommt die Erfahrung vom Bösen als einer übermenschlichen Macht zum Ausdruck, die den Menschen in ihren Bann zieht und ihn in Versuchung führt. Aber auch angesichts dieser Erkenntnis bleibt im Alten Testament das grundlegende Verständnis erhalten: Die Sünde ist ein Tun, für das der Mensch Verantwortung trägt.

Zusammenfassung

Die biblische Urgeschichte beschreibt die Wirklichkeit der Sünde. Der Mensch, der sein will wie Gott, wendet sich von seinem Schöpfer ab. Die Abwendung von Gott hat zur Folge, daß auch die Gemeinschaft zwischen den Menschen zerbricht, und daß die Folgen der Sünde das Leben zerstören. Dennoch gibt Gott den Menschen und die Welt nicht auf; er will seine Schöpfung bewahren.

---

[5] Vgl. 1. Sam 29,4; 2. Sam 19,23; 1. Kön. 11, 14.23.25; zum Ganzen vgl. Zimmerli, Atl. Theologie, S. 150.

2. Die Zehn Gebote

Für die Situation des Menschen vor Gott sind für das alttestamentliche Verständnis die Gebote charakteristisch. Dies wurde bereits am 1. Gebot verdeutlicht (s. Kap. I, A.3), mit dem eine Reihe weiterer Gebote für das Verhalten zwischen den Menschen verbunden sind. Es gibt im Alten Testament verschiedene Zusammenstellungen von Geboten und Rechtssätzen. Am bekanntesten sind die „Zehn Gebote", der „Dekalog", der sich an zwei Stellen findet: 2. Mose 20,1−17 und 5. Mose 5,6−21[6]. In den Geboten kommt zum Ausdruck: Gott ist der Heilige, sein Anspruch gilt unbedingt. „Ihr sollt heilig sein, denn ich, Jahwe, euer Gott, bin heilig" (3. Mose 19,2). Die Gebote sind daher als verbindliche Weisung anzusehen.

Den Feiertag heiligen

Im Dekalog folgt den Geboten, die zur rechten Gottesverehrung aufrufen, das Gebot für den Feiertag: „Gedenke des Sabbattages, daß du ihn heiligest" (2. Mose 20,8)[7]. Im priesterlichen Schöpfungsbericht war davon gesprochen, daß Gott am siebten Tage der Schöpfung ruhte (1. Mose 2,2 f.). Sabbat bedeutet Ausruhen von der Arbeit. Damit bekommt Israel Anteil an der Ruhe des Schöpfers (2. Mose 20,10 f.). In der Fassung des Dekalogs im Deuteronomium (5. Buch Mose) wird an die Situation Israels in Ägypten erinnert: Auch der Sklave und die Sklavin sollen am siebten Tag Ruhe halten „Denn du sollst daran denken, daß du Sklave gewesen bist im Lande Ägypten, und daß der Herr, dein Gott, dich herausgeführt hat..." (5. Mose 5,15).

Die Eltern ehren

Das Elterngebot fordert dazu auf, den Vater und die Mutter zu ehren (2. Mose 20,12). Hier sind ursprünglich nicht die Kinder, sondern Erwachsene im Blick auf ihre alt gewordenen Eltern angeredet. In der damaligen Situation sind die alten Eltern dar-

---

6 Zu den *Geboten* vgl. F. Crüsemann, Die Bewahrung der Freiheit, München 1983; M. Noth, 2. Mose, S. 121−135; G. v. Rad, 5. Mose, S. 38−44; G. v. Rad, Theologie AT I, S. 198−215; C. Westermann, Theologie AT, S. 154−164; W. Zimmerli, Atl. Theologie, S. 94−100; S. 115−122.

7 M. Luther im Kleinen Katechismus: „Du sollst den Feiertag heiligen."

auf angewiesen, daß die Kinder sie mit Nahrung, Kleidung, Wohnung versorgen, ihnen Achtung und Ehrfurcht entgegenbringen. Die Alten können das von Jahwe gewährte Land nicht mehr selbst bebauen, dafür sind sie jetzt auf ihre Söhne angewiesen. Der Nachsatz „... auf daß du lange lebest und dir's wohlgehe in dem Lande, das dir der Herr, dein Gott geben wird" (2. Mose 20,12), weist auf die Konsequenzen hin. Denen, die das Gebot halten, wird der Besitz des Landes und langes Leben verheißen.

Nicht töten

„Du sollst nicht töten" (2. Mose 20,13). Dieses Gebot schützt das Leben vor dem willkürlichen Zugriff. Das im Hebräischen verwendete Wort bezeichnet das ungesetzliche, willkürliche Totschlagen, „das mit Gewalt vollzogene Töten eines Menschen"[8]; dieses wird durch das Gebot verwehrt. Das Leben ist dem Menschen von Gott geschenkt, darum muß es geachtet und geschützt werden. In der ursprünglichen Situation ist allerdings das Problem des Tötens im Krieg oder der Todesstrafe nicht angesprochen. Beides hat es in Israel gegeben. Hier führt die Deutung des Gebotes in der Bergpredigt weiter (s. u. Kapitel IV,A,3.3).

Nicht ehebrechen

„Du sollst nicht ehebrechen" (2. Mose 20,14). Im Blick auf die Ursprungssituation dieses Gebotes ist zu beachten: Es geht hier in erster Linie nicht um ein ethisches oder sexuelles Verbot, sondern um die Lebenssicherung des Nächsten in Ehe und Familie. Das Leben war damals vor allem in der Familie möglich. Sie bildete die materielle Basis und mußte darum geschützt werden. Dieses Gebot wurde in Israel festgehalten, auch als die äußeren Lebensumstände sich wandelten. Die Tendenz zur Einehe setzte sich im Laufe der Geschichte durch.

Die Wahrheit achten

„Du sollst nicht falsch Zeugnis reden wider deinen Nächsten" (2. Mose 20,16). Dieses Gebot bezieht sich auf den Rechtsbereich. Es geht um die Rolle des Zeugen oder des Anklägers: „Du

---

8 F. Crüsemann, aaO, S. 67.

sollst nicht gegen deinen Nächsten als Lügenzeuge aussagen."[9]
Hier wird verwehrt, durch falsche Aussagen den Nächsten um
sein Recht zu bringen.

Das Eigentum schützen

In zwei Geboten geht es um den Schutz des Eigentums. Bei der
Aussage „Du sollst nicht stehlen" (2. Mose 20,15) hat man in
der Auslegung vielfach an Menschenraub gedacht. Diese Deutung ist aber umstritten. Wahrscheinlich wird der Diebstahl
allgemein angesprochen; das Gebot will das Eigentum als die
Lebensgrundlage schützen. – Am Schluß des Dekalogs heißt es:
„Du sollst nicht begehren deines Nächsten Haus" (2. Mose
20,17). In der Fortsetzung wird alles genannt, was zum Hause
gehört. „Begehren" dürfte dabei als ein „Aussein auf" oder
„Streben nach" zu verstehen sein. Das Gebot verwehrt alle
Möglichkeiten, um in den Besitz des Nächsten zu gelangen und
ihm so die Lebensgrundlage zu nehmen.

Die Gebote – Maßstäbe zum Leben

Der Dekalog hat in Israel eine wichtige Bedeutung gehabt. Er
wird im Neuen Testament aufgenommen und vom Liebesgebot
her ausgelegt (s. Kapitel IV, A 3); er spielt in der kirchlichen
Tradition, etwa in den Katechismen, eine wichtige Rolle als
Summe christlicher Ethik. Dabei ist die Situation des Menschen
als Sünder vorausgesetzt. Gott aber gibt den Menschen, der vor
ihm und seinen Mitmenschen schuldig wird, nicht auf. Er begegnet ihm als der rettende Gott, und verpflichtet den Menschen auf
seine Gebote. Diese Weisungen sollen als Maßstäbe zum Leben
beachtet werden. So beschreiben die Gebote des Dekalogs die
Minimalanforderungen für die menschliche Gemeinschaft. Sie
zeigen auf, wo Menschen schuldig werden[10], und weisen auf den
verbindlichen Willen Gottes hin.

---

[9] F. Crüsemann, aaO, S. 73.

[10] In vielen Schriften des Alten Testaments wird die von den Menschen
begangene *Sünde* aufgedeckt, z. B. der Abfall der Israeliten von Gott und der
erneute Bundesschluß 2. Mose 32–34, die Schuld des Königs Ahab 1. Kön 21,
die prophetischen Anklagen des Volkes z. B. Am 5,4–17; Jes 1,2–20; 5,1–7; Jer
7,1–15.

Zusammenfassung

Im Dekalog sind die Gebote zur rechten Gottesverehrung mit den Geboten verbunden, die das Leben und die Gemeinschaft der Menschen schützen. In den Geboten begegnet der verpflichtende Anspruch Gottes. Sie sind daher Maßstäbe für das Zusammenleben und zeigen auf, wo der Mensch schuldig wird.

3. Sünde und Vergebung im Alten Testament

An vielen Stellen des Alten Testaments wird beschrieben, daß Menschen vor Gott und untereinander schuldig werden. Angesichts dieser Erfahrungen werden nicht nur die Gebote aufs neue eingeschärft, vielmehr wächst auch die Erkenntnis, daß der Mensch auf Vergebung[11] angewiesen ist.

Was heißt: Vergebung?

Besonders deutlich kommt die Botschaft von der Vergebung Gottes in Ps 103 zum Ausdruck. Der Psalmdichter bekennt von Gott: „Barmherzig und gnädig ist der Herr, geduldig und von großer Güte" (Ps 103,8). Er vergilt den Menschen nicht nach dem Bösen, was sie getan haben. Sondern er vergibt die Sünde. „Denn so hoch der Himmel über der Erde ist, läßt er seine Gnade walten über denen, die ihn fürchten. So fern der Morgen ist vom Abend, läßt er unsre Übertretungen von uns sein" (Ps 103,11 f.). Gott sieht nicht stillschweigend über die Sünde hinweg, er nimmt sie ernst; aber er vergibt die Sünde, das heißt: Er hält an den Menschen trotz der Schuld fest und sucht die Gemeinschaft mit ihnen. Darin erweist sich seine Güte und Barmherzigkeit.

---

[11] Zu *Sünde und Vergebung* in den Psalmen vgl. Ps 51; Ps 130; in den Geschichtsbüchern vgl. u. a. die Schuld Jakobs 1. Mose 27; 32; 33; Schuld und Vergebung in der Josefsgeschichte 1. Mose 45,1−5; 50,15−21; die Erneuerung des Bundes mit Mose 2. Mose 34,1−9; Schuld und Vergebung in der Geschichte von David und Nathan 2. Sam 11,1−12, 25; in eindringlicher Weise kommt im Buch Jona die Erkenntnis menschlicher Schuld und die Botschaft von der Gnade und Vergebung Gottes zum Ausdruck. Vgl. Erwachsenenkatechismus, S. 253−280.

Die Botschaft von der Vergebung hat bei den Propheten Jesaja und Deuterojesaja eine wichtige Bedeutung (z. B. Jes 6,7; Jes 40,2; 54,8). Vor allem Jeremia hat tiefe Einsichten über das Wesen des Menschen gewonnen. Der Mensch ist unfähig, das Gute zu tun: „Kann etwa ein Mohr seine Haut wandeln oder ein Panther seine Flecken? So wenig könnt auch ihr Gutes tun, die ihr ans Böse gewöhnt seid" (Jer 13,23). Eine Veränderung kann nur von Gott her kommen. Dies ist die Verheißung des neuen Bundes: „... ich will mein Gesetz in ihr Herz geben und in ihren Sinn schreiben, und sie sollen mein Volk sein, und ich will ihr Gott sein...; ... ich will ihre Missetat vergeben und ihrer Sünde nimmermehr gedenken" (Jer 31,33 f.; vgl. Hes 36,26 f.). Die Vergebung der Sünde schafft eine neue Situation. Das Gebot Gottes wird den Menschen nicht mehr wie etwas Fremdes gegenüberstehen; Gott wird es ihnen ins Herz geben und so die Gemeinschaft mit den Menschen erneuern.

Zusammenfassung

Die Erkenntnis der Sünde führt zur Bitte um die göttliche Vergebung. Die Gewißheit von der Vergebung hat ihren Grund in der Güte und Barmherzigkeit Gottes. Angesichts der Unfähigkeit des Menschen zum Guten ergeht die Verheißung, daß Gott sein Gebot den Menschen ins Herz geben werde.

4. Das Verständnis der Sünde im Neuen Testament

Jesu Zuwendung zu den Sündern

Jesus entwickelt in seiner Verkündigung keine Lehre von der Sünde, sondern er spricht mit seiner Botschaft den Menschen auf seine Situation an. So sagt er: „Ihr, die ihr böse seid", könnt „euren Kindern gute Gaben geben" (Mt 7,11; Lk 11,13). Er rechnet damit, daß Menschen Sünder sind. Er wendet sich aber gerade ihnen zu: „Ich bin gekommen, die Sünder zu rufen und nicht die Gerechten" (Mk 2,17 par.). Aus seiner Botschaft vom Reich Gottes, seiner Auslegung des Gebotes, aus seinem Zusprechen der Vergebung läßt sich erschließen, wie er die Situation des

Menschen vor Gott und damit das Problem der Sünde sieht (dazu s. Kapitel IV,A).

Die Situation des Menschen

In der Theologie des Paulus findet sich eine stärkere Reflexion über die Realität der Sünde[12]. In dem Abschnitt Röm 5,12—21 stellt Paulus Adam und Christus gegenüber: „... wie durch *einen* Menschen die Sünde in die Welt gekommen ist, und der Tod durch die Sünde, so ist der Tod zu allen Menschen durchgedrungen, weil sie alle gesündigt haben" (Röm 5,12). Paulus geht in seiner Beschreibung der Sünde über das in 1. Mose 3 Gesagte hinaus. Aber auch er gibt keine Erklärung über die Herkunft der Sünde. Vor allem darf man nicht den Gedanken einer – biologisch verstandenen – Erbsündenlehre hier eintragen. Paulus sagt ja nicht: Durch die sündige Tat Adams ist die Sünde auf alle Menschen vererbt worden. Vielmehr betont er ausdrücklich die Verantwortung eines jeden Menschen: „weil sie alle gesündigt haben."

Der Hinweis auf Adam bedeutet: Die Situation der Menschheit ist immer schon durch die Sünde, die Abwendung von Gott bestimmt. Dieser Zusammenhang ist zugleich durch die Realität des Todes gekennzeichnet. Das Sterben gehört allerdings zu der mit der Schöpfung gegebenen Endlichkeit. Aber durch die Ferne von Gott gewinnt der Tod für den Menschen den Charakter der feindlichen Macht, die den Menschen dem Nichtigen ausliefert.

Die Macht des Bösen

In der Zeit zwischen dem Alten und dem Neuen Testament entwickelt sich im Zusammenhang mit den Engel- und Dämonenvorstellungen die Anschauung vom Teufel weiter. Er gilt als Gegner Gottes, der einst von Gott abgefallen ist („Luzifer"). Diese Lehre wird im Neuen Testament nicht wiederholt; im übrigen werden aber die verbreiteten Vorstellungen vom Teufel und den Dämonen aufgenommen. Mit dem Wirken Jesu ist aber die Macht des Bösen bereits überwunden (Mt 12,28; Lk 10,18). Die Versuchungsgeschichte erzählt, wie Jesus vom Teufel ver-

---

[12] Vgl. G. Bornkamm, Paulus, S. 131—144; E. Lohse, Ntl. Theologie, S. 92—95.

sucht wird, aber diese Versuchung besteht (Mt 4,1–11; Lk
4,1–13). Im Vaterunser lehrt Jesus seine Jünger beten: „Erlöse
uns von dem Bösen!" (Mt 6,13).

Auch bei Paulus und Johannes ist der Satan das Haupt wider-
göttlicher Mächte[13].

In der Offenbarung des Johannes spielt im Rahmen der Zukunftserwartung der Teufel eine Rolle: Er wird aus dem Himmel
hinausgeworfen. So ist der himmlische Bereich frei vom Bösen,
das aber auf der Erde – in der Verfolgung der christlichen
Gemeinde – seine Macht entfaltet (vgl. Offb 12,7–12). Grundsätzlich aber ist er überwunden durch die Kraft Gottes und die
Macht Jesu Christi.

Die neutestamentlichen Aussagen vom Teufel haben kein Interesse an einer Beschreibung von Himmel und Hölle. Sie bringen vielmehr zum Ausdruck: Das Böse, das Menschen tun, ist
zugleich eine überpersönliche Macht, die über die Menschen
herrscht. Die Macht des Bösen ist aber durch Jesus Christus
schon gebrochen, wenn auch noch nicht endgültig überwunden.

Zusammenfassung

Jesus wendet sich mit seiner Botschaft und seinem Verhalten
den Sündern zu, um sie die Nähe des Reiches Gottes erfahren zu
lassen. Paulus beschreibt die Sünde als Abwendung des Menschen von Gott; sie ist schuldhafte Tat; zugleich aber findet sich
der Mensch immer schon in einer Situation der Gottesferne vor,
in der die Macht des Bösen herrscht.

5. Erfahrungen des Leidens

In Israel wurden das Leiden[14] und die Bedrohungen des Lebens sehr intensiv wahrgenommen, da alle Ereignisse des täglichen Lebens mit Jahwe in Verbindung gebracht wurden. So war
man – wie in vielen anderen Völkern und Religionen – der
Überzeugung, daß zwischen dem Tun und dem Ergehen des
Menschen ein Zusammenhang besteht. Das wird sprachlich

---

[13] Z.B. Rm 16,20; 2. Kor 2,11; 11,14. Joh 8,43–45; 16,11; 1. Joh 3,8.12.
[14] Vgl. G. v. Rad, Theologie, AT I, S. 395–420; C. Westermann, Theologie
AT, S. 147–153; W. Zimmerli, Atl. Theologie, S. 132–136.

daran deutlich, daß mit ein und demselben Wort die böse Tat und die böse Folge bezeichnet werden. Beides hängt in einer schicksalswirkenden Tatsphäre untrennbar zusammen. In dieser Anschauung ist zweifellos etwas Zutreffendes gesehen. Keine Tat bleibt ohne Folgen. Problematisch wird es aber, wenn man einen geradezu zwangsläufigen Zusammenhang zwischen Tun und Ergehen annimmt. Auch die Menschen in Israel erkannten bereits, daß es eine allgemein einsichtige Deutung der Ereignisse nicht gibt, und daß das Leiden oft unverständlich bleibt.

5.1 Warum? – die Klage in den Psalmen

In der frühen Zeit war offenbar die Frömmigkeit ausgeprägt, die in der Gewißheit lebte: „Es ist Jahwe; er tue, was ihm gefällt" (1. Sam 3,18). Aber dann brach doch die Warum-Frage auf, die sich in den Klageliedern des Psalmen häufig findet[15]. Dabei werden in den Klageliedern des Volkes Ereignisse angesprochen, die das Ganze der Gemeinschaft betreffen – Trockenheit, Mißernte, militärische Niederlagen[16]. In den Klageliedern des Einzelnen werden Armut, Krankheit, der drohende Tod, die Verleumdungen und das Unrecht der persönlichen Feinde im Gebet vor Gott gebracht. Es gibt viele Erfahrungen im Einzelleben, in denen von der helfenden Nähe Jahwes nichts zu spüren und damit das Gottesverhältnis insgesamt infragegestellt war.

Von Gott verlassen – Psalm 22

Ps 22[17] ist ein Beispiel für ein Klagelied eines Einzelnen. Er beginnt mit den Worten: „Mein Gott, mein Gott, warum hast du mich verlassen? Ich schreie, aber meine Hilfe ist ferne. Mein Gott, des Tages rufe ich, doch antwortest du nicht, und des Nachts, doch finde ich keine Ruhe" (Ps 22,2 f.). Der Beter klagt über Armut, Krankheit, über die Feinde und deren falsche Anklagen. Er verstummt nicht in seinem Leiden, sondern er spricht es in der Klage vor Gott aus. Die Tiefe des Leidens besteht darin,

---

[15] Z.B. Ps 10,1; 22,2; 74,1; zu den Erfahrungen des *Leidens* im Alten Testament vgl. auch die Bekenntnisse des Jeremia (Jer 11,18–23; 15,10–18; 20,7–18), die Leidensgeschichte des Propheten (Jer 36–45), sowie die Lieder vom leidenden Gottesknecht (Jes 50,4–11; 52, 13–53, 12).

[16] Vgl. C. Westermann, Ausgewählte Psalmen, S. 24–38.

[17] Vgl. C. Westermann, aaO, S. 62–70.

daß er darin das Verlassensein von Gott erfährt. So ist es kein Zufall, daß gerade dieser Psalm im Neuen Testament zur Deutung des Leidens Jesu herangezogen wird (vor allem der Anfang, als Wort Jesu am Kreuz, Mt 27,46; Mk 15,34).

Auffallend ist der zweite Teil des Psalmes: Die Klage behält nicht das letzte Wort, sondern vielmehr die Gewißheit, die der Beter in einem Zuspruch erfahren hat: Gott bleibt nicht der ferne, verborgene; er läßt den Menschen aufs Neue seine Gegenwart erfahren. So wird die Klage ins Gotteslob gewendet: „...den Herrn werden preisen, die ihn suchen. Aufleben soll euer Herz für immer" (Ps 22,27).

Wenn ich nur dich habe – Psalm 73

In Ps 73[18] bedrückt den Beter das Glück der Gottlosen. Sie haben keine Mühe und keine Schmerzen, sie sind glücklich und reich. Vor allem aber: Sie sind dem Hochmut und der Gewalttätigkeit verfallen. Darum werden sie als Frevler bezeichnet. „Sie sprechen: Wie sollte Gott es wissen? Wie sollte der Höchste etwas merken?" (Ps 73,11). Demgegenüber beklagt der Beter seine eigene Situation: Umsonst hielt er sein Herz rein und wusch seine Hände in Unschuld. Er ist täglich geplagt, sein Herz ist verbittert und vom Schmerz gequält. Er sinnt darüber nach, ob er es begreifen möchte; aber es ist zu schwer für ihn. Im Heiligtum Gottes gewinnt er dann eine neue Einsicht. Die Frevler werden ein Ende nehmen – hier zeigt sich die Zeitgebundenheit dieses Psalms und anderer Psalmen im Rahmen der alttestamentlichen Frömmigkeit.

Die entscheidende Gewißheit wird erst am Schluß ausgesprochen. „Dennoch bleibe ich stets an dir; denn du hältst mich bei meiner rechten Hand" (Ps 73,23)[19]. „Wenn ich nur dich habe, so frage ich nichts nach Himmel und Erde. Wenn mir gleich Leib und Seele verschmachtet, so bist du doch, Gott, allezeit meines Herzens Trost und mein Teil" (Ps 73,25 f.).

Der Beter bringt hier eine unerschütterliche Gewißheit zum Ausdruck: In der Verbundenheit mit Gott kann er die Leiden bestehen. „Gott bleibt allezeit mein Fels" (so die wörtliche Über-

---

[18] C. Westermann, aaO, S. 98 – 107; zur Zeitgebundenheit der Psalmen vgl. aaO, S. 106 f.

[19] Zu Ps 73,24 s. u. Kapitel X, A.

setzung) – dies ist der Grund, der das Leben trägt. Die Gemeinschaft mit Gott wird als unzerstörbar erfahren.

Vertrauen – Psalm 23

„Der Herr ist mein Hirte" – dieses Bild ist oft als Idylle verstanden worden, das der Realität nicht standhält. Das Bekenntnis des Psalmdichters ist jedoch angesichts von Not und Bedrängnis gesprochen: So wie der Hirt die Herde vor Gefahren bewahrt, so behütet Gott mein Leben; er versorgt mich und führt mich auf den richtigen Weg. „Dieses Vertrauen... beruht auf Erfahrungen im wirklichen Leben, zu dem das Leid, die Angst, die Verzweiflung gehört. Erst in ihnen und aus ihnen ist das Vertrauen erwachsen..."[20], die Gewißheit: „...du bist bei mir" (Ps 23,4).

Zusammenfassung

In den Klagepsalmen sprechen Menschen ihr Leid vor Gott aus, das ihnen die Nähe Gottes hat fraglich werden lassen. Zugleich behält in vielen Psalmen die Klage nicht das letzte Wort; vielmehr wird die Gewißheit von der unzerstörbaren Gemeinschaft mit Gott bezeugt, die den Menschen auch in der Erfahrung des Leidens trägt.

5.2 *Hiob – das Urbild des leidenden Menschen*

Die Erfahrung des Leidens kommt in besonders eindringlicher Weise im Buch Hiob[21] zum Ausdruck. Die Rahmengeschichte (Hiob 1,1–2,13; 42,7–17) erzählt von Hiob, einem gottesfürchtigen und gerechten Mann. Er wird mit schweren Leiden geprüft. Er verliert seinen Besitz, seine Kinder und seine Gesundheit. Diese Leiden haben ihren Grund in der himmlischen Wette zwischen Gott und dem Satan (Hiob 1,6–12; 2,1–10). Hiob aber hält unbeirrt an Gott fest. Er wird am Ende reich gesegnet, er stirbt alt und lebenssatt (Hiob 42,10–17).

---

[20] C. Westermann, aaO, S. 98; vgl. zu Ps 23 insgesamt S. 95–98.
[21] Vgl. G. v. Rad, Theologie AT I, S. 420–430; C. Westermann, Theologie AT, S. 150–152; W. Zimmerli, atl. Theologie, S. 143–145; H. Zahrnt, Wie kann Gott das zulassen? Hiob – der Mensch im Leid, München/Zürich 1985.

In diese Rahmengeschichte ist ein erregendes Gespräch zwischen Hiob und seinen Freunden eingefügt. Die Freunde vertreten den Standpunkt: Jedes Leid hat seine Ursache in einer Schuld des Menschen; daher müsse dem schweren Leiden Hiobs auch eine Schuld zugrundeliegen. Hiob widerspricht dieser Deutung aufs schärfste. Er wendet sich zunächst gegen die Freunde, die ihm mit ihrer Überzeugung von einer durchschaubaren Weltordnung keinen Trost geben können. Dann aber klagt er sein Leid vor Gott selbst; ja er klagt ihn an, er rebelliert gegen den grausamen Gott, der mit der Ohnmacht seiner Geschöpfe spielt (Hiob 9,22 f.). So fordert Hiob Gott zum Rechtsstreit heraus. Er beteuert seine Unschuld in einem Reinigungseid (Hiob 31). Wohl weiß er um die Schuld aller Menschen. Aber er weigert sich anzuerkennen, daß der über alle Maßen leidende Mensch auch in besonderer Weise schuldig sein müsse.

Die neue Gottesbegegnung

Hiobs Weisheit ist von dem Wissen um den Schöpfer getragen. Darum kennt er hinter dem grausamen Gott, von dem seine Freunde ihm sprechen, noch einen anderen, den Gott, der an seinen Geschöpfen festhält: „Siehe, auch jetzt noch ist mein Zeuge im Himmel, und mein Fürsprecher ist in der Höhe. Meine Freunde verspotten mich; unter Tränen blickt mein Auge zu Gott auf, daß er Recht verschaffe dem Manne bei Gott, dem Menschen vor seinem Freund" (Hiob 16, 19−21). Gegen den Gott der Freunde appelliert er an den Gott, den er als den „Zeugen", den „Löser" kennt: „Ich weiß, daß mein Löser lebt und mir über dem Staube ein Vertreter ersteht" (Hiob 19,25)[22]. Hiob, der todverfallene Mensch, weiß von einem, der über den Tod hinaus für ihn eintreten wird. Es bleibt offen, wie dies vorzustellen ist. Mit der hier ausgesprochenen Hoffnung aber hält Hiob angesichts der Rätsel des Leidens an Gott fest.

Hiobs Rufen zu Gott ist nicht ungehört verhallt. Ihm wird eine Begegnung mit Gott zuteil (Hiob 38−41). Er weist ihn auf die Größe und die Wunder der Schöpfung hin. Damit wird Hiob in seine Grenzen gewiesen; und er erkennt dies auch ausdrücklich

---

[22] Luther übersetzt: „Ich weiß, daß mein Erlöser lebt."

an (Hiob 40,4; 42,5 f.). Erstaunlicherweise heißt es dann: Hiob hat – im Unterschied zu seinen Freunden – recht von Gott geredet (Hiob 42,7). In seinem Fragen und auch in seinem Anklagen hat Hiob Gott die Ehre gegeben. So wird Hiob das Recht zugesprochen. Der Gott, an den er appelliert hat, der Schöpfer, der sein Geschöpf festhält, hat sich Hiob zu erkennen gegeben und spricht ihm sein Recht zu.

Die Leidenserfahrungen des Alten Testaments werden im Neuen Testament vorausgesetzt und in verschiedener Weise aufgenommen vor allem im Zusammenhang mit dem Leiden Jesu. Im Lichte seiner Passion und Auferstehung erfährt auch das Leiden der Menschen eine neue Deutung (s. Kap. VI, VII und X).

Zusammenfassung

In der Hiobdichtung wird die Anschauung zurückgewiesen, daß alles Leiden seine Ursache in menschlicher Schuld habe. Darum hält Hiob auch in seinem Leiden an Gott fest. Er wendet sich an den Gott, der seine Geschöpfe nicht aufgibt.

B. Systematisch-theologische Aspekte

1. Der Mensch im Widerspruch gegen Gott – die Realität der Sünde

Im Anschluß an das biblische Verständnis der Sünde betonen die Reformatoren, daß die Wirklichkeit der Sünde in erster Linie nicht ethisch, sondern religiös zu verstehen ist. Damit wenden sie sich gegen die Anschauung, die Sünde hänge mit der Sinnlichkeit des Menschen zusammen, sie erwachse aus den sinnlichen Begierden, vor allem aus der Sexualität; deshalb komme es darauf an, daß der Mensch die Natur durch den Geist überwinde.

Sünde als Nicht-Glauben

Gegenüber diesen Anschauungen betonen die Reformatoren die religiöse Dimension der Sünde. Dies wird beispielsweise im Augsburger Bekenntnis deutlich, in dem es im Artikel 2 heißt:

„Weiter wird bei uns gelehrt, daß nach Adams Fall alle natürlich geborenen Menschen in Sünde empfangen und geboren werden, das heißt, daß sie alle von Mutterleib an voll böser Lust und Neigung (cum concupiscentia) sind und von Natur keine wahre Gottesfurcht, keinen wahren Glauben (sine fiducia) an Gott haben können…"[1] In diesen Aussagen wird deutlich: Sünde besteht in der Abwendung des Menschen von Gott. Der sündige Mensch hat keine wahre Gottesfurcht, d. h. keine Ehrfurcht vor Gott, er erkennt den Anspruch des Schöpfers nicht an. Der Mensch hat keinen wahren Glauben, kein Vertrauen zu Gott. Und schließlich: Der Mensch ist voll böser Lust und Neigung. Darunter ist – anders als in manchen überkommenen Anschauungen – nicht die sinnliche Begierde zu verstehen, sondern das Begehren, sein zu wollen wie Gott. Aus diesem Grunde verschließt sich der Mensch vor Gott und dem Nächsten. Sünde wird hier also nicht als sittliche Schwäche gesehen, sondern sie wird gerade in der Stärke des menschlichen Wollens wirksam. Darum sagt Luther, die Sünde habe ihren Sitz „in der Burg des Willens der Vernunft"[2].

Was heißt „Erb-Sünde"?

Die reformatorische Theologie betont, daß der Mensch nicht nur einzelne sündige Taten tut, sondern „daß alle Menschen in Sünde empfangen und geboren werden". Dieser Tatbestand wird in der Überlieferung als „Erbsünde" bezeichnet. Aber bereits dieser Begriff ist mißverständlich. Denn er legt den Eindruck nahe, als werde die Sünde von Adam gleichsam biologisch auf alle Menschen vererbt. Dann wäre die Sünde ein Verhängnis und könnte nicht als verantwortliches Tun des Menschen bezeichnet werden. Gegenüber diesen Mißverständnissen sollte man zunächst beachten, daß der theologische Begriff (peccatum originis) wörtlich übersetzt „Ur-Sünde" oder „Ursprungs-Sünde" bedeutet. Luther spricht in diesem Zusammenhang von der Grundsünde oder Personsünde. Damit wird zum Ausdruck gebracht: Sobald der Mensch sich seiner selbst bewußt wird, findet er sich schon in der Gottesferne vor. Zugleich aber ist die Sünde

---

[1] Das Augsburger Bekenntnis, in: Bekenntnisschriften, S. 60; zur Problematik insgesamt vgl. W. Joest, Dogmatik 2, S. 394–430.
[2] Vgl. M. Luther, W. A. 18, S. 780.

nicht einfach ein Verhängnis, sondern ein vom Menschen zu verantwortendes Tun. Denn der Mensch wendet sich selbst willentlich von Gott ab; er verschließt sich vor ihm und dem Mitmenschen.

Die Erkenntnis der Sünde geschieht erst durch die Offenbarung Gottes in Jesus Christus. Der Mensch erkennt seine Ferne von Gott, indem er die Nähe Gottes, seine vergebende Liebe, erfährt. Darum hat die reformatorische Theologie kein selbständiges Interesse an der Sünde. Sie kommt vielmehr in den Blick durch die Botschaft von Jesus Christus und die in ihm begründete Versöhnung (vgl. dazu vor allem Kap. VI und VIII).

Zusammenfassung

Die reformatorische Theologie versteht die Sünde in dem Sinne, daß der Mensch ohne Gottesfurcht, ohne Vertrauen zu Gott lebt und von böser Begierde bestimmt ist. Die Sünde ist kein Verhängnis, sondern schuldhaftes Tun des Menschen; der Mensch findet sich aber immer schon in der Situation der Sünde (= Gottesferne) vor.

2. Die Theodizeefrage

2.1 Wie kann Gott das zulassen?

Die Frage nach der „Theodizee" (= „Rechtfertigung Gottes") ist in der Neuzeit in besonders intensiver Weise aufgebrochen. Die Erfahrung von Naturkatastrophen und unheilbaren Krankheiten, aber auch von sozialer Ungerechtigkeit und der hemmungslosen Entfaltung des Bösen im Mißbrauch menschlicher Macht führte immer wieder zu der Frage: Wie kann man angesichts dieser Tatsachen an die Güte und Weisheit Gottes glauben? Lassen sich die Übel der gegenwärtigen Welt mit der Gerechtigkeit und Vollkommenheit Gottes vereinbaren[3]?

Das Theodizee-Problem bekommt bei dem russischen Schriftsteller Dostojewski (1821−1888) die Gestalt, in der es im 20. Jahrhundert vielfach aufgenommen worden ist. Ausgangs-

---

[3] Bereits Leibniz (1646−1716) hat versucht, die Theodizee rational zu begründen.

punkt ist die Erfahrung des existentiellen Leidens. Dostojewski läßt das in seinem Roman „Die Brüder Karamasow" an der Gestalt des Iwan deutlich werden, der das Dasein Gottes akzeptiert, aber die Gottes-Welt nicht anzunehmen vermag; denn in ihr kann er die Gerechtigkeit und Liebe Gottes nicht erkennen. Ihn erschüttert dabei vor allem das völlig unschuldige Leiden der Kinder[4].

Albert Camus (1913–1960) hat die Fragen Dostojewskis aufgenommen. In seinem Roman „Die Pest" vertritt der Arzt Dr. Rieux eine atheistische Position; er kämpft ohne Hoffnung gegen die Seuche, ist sich aber bewußt, daß er versuchen muß, dem Übel wenigstens einige Grenzen zu setzen. Er weiß sich verpflichtet, gegen die Schöpfung, so wie sie ist, anzukämpfen: „ich werde mich bis in den Tod hinein weigern, die Schöpfung zu lieben, in der Kinder gemartert werden."[5] Es geht darum, Widerstand zu leisten „gegen das sinnlose Leiden angesichts eines Himmels, der schweigt"[6]. Bei Camus wird so aus der Anklage gegen Gott die Absage an Gott aufgrund der Erfahrung des Leidens.

Das Theodizee-Problem stellt sich angesichts des Ausmaßes menschlicher Verbrechen im 20. Jahrhundert mit unüberhörbarer Schärfe. Die Erfahrung von Auschwitz ist zum Symbol für die Abgründe des Bösen und die Tiefe des Leidens geworden. Diese Tatsache kann nicht vergessen oder verdrängt, sie muß in der Erinnerung bewahrt werden. Wie aber kann man diese Erfahrung bestehen? Theodor W. Adorno hat es so ausgesprochen: Nach Auschwitz ist jede Konstruktion eines Sinnes innerhalb der Welt zum Hohn verurteilt; das Gefühl sträubt sich dagegen als ein Unrecht an den Opfern. Dennoch ist der Gedanke, der Tod sei das Letzte, unausdenkbar. Die menschliche Vernunft wird von der Verzweiflung bewegt, gegen die Vernunft zu hof-

---

[4] F. Dostojewski, Die Brüder Karamasow, München (o. J.) S. 306; vgl. M. Doerne, Gott und Mensch in Dostojewskijs Werk, Göttingen 1957, S. 64–66.

[5] A. Camus, Die Pest. Hamburg 1950, S. 143.

[6] W. D. Marsch, Philosophie im Schatten Gottes, Gütersloh 1977, S. 86; vgl. zur Problematik auch: A. Camus, Der Mensch in der Revolte, Reinbeck, 1964, S. 61–72, 110–114.

fen. Diese Hoffnung richtet sich auf eine Welt, in der das bestehende Leid abgeschafft und das vergangene widerrufen wäre[7].

2.2 Leiden – Schuld – Gotteserfahrung

Die kritischen Fragen, die schon früh zur Theodizeeproblematik gestellt worden sind, beziehen sich auf das Verhältnis Gottes zum Übel. Warum hat Gott das Übel zugelassen? Warum verhindert er es nicht? Entweder will er es nicht, dann ist er nicht gerecht und gut. Oder er kann es nicht, dann ist er ohnmächtig. Gibt es eine Antwort auf die Theodizeefrage? Der christliche Glaube vermittelt keine rational einsichtige Deutung. Er enthält aber eine Perspektive der Hoffnung. Angesichts der Theodizeefrage sollen folgende Einsichten bedacht werden:

a) Es gibt Erfahrungen des Leidens, die mit der natürlichen Begrenztheit des Menschen und alles Lebens zusammenhängen[8], z. B. Krankheit und Sterben, aber auch Naturkatastrophen, die über die Menschen hereinbrechen. Der Mensch ist Geschöpf unter anderen Geschöpfen; und alles geschaffene Leben ist begrenzt. Der Mensch nimmt dieses bewußt wahr, darum leidet er an der Endlichkeit in besonderer Weise.

Die Frage: Warum muß ich leiden? läßt sich nicht rational beantworten. Diese Frage und die Tiefe des Leidens können Menschen so belasten, daß sie daran zu zerbrechen drohen. Zugleich erfahren Menschen: Wir sind dennoch bei Gott geborgen. In der Gemeinschaft mit ihm empfangen wir die Kraft, in der wir das Leiden bestehen können.

b) Viele Leiden haben ihre Ursache im Tun der Menschen. Durch das, was Menschen tun oder unterlassen, fügen sie anderen Leid zu. Die Frage: Wie kann Gott das unschuldige Leid zulassen, ist in diesem Zusammenhang mit dem Hinweis auf die Menschen zu beantworten. Daß es unschuldiges, ungerechtes Leid gibt, haben Menschen zu verantworten. Ihr Tun ist Ausdruck der Sünde, d. h. der Abwendung von Gott und vom Nächsten. Aber warum läßt Gott die Sünde zu? Der Mensch ist als freies, verantwortliches Wesen geschaffen, „Schöpfung ist... Schöpfung des Lebens mit seiner Größe

---

[7] Vgl. Theodor W. Adorno, Negative Dialektik, Frankfurt/M. 1966, S. 352, 362, 393.

[8] Vgl. P. Tillich, Systematische Theologie I, S. 309.

und mit seiner Gefahr... Die Schöpfung endlicher Freiheit ist das Wagnis, das das göttliche Schaffen auf sich nimmt"[9]. In der Freiheit liegt die Größe und die Gefährdung des Menschen. Ohne diese Freiheit ist aber kein menschliches Leben denkbar.

c) Das ungerechte Leiden ist eine Folge menschlichen Tuns. Erschrickt man über das Ausmaß des Bösen, so ist die Erkenntnis wichtig: Die einzelnen Taten haben selbstzerstörerische Folgen für die menschliche Gemeinschaft. Das Böse, das der Mensch tut, wird gleichsam eine überpersönliche Macht, die den Menschen beherrscht. In diesem Zusammenhang bekommt die Rede vom Teufel oder Satan ihr Recht. Im Gefolge der Aufklärung hatte man den Teufel „mit Hörnern, Schweif und Klauen" für eine überholte Vorstellung gehalten. In neuerer Zeit spricht man in der Theologie unter dem Eindruck der Erfahrungen des 20. Jahrhunderts von dem Dämonischen, der überpersönlichen Macht des Bösen, von der Wirklichkeit der widergöttlichen Verblendung und Zerstörung. Dabei bleibt die biblische Überzeugung festzuhalten: Auch die bösen Mächte sind dem Schöpfer untergeordnet[10]. Und: Der Mensch kann durch den Hinweis auf die dämonischen Mächte nicht entschuldigt werden. Vielmehr bleibt er für das schuldhafte Tun verantwortlich.

d) Wie kann der Mensch angesichts der Abgründe des Bösen – mit der Erinnerung an „Auschwitz" – leben? Das Bewegende besteht darin, daß es bei den Menschen in Auschwitz Glauben an Gott gegeben hat, und daß Juden heute versuchen, dies als das Wesentliche zu bewahren. So schreibt E. Fackenheim, ein jüdischer Denker: „Die Stimme von Auschwitz befiehlt dem religiösen Juden, daß er fortfährt, mit seinem Gott zu ringen, wie revolutionär auch die Wege sein mögen, auf denen er dies tut; und sie befiehlt dem nichtreligiösen Juden, daß er Auschwitz nicht als eine zusätzliche Waffe verwenden darf, um Gott zu verneinen... Der Jude nach Auschwitz ist ein Zeuge des Durchhaltens... wir sind da, wir existieren, wir überleben, wir halten durch und legen Zeugnis ab vor Gott und Menschen – selbst wo wir von Gott und

---

[9] AaO, S. 309 f.
[10] Vgl. K. Barth, KD II 2, S. 99.

Menschen verlassen sind."[11] Das unschuldige Leiden in der Welt, auf das es keine Antwort gibt, kann uns dennoch nicht von Gott trennen. Mit dieser Gewißheit wird eine Grunderfahrung der biblischen Zeugen in der Gegenwart lebendig.

Die Frage der Theodizee, auf die es nach biblischem Verständnis keine rational einsichtige Antwort gibt, wird über das bisher Gesagte hinaus durch zentrale Aussagen über das Leiden, Sterben und Auferstehen Jesu in eine neue Perspektive gerückt. Diese Einsichten sind in späterem Zusammenhang aufzunehmen (s. Kapitel VII, B).

Zusammenfassung

Das Theodizee-Problem entsteht an der Frage: Wie kann die Tatsache des unschuldigen Leidens mit der Gerechtigkeit und Güte Gottes zusammengedacht werden? Aus der biblischen Botschaft ist keine rational einsichtige Antwort auf diese Frage abzuleiten. Wohl aber enthält die Bibel grundlegende existentielle Einsichten, die in diesem Zusammenhang zu bedenken sind, die Einsicht von der Endlichkeit alles Lebens, von der Gefährdung menschlicher Freiheit, von den zerstörerischen Folgen der Sünde, die Erfahrung von Menschen, die angesichts des Leidens die Gewißheit von der Gegenwart Gottes bezeugen.

---

[11] Zitiert bei H. Ott, Die Rede vom Unsagbaren. Die Frage nach Gott in unserer Zeit, Stuttgart 1978, S. 39 f.

IV. Jesus von Nazareth

A. Biblische Grundlagen

Der christliche Glaube beruft sich auf Jesus Christus. Er ist keine zeitlose Weltanschauung und auch kein unbestimmtes religiöses Gefühl. Er hat es vielmehr mit einem Ereignis der Geschichte zu tun. Aus diesem Grunde stellt sich die Frage: Wer ist Jesus? Was läßt sich über sein Leben und Wirken historisch feststellen? Welches sind die wesentlichen Aussagen seiner Verkündigung? Was bedeuten Person und Geschichte Jesu für die Gegenwart? Diese Fragen sollen in den folgenden Kapiteln bedacht werden sollen.

1. Historische Voraussetzungen

1.1 Die Quellen

Die Quellen für die historische Kenntnis über Jesus liegen vor allem in den synoptischen Evangelien vor. Darüber hinaus gibt es wenige nichtchristliche Quellen, die für die historische Frage herangezogen werden.

Was sagen nichtchristliche Quellen über Jesus von Nazareth?

a) Der römische Schriftsteller Tacitus (Annalen XV, 44): Tacitus berichtet über den Brand Roms zur Zeit des Kaisers Nero und über die anschließende Christenverfolgung. Es heißt dann: „Christus wurde unter dem Kaiser Tiberius durch den Statthalter Pontius Pilatus hingerichtet." Tacitus hält „Christus" offenbar für einen Eigennamen, weitere Einzelheiten über das Leben und Wirken Jesu überliefert er nicht.

b) Der römische Schriftsteller Sueton schreibt (Claudius 25): Der Kaiser Claudius „hat die Juden, die auf Betreiben eines Chrestus ständig Unruhe stifteten, aus Rom vertrieben".

Unsicher ist an dieser Stelle, ob mit Chrestus Christus gemeint ist; außerdem sieht Sueton Chrestus im Zusammenhang mit den Juden, die aus Rom vertrieben werden. Die Angabe des Sueton hat daher insgesamt wenig historischen Wert.

c) Der jüdische Schriftsteller Josephus berichtet (Antiquitates XX, 200): Der Hohepriester Ananos (= Hannas II) habe im Jahr 62 den Jakobus, „den Bruder Jesu, des sogenannten Christus" hinrichten lassen. Josephus weiß aus jüdischer Tradition, daß „Christus" nicht ein Eigenname, sondern nur Titel sein kann. Eine weitere Erwähnung Jesu bei Josephus ist sicher spätere christliche Einfügung.

d) In einigen rabbinischen Texten wird Jesus erwähnt. Die Stellen sind vielfach durch Polemik gekennzeichnet. Wesentliche historische Erkenntnisse lassen sich hieraus nicht entnehmen[1].

Zusammenfassend läßt sich zu den nichtchristlichen Quellen sagen: Sie setzen voraus, daß Jesus gelebt hat. Durch Tacitus wird die Hinrichtung Jesu unter Pontius Pilatus bestätigt.

Wie zuverlässig ist die neutestamentliche Überlieferung?

Die wesentlichen Quellen für das Leben und Wirken Jesu sind im Neuen Testament selbst zu finden, und zwar vor allem in den synoptischen Evangelien. Aus ihnen läßt sich folgendes entnehmen:

a) Das Geburtsjahr Jesu ist nicht genau festzustellen. In Lk 2,1 wird angegeben: Jesus ist während der Regierungszeit des Kaisers Augustus (30 v. Chr. – 14 n. Chr.) geboren. Weiter wird in Mt 2,1 und Lk 1,5 gesagt: Die Geburt Jesu fällt in die Regierungszeit des jüdischen Königs Herodes d. Gr.

Nun ist bekannt, daß Herodes im Jahre 4 vor unserer Zeitrechnung starb. Jesus müßte demnach vor dem Jahr 4 „vor Christus" geboren sein. Dies ist durchaus möglich; denn die christliche Zeitrechnung ist erst im 6. Jahrhundert aufgestellt worden. Dabei könnte ein Fehler in der Berechnung unterlaufen sein.

b) Für das öffentliche Auftreten Jesu läßt sich ein ziemlich

---

[1] Zum Ganzen vgl. Conzelmann/Lindemann, Arbeitsbuch, S. 329 f.; Erwachsenenkatechismus, S. 339–371; Sachwissen, S. 42–47, S. 69–72.

genaues Datum angeben. Nach Lk 3,1 f. heißt es: Johannes der Täufer ist im 15. Jahr des Kaisers Tiberius aufgetreten, d. h. etwa im Jahre 28 n. Chr. Jesus ist von Johannes dem Täufer im Jordan getauft worden (Mk 1,9–11 par.). Kurz darauf beginnt die öffentliche Wirksamkeit Jesu. Sie wird um das Jahr 30 anzusetzen sein. Die Evangelien machen keine Angaben darüber, wie lange die öffentliche Wirksamkeit gedauert hat. Es dürfte ein relativ kurzer Zeitraum gewesen sein.

c) Für die Datierung des Todes Jesu läßt sich ein genaues Datum nicht mehr feststellen. Der Zeitraum aber läßt sich abgrenzen. Nach Aussage der Evangelien ist Jesus während der Amtszeit des römischen Statthalters Pontius Pilatus und des jüdischen Hohenpriesters Kaiphas gekreuzigt worden. Die Kreuzigung Jesu dürfte etwa um das Jahr 30 anzusetzen sein[2].

d) Insgesamt kann gesagt werden: Auch im Sinne einer kritischen Geschichtswissenschaft sind aus den Evangelien wichtige historische Angaben über Jesus zu entnehmen. Es kann daher nicht, wie es im Anfang unseres Jahrhunderts geschehen ist, bezweifelt werden, ob Jesus überhaupt gelebt hat. Derartige Vermutungen oder Thesen beruhen nicht auf historischer Kenntnis, sondern eher auf weltanschaulichen Vorurteilen[3]. So wird unter ernsthaften Historikern der Gegenwart die Historizität Jesu als gegeben vorausgesetzt. Sein öffentliches Auftreten und seine Kreuzigung sind glaubwürdig überlieferte historische Tatsachen.

Zusammenfassung

Die nichtchristlichen Quellen setzen voraus, daß Jesus gelebt hat. Aus den christlichen Quellen – vor allem aus den synoptischen Evangelien – ist zu entnehmen: Jesus ist von Johannes getauft worden, er hat in einem relativ kurzen Zeitraum öffentlich gewirkt und ist unter dem römischen Statthalter Pontius Pilatus (um das Jahr 30) gekreuzigt worden.

---

[2] Vgl. dazu im Einzelnen: Conzelmann/Lindemann, Arbeitsbuch, S. 332–334.
[3] Vgl. G. Bornkamm, Jesus, S. 24.

1.2 Historische Tatsachen und Deutungen des Glaubens

Die Evangelien[4] lassen in ihren Erzählungen über Jesus kein biographisches Interesse im engeren Sinne erkennen. Es wird nie geschildert, wie Jesus ausgesehen hat. Auch über seinen Charakter wird nichts gesagt und ebensowenig über seine innere Entwicklung.

Diese Zurückhaltung ist in der Intention, der eigentlichen Absicht der Evangelien begründet. Der Ursprung der christlichen Verkündigung liegt im Ostergeschehen. Dies ist auch für die Evangelien von entscheidender Bedeutung. Sie sind in erster Linie Verkündigung; sie bezeugen, daß Jesus der lebendige Herr ist, sie zeigen die Bedeutung seiner Geschichte für die Welt auf. Die eigentliche Absicht der Evangelien besteht nicht darin, historische Einzelheiten mitzuteilen oder einen chronologisch lückenlosen Ablauf des Lebens und Wirkens Jesu zu vermitteln. Die Evangelien sind nicht historische Protokolle, sie sind vielmehr urchristliche Predigten. Auch wenn sie vom irdischen Jesus erzählen, verkündigen sie; sie bezeugen die Bedeutung Jesu für die Welt. Dabei sind in der Überlieferung der Evangelien selbstverständlich historische Erinnerungen enthalten, die aber im Dienst der Verkündigung stehen[5].

---

[4] *Zur Entstehung der synoptischen Evangelien.* Die Gemeinsamkeiten und Unterschiede zwischen den ersten drei Evangelien (den „Synoptikern") werden in der wissenschaftlichen Bibelauslegung im allgemeinen mit der Zweiquellentheorie erklärt:
Die synoptischen Evangelien gehen auf zwei Quellen zurück – das Markusevangelium und die Redenquelle (oder Logienquelle; = Q). Außerdem haben Matthäus und Lukas noch Sondergut aufgenommen.
Markus ist das älteste Evangelium, vor dem Jahr 70 entstanden; das Matthäus- und Lukasevangelium sind nach 70 abgefaßt. Die Verfasser der Evangelien sind nicht bekannt. Deutlich ist jedoch, daß dem Evangelisten Lukas auch die Apostelgeschichte zugeschrieben werden muß.
Das Johannesevangelium nimmt eine Sonderstellung ein. In seiner Sprache und seinem Inhalt unterscheidet es sich von den synoptischen Evangelien; es dürfte etwa um das Jahr 100 entstanden sein. (vgl. H. Conzelmann/A. Lindemann, Arbeitsbuch, S. 242–291; J. Roloff, Neues Testament, S. 9–14).
[5] Vgl. G. Bornkamm, Jesus, S. 11–22; zum Problem des „historischen Jesus" s. u. Abschnitt B,1; zum Ostergeschehen vgl. Kapitel VII.

Auch aufgrund des bisher Gesagten ist es nicht ausgeschlossen, nach dem historischen Jesus zu fragen. Es ist vielmehr durchaus legitim, die Frage nach den wesentlichen Aussagen seiner Botschaft zu stellen. Dabei ist selbstverständlich nicht bei jedem einzelnen Wort und jeder einzelnen Geschichte genau auszumachen, ob sie auf Jesus selbst zurückgehen oder erst in der Gemeindeüberlieferung entstanden sind. Dennoch lassen sich Grundzüge der Verkündigung Jesu deutlich erkennen. In der Überlieferung der Evangelien finden sich viele Aussagen, die sich nicht aus der jüdischen Tradition und auch nicht aus dem nachösterlichen Glauben der Gemeinde erklären lassen.

Hier haben wir es mit großer Wahrscheinlichkeit mit Worten Jesu zu tun[6]. In der neueren Forschung besteht ein Konsens darüber, daß es möglich ist, aus der Überlieferung der Evangelien Grundzüge der Botschaft Jesu zu erheben.

Zusammenfassung

Die neutestamentlichen Evangelien sind keine historischen Protokolle, sondern Dokumente urchristlicher Verkündigung. Sie überliefern eine Reihe von historischen Tatsachen, die aber im Dienst der Verkündigung stehen. Dennoch sind aus den synoptischen Evangelien die Grundzüge der Botschaft Jesu deutlich zu erkennen.

2. Die Botschaft vom Reich Gottes

Im Markus- und Matthäusevangelium steht die Botschaft vom Reich Gottes programmatisch am Anfang der öffentlichen Wirksamkeit Jesu: „Nachdem aber Johannes gefangengesetzt war, kam Jesus nach Galiläa und predigte das Evangelium Gottes und sprach: Die Zeit ist erfüllt und das Reich Gottes ist nahe herbeigekommen. Kehrt um und glaubt an das Evangelium" (Mk 1,14f.; vgl. Mt 4,17)[7].

---

[6] Vgl. Conzelmann/Lindemann, S. 348 f. Als neuere allgemeinverständliche Gesamtdarstellung vgl. H. Zahrnt, Jesus aus Nazareth. Ein Leben, München 1987.

[7] Die Formulierungen (z.B. „Glauben an das Evangelium") dürften auf die

Mit der Botschaft vom Reich Gottes knüpft Jesus an zeitge-
nössische Erwartungen an. So braucht er das Wort vom „Reich
Gottes" oder der „Königs-Herrschaft-Gottes" nicht zu erklären,
es ist den Hörern aus ihrer religiösen Tradition vertraut.

Besonders ausgeprägt ist die Zukunftserwartung in der Strömung der Apokalyptik, die eine umfangreiche Literatur hervor-
gebracht hat. „Apokalyptik" bedeutet „Enthüllung", „Offenbarung". Die apokalyptischen Schriften wollen das Geheimnis
der Zukunft enthüllen; sie enthalten die Hoffnung auf eine neue
Weltzeit (einen neuen „Äon"). Das Anliegen ist dabei nicht die
Freude an der Spekulation. Vielmehr sind die Apokalyptiker von
der Frage bedrängt: Wie ist es mit den bedrohlichen und zerstörerischen Realitäten in der Welt – mit der Schuld, mit dem
Leiden, mit dem Tod? Werden diese dunklen Mächte das letzte
Wort behalten? Auf diese existentiellen Fragen antworten die
Apokalyptiker mit ihrer Botschaft von der neuen Weltzeit, von
der kommenden Herrschaft Gottes. Wenn die Herrschaft Gottes
anbricht, dann werden die Mächte des Bösen und des Todes
endgültig überwunden.

Das Reich Gottes – zukünftig und gegenwärtig

Jesus nimmt mit seiner Botschaft die religiösen Zukunftshoff-
nungen seines Volkes auf, und zugleich tritt das Besondere seiner
Verkündigung klar hervor. Dabei ist zu beachten: „Die Herrschaft Gottes" oder das „Reich Gottes"[8] ist zukünftig, zugleich
beginnt es aber bereits in der Gegenwart. Der Aspekt der Zukunft kommt etwa in der Bitte des Vaterunsers zum Ausdruck:
„Dein Reich komme" (Mt 6,10), ebenso in der Aussage: „Das
Himmelreich ist nahe herbeigekommen" (Mt 4,17). Das Kommen des Reiches Gottes steht unmittelbar bevor.

Evangelisten zurückgehen, die damit die Botschaft Jesu zusammenfassen; vgl.
G. Bornkamm, Jesus, S. 57, 177.

[8] Das hebräische Wort „malkuth" und das griechische „basileia" können mit
Königs-Herrschaft oder Reich Gottes übersetzt werden. „Herrschaft" bringt
zum Ausdruck: die basileia wird durch Gottes Willen geschaffen; dabei ist die
räumliche Vorstellung nicht ausgeschlossen; mit der Herrschaft Gottes beginnt
zugleich eine neue Welt Gottes (= Reich Gottes); vgl. Bornkamm, Jesus, S. 177;
Conzelmann/Lindemann, Arbeitsbuch, S. 353.

Zweifellos hat Jesus damit gerechnet, daß noch zu seinen Lebzeiten das Reich Gottes anbrechen wird. So heißt es Mk 9,1 (par.): „Wahrlich ich sage euch: Es stehen einige hier, die werden den Tod nicht schmecken, bis sie sehen das Reich Gottes kommen mit Kraft."[9] Das Besondere in der Verkündigung Jesu besteht nun darin: Das Reich Gottes bricht schon in der Gegenwart an: „Wenn ich durch Gottes Finger die bösen Geister austreibe, so ist ja das Reich Gottes zu euch gekommen" (Lk 11,20; vgl. Mt 12,28)[10].

Die Abgrenzung der Botschaft Jesu gegenüber verbreiteten Erwartungen seiner Zeit wird an dem folgenden Wort deutlich: „Als er aber von den Pharisäern gefragt wurde: Wann kommt das Reich Gottes? antwortete er ihnen und sprach: Das Reich Gottes kommt nicht so, daß man's beobachten kann; man wird auch nicht sagen: Siehe, hier ist es! oder: Da ist es! Denn siehe, das Reich Gottes ist mitten unter euch" (Lk 17,20 f.). Im Unterschied zu vielen Aussagen in der apokalyptischen Literatur verzichtet Jesus darauf, das künftige Reich Gottes auszumalen. Er wehrt es ab, das Kommen des Reiches Gottes durch Beobachten besonderer Ereignisse in Natur oder Geschichte berechnen zu wollen[11]. Auch ist das Reich Gottes nicht an einem bestimmten Ort in der Welt zu finden. Es läßt sich weder zeitlich noch räumlich dingfest machen. Es ist dem Menschen unverfügbar; und dennoch gilt: „... das Reich Gottes ist mitten unter euch." In den Worten und Taten Jesu bricht das Reich Gottes schon jetzt an[12].

Die Gleichnisse – Bilder der Nähe Gottes

Die Botschaft Jesu vom Reich Gottes kommt in den Gleichnissen besonders prägnant zum Ausdruck. Dies soll im folgenden

---

[9] Dabei ist diese Naherwartung von der Gemeinde weiter ausgestaltet worden, so vor allem in Markus 13 (par.). Das Problem der nichterfüllten Naherwartung konnte man in der Gewißheit bestehen, daß bereits im Wirken Jesu das kommende Reich Gottes angebrochen war.

[10] Zur Vorstellung vom Austreiben der bösen Geister (Dämonen), s. u. zu Wunder A5 und B4.

[11] So auch Mark 13,32 par.

[12] Dies kommt auch in der Seligpreisung der Armen (Lk 6,20) bzw. der „Armen im Geist" (Mt 5,3) zum Ausdruck (in Anlehnung an Jes 61,1; 66,2); vgl. E. Schweizer, Matthäus S. 50.

an einigen Gleichnissen aufgezeigt werden. Für die Deutung eines Gleichnisses ist die häufige Einleitungswendung zu beachten: Mit der Gottesherrschaft verhält es sich wie mit... Die Gleichniserzählung bildet die Gottesherrschaft ab.

Das Gleichnis vom Sämann (Mk 4,1–20; Mt 13,1–23; Lk 8,4–15)

Wie in vielen Gleichnissen so schildert Jesus hier einen alltäglichen Vorgang seiner Umwelt. Die Hörer verstehen: „Samenkorn" als einen bildhaften Ausdruck für das Wort Gottes (vgl. Jes 55,10f.; 4. Esr 9,31). So wie Samenkörner auf guten Boden fallen und Frucht bringen, so wird das Wort Gottes Menschen erreichen und ihr Leben bestimmen. Zugleich ermutigt das Gleichnis die Menschen zum Hören (Mk 4,9)[13]. Indem Jesus zu den Menschen spricht, fängt die Gottesherrschaft mitten unter ihnen an – allem Widerspruch und aller Ablehnung zum Trotz.

Das Gleichnis vom Gastmahl (Mt 22,1–14; Lk 14, 15–24)

In der Auslegung wird im allgemeinen die Fassung des Lukasevangeliums als die ursprüngliche angesehen. Das große Gastmahl ist eine Metapher für das Freudenmahl im kommenden Reich Gottes. Außerdem spielt die Mahlgemeinschaft mit den verschiedenen Menschen, auch mit den Verachteten und Ausgestoßenen, im Leben Jesu eine besondere Rolle. Sie ist Zeichen für die annehmende Liebe Gottes. So verkündigt das Gleichnis: Jetzt ist die Zeit, in der zum Freudenmahl des Reiches Gottes eingeladen wird. Wer dies versteht, der kann sich nicht abwenden und entschuldigen. Es kommt darauf an, sich einladen zu lassen[14].

Das Gleichnis von den Arbeitern im Weinberg (Mt 20,1–16)

Das Gleichnis erzählt einen ungewöhnlichen Vorfall von einem Weinbergbesitzer und seinen Lohnarbeitern. Es vermittelt

---

[13] Das Gleichnis, das auf Jesus selbst zurückgeht, umfaßt wahrscheinlich nur Mk 4, 1–9. Dagegen liegt in Mk 4, 13–20 eine Deutung der Gemeinde vor. Mk 4, 10–12, die sogenannte „Verstockungstheorie", ist wahrscheinlich vom Evangelisten Markus eingefügt worden.

[14] Vgl. H. Weder, Die Gleichnisse Jesu als Metaphern, Göttingen ³1984, S. 188–190; W. Harnisch, Die Gleichniserzählungen Jesu, Göttingen 1980, S. 230–253. Matthäus hat das Gleichnis überarbeitet und die Szene vom Festgewand hinzugefügt (Mt 22, 11–13).

113

keine allgemeingültige Regel, wie im Blick auf Arbeit und Lohn verfahren werden soll. Die Erzählung bildet die Herrschaft Gottes ab. Das Verhalten des Weinbergbesitzers ist nicht ungerecht; denn er hält sich an die Abmachungen, die er getroffen hat. Zugleich aber übersteigt sein Verhalten das, was gerecht ist. Er will auch den letzten das geben, was sie zum Lebensunterhalt brauchen. Sein Verhalten ist also von Güte und Barmherzigkeit geprägt. – Mit dem Gleichnis[15] wirbt Jesus bei den einen um das Einverständnis, daß sie aufgrund ihres frommen und gerechten Tuns nicht auf ihren Wert vor Gott schließen und die anderen verachten. Den anderen sagt das Gleichnis Jesu: Sie sind trotz ihrer Schuld, trotz ihrer Gottesferne von Gott zu Ersten gemacht. Sie sind die von Gott in seiner grenzenlosen Güte geliebten Menschen; darum ist ihr Leben unendlich wertvoll unabhängig von ihrem Tun.

Das Gleichnis vom unbarmherzigen Knecht (Mt 18,21–35)

Auch dieses Gleichnis erzählt einen ungewöhnlichen Vorfall. Ein König erläßt einem Schuldner eine unvorstellbar große Summe. Dieser aber ist nicht bereit, einem Mitarbeiter eine ganz geringe Summe zu erlassen. Die Geldschulden stehen hier bildlich für die Schuld des Menschen vor Gott und für die Schuld von Menschen untereinander. Das Verhalten des Königs bildet die vergebende Liebe Gottes ab, die alle menschlichen Erwartungen übersteigt. Wer diese Vergebung Gottes erfahren hat, der kann nicht – wie der Knecht im Gleichnis – dem Mitmenschen die Vergebung verweigern. Das Gleichnis hat jedoch nicht die Absicht zu drohen. Es lädt vielmehr dazu ein, die Vergebung Gottes wahrzunehmen und auch für das menschliche Zusammenleben gelten zu lassen[16].

Die Gleichnisse vom Verlorenen (Lk 15/Mt 18,12–14)

Die Gleichnisse vom verlorenen Schaf und vom verlorenen Groschen betonen die Freude Gottes über die Rettung der verlo-

---

[15] Vers 16 ist vom Evangelisten hinzugefügt; zum Ganzen vgl. W. Harnisch, aaO, S. 177–200.

[16] Mt 18,21–22 und 18,35 sind wahrscheinlich von der Gemeindeüberlieferung bzw. vom Evangelisten hinzugefügt worden; zu weiteren Fragen vgl. W. Harnisch, aaO, S. 253–271.

renen Menschen. Diese Aussage wird im Gleichnis vom verlorenen Sohn (Lk 15,11–32) erzählerisch ausgestaltet und zugleich weitergeführt. Das Verhalten des Vaters bildet die alle menschlichen Maßstäbe übersteigende Güte Gottes ab. Diese Güte kennt keine Grenzen. Sie wendet sich auch dem Menschen zu, der sich von Gott abgewendet hat und fern von ihm ist. „Die Liebe Gottes überholt als Vergebung die Vergangenheit des Menschen."[17] An dem Gespräch des Vaters mit dem älteren Sohn wird deutlich: Die Botschaft Jesu überholt die Gerechtigkeitsvorstellungen der Menschen. Das was der Mensch an Gutem und Gerechtem getan hat, darf nicht zur Selbstgerechtigkeit führen. Die Botschaft von der Nähe Gottes will vielmehr dazu befreien, den anderen als Bruder und Schwester anzunehmen. So lädt das Gleichnis dazu ein, die Freude Gottes über die Umkehr der Verlorenen zu teilen.

Die Zusage der Vergebung

Jesus spricht Menschen die Vergebung der Sünden zu. Nach damaligem Verständnis findet jede Schuld ihre gerechte Strafe; so kann man vom Leiden eines Menschen darauf schließen, daß er eine besondere Schuld begangen hat. Jesus lehnt diese Anschauung ab (vgl. Lk 13,2–5). Er verkündigt den Menschen die Vergebung Gottes. So sagt er zu dem Gelähmten, der zu ihm gebracht wird: „Deine Sünden sind dir vergeben" (Mk 2,5 par). Der Mensch ist nicht auf seine Vergangenheit festgelegt; die vergebende Liebe Gottes schenkt ihm einen neuen Anfang. Dies wird auch an der Geschichte von der Sünderin deutlich (Lk 7,36–50). Ihr Verhalten zeigt: „Vergebung umschließt einen neuen Anfang und einen neuen Weg."[18]

Wort und Tat gehören zusammen

Die Botschaft vom Reich Gottes wird durch das Verhalten Jesu unterstrichen. In diesem Zusammenhang ist vor allem an die Mahlgemeinschaft mit den Zöllnern und Sündern zu denken (z.B. Mk 2,13–17, par.). Sie ist nicht nur Ausdruck einer menschlichen Gesinnung, die sich auch dem verachteten Außen-

---

[17] H. Weder, Gleichnisse, S. 260; vgl. W. Harnisch, aaO, S. 200–230.
[18] W. Schmithals, Lukas, S. 99.

seiter zuwendet. Die Gemeinschaft des Mahles ist vielmehr Sinnbild für das Freudenmahl im Reich Gottes. Daher steht die Tischgemeinschaft Jesu in einem Zusammenhang mit seiner Verkündigung der Gottesherrschaft. Indem Jesus mit den Zöllnern und Sündern das Mahl feiert, kommt Gott ihnen nahe, wird ihnen seine vergebende Liebe zugesprochen. Dies kommt in dem deutenden Wort zum Ausdruck. Jesus sprach: „Die Starken bedürfen keines Arztes, sondern die Kranken. Ich bin gekommen, die Sünder zu rufen und nicht die Gerechten" (Mk 2,17). Die Sünder, d.h. die Menschen, die sich von Gott abgewendet haben, sind nicht auf ihre Vergangenheit festgelegt. Ihre Schuld ist vergeben, sie werden zur Gemeinschaft mit Gott gerufen[19]. Mit den Gerechten sind hier diejenigen gemeint, die sich auf ihre tatsächliche oder vermeintliche Gerechtigkeit etwas einbilden und sich darum dem befreienden Wirken Jesu verschließen. Insgesamt bringen die Texte von der Mahlgemeinschaft Jesu die Einheit von Wort und Tat, die Einheit seiner Verkündigung und seines Verhaltens zum Ausdruck.

Zusammenfassung

Jesus verkündigt das Reich Gottes, das in naher Zukunft kommt, zugleich aber bereits in der Gegenwart anbricht. Vor allem die Gleichnisse bringen diese Botschaft zum Ausdruck, die dem Menschen die vorbehaltlose Güte und vergebende Liebe Gottes zusagt. Die Verkündigung Jesu bildet eine Einheit mit seinem Verhalten, in der Mahlgemeinschaft mit den Sündern.

3. Die Forderung Gottes

Mit der Botschaft vom Reich Gottes ist die Auslegung des göttlichen Gebotes durch Jesus verbunden; denn die Verkündigung der Nähe Gottes enthält einen Anspruch für das Leben der Menschen.

---

[19] Dies kommt auch in der Begegnung zwischen Jesus und dem Zöllner Zachäus zum Ausdruck (Lk 19,1–10).

3.1 Das Verständnis der Gebote

Für den Glauben Israels spielen die 10 Gebote (2. Mose 20,1−17; 5. Mose 5,6−21) eine wesentliche Rolle. Zu diesen Geboten gab es bereits in alttestamentlicher Zeit eine Reihe von Vorschriften, die das Zusammenleben im Volk regeln sollten. In den Jahrhunderten zwischen dem Alten und dem Neuen Testament wuchs der Umfang der Gebote erheblich an. Man zählte im Spätjudentum 365 Verbote und 278 Gebote[20]. Es handelt sich dabei um eine kasuistische Ethik, das heißt: Das göttliche Gebot, die Tora, soll für die einzelne Situation (für jeden „Kasus") ausgelegt werden. Die einzelnen Vorschriften sollen so einen „Zaun um die Tora" bilden. So gab es beispielsweise eine Fülle von Anweisungen, die das Einhalten des Sabbats regelten.

Konflikte um den Sabbat

In dem Verständnis des göttlichen Gebots kommt es zu einem Konflikt zwischen der spätjüdischen Frömmigkeit und der Auslegung Jesu. Am Beispiel der Sabbatgebote tritt dies deutlich in Erscheinung (Mk 2,23−28 par.)[21]. Der entscheidende Gegensatz kommt in dem Wort Jesu zum Ausdruck: „Der Sabbat ist um des Menschen willen gemacht und nicht der Mensch um des Sabbats willen. So ist der Menschensohn ein Herr auch über den Sabbat." (Mk 2,27f.) Der Mensch darf nicht zum Sklaven der Vorschriften gemacht werden, die von Menschen aufgestellt worden sind. Demgegenüber gilt es, den eigentlichen Sinn des Feiertags zu erkennen: Der Sabbat ist um des Menschen willen da. Es geht darum, „den Sabbat für die Freude an Gott freizuhalten"[22]. Diese befreiende Intention des Gebotes wird gerade im Zusammenhang der Verkündigung Jesu, seiner Botschaft vom Reich Gottes deutlich.

---

[20] Vgl. Bultmann, Jesus, Tübingen 1951, S. 61.

[21] Zum Ganzen vgl. E. Schweizer, Markus, S. 38−48. Weitere Sabbatkonflikte: Mk 3,1−6 par; Lk 13,10−17; Lk 14,1−6; Joh 5,1−18; 9, 16.

[22] E. Schweizer, Markus, S. 38. In der frühchristlichen Gemeinde wurde als Feiertag nicht mehr der Sabbat, sondern der Sonntag begangen (vgl. 1. Kor 16,2; Apg 20,7; Offb 1,10).

Zusammenfassung

Im Verständnis der Forderung Gottes besteht ein Gegensatz zwischen der spätjüdischen Frömmigkeit und der Verkündigung Jesu. So betont Jesus im Sabbatkonflikt: Der Sabbat ist um des Menschen willen da. Das Gebot wird damit im Horizont der Botschaft vom Reich Gottes verstanden.

3.2 Das Liebesgebot

Auf die Frage, welches das höchste Gebot im Gesetz sei, antwortet Jesus: „Du sollst den Herrn, deinen Gott, lieben von ganzem Herzen, von ganzer Seele und von ganzem Gemüt. Dies ist das höchste und größte Gebot. Das andere aber ist dem gleich: Du sollst deinen Nächsten lieben wie dich selbst" (Mt 22, 37—39 par.). Jesus knüpft mit diesem Wort an alttestamentliche Aussagen an (5. Mose 6,5; 3. Mose 19,18). Die Verbindung von Gottes- und Nächstenliebe ist charakteristisch für die Botschaft Jesu. In dem Doppelgebot kommt die eigentliche Intention aller Gebote zum Ausdruck.

Gott und der Nächste gehören zusammen

Die unauflösliche Zusammengehörigkeit von Gottes- und Nächstenliebe hat ihren Grund im Wesen der Liebe selbst. Sie ist ein Absehen vom eigenen Ich und damit Bereitschaft und Tat der Hingabe. „Hingabe an Gott heißt nun... das Wachsein und Bereitsein für Gott, der im andern mich anruft. In diesem Sinne ist die Liebe zum Nächsten die Bewährung der Liebe zu Gott."[23]

Wer ist der „Nächste"?

Mit dem Wort „der Nächste" wird im Alten Testament zunächst nur derjenige bezeichnet, der zum Volk Israel gehört, später auch der ansässig gewordene Fremde[24]. Im hellenistischen Judentum, bei Philo, wird der Begriff auf die Menschen allgemein ausgeweitet. Jesus spricht von dem Menschen, der mir jeweils begegnet. In diesem Sinne kann mir jeder Mensch zum Nächsten werden.

---

[23] G. Bornkamm, Jesus, S. 98 f.
[24] Vgl. E. Schweizer, Markus, S. 144.

Das Gebot fordert: Du sollst lieben. Kann dies überhaupt geboten werden? Dazu ist zu beachten: Mit „lieben" ist nicht ein „Gefühl" gemeint (dies läßt sich in der Tat nicht gebieten), sondern ein „Wollen". Zu diesem Wollen und dem ihm entsprechenden Tun ruft das Gebot auf. Das Wort „lieben" meint auch nicht (im Sinne des griechischen eros) das leidenschaftliche Begehren nach dem Schönen, Wahren und Guten. Das neutestamentliche Lieben (= agapán) meint die selbstlose Hingabe, das Für-den-anderen-dasein[25]. Deswegen gilt es, den Nächsten zu lieben „wie dich selbst". Das bedeutet nicht, der Mensch müsse zuerst sich selbst lieben, um dann auch den Nächsten zu lieben[26]. Eine solche Aufforderung zur Selbstliebe liegt dem Gebot fern. Vielmehr ist vorausgesetzt, daß jeder immer schon weiß, was es heißt, sich selbst zu lieben. Dann aber versteht der Mensch auch, was es bedeutet, den Nächsten zu lieben wie sich selbst. Es geht um die Umkehr des Willens, der auf sein eigenes Selbst gerichtet ist und damit um die Zuwendung zum Nächsten, um die Hingabe, die in der jeweiligen Situation gefordert ist.

Wem bin ich der Nächste? – die Geschichte vom Samariter

Im Lukasevangelium schließt an das Liebesgebot das Gleichnis vom barmherzigen Samariter an[27]. Der Schriftgelehrte stellt Jesus die Frage: „Wer ist denn mein Nächster?" (Lk 10,29).

Mit dieser Frage will er sich „selbst rechtfertigen", das heißt: Er will das Liebesgebot von sich fernhalten, den Ruf des Nächsten nicht wahrnehmen. Auf diesen Einwand des Schriftgelehrten erzählt Jesus das Gleichnis (genauer: die Beispielgeschichte) vom Samariter (Lk 10, 30–37). Die Geschichte ist von dem

---

[25] Vgl. G. Bornkamm, Jesus, S. 102 f., der davor warnt, Eros und Agape gegeneinander auszuspielen, „der Agape ihre Menschlichkeit zu nehmen und den Eros zu verdammen" (S. 103). Das griechische Wort agapán wird in der griechischen Übersetzung des Alten Testaments und im Neuen Testament auch von der Liebe zwischen Mann und Frau und der Liebe der Eltern zu ihren Kindern gebraucht.

[26] Allerdings ist zwischen Selbstliebe und Selbstannahme zu unterscheiden. Die Menschen, die Jesu Wort gehört haben, dürfen „auch sich selbst annehmen, wie sie sind, und dadurch frei werden für die Liebe zu anderen" (E. Schweizer, Lukas, S. 123).

[27] Vgl. dazu G. Bornkamm, Jesus, S. 98–104.

Menschen her erzählt, der auf dem Weg von Jerusalem nach Jericho von Räubern überfallen wird und hilflos liegenbleibt. Ein Priester und ein Levit gehen vorüber. Von dem Samariter ist eigentlich keine Hilfe zu erwarten, da zwischen Juden und Samaritanern tiefe Feindschaft besteht. Von dem Samariter aber heißt es: „Als er ihn sah, jammerte es ihn." Er hat Mitleid mit dem Überfallenen, und er hilft. Die Tat der Liebe geschieht spontan; dem Täter kommt nicht zuerst zum Bewußtsein, daß die Nächstenliebe im Gesetz geboten ist. Sie ist vielmehr unmittelbarer Ausdruck des Erbarmens mit dem, der hilflos am Wege liegt.

Am Schluß der Geschichte fragt Jesus den Schriftgelehrten: „Wer von diesen dreien, meinst du, ist der Nächste gewesen dem, der unter die Räuber gefallen war? Er sprach: Der die Barmherzigkeit an ihm tat." (Lk 10,36 f.) Damit vollzieht sich die Umkehr der Fragestellung. Aus der Frage: Wer ist mein Nächster? wird die andere: Wem bin ich der Nächste? Das aber bedeutet: „Wer bereit ist, dem anderen zum Nächsten zu werden, der wird den, der ihn braucht und ihn damit zugleich beschenkt, überall finden."[28] Jesus mutet den Menschen zu, in der jeweiligen Situation zu entdecken, was im Sinne des Liebesgebotes zu tun ist. Gerade so entspricht der Mensch dem göttlichen Gebot, das er dann nicht als Belastung, sondern als Befreiung zu sinnvollem Leben erfährt.

Zusammenfassung

Die Intention der Gebote kommt in dem Doppelgebot der Liebe zu Gott und zum Nächsten zum Ausdruck. Es geht darum, in der jeweiligen Situation den Nächsten zu entdecken und sich ihm in der Weise zuzuwenden, wie es dem Gebot der Liebe entspricht.

---

[28] E. Schweizer, Lukas, S. 122.

3.3 Das Gebot in der Bergpredigt

Das Leben bewahren

In Mt 5,21–22, der Antithese[29] (dem Gegensatzspruch) vom Töten, heißt es: Ihr habt gehört, daß (in der Tora) gesagt ist: „Du sollst nicht töten; wer aber tötet, der soll des Gerichts schuldig sein. Ich aber sage euch: Wer mit seinem Bruder zürnt, der ist des Gerichts schuldig..."

Das alttestamentliche Gebot sagt: Wer tötet, der ist dem Gericht bzw. der Todesstrafe verfallen. Jesus verschärft, er radikalisiert das Gebot, d. h. er führt es auf seine Wurzel zurück. Das Böse hat seinen Ursprung nicht im Tun, sondern im Herzen des Menschen. Das Gebot verurteilt daher nicht nur die böse Tat, sondern bereits die Gedanken und die Gefühle. Das Töten beginnt mit dem zürnenden Herzen; darum gilt: wer zürnt, der muß vors Gericht, nämlich vors Gericht Gottes.

Jesus will den Menschen erkennen lassen: „Leben besteht in der Beziehung der Liebe, die nicht beeinträchtigt wird von Haß und Zorn." Diese Liebe geht über das hinaus, was als Gerechtigkeit für das gesellschaftliche Zusammenleben wichtig ist. „Es ist die Liebe, welche das Gerechte zwar nicht übergeht, aber dennoch hinter sich läßt."[30]

Die Ehe schützen

In der Antithese vom Ehebrechen (Mt 5,27–28) wird dieses Verständnis des Gebotes bestätigt. Auch hier gilt der Grundsatz „nicht erst – sondern schon". Jesus kommt es auf den eigentlichen Willen Gottes an. Deshalb sagt er: „Ihr habt gehört, daß gesagt ist: Du sollst nicht ehebrechen. Ich aber sage euch: Wer eine Frau ansieht, sie zu begehren, der hat schon mit ihr die Ehe gebrochen in seinem Herzen." „Begehren" bezeichnet dabei ein Verhalten, das „Besitzansprüche stellt und sich nimmt, was

---

[29] Zu den Antithesen der Bergpredigt vgl. G. Bornkamm, Jesus, S. 91–97; G. Strecker, Die Bergpredigt. Ein exegetischer Kommentar, Göttingen ²1985, S. 64–99; H. Weder, Rede, S. 98–155; U. Luz, Das Evangelium nach Matthäus, Evangelisch-Katholischer Kommentar zum Neuen Testament, Band I,1; Zürich/Einsiedeln/Köln/Neukirchen 1985, S. 244–318.

[30] H. Weder, Rede, S. 107.

einem nicht gehört"[31]. Demgegenüber geht es Jesus um den Schutz der Frau, um den Schutz ihres Lebens und ihres Rechtes, um die Achtung vor der Ehe des anderen. Hier wird die Unbedingtheit der Forderung deutlich, für die Gesinnung und Tat zusammengehören. Es geht um die Würde der Beziehung zwischen Mann und Frau, um die Einsicht, daß gerade die Treue für die Entfaltung des Lebens wesentlich ist.

Die Feinde lieben

(Mt 5,43−48/Lk 6,27.28.32−36)

Die Aufforderung, den Feind zu hassen, ist in dieser Form nicht im Alten Testament zu finden. Die Liebe zum Nächsten (3. Mose 19,18) meint allerdings den Volksgenossen, nicht den Fremden. In der Weisheitsliteratur (Spr 25,21) heißt es: „Wenn deinen Feind hungert, so speise ihn mit Brot. Wenn ihn dürstet, so tränke ihn mit Wasser."[32] Jesus geht über die Aussage hinaus, indem er fordert: „Liebt eure Feinde!" „Feind" bezeichnet vor allem den persönlichen Feind im alltäglichen Leben. Das Wort für Kriegsgegner/Staatsfeind kommt im Neuen Testament nicht vor. Im Zusammenhang des Textes ist auch an die Verfolger der Gemeinde gedacht. „Lieben" meint nicht ein Gefühl; es wird also nicht gefordert, den Gegner nett oder sympathisch zu finden. Vielmehr bezeichnet „Lieben" eine Haltung des Willens, ein Tun; es geht darum, den Gegner als Menschen, als Geschöpf Gottes zu akzeptieren und ihm so zu begegnen. Die Liebe zum Nächsten ist nicht auf eine bestimmte Gruppe beschränkt; sie schließt alle Menschen ein. „Das Gebot der Feindesliebe ist die auf die Spitze getriebene Forderung Jesu."[33] Anders gesagt: Bei diesem Gebot geht es um die Entfaltung der Liebe: „sie liebt grundlos und unbedingt…" „sie liebt nicht das schon Liebenswerte, sondern sie macht das Nichtige zum Geliebten… Sie macht aus dem Feind einen Nächsten…"[34] An der Feindesliebe wird daher der schöpferische Charakter der Liebe offenbar.

---

[31] H. Weder, aaO, S. 114.

[32] H. Weder weist darauf hin: Das Gebot der Feindesliebe ist religionsgeschichtlich etwas Einmaliges. Dieses Gebot ist auch aus dem Judentum nicht ableitbar, obwohl es die alttestamentliche Forderung der Liebe zur Vollendung bringt, vgl. Rede S. 138, 141 f.

[33] H. Weder, Rede, S. 136.

[34] AaO, S. 143.

Das Gebot bekommt seine Begründung durch das Tun Gottes (Mt 5,45): „Er läßt seine Sonne aufgehen über Böse und Gute..." Ähnlich heißt es bei dem römischen Philosophen Seneca: „Wenn du die Götter nachahmst, ...dann gib auch den Undankbaren Gutes; denn die Sonne geht auch über die Verbrecher auf und den Piraten stehen die Meere offen."[35] Hier dient die Gesetzmäßigkeit der Natur als Vorbild für das menschliche Tun. Anders in der Bergpredigt. Hier wird auf das Wirken Gottes, des Schöpfers, hingewiesen. Im Lichte der Botschaft von der kommenden und schon beginnenden Gottesherrschaft wird auch das Wirken Gottes in der Schöpfung eindeutig. So kann die Schöpfung zum Zeugen der Feindesliebe werden.

Wenn es heißt: „Darum sollt ihr vollkommen werden...", dann ist damit nicht ethische Perfektion gemeint. „Vollkommen sein", bedeutet vielmehr „ganz", „ungeteilt" sein und damit der Güte Gottes entsprechen. Im Tun der Feindesliebe läßt sich der Mensch ganz von Gott bestimmen. Gott wendet sich ganz, ohne Vorbehalt dem Menschen zu. Lk 6,36 heißt es: Gott ist barmherzig; dies ermöglicht die Zuwendung der Menschen untereinander.

Immer wieder ist die Frage gestellt worden: Sind die Gebote der Bergpredigt erfüllbar? Dazu ist zu bedenken: Nicht diese Frage sollte das erste sein, vielmehr die Einsicht: Es ist wahr, was Jesus fordert. Nicht der Zweifel an der Realisierbarkeit, sondern das Ja zu der Realität des göttlichen Willens ist das Entscheidende. Es besteht eine Einheit zwischen der Gottesherrschaft und dem Gebot, von Zuspruch und Anspruch. Die Botschaft von der Güte Gottes befreit dazu, das Gebot zu bejahen und zur Tat werden zu lassen. Dies geschieht gewiß immer nur fragmentarisch. G. Bornkamm sagt mit Recht: „Stellt die Bergpredigt mit ihren Geboten die Hörenden in eine oft genug aussichtslose Spannung zwischen Gottes Willen und dem eigenen Vermögen, so weckt sie doch erst recht das Hungern und Dürsten nach der Gerechtigkeit, dem Jesus die Verheißung zuspricht."[36]

---

[35] De benef. IV, 16; zit. b. E. Schweizer, Matthäus, S. 82; G. Strecker, aaO, S. 93.

[36] G. Bornkamm, Jesus S. 97. In anderer Weise formuliert Mt 7,12, die „Goldene Regel": „Alles nun, was ihr wollt, das euch die Leute tun sollen, das tut ihnen auch! Das ist das Gesetz und die Propheten." Diese Regel ist in der Umwelt weit verbreitet, sie findet sich auch in der jüdischen Tradition. Die Goldene Regel

Zusammenfassung

In der Bergpredigt verschärft Jesus die überlieferten Gebote. Das Böse hat seinen Ursprung nicht im Tun, sondern im Herzen des Menschen. Indem der Mensch sich in seinem Herzen von der Güte Gottes bestimmen läßt, verwirklicht sich die Liebe, die auch über Unterschiede und Gegensätze hinweg auf den anderen gerichtet ist (Gebot der Feindesliebe).

4. Das Gebet

Die Worte über das Beten[37] setzen die in Israel geläufige Gebetspraxis voraus; sie stehen aber vor allem ganz im Zeichen der Botschaft vom Reich Gottes.

a) Es geht beim Gebet nicht darum, daß es von den anderen Menschen wahrgenommen wird; das Gebet richtet sich seinem Wesen nach allein auf Gott. Es ist nicht eine religiöse Leistung sondern Ausdruck des Gesprächs des Menschen mit Gott (Mt 6,5 – 7).

b) Es geht im Gebet nicht darum, mit vielen Worten bei Gott die Erfüllung menschlicher Wünsche durchzusetzen. Gott weiß, was die Menschen brauchen, ehe sie ihn bitten. Damit wird aber nicht (wie in der stoischen Philosophie und manchen modernen Anschauungen) das Gebet überflüssig, sondern vielmehr begründet. Das Gebet ist Ausdruck des Vertrauens zu Gott; vor ihm spricht der Mensch aus, was ihn bewegt, und zugleich bittet er um die Gegenwart Gottes in der konkreten Situation seines Lebens (vgl. Mt 6,7 – 8).

c) Jesus bringt mehrfach die Gewißheit von der Erhörung des Gebetes zum Ausdruck (Mt 7,7 – 11; Lk 11,5 – 8; 18,1 – 8). Die Frage der nicht erhörten Gebete taucht dabei nicht auf. Für den biblischen Glauben führt diese Erfahrung erst recht zum Gebet. Dabei ist deutlich: Das Beten kann nicht eine bestimmte Erfüllung garantieren – nicht mein sondern dein

---

appelliert an die vernünftige Einsicht der Menschen. Im Zusammenhang des Matthäusevangeliums ist sie zugleich vom Gebot der Nächsten- und Feindesliebe her zu verstehen.

[37] Zum Ganzen vgl. Bornkamm, Jesus, S. 117 – 121; E. Schweizer, Matthäus, S. 86 – 100, S. 109 – 111; H. Weder, Rede, S. 163 – 196; 223 – 230.

Wille geschehe (vgl. Mk 14,36). Dies ist nicht fatalistisch gemeint, Voraussetzung dieser Bitte ist vielmehr die Gewißheit von der befreienden Nähe Gottes, der sich der Mensch anvertraut.

d) Die Worte Jesu über das Beten finden im Vaterunser ihre Zusammenfassung (Mt 6,9−13; Lk 11,2−4). Die ersten drei Bitten setzen die Botschaft Jesu von dem Reich Gottes/der Herrschaft Gottes voraus. Die folgenden Bitten sprechen die Situation des Menschen direkt an (das „tägliche Brot", unsere Schuld, die Versuchung). Das Vaterunser lehrt zu unterscheiden zwischen dem menschlichen Wünschen und dem Bitten im Sinne Jesu.

Zusammenfassung

Das Vaterunser gilt als Maßstab für das christliche Beten. Es lehrt zu unterscheiden zwischen den menschlich − allzumenschlichen Wünschen und dem Bitten, das im Sinne Jesu dem Menschen vor Gott angemessen ist. Das Gebet ist die Hinwendung des Menschen zu Gott, die menschliche Antwort auf die erfahrene Gegenwart Gottes. Dabei wird die konkrete Situation des Menschen zur Sprache gebracht. Das Gebet bittet darum, daß in der jeweiligen Situation die Gegenwart Gottes aufs Neue erfahren und damit die Situation des Menschen verändert wird.

5. Die Wunder

Ein großer Teil der synoptischen Evangelien besteht aus Wundererzählungen[38]. Für den modernen Leser drängt sich bei diesen Texten vielfach die Frage in den Vordergrund: Sind diese Überlieferungen historisch zuverlässig? Was hat sich im Einzelfall ereignet, und was ist legendäre Erweiterung? So naheliegend diese Frage vom neuzeitlichen Denken her sein mag, so muß man vom Verständnis der neutestamentlichen Texte her beachten, daß sie nicht in erster Linie an der historischen Frage interessiert sind. Die Wundererzählungen werden vielmehr in kerygmatischer Absicht überliefert; sie sind wie alle Evangelientexte ein

---

[38] Vgl. G. Bornkamm, Jesus, S. 114−117; S. 185; J. Roloff, Neues Testament, S. 77−90; H. Zahrnt, aaO, S. 130−140.

Stück urchristlicher Verkündigung; sie wollen die Bedeutung des Wirkens Jesu für die Welt aufzeigen. Diese Intention gilt es vor allem im Blick zu behalten.

Zur historischen Problematik der Wunder

sind vor allem folgende Gesichtspunkte zu berücksichtigen:

a) Der Gedanke vom Wunder als Durchbrechung der Naturgesetze war im Altertum noch nicht verbreitet. Als Wunder galten vielmehr alle Ereignisse, in denen man das Wirken außergewöhnlicher Kräfte wahrnahm, und die man mit Staunen erlebte. Ein einheitliches Wort für „Wunder" gibt es im Neuen Testament nicht. In den synoptischen Evangelien wird vielfach von Machttaten gesprochen. In der Umwelt des Neuen Testaments waren Berichte von Wundern weit verbreitet.

b) Gerade in der Überlieferung der Wunder ist mit Übertragung von Motiven aus der Umwelt zu rechnen und ebenso mit einer legendären Ausgestaltung, die im Dienst der Verkündigung steht. Zugleich macht aber auch die kritische Analyse sehr wahrscheinlich, daß bei vielen Überlieferungen ein historischer Kern vorliegt. Zum Wirken Jesu haben offenbar Taten der Heilung und Hilfe gehört, die von den Beteiligten als Wunder erfahren wurden. Es ist dann zu fragen, welche Bedeutung die Wunder innerhalb des Wirkens Jesu haben.

Dämonenaustreibungen

Zu der frühen Überlieferungsgeschichte gehören zweifellos die Dämonenaustreibungen (Exorzismen). Nach damaliger Anschauung können Dämonen, Mächte des Bösen, einen Menschen beherrschen und so die Ursache für ein besonderes Leiden sein. Beispiele sind Mk 1,23−27; 5,1−20; 9,14−29 par. Wenn Jesus den Dämon austreibt, dann erweist er sich als Sieger über die Mächte des Bösen, und eben darin wird das Reich Gottes schon in der Gegenwart wirksam.

Heilungen

Zu der frühen Überlieferung gehören auch viele der Heilungswunder. Das Besondere ist bei ihnen: Jesus wendet sich dem leidenden Menschen in seiner Not zu; sein Tun hat daher helfenden Charakter. Oft wird die persönliche Zuwendung zu dem Kranken oder Bittenden in einer Erzählung besonders betont. Beispiele sind die Heilung der Schwiegermutter des Petrus vom Fieber (Mk 1,29–31 par.), die Heilung eines Aussätzigen (Mk 1,40–45 par.), eines Taubstummen (Mk 7,31–37 par.), eines Blinden (Mk 8,22–26). In der Begegnung zwischen Jesus und dem Hauptmann von Kapernaum (Mt 8,5–13 par.), der um die Heilung für seinen kranken Knecht bittet, findet sich ein Dialog über den Glauben, der in diesem Zusammenhang entscheidend ist. Der Hauptmann sagt: „Herr, ich bin nicht wert, daß du unter mein Dach gehst, sondern sprich nur ein Wort, so wird mein Knecht gesund" (Mt 8,8). Der Glaube ist hier das Zutrauen zu der Macht Jesu. Dieser Glaube beschämt die Menschen in Israel (vgl. Mt 8,10); er deutet darauf hin, daß an der Erfüllung des Reiches Gottes Menschen aus allen Völkern Anteil haben werden.

Wunder und Glaube

Aus den Evangelien geht klar hervor: Die Wunder können und sollen nicht die Wahrheit der Botschaft Jesu erweisen und so den Glauben ermöglichen. Deshalb lehnt Jesus die Forderung von Zeichen und Wundern ab (Mk 8,11 f., Mt 12,38–42). Für sich genommen sind die Wunder mehrdeutig, wie der Vorwurf zeigt, mit den Obersten der Dämonen treibe Jesus die Dämonen aus (Mk 3,22). Das Wunder steht im Zusammenhang mit dem Wort, mit der Botschaft vom Reich Gottes; es hat Hinweischarakter und lädt so zum Glauben ein. – Dabei darf der Glaube nicht als eine psychische Disposition gesehen werden, die die Heilung erleichtert. Glaube ist vielmehr das Vertrauen zu Jesus, das über die im Augenblick geforderte Hilfe hinausgeht, weil es in Jesus Gott begegnet, in ihm die heilvolle Zuwendung Gottes zur Welt findet. Der Glaube erkennt in dem heilenden Tun Jesu die anbrechende Gottesherrschaft.

An einigen Stellen werden im Neuen Testament Totenerweckungen[39] überliefert: die Erweckung der Tochter des Jairus (Mk 5,21−24, 35−43 par.), des Jünglings von Nain (Lk 7,11−17) und des Lazarus (Joh 11,1−45). Diese Texte werden in der Exegese im allgemeinen nicht zur ältesten Überlieferung gerechnet. Es wird sich hier um spätere Legenden handeln. Neben Parallelen in der außerbiblischen Literatur werden Totenerweckungen im Alten Testament von dem Propheten Elia (1. Kön 17,17−24) und von seinem Schüler Elisa (2. Kön 4,17−37) berichtet. Sie haben wahrscheinlich die neutestamentlichen Erzählungen beeinflußt, die bereits unter dem Eindruck der Ostererfahrung gestaltet sind, allerdings mit einem gewichtigen Unterschied: Anders als bei der Auferweckung Jesu[40] kehren die Erweckten ins irdische Leben zurück; sie haben den Tod weiterhin vor sich. Die Texte bringen zum Ausdruck: In Jesus ist die Macht des Todes überwunden; dieser in der Auferweckung Jesu begründete Sieg tritt bereits im irdischen Wirken anfangsweise in Erscheinung.

„Natur"-Wunder

Auch bei der Überlieferung der Rettungs- oder Naturwunder haben alttestamentliche Motive in der Gestaltung gewirkt. Für die Stillung des Sturmes (Mk 4,35−41 par.) ist Psalm 65,8 zu vergleichen: „der du stillst das Brausen des Meeres…"; für den Seewandel (Mk 6,45−52) die Aussage von Hiob 9,8: „der einherschreitet auf den Höhen des Meeres". Die Geschichte von der Speisung der Fünftausend bzw. Viertausend (Mk 6,30−44) hat Vorbilder in der Sättigung Israels mit Manna (2. Mose 16,3.13−15; Ps 78,24f. vgl. auch Ps 22,27). Alle diese Geschichten bezeugen die Rettung aus einer elementaren Not oder Gefahr.

Bereits im Neuen Testament gewinnen einzelne dieser Erzählungen einen transparenten Charakter. So wird im Matthäusevangelium die Sturmstillung zu einer Nachfolgegeschichte (Mt 8,23; durch den Zusammenhang mit Mt 8,18−22); der Seewan-

---

[39] Vgl. E. Schweizer, Markus, S. 68.
[40] Vgl. Kap. VII,A.

del[41] wird zu einem Sinnbild für den angefochtenen Glauben (Mt 14,22–33). Im Johannesevangelium wird an der Speisungs-geschichte die Bedeutung Jesu herausgestellt, der von sich sagt: „Ich bin das Brot des Lebens" (Joh 6,35).

Zusammenfassung

Jesu Wirken vollzieht sich in Wort und Tat. Es ist historisch wahrscheinlich, daß Jesus Menschen geheilt hat; von den Betei-ligten wurde dies als Wunder erfahren. Viele Wundererzählun-gen sind in der Überlieferung der frühchristlichen Gemeinde ausgestaltet worden. Dadurch soll die Bedeutung des Wirkens Jesu zum Ausdruck gebracht werden: Die Wunder sind Zeichen des anbrechenden Reiches Gottes.

B. Systematisch-theologische Aspekte

1. *Die Frage nach dem historischen Jesus*

Wer war Jesus wirklich? Die Leben-Jesu-Forschung und ihre Kritik

Wer war Jesus wirklich? Diese Frage wird in der Neuzeit nachdrücklich gestellt. Die historische Forschung untersuchte die biblischen Überlieferungen und stieß dabei auf einen Wider-spruch zwischen dem Christus des kirchlichen Dogmas[1] und dem Menschen Jesus. Daher erhob sich die Forderung, die Über-malung durch Dogma und Frömmigkeit abzutragen und zu dem „historischen Jesus" durchzudringen. Es komme darauf an, mit historischen Mitteln den Verlauf des „Lebens Jesu" möglichst genau zu erkennen. Diese Fragestellung bildete das grundlegen-de Motiv für die Leben-Jesu-Forschung.

Albert Schweitzer hat in seinem umfangreichen Werk „Die Geschichte der Leben-Jesu-Forschung" die einzelnen Konzep-tionen dargestellt[2]. Er kommt am Schluß seines Buches zu einer

---

[41] Die Deutung Lapides, der Seewandel beruhe auf einer optischen Täu-schung, ist zu rationalistisch (vgl. B 4) und kann schwerlich überzeugen; vgl. P. Lapide, Er wandelte nicht auf dem Meer. Ein jüdischer Theologe liest die Evangelien, Gütersloh ²1986, S. 21; S. 49 f.

[1] Dazu s. Kapitel V, B.1.

[2] A. Schweitzer. Die Geschichte der Leben-Jesu-Forschung, Tübingen ⁹1984.

grundlegenden Kritik dieser Forschung, indem er betont: Die Fragestellung ist insgesamt falsch und dem Neuen Testament nicht angemessen. Aus den Evangelien läßt sich kein „Leben Jesu" ermitteln. Die Evangelien berichten vom Leben Jesu nur, soweit es im Sinne seines messianischen Selbstbewußtseins wesentlich ist. Sie vermitteln aber keinen natürlichen Handlungsablauf und somit keine lückenlose Biographie. Gegenüber dem verbreiteten Leben-Jesu-Bild, das in Jesus das Ideal reiner Humanität sieht, macht Schweitzer geltend: Für die Verkündigung Jesu war die Naherwartung wesentlich, also die Ausrichtung auf das unmittelbar bevorstehende Kommen des Reiches Gottes. Darin besteht die Fremdheit Jesu gegenüber dem neuzeitlichen Denken.

Bereits vor Albert Schweitzer hatte sich Martin Kähler kritisch mit der Leben-Jesu-Forschung auseinandergesetzt, und zwar vor allem in seiner bis heute bedeutsamen Schrift: „Der sogenannte historische Jesus und der geschichtliche, biblische Christus"[3]. Kähler bezeichnet die Leben-Jesu-Bewegung als einen Holzweg. Denn es gibt keine Quellen, aus denen man eine Biographie Jesu erheben kann. Vor allem aber verdeckt die Leben-Jesu-Forschung mit ihrer Frage nach einzelnen historischen Tatsachen den lebendigen Christus der Bibel. Der Glaube darf nicht von einem angeblich zuverlässigen Jesusbild abhängen. Vielmehr gründet sich der Glaube auf die Botschaft von dem gekreuzigten und auferstandenen Christus. Auch die Erzählungen der Evangelien geben keinen historischen Bericht; sie enthalten vielmehr Christuspredigten der Glaubenszeugen. Sie enthalten die Erinnerung an seine irdischen Tage und zugleich das Bekenntnis zu seiner ewigen Bedeutung. Beides gehört zu dem „geschichtlichen biblischen Christus", auf den der Glaube sich gründet.

Die Konzeption Rudolf Bultmanns

Der „historische Jesus" gehört nach Bultmann[4] zu den Voraussetzungen der Theologie des Neuen Testaments. Er ist nicht

---

[3] M. Kähler, Der sogenannte historische Jesus und der geschichtliche biblische Christus, [1]1892, München [4]1969.

[4] Vgl. R. Bultmann: Theologie des Neuen Testaments, Tübingen, [9]1984, S. 1–34.

selbst Teil der christlichen Verkündigung. Die christliche Botschaft kann nicht auf den historischen Jesus, sondern (wie vor allem Paulus zeigt) nur auf Kreuz und Auferstehung Jesu gegründet werden. Von dem historischen Jesus ist nur das „Daß" seines Gekommenseins wichtig, nicht das „Was" seines Lebens und seiner Lehre. Das heißt: Die Tatsache, daß Jesus gelebt hat, mit einer bestimmten Botschaft aufgetreten ist, daß er am Kreuz gestorben ist – dies ist als Voraussetzung für die christliche Botschaft wichtig; aber die Botschaft selbst oder die Einzelzüge seines Lebens sind nicht Bestandteil der Verkündigung. Die Evangelien sind nicht als historische Berichte, sondern als urchristliche Predigten zu verstehen.

So sehr diese Erkenntnis Beachtung verdient, so ist doch gegen die Konzeption Bultmanns eingewandt worden, daß die Person und Verkündigung des irdischen Jesus zu sehr in den Hintergrund treten. Diese Problematik führte dazu, daß die Frage nach dem historischen Jesus erneut aufgenommen wurde.

Zunächst soll jedoch das Problem der Mythologie bedacht werden, das in Bultmanns Auslegung des Neuen Testaments eine wichtige Rolle spielt[5]. Viele dem heutigen Leser fremd erscheinende Vorstellungen sind als mythologische zu bezeichnen. Dazu gehört das antike Weltbild, „das heißt: die Vorstellung der Welt, die in die drei Stockwerke Himmel, Erde und Hölle eingeteilt ist, die Vorstellung, daß übernatürliche Kräfte in den Lauf der Dinge eingreifen…"[6]. Die urchristliche Zukunftserwartung mit dem Kommen des Menschensohns auf den Wolken des Himmels, dem Gericht über die Menschheit und der endgültigen Aufrichtung der Herrschaft Gottes muß als mythologisch bezeichnet werden. Charakteristikum der Mythologie ist, daß sie von dem Jenseitigen wie von etwas Diesseitigem, daß sie von der transzendenten Macht wie von einer weltlichen Macht spricht.

Die Theologie kann nun nicht einfach die mythologischen Aussagen der Bibel als zeitbedingt preisgeben. Es geht vielmehr darum, diese Vorstellungen zu interpretieren, nach ihrer tieferen Bedeutung zu fragen. Diese Aufgabe der Auslegung „nenne ich ‚Entmythologisieren' – ein sicherlich unbefriedigendes Wort!

---

[5] Vgl. dazu die grundlegende und vieldiskutierte Schrift: Neues Testament und Mythologie. Das Problem der Entmythologisierung der neutestamentlichen Verkündigung, 1941, Nachdruck hg. von E. Jüngel, München, ²1985.

[6] R. Bultmann, Jesus Christus und die Mythologie, Gütersloh, ⁶1984, S. 11f.

Ziel ist nicht das Entfernen mythologischer Aussagen, sondern ihre Auslegung. Es ist eine Deutungsmethode."[7] Die „Entmythologisierung" oder „existentiale Interpretation" fragt nach dem Verständnis der menschlichen Existenz, das in den mythologischen Vorstellungen zum Ausdruck kommt. Jesu Verkündigung der kommenden und schon anbrechenden Herrschaft Gottes hat so die Bedeutung: Der Mensch erfährt den Anspruch Gottes, und er wird zur Umkehr, zur Verantwortung gegenüber Gott aufgerufen. Zugleich erfährt der Mensch die göttliche Gnade und Vergebung, und es geht darum, für die Zukunft Gottes offen zu sein. Nicht die Vorstellungen des damaligen Weltbildes sind an der Verkündigung Jesu entscheidend; wesentlich ist vielmehr, daß diese Botschaft dem Menschen ein neues Verständnis seiner selbst erschließt. – Auch das Geschehen von Kreuz und Auferstehung Jesu ist nach Bultmann mit mythologischen Vorstellungen gedeutet und bedarf daher der „existentialen Interpretation" (dazu vgl. Kap VI, B 5.1 und VII B 2).

Die neue Frage nach dem „historischen Jesus"

Eine kritische Auseinandersetzung mit Bultmann setzte interessanterweise gerade unter seinen Schülern ein. Diese Diskussion begann mit dem Aufsatz von E. Käsemann: „Das Problem des historischen Jesus."[8] Käsemann betont: Der seit Ostern geglaubte lebendige Christus steht in einer Kontinuität zum historischen Jesus. Diese Kontinuität, diesen Zusammenhang, gilt es zu erkennen. Die neue Frage nach Jesus hat nicht das Interesse, den christlichen Glauben historisch zu begründen. Sie entsteht nicht aus dem Sicherheitsbedürfnis des menschlichen Herzens. Vielmehr geht es um die Frage: Hat der Glaube an Christus Anhalt an der Person und Verkündigung Jesu selbst? Oder anders formuliert: Wie wurde die Verkündigung Jesu zur Verkündigung von Jesus dem Christus? Zwischen beiden liegt ein Bruch (= Diskontinuität), hervorgerufen durch den Tod am Kreuz und den neuen Anfang der Auferstehung. Zwischen beidem muß aber auch ein Zusammenhang (= Kontinuität) bestehen. Die Frage nach dem historischen Jesus kommt aus einem

---

[7] R. Bultmann, aaO, S. 16.

[8] E. Käsemann, Das Problem des historischen Jesus, in: Exegetische Versuche und Besinnungen, Band I, Göttingen 1970, S. 187–214.

Lebensinteresse des christlichen Glaubens: Er muß daran interessiert sein, daß er seinen Grund nicht in einem Mythos, sondern in der konkreten geschichtlichen Person Jesu hat.

Auch G. Bornkamm grenzt die neue Frage nach dem historischen Jesus von der Fragestellung der Leben-Jesu-Forschung ab. Es ist nicht möglich, den Ablauf des Lebens Jesu biographisch oder psychologisch zu beschreiben. Dennoch lassen die Evangelien „wenn auch in völlig anderer Art als Chroniken und Geschichtsdarstellungen sonst, die geschichtliche Gestalt Jesu in unmittelbarer Mächtigkeit vor uns sichtbar werden"[9]. Die Frage nach dem historischen Jesus zeigt: der Glaube im christlichen Verständnis ist auf die Geschichte Jesu bezogen. „Im Kerygma (= der Verkündigung der Evangelien) die Geschichte, aber auch in dieser Geschichte das Kerygma zu suchen, ist darum die uns gestellte Aufgabe."[10]

Der historische Jesus im Rahmen der sozialgeschichtlichen Frage

In der jüngsten Diskussion[11] hat die sozialgeschichtliche Fragestellung an Bedeutung gewonnen. Diese Forschungsrichtung fragt nach der sozialen Situation einer Überlieferung in der damaligen Gesellschaft. Damit wird die Frage der Formgeschichte nach dem „Sitz im Leben" eines Wortes oder einer Erzählung aufgenommen und weitergeführt. Man untersucht aber nicht nur die Hintergründe in der christlichen Gemeinde,

---

[9] G. Bornkamm, Jesus, S. 21.

[10] AaO, S. 18. An der Diskussion um den historischen Jesus haben sich u. a. auch Fuchs und Ebeling intensiv beteiligt.
Ernst Fuchs betont den Zusammenhang von Wort und Verhalten Jesu, da Jesu Worte sein Verhalten historisch wiedergeben; vgl. E. Fuchs, Zur Frage nach dem historischen Jesus, Tübingen [2]1965; vgl. G. Ebeling, Das Wesen des christlichen Glaubens, Tübingen 1963, S. 48–65; umfassend in: Dogmatik II, S. 363–476. Beachtenswert sind ferner die Arbeiten jüdischer Forscher über Jesus: z. B. Sch. Ben-Chorin, Bruder Jesus. Der Nazarener in jüdischer Sicht, München 1977; D. Flusser, Entdeckungen im Neuen Testament. Bd. 1 Jesusworte und ihre Überlieferung, Neukirchen 1987; P. Lapide, Er wandelte nicht auf dem Meer. Ein jüdischer Theologe liest die Evangelien. Gütersloh [2]1986; zum Ganzen vgl. Sachwissen, S. 142–150; H. G. Pöhlmann, Wer war Jesus von Nazareth? Gütersloh [5]1984.

[11] Vgl. dazu u. a. H. Braun, Jesus – der Mann aus Nazareth und seine Zeit, Neuausgabe, Stuttgart/Berlin 1984; D. Sölle, Stellvertretung, Neuausgabe, Stuttgart/Berlin 1982; H. Wolff, Jesus der Mann. Die Gestalt Jesu in tiefenpsychologischer Sicht, Stuttgart [8]1985.

sondern auch die sozialen und gesellschaftlichen Rahmenbedingungen.

L. Schottroff und W. Stegemann fragen in ihrem Buch „Jesus von Nazareth – Hoffnung der Armen"[12] nach der ältesten Jesustradition. Sie vertreten dabei die Auffassung, man dürfe Jesus nicht historisch isolieren, ihn also nicht für sich betrachten, man müsse ihn vielmehr mit seinen Nachfolgern, mit der „Jesusbewegung", zusammensehen. Dann lasse sich über Jesus historisch viel Zuverlässiges sagen. Die älteste Jesustradition läßt erkennen: Die Jesusnachfolge führte Menschen zusammen, die in Not waren. Die Armen erkannten in Jesus ihre Hoffnung. „Die Umkehrung des elenden Geschickes der Armen in der Königsherrschaft Gottes und die Freundschaft Jesu zu den Zöllnern und Sündern"[13] sind die zentralen Themen in der ältesten Jesustradition. –

So berechtigt es ist, Jesus mit seinen Nachfolgern zusammenzusehen, so besteht bei dieser Fragestellung die Gefahr, das Besondere und Einmalige der Gestalt und Geschichte Jesu nicht deutlich genug zur Geltung zu bringen. Die älteste Jesustradition im Sinne der sozialgeschichtlichen Forschung läßt sich nur mit einer gewissen Wahrscheinlichkeit rekonstruieren, zumal die Evangelien keine umfassenden Angaben über die soziale Situation enthalten.

Zusammenfassung

Aus den Evangelien läßt sich kein „Leben Jesu" im biographischen Sinne ermitteln. Die christliche Botschaft kann sich nicht ausschließlich auf den historischen Jesus oder auf das Geschehen von Kreuz und Auferstehung gründen. Vielmehr ist die Verkündigung des irdischen Jesus mit der Botschaft vom lebendigen, auferstandenen Christus im Zusammenhang zu sehen.

---

[12] Vgl. L. Schottroff/W. Stegemann, Jesus von Nazareth – Hoffnung der Armen. Stuttgart/Berlin/Köln/Mainz, ²1981; G. Theißen: Soziologie der Jesusbewegung, ein Beitrag zur Entstehungsgeschichte des Urchristentums, München, ⁵1984, ders.: Der Schatten des Galiläers, Historische Jesusforschung in erzählender Form, München 1986.

[13] L. Schottroff/W. Stegemann: aaO, S. 30.

2. Deutungen der Bergpredigt

Wie sind die Gebote der Bergpredigt zu verstehen? In welcher Weise lassen sie sich in der Realität der Welt verwirklichen? Zu dieser Frage sind im Laufe der Kirchen- und Theologiegeschichte unterschiedliche Deutungen vertreten worden[14].

Die Deutung der mittelalterlichen Theologie

Im Blick auf die Ethik wird zwischen den Geboten (praecepta) und den evangelischen Räten (consilia) unterschieden. Die Gebote sind für alle Menschen verbindlich; die „Räte" oder Ratschläge gelten dagegen nur dem besonderen Stand der Vollkommenheit, nämlich dem Mönchtum. Die über den Dekalog hinausgehenden Forderungen der Bergpredigt werden somit auf eine bestimmte Gruppe von Menschen eingegrenzt. – Zweifellos richtet sich die Bergpredigt an die Jünger; aus dem Neuen Testament läßt sich aber eine Abstufung zwischen zwei verschiedenen Gruppen von Christen nicht entnehmen.

Die Deutung Luthers

Die Botschaft von Jesus Christus gilt allen Menschen; daher ist auch die Bergpredigt für alle verbindlich. Das Gebot Jesu klagt den Menschen an, weil er den Anspruch Gottes nicht erfüllt. Diese Erkenntnis ist teilweise im späteren Luthertum überbetont worden.

Zugleich aber enthält die Bergpredigt den Zuspruch der Güte und Barmherzigkeit Gottes (z. B. in den Seligpreisungen), auf die der Mensch, der an der Erfüllung des Gebots scheitert, angewiesen ist. Im Blick auf die Realisierung der Bergpredigt unterscheidet Luther in folgender Weise: Für seine eigene Person ist der Christ an die Bergpredigt gebunden, d. h. an Feindesliebe und Rechtsverzicht. In seiner Verantwortung für andere muß der Christ aber im Rahmen der weltlichen Vernunft das Recht sichern und durchsetzen. Aber auch diese Verantwortung ist im Liebesgebot begründet. Eine „Eigengesetzlichkeit" des Weltli-

---

[14] Vgl. G. Bornkamm, Jesus, S. 195–198; J. Roloff, Neues Testament, S. 115–117; G. Strecker, Die Bergpredigt. Ein exegetischer Kommentar, Göttingen 1984, S. 13–23; H. Weder, Rede, S. 18–30; H. Zahrnt, Jesus aus Nazareth. Ein Leben, München 1987, S. 288–291.

chen gibt es bei Luther nicht; dieser Gedanke spielt erst in späterer Zeit eine Rolle.

Die „Schwärmerische" Deutung

Die „Schwärmer" der Reformationszeit – genauer: die Gruppen der Täufer und Spiritualisten – vertreten eine sehr strenge Ethik. Sie wollen die Bergpredigt wörtlich befolgen. So leiten sie aus ihr die grundsätzliche Verweigerung von Eid und Kriegsdienst ab. Teilweise fordern sie auch den Verzicht auf das Eigentum. Ihre kompromißlose Haltung hat sie oft schweren Verfolgungen ausgesetzt. Der grundsätzliche Pazifismus ist im weiteren Verlauf von den „Friedenskirchen" (Mennoniten, Quäkern) vertreten worden. Hier wird die Verbindlichkeit der Bergpredigt konsequent anerkannt und gelebt. Ihre Forderungen werden aber gesetzlich verengt und faktisch auf eine kleine Gemeinde begrenzt.

Zu diesem Typ der Bergpredigtdeutung ist in der Neuzeit das Programm von Leo Tolstoi (1828–1910) zu rechnen. Er sieht den Kernsatz der Bergpredigt in der Aussage: Widersteht nicht dem Bösen (Mt 5,39), d. h. in der Forderung der Gewaltlosigkeit. Staat und Gesellschaft festigen nur die Macht des Bösen. Wenn man dagegen die Forderung der Gewaltlosigkeit befolgt, dann müssen die Menschen zu einem vernünftigen Dasein gelangen. –

Gesinnungsethik

Vertreter der liberalen Theologie um die Jahrhundertwende verstehen die konkreten Weisungen Jesu als zeit- und situationsbedingt. Das ihnen zugrundeliegende Prinzip ist die lebendige Gesinnung Jesu. Deshalb zielt die Bergpredigt auf eine neue Gesinnung. – Zweifellos sprechen die Forderungen der Bergpredigt den Menschen im Innersten seines Wesens, im „Herzen" an: damit wird allerdings das Tun nicht nebensächlich.

„Interimsethik"

Albert Schweitzer (1875–1965) sieht die Gebote im Licht der Naherwartung. Er versteht sie daher als „Interimsethik", die nur unter der Erwartung des unmittelbar bevorstehenden Weltendes

136

sinnvoll gewesen sei. – Zweifellos ist die Bergpredigt vom kommenden Reich Gottes her zu verstehen. Ihre Forderungen sind aber keineswegs ausschließlich durch die Naherwartung begründet.

Die Deutung im Religiösen Sozialismus

Bei Leonhard Ragaz (1868–1945) gilt Jesus als Anwalt der Entrechteten und Unterdrückten. Er stellt die bestehende staatliche Ordnung infrage. Die Bergpredigt ist die „unerhörte Botschaft von der Revolution der Welt durch Gott". Sie kann die Grundlage für den Aufbau einer neuen Gesellschaft sein[15].

Zweifellos hat die Bergpredigt für die Gestaltung der Welt erhebliche Bedeutung. Wird die Bergpredigt jedoch zu einem politischen Programm, wird sie in Rechtsvorschriften übertragen, die mit Gewalt durchgesetzt werden, so entsteht neues *Unrecht*.

G. Bornkamm hat darauf hingewiesen, daß viele Deutungen der Bergpredigt ein charakteristisches „Nur" enthalten: Sie fordere nur eine neue Gesinnung, sie gelte nur zur Erkenntnis der Sünde oder nur zur Veränderung der Welt usw. Demgegenüber komme es darauf an, dem Wort Jesu und seinem Anspruch standzuhalten. Die Ethik der Bergpredigt ist ganz der Gottesherrschaft verpflichtet. Ihre Forderungen sagen, wie ein Verhalten aussieht, das auf die Gottesherrschaft eingestellt ist. Daher befindet sich die Bergpredigt, wie H. Weder betont, in einem gewissen Abstand zu den gesetzlichen Regelungen im gesellschaftlichen und persönlichen Zusammenleben. Sie wird aber dadurch nicht belanglos; sie kommt vielmehr gerade durch ihre

---

[15] Ernst Bloch sieht in der Bergpredigt ein subversives Element im Blick auf die bisherigen Zustände. Ihre Gebote sind die Vorwegnahme einer neuen Gesellschaft; vgl. E. Bloch, Atheismus im Christentum, Frankfurt/M. 1968, S. 171, S. 183–190; vgl. auch P. Lapide, Die Bergpredigt – Utopie oder Programm? Mainz ⁵1985, Diese Auslegung aus jüdischer Sicht versteht die Bergpredigt als ein machbares Wunschbild, als eine realistische Utopie. Es geht um eine Selbstüberschreitung des Menschen, um in der Nachahmung Gottes größer und menschlicher zu werden. Durch die Entfeindungsliebe, die aus Feinden Freunde macht, wird die Bergpredigt Grundlage für ein Programm des menschenwürdigen Überlebens und zum Wegweiser für den Weltfrieden (vgl. S. 144–148). Diese Gedanken sind aufgenommen bei F. Alt, Frieden ist möglich. Die Politik der Bergpredigt, München/Zürich 1983.

Fremdheit dem weltlichen Leben zugute. Denn sie bringt die Liebe in das Vernünftige weltlicher Verhaltensweisen hinein. „Die Forderung Jesu ist überhaupt nur als eine denkbar, die in das *Herz des Menschen* gelegt ist."[16] Sie hebt den Abstand auf, den der Mensch zum Willen Gottes haben könnte. Die Kraft der Forderung Jesu verhindert die Selbstzufriedenheit des vernünftigen Verhaltens. In diesem Sinne ist die Bergpredigt Jesu für die Gestaltung der Welt in erheblichem Maße von Bedeutung.

Zusammenfassung

Von der Botschaft des kommenden und zugleich schon gegenwärtigen Reiches Gottes ist das Verständnis der Bergpredigt bestimmt. Die Gültigkeit ihrer Forderungen kann nicht auf eine Menschengruppe, auf die Gesinnung oder auf eine begrenzte Zeit beschränkt werden. Die Gebote der Bergpredigt sind vielmehr Ausdruck des gelebten Glaubens; sie bringen die Liebe in das Vernünftige weltlicher Verhaltensweisen hinein.

3. *Das Gottesverständnis*

3.1 *Ein autoritärer Gott?*

Die Rede von Gott dem Vater ist von verschiedenen Gesichtspunkten kritisiert worden. So hat S. Freud behauptet, ein solcher Gott jage dem Menschen von Kind auf Ängste und Schuldgefühle ein und verfolge ihn ständig als der oberste Garant des moralischen Gesetzes; diese Gottesvorstellung, die Freud als Projektion von Ängsten und von menschlicher Machtgier versteht, kann dann zur Erfahrung der „Gottesvergiftung"[17] führen. Demgegenüber ist festzuhalten, daß in der Verkündigung und im Wirken Jesu ein gänzlich anderes Gottesverständnis bestimmend ist: Er erscheint nicht als ein tyrannischer, unerbittlich fordernder Gott, der den Menschen in seine Abhängigkeit zwingt. Vielmehr legt der von Jesus als „Vater" verkündigte Gott den Menschen nicht auf seine Taten oder Versäumnisse fest, sondern wendet sich in vorbehaltloser Güte den Menschen

---

[16] H. Weder, aaO, S. 155.
[17] Vgl. T. Moser, Gottesvergiftung, Frankfurt/M. 1976.

zu; er will nicht die Unterwerfung des Menschen, sondern er sucht sein freies Vertrauen.

3.2 Fragen zum Gottesverständnis aus der Sicht feministischer Theologie

Die Rede von Gott dem „Vater" ist in letzter Zeit vor allem von verschiedenen Strömungen der feministischen Theologie kritisiert worden. Hat die Bezeichnung Gottes als „Vater" nicht ihren Ursprung in der patriarchalischen Kultur und Gesellschaft des frühen Israel? Wird auf diese Weise nicht der Vorrang und die Herrschaft des Mannes über die Frau festgeschrieben? Besteht daher die Berechtigung bzw. die Notwendigkeit, Gott auch als „Mutter" anzurufen?

Innerhalb der feministischen Theologie gibt es unterschiedliche Richtungen. Im Blick auf das Gottesverständnis sind folgende Gesichtspunkte zu bedenken:

a) Eine grundsätzliche Kritik am Verständnis Gottes als Vater wird z.B. von M. Daly[18] vertreten. In Jesus Christus sei Gott nicht Mensch, sondern Mann geworden; daher könne der Sohn Gottes für Frauen nicht Grund ihrer Befreiung sein. Gott müsse jenseits von Gottvater gesucht werden, nicht als autoritäre Spitze sondern als Energiequelle des Seins. So entsteht eine nachbiblische und nachchristliche Religiosität, die sich – in der Verehrung von Göttinnen – von Christentum und Kirche grundsätzlich trennt.

b) In einer anderen Richtung wird biblische Tradition in feministischer Perspektive reflektiert[19]. Von daher werden einseitig androzentrische Bilder und Symbole abgelehnt. Es gehe vielmehr darum, zu lernen, von Gott als Vater und Mutter, als er und sie zu sprechen; nur so werden Frauen in der Lage sein,

---

[18] M. Daly, Jenseits von Gottvater, Sohn u. Co., München 1980.

[19] Vgl. E. Moltmann-Wendel, Freiheit – Gleichheit – Schwesterlichkeit. Zur Emanzipation der Frau in Kirche und Gesellschaft, München [4]1984; E. Schüssler-Fiorenza, Für eine befreite und befreiende Theologie, Concilium 14, 1978, S. 292. D. Sölle, Das Fenster der Verwundbarkeit, Stuttgart 1987, S. 68–115. Eine sachliche Auseinandersetzung mit den Fragestellungen feministischer Theologie legt Susanne Heine in ihren beiden Büchern vor: Frauen in der frühen Christenheit. Zur historischen Kritik einer feministischen Theologie, Göttingen 1986 und: Wiederbelebung der Göttinnen? Zur systematischen Kritik einer feministischen Theologie, Göttingen 1987.

sich in der Rede von Gott wiederzuerkennen. Für dieses Verständnis gewinnt die Person und das Wirken Jesu besondere Bedeutung. Im Gegensatz zur Umwelt ist in der Jesusbewegung eine erstaunliche Praxis der Frauenbefreiung wahrzunehmen. Das Phänomen der Jüngerinnen Jesu zeigt, daß zu Lebzeiten Jesu wie in der frühchristlichen Gemeinde Frauen eine erhebliche Rolle spielten. Dies ist im Verhalten Jesu, des „nichtpatriarchalen Mannes", begründet. Dabei wird teilweise das Gottesbild Jesu[20] als patriarchal und autoritär bezeichnet. Das Verhalten Jesu, seine Zuwendung zu den Frauen, kann aber keineswegs patriarchal genannt werden. Von diesem Verhalten her müsse aber auch das Gottesverständnis interpretiert werden: Gott ist die Kraft in den Schwachen, so wie er im Wirken Jesu erfahren wird.

Wie ist auf diesem Hintergrund die Rede von Gott dem „Vater" zu beurteilen? Zunächst sollte in diesem Zusammenhang das biblische Gebot bedacht werden: „Du sollst dir kein Bildnis machen" (2. Mose 20,4). Dieses Gebot will die Transzendenz Gottes wahren. Der Mensch kann über ihn nicht verfügen, ihn mit seinen menschlichen Vorstellungen nicht definieren, als „männlich" oder „weiblich" vorstellen.

Darüber hinaus gilt von der Botschaft Jesu: Er verkündigt nicht den Gott des Patriarchats. Vielmehr redet er Gott mit Abba an; in diesem vertraulichen Umgang wird das Zentrum des Gottesreiches offenbar. Darin ist die Zuwendung Jesu zu den Menschen – zu Männern und Frauen – begründet. Allen gilt die schöpferische Liebe Gottes. „Gott als Vater ist also immer mehr als alle positiven Vatererfahrungen und mißt alle negativen Vatererfahrungen am Maßstab seiner Väterlichkeit."[21]

Wird die Botschaft von Gott dem Vater in diesem Sinne verstanden, dann steht die Aufnahme von mütterlichen Analogien in der Rede von Gott dazu nicht im Widerspruch (z.B. Jes 49,15 f.; 66,13)[22]. Nimmt man die Transzendenz Gottes ernst (Gott ist immer mehr als…), dann kann man auch die verschiedenen Namen und Bilder der Überlieferung aufnehmen (Gott ist wie…). Die Rede von Gott dem „Vater" kann nicht preisgege-

---

[20] Vgl. dazu L. Schottroff, Jesus von Nazareth aus sozialgeschichtlicher und feministischer Perspektive, Der evangelische Erzieher, 39, 1987, S. 33–35.

[21] S. Heine, Wiederbelebung der Göttinnen? S. 46.

[22] S. Heine, aaO, S. 33 f.

ben werden; nicht nur im Blick auf das Glaubensbekenntnis, sondern vor allem im Blick auf das Vaterunser ist dies nicht möglich. Hier geht es um eine Redeweise, die zum Zentrum der Verkündigung und des Verhaltens Jesu gehört, die von dieser Mitte her zu verstehen und die daher in Theologie, Verkündigung und Glaubenspraxis zu bewahren ist.

Zusammenfassung

In seinem Verhalten überwindet Jesus die patriarchalen Auffassungen der Umwelt. Jesus verkündigt nicht einen autoritären, patriarchalischen Gott, sondern den Gott, dessen Liebe allen Menschen gilt. In diesem Sinne ist die Rede von Gott dem „Vater" zu verstehen, die für das menschliche Zusammenleben eine kritische und befreiende Bedeutung hat.

4. *Zum Verständnis der Wunder*

Die supranaturalistische Deutung wurde in der protestantischen Orthodoxie vertreten und besagt: Jesus als der Sohn Gottes hat die Fähigkeit gehabt, Wunder zu tun, die den Zusammenhang der natürlichen Gesetze durchbrechen.

Die rationalistische Deutung ist in der Theologie der Aufklärung im 18. Jahrhundert entstanden und versucht, die Wunderberichte auf natürliche, rational erklärbare Vorgänge zurückzuführen.

Demgegenüber wird in der neueren Theologie zumeist betont[23]: Die Wunder sind Zeichen des kommenden und im Wirken Jesu bereits anbrechenden Reiches Gottes. Sie sind daher auch an die Einmaligkeit des Wirkens Jesu gebunden. „Nicht nur in seinen Worten sondern auch in diesen seinen Taten sagt er die *Zukunft* der Gottesherrschaft an, die alle Unheilszwänge dieser Welt, unter die die Menschen geknechtet sind, überwinden wird." In diesem Sinne sind die Wunder „Vorzeichen des

---

[23] Vgl. J. Roloff, Neues Testament, S. 87–89. G. Theißen versteht die urchristlichen Wundergeschichten als symbolische Handlungen. In ihnen wird durch die Offenbarung des Heiligen die negative Welterfahrung einer sozialen Schicht überwunden. Das Wunder sind Ansätze, um über die bestehenden Verhältnisse hinauszukommen (Urchristliche Wundergeschichten, Gütersloh ⁵1987, vor allem S. 229–256).

neuen Lebens, das Gott aus dem Tod schaffen wird und das den ganzen Menschen, die ganze Schöpfung meint"[24].

Wunder heute?

Über das bisher Gesagte hinaus kann das Wunder in einem weiteren Sinne verstanden werden. Dies wird vor allem im Alten Testament deutlich, das viele Ereignisse als Wunder Gottes bezeugt (z. B. Ps 77). Im Verständnis der Bibel ist Wunder ein außergewöhnliches Geschehen, das menschliches Begreifen übersteigt, das Staunen und Dankbarkeit hervorruft. Dies kann durch außerordentliche Ereignisse geschehen, aber auch durch ganz normale oder unauffällige Vorgänge. Ein solches umfassendes Wunderverständnis steht nicht im Widerspruch zu der Anschauung vom natürlichen Ablauf des Geschehens. Ein Ereignis kann in seinen natürlichen Ursachen erklärt werden, und man kann es zugleich als ein Wunder verstehen. Dies geschieht am ehesten bei Vorkommnissen, die das Selbstverständliche übersteigen (z. B. Rettung bei einer Krankheit, einem Unfall). Wer dies als ein Wunder versteht, der sieht in diesem Ereignis die rettende Gegenwart und Güte Gottes, die zum Staunen und zur Dankbarkeit führt. Eine solche Erfahrung des Wirkens Gottes ist allerdings nicht allgemein einsichtig zu machen; sie kommt vielmehr vom Hören des Wortes Gottes her; sie ist also eine Deutung des Glaubens, dem an einem Ereignis „die Fürsorge und Liebe Gottes aufgeht". „Denn alles, was aus dem Zusammensein mit Gott erfaßt wird, wird zum Wunder."[25]

Zusammenfassung

Im Unterschied zur supranaturalistischen und rationalistischen Deutung sind die Wunder Jesu als Zeichen des anbrechenden Reiches Gottes zu verstehen. Sie verändern die Wirklichkeit des Menschen, können aber nicht von den Möglichkeiten des Menschen verstanden werden. In einem weiteren Sinne kann für den Glaubenden jedes Ereignis zum Wunder werden, in dem er die rettende und bewahrende Güte Gottes erfährt.

---

[24] W. Joest, Dogmatik I, S. 237.
[25] G. Ebeling, Dogmatik I, S. 332.

V. Die Menschwerdung Gottes

A. Biblische Grundlagen

Jesus verkündigt keine Lehre, die sich von seiner Person ablösen läßt. Vielmehr steht seine Botschaft in einem untrennbaren Zusammenhang mit seiner Person und Geschichte. Das Neue Testament bringt das dadurch zum Ausdruck, daß Jesus als der Christus verkündigt und bekannt wird. Damit stellt sich die Frage: Wer ist Jesus Christus? Worin besteht das Geheimnis seiner Person? Welche Bedeutung hat Jesus der Christus für den Glauben? Diese Frage ist zunächst im Blick auf die Geburt Jesu (Weihnachten) zu bedenken, in den Kapiteln VI und VII im Blick auf seinen Kreuzestod und seine Auferstehung.

1. Messianische Verheißungen

Was heißt „Messias"?

Das Urchristentum sieht die Bedeutung Jesu im Zusammenhang mit alttestamentlichen Erwartungen, vor allem in Verbindung mit den Verheißungen eines künftigen Retters und Heilbringers, den sogenannten „messianischen Verheißungen". Der Titel „Messias" (wörtlich: der Gesalbte) wird im Alten Testament den Königen Saul und David, sowie den nach ihnen regierenden Herrschern beigelegt. Im Blick auf die Zukunft verheißt der Prophet Natan im Auftrag Gottes dem Herrscherhaus Davids beständige Dauer: „...ich will seinen Königsthron bestätigen ewiglich" (2. Sam 7,13); „...dein Haus und dein Königtum sollen beständig sein in Ewigkeit vor mir, und dein Thron wird ewiglich bestehen" (2. Sam 7,16).

Bei den späteren Propheten wird die Verheißung auf einen künftigen Retter bezogen. So verkündigt Jesaja: Das Volk wird von Versklavung und Bedrückung durch seine Feinde befreit werden. Darin besteht das erwartete Heil; es beginnt mit der Geburt eines Sohnes oder – was auch gemeint sein kann – mit dem Herrschaftsantritt eines Königs[1]: „Denn uns ist ein Kind geboren, ein Sohn ist uns gegeben, und die Herrschaft ruht auf seiner Schulter; und er heißt Wunder-Rat, Gott-Held, Ewig-Vater, Friedefürst..." (Jes 9,5). Mit diesen Thronnamen wird der erwartete Herrscher charakterisiert. Er wird Recht und Gerechtigkeit aufrichten, und der Friede wird kein Ende nehmen (vgl. Jes 9,6)[2].

Die ersten Christen leben in der Überzeugung: Die messianischen Verheißungen Israels haben in Jesus Christus ihre Erfüllung gefunden. Zugleich aber wird im Neuen Testament deutlich: Die Erfüllung geschieht anders als es die alttestamentlichen Verheißungen erwarten.

2. Die Bedeutung der Geburt Jesu

2.1 Paulus und Markus

Die Verkündigung des Paulus konzentriert sich auf das Geschehen von Kreuz und Auferweckung Jesu. Die Aussagen über die Geburt Jesu treten demgegenüber zurück. In Gal 4,4f. schreibt Paulus: „Als aber die Zeit erfüllt war, sandte Gott seinen Sohn, geboren von einer Frau und unter das Gesetz getan, damit er die, die unter dem Gesetz waren, erlöste, damit wir die Kindschaft empfingen." Paulus betont: Jesus ist von Gott gesandt. Das Ereignis der Geburt wird nur berichtet und nicht näher beschrieben. Paulus hebt hervor, daß Jesus ein wirklicher Mensch war, von einer Frau geboren und unter das mosaische Gesetz gestellt. Jesus ist gekommen, um die Menschen zu erlösen

---

[1] Vgl. O. Kaiser, Das Buch des Propheten Jesaja, Kapitel 1–12. Das Alte Testament Deutsch, hg. von O. Kaiser und L. Perlitt, Bd. 17, Göttingen ⁵1981, S. 101.

[2] Weitere messianische Verheißungen: Jes 11,1–9; Micha 5,1–4; Jer 23,5f.; Hes 34,23f.; 37,24f.; Sach 9,9f.

bzw. zu befreien. Dadurch sollen die Menschen die Kindschaft (wörtlich: die Sohnschaft) empfangen. Die Befreiung besteht darin, daß die Menschen zur Gemeinschaft mit Gott kommen. Auch bei Markus, dem frühesten Evangelium, gibt es noch keine Geschichte von der Geburt Jesu. Das Evangelium beginnt mit den Worten (Mk 1,1): „Dies ist der Anfang des Evangeliums von Jesus Christus, dem Sohn Gottes." Im Anschluß daran wird das Auftreten Johannes des Täufers geschildert. Es wird erzählt, wie Jesus zu Johannes kommt, sich taufen läßt und dann selbst in Galiläa anfängt zu predigen. Das Markusevangelium setzt also mit der öffentlichen Wirksamkeit Jesu ein. Eine Geburtsgeschichte war dem Evangelisten entweder nicht bekannt oder für das Anliegen seines Evangeliums nicht von Bedeutung.

2.2 Der Retter – die Geburt Jesu im Lukasevangelium

Geburtsgeschichten – nicht Protokolle, sondern Glaubenszeugnisse

In den Evangelien des Lukas und Matthäus werden im Unterschied zu Markus Geburtsgeschichten überliefert. Dabei ist zu beachten: die Überlieferung vom Wirken Jesu, die Botschaft von seinem Kreuzestod und seiner Auferstehung bilden die Voraussetzung dafür, daß sich ein Überlieferungskomplex von verschiedenen Geburts- und Kindheitsgeschichten bildet. Was für die Evangelien insgesamt gilt, ist gerade für diese Geschichten festzuhalten: Sie sind keine historischen Protokolle[3]. Auch wenn sie erzählen und geschichtliche Ereignisse mitteilen, besteht ihre eigentliche Absicht darin, die Bedeutung des Geschehens aufzuzeigen, also zu verkündigen. Gerade die Geburtsgeschichten der Evangelien geben ein Stück urchristlicher Predigt wieder. Sie sind als Glaubenszeugnisse zu verstehen. Diese Intention ist beim Bedenken der folgenden Texte stets im Blick zu behalten.

---

[3] Die Geburtsgeschichten werden daher auch als „Legenden" bezeichnet. Der Begriff „Legende" bezeichnet eine literarische Gattung, nämlich eine Erzählung von heiligen Personen oder Dingen. Wird der Begriff „Legende" in diesem Sinne auf die Geburtsgeschichten angewendet, so bedeutet dies nicht, daß diese Erzählungen völlig willkürlich von menschlicher Phantasie erdacht sind, sondern besagt lediglich, daß diese Texte nicht im Stil eines historischen Berichts abgefaßt sind. Dies hängt damit zusammen, daß diese Geschichten von ihrer Intention her Glaubenszeugnisse sein wollen. Die historische Tatsache der Geburt Jesu ist dabei stets vorausgesetzt.

In Lk 1,26−38 wird die Geburt Jesu angekündigt. Der Engel Gabriel − so wird im Stil der Legende erzählt − verheißt der Maria, einer Jungfrau, die mit Josef aus dem Hause Davids verlobt war, einen Sohn. Sie soll ihm den Namen Jesus (Jehoschua = Gott ist Heil, Gott erlöst)[4] geben. In diesem Zusammenhang begegnet die Vorstellung von der Jungfrauengeburt. Auf die Frage der Maria: „Wie soll das zugehen, da ich doch von keinem Mann weiß?" gibt ihr der Engel die Antwort: „Der heilige Geist wird über dich kommen, und die Kraft des Höchsten wird dich überschatten" (Lk 1,34 f.). Für die Vorstellung der Jungfrauengeburt gibt es vergleichbare Anschauungen in anderen Religionen[5]. Für den biblischen Traditionszusammenhang ist vor allem an Jes 7,14 zu denken, an die prophetische Verheißung: „Siehe, die junge Frau ist schwanger und wird einen Sohn gebären, den wird sie Immanuel (= Gott mit uns) nennen." Die griechische Übersetzung des Alten Testaments (Septuaginta) liest nicht „junge Frau", sondern „Jungfrau". Hier tritt die Tradition in Erscheinung, die sich auch sonst im hellenistischen Judentum etwa bei Philo von Alexandrien findet: Die Zeugung bedeutender Männer wird auf das Wirken des schöpferischen göttlichen Geistes zurückgeführt[6].

Wahrscheinlich ist diese Vorstellung im hellenistischen Judenchristentum auf Jesus übertragen worden. Dann handelt es sich um eine Glaubensaussage, mit der der Evangelist Lukas die Bedeutung Jesu zum Ausdruck bringen will. Abgesehen vom 1. Kapitel des Lukasevangeliums findet sich die Aussage von der Jungfrauengeburt nur Mt 1,18−25. Paulus kennt die Vorstellung von der Jungfrauengeburt nicht (vgl. Gal 4,4 f.). Auch in dem frühesten Evangelium, bei Markus, spielt diese Anschauung keine Rolle. Im Johannesevangelium wird Jesus der Sohn des Josef genannt (Joh 4,42).

Die Jungfrauengeburt ist also eine im Neuen Testament sehr schwach bezeugte Aussage. Sie will in den religiösen Ausdrucks-

---

[4] W. Grundmann, Das Evangelium nach Lukas. Theologischer Handkommentar zum Neuen Testament, hg. von E. Fascher/J. Rohde/Chr. Wolff, Band III, Berlin [9]1984, S. 56.

[5] Z. B. in Ägypten, vgl. Grundmann, aaO, S. 60.

[6] Vgl. W. Schmithals, Lukas, S. 25 f.

formen der damaligen Zeit die besondere Bedeutung Jesu aussagen. Vom Neuen Testament insgesamt aber gilt: Die Bedeutung der Geburt Jesu ist nicht wesenhaft an die Vorstellung der Jungfrauengeburt gebunden[7].

Was heißt: „Sohn Gottes"?

Vor allem wird in dem Text des Lukas zum Ausdruck gebracht: Jesus verdankt seine ganze Existenz dem göttlichen Geist[8]. Darum ist er heilig, das heißt zu Gott gehörig, und er wird der „Sohn Gottes" genannt (Lk 1,35). Die Vorstellung von Göttersöhnen und -töchtern war in vielen Religionen verbreitet; z.B. wurde in der griechischen Mythologie erzählt, daß die Götter mit irdischen Frauen Kinder zeugten. Diese biologisch gedachte Vorstellung von Göttersöhnen und -töchtern ist im Raum der israelitischen Frömmigkeit nicht denkbar. Daher hat auch die Aussage vom „Sohn Gottes" eine andere Bedeutung. Dies läßt sich an Ps 2,7 verdeutlichen, wo dem König im Namen Gottes gesagt wird: „Du bist mein Sohn, heute habe ich dich gezeugt." Hier liegt, wie die neuere Exegese gezeigt hat[9], eine Adoptionsformel vor. Der König wird zum Sohn Gottes adoptiert, ihm wird damit ein besonderer Auftrag gegeben. In diesem Sinne wird im Neuen Testament Jesus der „Sohn Gottes" genannt. Der Titel „Sohn Gottes" ist nicht biologisch gemeint, sondern bezeichnet die besondere Beziehung Jesu zu Gott und seinen einzigartigen Auftrag. Um dies zum Ausdruck zu bringen, beginnt Lukas (wie auch Matthäus) sein Evangelium nicht erst mit dem öffentlichen Auftreten Jesu, sondern bereits mit seiner Geburt.

---

[7] In das Glaubensbekenntnis wurde die Aussage „geboren von der Jungfrau Maria" aufgenommen; dies verstärkte die Entwicklung, daß in der Frömmigkeit die „Jungfrau Maria" erhebliche Bedeutung gewonnen und bis heute behalten hat, vor allem in der römisch-katholischen und in der orthodoxen Kirche (dazu s. Kapitel IX, B. 1.).
[8] Vgl. G. Schneider, Das Evangelium nach Lukas, Kapitel 1–10, Ökumenischer Taschenbuchkommentar zum Neuen Testament, hg. von E. Gräßer/ K. Kertelge, Gütersloh/Würzburg ²1984, S. 53.
[9] Vgl. O. Kaiser, aaO, S. 101.

Das Kind in der Krippe

Die Geschichte von der Geburt Jesu (Lk 2,1—20) bringt der Evangelist mit den Ereignissen der Weltgeschichte in Verbindung. Darum nennt er den römischen Kaiser Augustus und den Statthalter Quirinius und berichtet von dem Befehl zur Steuereinschätzung, durch den Maria und Josef von Nazareth nach Bethlehem kommen[10]. Der Geburtsort Bethlehem wird als die Stadt Davids bezeichnet; wichtig ist daran der Hinweis, daß Jesus „aus dem Hause und Geschlechte Davids war" (Lk 2,4), aus dem der verheißene Messias kommen sollte. Die Geburt selbst wird sehr knapp geschildert. Dabei betont Lukas: Jesus war ein wirklicher Mensch. Seine Mutter „wickelte ihn in Windeln" (Lk 2,7). Er kommt in ärmlichen Verhältnissen zur Welt; er liegt in einer Futterkrippe; „denn sie hatten sonst keinen Raum in der Herberge" (Lk 2,7).

Engel

Das Ereignis der Geburt Jesu erfährt nun seine Deutung durch die Botschaft, die den Hirten zuteil wird. Wieder wird im Stil der Legende erzählt: Ein Engel erscheint den Hirten und verkündigt ihnen die Geburt des Retters. Die Engelvorstellung ist in vielen Religionen verbreitet. Im biblischen Zusammenhang bedeutet „Engel" (griechisch: angelos) so viel wie „Bote". Darin kommt zum Ausdruck: Entscheidend ist nicht seine Gestalt, sein Aussehen, sondern vielmehr seine Botschaft. Von dem Engel wird hier nur gesagt, daß „die Klarheit des Herrn" ihn umgab, also der göttliche Lichtglanz. Der Bote repräsentiert somit die Gegenwart Gottes bei den Menschen. Er deutet den Menschen das Geschehen der Geburt Jesu. Für das Neue Testament reicht es nicht, das Ereignis lediglich zu berichten; es muß vielmehr in seiner Bedeutung für die Welt verkündigt werden, und eben dies geschieht in den Worten des Engels an die Hirten.
Von den Hirten heißt es zunächst: „... sie fürchteten sich

---

10 Eine Steuereinschätzung (der sogenannte Zensus) fand im Jahre 6/7 n. Chr. statt, als Judäa römische Provinz wurde. Die historischen Einzelheiten lassen sich nur schwer rekonstruieren und sind daher in der Forschung umstritten (vgl. Grundmann, aaO, S. 77—79, Schmithals, Lukas, S. 39). Wahrscheinlich benutzt Lukas die bekannte Überlieferung von der Schätzung, um die Wanderung Josefs und Marias von Nazareth nach Bethlehem zu begründen.

sehr" (Lk 2,9). In der Bibel, wie in vielen Religionen, ist die Erfahrung verbreitet: Die Erscheinung des Heiligen ruft Furcht und Erschrecken hervor. Demgegenüber sagt der Engel: „Fürchtet euch nicht! Siehe, ich verkündige euch große Freude, die allem Volk widerfahren wird; denn euch ist heute der Heiland geboren, welcher ist Christus, der Herr, in der Stadt Davids" (Lk 2,10 f.). Die Botschaft von der Freude will die Furcht überwinden, und diese Freude hat ihren Grund in dem Geschehen der Geburt Jesu.

Der Retter der Welt

Jesus wird als der „Heiland" verkündigt. Das griechische Wort „Soter" bedeutet wörtlich übersetzt „Retter"; so wurden in der damaligen Zeit die helfenden Götter, aber auch die römischen Kaiser genannt[11]. In der Inschrift von Priene heißt es über den Kaiser Augustus: „Der Geburtstag des Gottes hat für die Welt die an ihn sich knüpfenden Freudenbotschaften (= Evangelien) heraufgeführt."[12] Die weltumspannende politische Idee der frühen Kaiserzeit war der Weltfriede. Der Gedanke des Weltfriedens wurde durch die Vergöttlichung des Kaisers religiös überhöht. Damit wurde der Anspruch erhoben: Der römische Friede bringt das Heil der Welt.

Gegenüber diesen Erwartungen betont der Evangelist Lukas: Der wirkliche Retter ist das Kind in der Krippe. Von der irdischen Macht dieses Kindes wird niemand das Heil erwarten. Er ist in einem anderen Sinn der Retter, der „Heiland": In diesem Kind kommt Gott zu den Menschen; Gott wendet sich den Menschen zu, die sich von ihm getrennt haben, und darin ist die Rettung, das Heil der Welt begründet. Von dem Wirken Jesu heißt es später: Er kommt, zu suchen und zu retten, die verloren sind (vgl. Lk 19,10).

Neben „Retter" wird er „Christus" (= Messias, d. h. Gesalbter) genannt. Damit wird zum Ausdruck gebracht: In ihm sind die Erwartungen Israels auf den Messias, den Erlöser, erfüllt. Schließlich wird er als der „Herr" (griechisch: = Kyrios) verkündigt. Damit ist gemeint: er ist der zu Gott erhöhte Herr, der Herr der christlichen Gemeinde und der ganzen Welt; dies wird hier

---

11 Vgl. E. Schweizer, Lukas, S. 33 f.
12 Zitiert bei Schmithals, Lukas, S. 41.

schon auf die Geburt bezogen. In den drei Aussagen „Retter"
(Heiland), „Christus", „Herr" wird die einzigartige Bedeutung
Jesu zum Ausdruck gebracht. In ihm kommt Gott zu den Menschen, und zwar nicht nur in der Botschaft, die Jesus verkündigt,
sondern zugleich in seiner Person und Geschichte.

Friede auf Erden?

In der Weihnachtsgeschichte des Lukas heißt es im Lobgesang
der Engel: „Ehre sei Gott in der Höhe und Friede auf Erden den
Menschen seines Wohlgefallens" (Lk 2,14)[13]. Diese Worte sprechen keinen Wunsch aus, sondern sie treffen eine Feststellung:
Die Ehre gebührt allein Gott. Den Menschen wird der Friede
zugesprochen. Im biblischen Verständnis bezeichnet das Wort
„Friede" (hebräisch: schalom) das endzeitliche Heil in allen
Bezügen: Es *ist* Friede zwischen Gott und den Menschen – durch
das Kind in der Krippe. Dieser Friede besteht inmitten der Fried-
losigkeit. Zugleich gilt: Die Menschen, die von der Botschaft
ergriffen sind, werden zu Boten und Zeugen des Friedens, dort
wo sie leben.

Zusammenfassung

Die Geburtsgeschichten des Lukasevangeliums bringen zum
Ausdruck: Jesus steht in einer unvergleichlichen Beziehung zu
Gott, und er hat einen einzigartigen Auftrag zu erfüllen. Darum
wird er der „Sohn Gottes" genannt. Er wird als der Retter
(„Heiland") verkündigt. Denn in ihm kommt Gott zu den Men-
schen; in ihm – und zwar bereits in seiner Geburt – wird die
rettende Zuwendung Gottes zur Welt offenbar. Dies ist die gute
Botschaft, das „Evangelium", der Grund der Freude für alle
Menschen.

---

[13] So wahrscheinlich die wörtliche Übersetzung der Stelle; die „Menschen
seines Wohlgefallens" sind nach dem Verständnis des Lukas alle Menschen,
denen das göttliche Wohlgefallen gilt. In der lateinischen Übersetzung, der
„Vulgata", heißt es: „Friede auf Erde den Menschen, die guten Willens sind"; in
dieser Fassung liegt bereits eine Abwandlung des Urtextes vor.

2.3 Der Messias – die Geburt Jesu im Matthäusevangelium

Der Evangelist Matthäus betont: In Jesus sind die Erwartungen Israels erfüllt; er ist der verheißene Messias. Dies wird an dem Stammbaum Jesu deutlich (Mt 1,1–17), in dem seine Abstammung aus dem Hause Davids aufgewiesen wird. Die Geschichte von der Geburt (Mt 1,18–25) knüpft ausdrücklich an das Alte Testament an, indem die Verheißung des Propheten Jesaja zitiert wird: „Siehe, eine Jungfrau wird schwanger sein und einen Sohn gebären, und sie werden ihm den Namen Immanuel geben" (Mt 1,23 nach Jes 7,14)[14]. „Immanuel" bedeutet „Gott mit uns". Dadurch wird ausgedrückt: In Jesus zeigt Gott, daß er mit den Menschen ist, daß er sich der Menschheit in seiner Barmherzigkeit zuwendet. In der Bedeutung des Namens klingt zugleich der Auftrag an: Er wird sein Volk von seinen Sünden retten. Sünde bedeutet nach biblischem Verständnis Trennung von Gott, in der die menschliche Schuld, die Zerstörung menschlicher Gemeinschaft ihren Ursprung hat. Befreiung von den Sünden heißt somit Überwindung der Gottesferne, Erneuerung der Gemeinschaft mit Gott und damit Erneuerung der Gemeinschaft der Menschen untereinander. Dazu wird Jesus geboren; daher ist er der verheißene Messias. Er ist ganz vom heiligen Geist bestimmt; darum kann er das Heil Gottes zu den Menschen bringen.

Der Stern und die Weisen – die Suche nach dem Erlöser der Welt

Die Bedeutung der Geburt Jesu wird auch in der Geschichte von den Weisen (Mt 2,1–12) herausgestellt. Die „Weisen" wörtlich: die „Magier"[15] sind Sternkundige und Sterndeuter aus dem Zweistromland. Von ihnen wird erzählt: Sie kommen nach Jerusalem und fragen: „Wo ist der neugeborene König der Juden? Wir haben seinen Stern gesehen im Morgenland und sind

---

[14] Zur Vorstellung von der Jungfrauengeburt s. o. zu Lukas (2.2), zu Matt 1/2 vgl. U. Luz, Das Evangelium nach Matthäus, 1. Teilband, Ev.-kath. Kommentar zum Neuen Testament I,1, Zürich, Einsiedeln, Neukirchen 1985, S. 83–141.

[15] Die Magier wurden in der späteren Tradition zu Königen; diese Tradition hat sich unter dem Einfluß alttestamentlicher Stellen gebildet, z.B. Ps 72,10.15; Jes 49,7; 60, 3.6.10. – Auf wiederum späteren Traditionsstufen wurden die „Könige" verschiedenen Hautfarben und verschiedenen Lebensaltern zugeordnet, und es wurden ihnen die Namen Caspar, Melchior, Balthasar zugelegt. Die Dreizahl ist aus den Mt 2,11 genannten drei Geschenken erschlossen.

gekommen, ihn anzubeten" (Mt 2,2). Der Stern deutet auf einen König hin (vgl. 4. Mose 24,17), im Judentum wird der Messias als Stern bezeichnet[16]. Hinter der Erzählung steht möglicherweise die Erinnerung an eine Jupiter-Saturn-Konjunktion, die für das Jahr 7 v. Chr. nachweisbar ist[17]. Entscheidend bei der volkstümlich-legendären Erzählung sind allerdings die theologischen Motive: Die Suche der Magier nach dem „König der Juden" ruft bei den Repräsentanten Israels nur Unverständnis oder Erschrecken hervor. Der König Herodes fürchtet um seine Macht, mit ihm erschrecken die Leute in ganz Jerusalem. Die Hohenpriester und Schriftgelehrten erschließen lediglich aus der prophetischen Verheißung den Geburtsort: Nach einem Wort des Propheten Micha (5,1) wird der Messias in Bethlehem geboren (Mt 2,5 f.). Für den Evangelisten Matthäus kommt in alledem das Unverständnis und die Ablehnung zum Ausdruck, die Jesus in seinem eigenen Volk erfährt. Nur die aus der Ferne gekommenen Magier gehen nach Bethlehem. Sie „fanden das Kindlein mit Maria, seiner Mutter, und fielen nieder und beteten es an und taten ihre Schätze auf und schenkten ihm Gold, Weihrauch und Myrrhe" (Mt 2,11). Das Wort „Niederfallen" bezeichnet die Huldigung vor Gott oder dem König[18]. In diesem Akt findet die Anbetung ihren Ausdruck.

Für den Evangelisten wird daran deutlich: Die Magier, die von Gott nur aufgrund ihrer Sterndeutung etwas ahnen, erkennen Jesus als den, der von Gott zum Heil der Welt gesandt ist. Damit sind aber in Jesus nicht nur die Verheißungen Israels, sondern zugleich die Erwartungen der Völker erfüllt. Diese Erfüllung bedeutet zugleich eine große Befreiung. Denn mit der antiken Sternenkunde war vielfach zugleich ein Schicksalsglaube verbunden, in dem Sinne, daß alle Ereignisse der Geschichte im voraus am Sternenhimmel sichtbar seien und alles menschliche Wirken von daher bestimmt werde. Dieser Schicksalsglaube

---

[16] Testamentum Levi 18.

[17] Vgl. A. Strobel, Der Stern von Bethlehem, Fürth 1985, S. 15 ff., Grundmann, Das Evangelium nach Matthäus, Theologischer Handkommentar zum Neuen Testament, hg. von E. Fascher/J. Rohde/Chr. Wolff, Band I, Berlin [6]1986, S. 80 f.

[18] Eine Parallele zur Erzählung Mt 2,1–12: Im Jahre 66 n. Chr. sind Magier aus Persien mit dem König Tiridates zum römischen Kaiser Nero nach Neapel gezogen, und zwar aufgrund von Weissagungen durch Sterne. Die Magier haben ihm als dem Weltenkönig aus dem Westen gehuldigt.

ist mit dem Kommen Jesu Christi überwunden. Das Evangelium betont: Der Mensch ist nicht ehernen Gesetzen unterworfen, sondern er ist der von Gott geliebte und zur Freiheit berufene Mensch. Dies wird in der Erzählung daran deutlich, daß die Freude besonders zum Ausdruck gebracht wird: „Als sie den Stern sahen, wurden sie hoch erfreut" (Mt 2,10). Diese Freude ist darin begründet, daß ihr Suchen zu seinem Ziel gekommen ist. Sie suchen einen König, und sie finden ein Kind in der Krippe. In ihm erkennen sie Gottes befreiende Zuwendung zu den Menschen.

Zusammenfassung

Die Geburtsgeschichten des Matthäusevangeliums bringen in verschiedener Weise die Einzigartigkeit Jesu zum Ausdruck. In ihm sind die Verheißungen Israels, aber auch die Erwartungen der Völker, erfüllt. So wird er als der „Messias" (= Christus) und zugleich als der wahre Herrscher der Welt, nämlich als ihr Retter bekannt. Dies gilt nicht erst von seinem Wirken, sondern schon von seiner Geburt an. Seine Verkündigung und sein Wirken sind an seine Person gebunden.

2.4 Jesus – das Wort Gottes.
Die Botschaft des Johannesevangeliums

Am Anfang war „das Wort"

Das Johannesevangelium überliefert keine Geburtsgeschichte; es beginnt vielmehr mit einem Hymnus[19] (dem „Prolog", Joh 1,1–18), der die Geburt Jesu deutet: „Am Anfang war das Wort, und das Wort war bei Gott, und Gott war das Wort. Dasselbe war im Anfang bei Gott" (Joh 1,1f.). Die Worte „am Anfang" nehmen zweifellos auf die Schöpfung Bezug entsprechend der Aussage „Am Anfang schuf Gott Himmel und Erde" (1. Mose

---

[19] Die Exegeten gehen im allgemeinen davon aus, daß dieser Hymnus schon in der Gemeindeüberlieferung existierte und dann vom Evangelisten aufgenommen und überarbeitet wurde. Zum Ganzen vgl. J. Becker: Das Evangelium nach Johannes, Ökumenischer Taschenbuchkommentar, Band 4.1, Gütersloh/Würzburg ²1985, S. 5; R. Bultmann, Das Evangelium des Johannes, Kritisch-exegetischer Kommentar über das Neue Testament, hg. von F. Hahn, Göttingen ²¹1986, S. 5–57; S. Schulz, Johannes, S. 13–35.

1,1); sie bezeichnen darüber hinaus das, was aller Zeit und Welt vorausliegt. „Das Wort" (griechisch: der Logos) wird als bekannt vorausgesetzt. Dies erklärt sich, wenn man den religionsgeschichtlichen Hintergrund beachtet. Der Logos wird als eine Person vorgestellt, wie teilweise in der späteren alttestamentlichen Überlieferung die Weisheit. So heißt es z.B. Spr 8,22: „Jahwe schuf mich (die Weisheit) am Anfang seiner Wege", und Spr 8,27: „Als er den Himmel bereitete, war ich zugegen." Die „Weisheit" gilt hier als ein göttliches Wesen, das aber zugleich von Gott unterschieden ist. Der jüdische Theologe Philo von Alexandrien hat die Weisheit zusammengesehen mit der Vorstellung vom Logos, der Weltvernunft. Zu beachten ist auch die gnostische Vorstellung vom Erlöser, der aus der himmlischen Welt auf die Erde herabkommt, um die Menschen in die Lichtwelt, zu ihrer eigentlichen Bestimmung, zu führen. Der Erlöser kann „Sohn Gottes" oder auch „Logos" genannt werden[20]. Wahrscheinlich stehen diese Vorstellungen im Hintergrund der Aussagen vom Logos im Johannesevangelium.

Für die Sicht des Evangelisten ist nun wichtig: Er unterscheidet zwischen Gott und dem Logos; damit hält er an dem alttestamentlichen Monotheismus fest. Zugleich aber gilt: Gott und der Logos werden ganz eng zusammengesehen. Der Logos wird auch als der Schöpfungsmittler bekannt: Alle Dinge sind durch ihn gemacht (Joh 1,3). Die Schöpfung und die Offenbarung Gottes in der Gegenwart gehören eng zusammen. So beschreibt Joh 1,3−4 das Verhältnis des Logos zur Welt und Joh 1,5.10−12 das Wirken des Logos in der Geschichte.

Jesus − das menschgewordene Wort

Besonders wichtig ist nun die Aussage in Joh 1,14: „Und das Wort ward Fleisch." Der Begriff „Fleisch" (griechisch = „sarx") bezeichnet die menschliche Existenz in ihrer Vorläufigkeit und Hinfälligkeit. Der Evangelist bringt dadurch zum Ausdruck: Der Logos ist ein wirklicher Mensch; er hat ganz an der menschlichen Wirklichkeit Anteil. Zugleich: Der Logos ist ein bestimmter geschichtlicher Mensch, nämlich Jesus. Der Name Jesus wird im Prolog erst Joh 1,17 genannt, aber der Leser des Hymnus

---

[20] Zum religionsgeschichtlichen Hintergrund der Logos-Vorstellung, vgl. S. Schulz, Johannes, S. 26−29.

weiß natürlich, daß die Aussagen über den Logos auf Jesus bezogen sind. Wird Jesus als der Logos bekannt, dann heißt das: Der geschichtliche Mensch Jesus hat eine einzigartige Bedeutung, er ist das eine, das endgültige Wort Gottes an die Menschen.

In ihm begegnet die Wirklichkeit Gottes, in ihm wird die Liebe Gottes zur Welt offenbar: „So sehr hat Gott die Welt geliebt, daß er seinen eingeborenen Sohn gab, damit alle, die an ihn glauben, nicht verloren werden, sondern das ewige Leben haben" (Joh 3,16). In der Person und Geschichte Jesu erschließt sich das Geheimnis der Wirklichkeit Gottes: „Gott ist die Liebe; und wer in der Liebe bleibt, der bleibt in Gott und Gott in ihm" (1. Joh 4,16).

Zusammenfassung

Mit dem Hymnus in Johannes 1,1 – 18 verkündigt der Evangelist, was das Kommen Jesu für die Welt bedeutet. Er überträgt die aus der religiösen Überlieferung bekannte Aussage vom Logos auf Jesus. Er bringt damit zum Ausdruck: Der Mensch Jesus ist das eine Wort Gottes an die Welt. In ihm ist Gott selbst gegenwärtig. So ist er der Offenbarer der Wirklichkeit Gottes, und darin besteht sein einzigartiger Auftrag unter den Menschen.

B. Systematisch-theologische Aspekte

1. Das Christusbekenntnis der Alten Kirche

Die Aussage aus dem Johannesevangelium „Der Logos ist Fleisch geworden" bekommt für das Nachdenken über das Geheimnis Jesu Christi in der Alten Kirche besondere Bedeutung. Denn es stellt sich die Frage: Wie ist die Beziehung zwischen dem Göttlichen und dem Menschlichen in Jesus zu denken?

Christus – ein Geschöpf (Arius)

Eine der Antworten in der frühen Kirche[1] ist der „Subordina-

---

[1] Zum Folgenden vgl. A. Adam: Lehrbuch der Dogmengeschichte, Band 1,

tianismus". Nach dieser Auffassung besitzt nur Gott, der Vater, die Gottheit in vollem Sinne; der Sohn und der Heilige Geist sind ihm untergeordnet. Zu Beginn des 4. Jahrhunderts erfährt diese Konzeption eine besondere Ausprägung durch Arius (aus der Schule des Origenes). Arius bringt die Aussagen von Gott, dem Vater und dem Sohn und dem Heiligen Geist in Zusammenhang mit einer „Dreiheit", von der die griechische Philosophie sprach: Das Eine, Vernunft und Geist. Das „Eine" ist für Arius der „erste Gott". Er ist absolut überweltlich. Der Logos dagegen steht zwischen dem „Einen" und der Materie; die Materie ist Inbegriff der Vielheit und Spaltung. Der Logos ist somit nicht Gott, er steht auf der Seite des Geschöpfs; allerdings ist er das erste und höchste Geschöpf.

Christus ist Gott (Athanasius)

Athanasius (ca. 295−373) vertritt eine dem Arius scharf entgegengesetzte Position. Er betont die „Einheit" der göttlichen Natur von Vater und Sohn. Ihre Wesenseinheit ergibt sich aus der Erlösungsgewißheit: Wenn Christus nicht selbst Gott gewesen wäre, könnte er die Menschen nicht erlösen. Erlösung bedeutet dabei die Durchdringung des Menschen mit der göttlichen Kraft der Unsterblichkeit. Von diesem Erlösungsverständnis her ist es konsequent, wenn Athanasius betont: Der Erlöser Christus (= Logos) ist Gott.

In den weiteren christologischen Streitigkeiten treten besonders die theologischen Schulen von Alexandria und Antiochia hervor. Die Alexandriner (Kyrill) betonen vor allem: Es gibt nur die eine gottmenschliche Natur. Die Antiochener (Theodor v. Mopsuestia) behaupten dagegen den Unterschied zwischen der göttlichen und menschlichen Natur. Zwischen ihnen besteht keine substantielle Einheit, sondern eine Einheit der Gesinnung.

Jesus Christus − wahrer Gott und wahrer Mensch

In diesem Streit, der die Kirche zu zerreißen drohte, sollte das Konzil von Chalkedon 451 die Einheit wieder herstellen. In

Gütersloh [5]1985, S. 305−341; Sachwissen, S. 133−137; H. Schwarz, Kirche 1, S. 92−104, S. 130−132; W. Joest, Dogmatik 1, S. 202−242.

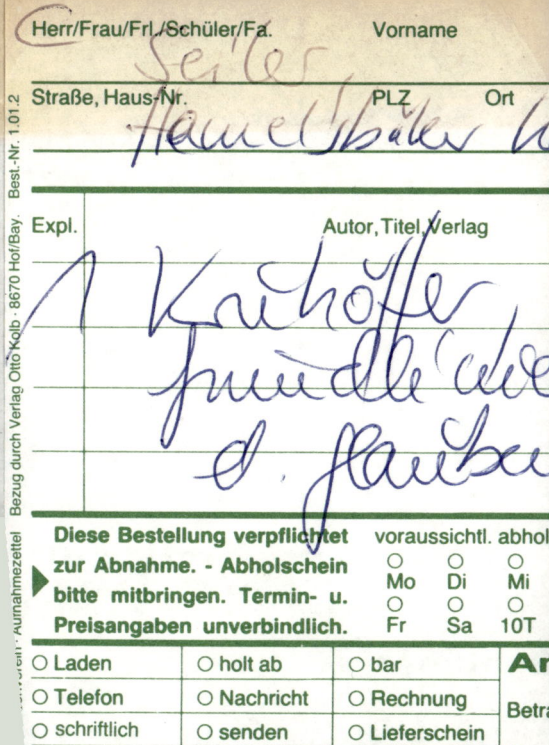

☎ 1.12.92

Best.-Nr.

best. am

Lieferweg

wiederh.

abbest.

umbest.   Melde-Nr.

Laden-
preis
etwa

○ **KNOe**   ○ **LIBRI**
○ **ISBN**   ○

2'5788
390

ereit
○
○ Do
○
14T

**Carl von
Ossietzky Buchhandlung GmbH**

Achternstraße 15/16 · Tel. 0441/1 39 49
Universität/Uhlhornsweg · Tel. 0441/7 98 45 06
2900 Oldenburg

zahlung

aufgenommen   Name

am

dem Konzilsbeschluß, der zum grundlegenden christologischen Dogma wurde, heißt es:

Jesus Christus ist wahrer Gott und wahrer Mensch,
gleichen Wesens mit dem Vater der Gottheit nach,
gleichen Wesens mit uns der Menschheit nach.
Jesus Christus ist *eine* Person (oder Hypostase)
in zwei Naturen,
nämlich der göttlichen und der menschlichen Natur;
und zwar sind die beiden Naturen:
unvermischt, unwandelbar,
ungeteilt, ungetrennt[2].

Auf Grund dieser Aussagen spricht die theologische Tradition von der Zwei-Naturen-Lehre. Es fällt auf, daß das Bekenntnis sich gegen bestimmte Extreme und Einseitigkeiten abgrenzt. Seine Intention besteht darin, in den Sprach- und Denkformen der damaligen Zeit die Besonderheit der Person Jesu auszusagen. Er steht ganz auf Seiten der Menschen, und er steht ganz auf Seiten Gottes. Das christologische Bekenntnis versucht dies nicht rational durchsichtig zu machen. Es beschreibt vielmehr die Paradoxie, die mit dem Geheimnis der Person Jesu gegeben ist. Der Beschluß des Konzils von Chalkedon wurde zum grundlegenden christologischen Dogma für die katholische und orthodoxe Kirche, aber auch für die Kirchen der Reformation. Erst unter dem Einfluß der Aufklärung wurden kritische Bedenken gegenüber dem Dogma geltend gemacht.

Das christologische Dogma in der orthodoxen Kirche

Die Menschwerdung Gottes in Jesus Christus ist die Grundlage für die Erlösungslehre des Athanasius, die in der griechisch-orthodoxen Kirche besondere Bedeutung gewonnen hat: Gottes Logos „ist Mensch geworden, damit wir das göttliche Leben erlangen"[3]. Diese „Vergottung" bezeichnet die volle Gemeinschaft des erlösten Menschen mit Jesus Christus; das menschliche Leben will ganz vom Geist Jesu Christi durchdrungen sein. „Deshalb kam der Logos persönlich zu uns, um als Bild des

---

[2] Text zitiert nach F. Feiner/L. Vischer (Hg.), Neues Glaubensbuch, Freiburg/Zürich [3]1973, S. 268 f.

[3] Athanasius. De incarnatione 54, zitiert bei A. Adam, aaO, S. 228; vgl. zum Folgenden die Darstellung S. 228–230.

Vaters den ebenbildlich erschaffenen Menschen wiederherzustellen."[4]

Das Gewicht dieses Christusverständnisses liegt auf der Menschwerdung. Deshalb hat das christologische Dogma, das Bekenntnis zu Jesus Christus, dem wahren Gott und wahren Menschen, in der griechisch-orthodoxen Kirche eine besondere Bedeutung: In der Menschwerdung Gottes ist das Heil der Welt begründet. Der Zusammenhang mit der Auferstehung kommt in einer Formulierung der von Staniloae verfaßten orthodoxen Dogmatik zum Ausdruck: Der Zugang zum unvergänglichen Leben geschieht durch die Auferstehung des Menschen in Christus, „der als Gott Mensch wurde, um uns nahe zu sein, und der als Mensch auferstand, damit wir alle durch seine Menschheit, die der unseren gleicht, zu ewiger Gemeinschaft mit ihm als Gott auferstehen"[5].

Zusammenfassung

In der Zeit der Alten Kirche setzt ein intensives Nachdenken über das Geheimnis der Person Jesu ein. Dabei entwickeln sich unterschiedliche Auffassungen, die zu einer Reihe von Streitigkeiten führen. Auf diesem Hintergrund wird auf dem Konzil von Chalkedon als verbindliches Bekenntnis (christologisches Dogma) formuliert: Jesus Christus ist wahrer Gott und wahrer Mensch, *eine* Person in zwei Naturen.

2. *Das Christusverständnis Luthers*

Luther nimmt das altkirchliche Christusbekenntnis auf. Auch in den reformatorischen Bekenntnisschriften werden die altkirchlichen Dogmen übernommen. Ein Beispiel dafür ist Luthers Erklärung zum 2. Artikel im Kleinen Katechismus: „Ich glaube, daß Jesus Christus, wahrhaftiger Gott... und wahrhaftiger Mensch..., sei mein Herr, der mich erlöst hat..."[6] Diese Erklärung zeigt: das altkirchliche Bekenntnis ist vorausgesetzt; der

---

[4] Athanasius, aaO, 13; zit. b. A. Adam, aaO, S. 230.
[5] D. Staniloae, Orthodoxe Dogmatik, Zürich/Einsiedeln/Köln/Gütersloh 1985, S. 79.
[6] Bekenntnisschriften, S. 544.

Schwerpunkt liegt aber auf der Aussage von der Erlösung. Damit wird bereits etwas sehr Typisches für Luther deutlich.

Christus – der „Spiegel" des Herzens Gottes

Luther fragt nicht nur wie die Alte Kirche nach dem unsterblichen, unvergänglichen Leben Gottes. Er fragt auch nicht nur wie die mittelalterliche Kirche nach der Befreiung von der Schuld und nach der Kraft der sühnenden, heilenden Gnade Gottes. Er fragt darüber hinaus nach Gott selbst, nach seinem Willen und Herzen: Was will Gott mit uns Menschen[7]? Die Antwort auf diese Frage findet Luther in Jesus Christus – in seiner Person, seinem Handeln, seiner Geschichte.

So sagt Luther im Großen Katechismus in der Auslegung des Glaubensbekenntnisses: „Denn wir könnten… nimmermehr dazu kommen, des Vaters Huld und Gnade zu erkennen, ohne durch den Herrn Christus. Er ist ein Spiegel des väterlichen Herzens…"[8] Mit diesem Bild vom Spiegel bringt Luther zum Ausdruck: In Jesus Christus begegnet Gott selbst; in ihm erkennen wir sein väterliches Herz. In dem irdisch-menschlichen Leben Jesu erschließt sich uns die Liebe, die Barmherzigkeit Gottes.

„Christus in den Windeln" – „dein Schöpfer"

Luther betont besonders die Menschlichkeit der Geburt Jesu. In einer Auslegung der Weihnachtsgeschichte sagt er: „Du aber rühre Christus in den Windeln an. Hätt er gewußt, daß dir's besser wäre, ihn unter den Engeln zu suchen, so hätt er's dir gesagt… Vernunft und (freier) Wille wollen hinauf steigen und oben suchen. Aber willst du Freude haben, so neig dich da hinunter: da findst du das Kind, das dein Schöpfer ist und vor dir in der Krippe liegt. Da spricht dann das Herz: ich will bei dem Kinde bleiben, wie es sauget, gebadet wird und stirbt. Denn wo der Mann weg ist, der heute gepredigt wird, bist du verloren, du magst suchen, wo du willst …"[9] Jesus Christus ist wahrer Mensch; aber in ihm begegnet Gott selbst. Dabei ist für Luther wichtig: Man kann sich nicht auf die Historie beschränken, auf

---

[7] Vgl. P. Althaus, Die Theologie Martin Luthers, Gütersloh ⁶1983, S. 161.

[8] Bekenntnisschriften, S. 694.

[9] E. Mühlhaupt, D. Martin Luthers Evangelien-Auslegung, 1. Teil, Göttingen ⁵1984, S. 204.

das, was geschehen ist. Vielmehr kommt es darauf an, die Bedeutung für mich, für uns zu erfassen, d. h. der Botschaft zu glauben: Christus ist für uns geboren; in ihm begegnet uns Gottes Liebe und Barmherzigkeit.

Luthers Neuinterpretation des christologischen Dogmas

Das altkirchliche Dogma spricht von den beiden Naturen – ihrer Einheit und Unterscheidung. Im Rahmen der vorliegenden Begrifflichkeit redet das Dogma seinshaft, „metaphysisch". Luther dagegen geht es primär um die personhafte Einheit des Menschen Jesus mit dem ewigen Gott, es geht um die Einheit des Willens. Nicht bloß die „göttliche Natur", sondern Gott, der Vater, selbst ist in Jesus Christus gegenwärtig.

Zusammenfassung

Luther nimmt das altkirchliche Christusbekenntnis auf, gibt ihm aber eine neue Interpretation. Wichtig wird die Gewißheit: Jesus Christus ist „mein Herr, der mich erlöst hat". In dem Menschen Jesus begegnet Gott selbst in seiner Liebe und Barmherzigkeit.

3. Das Verständnis Jesu Christi in der neueren Theologie

Seit dem Zeitalter der Aufklärung wurde in zunehmendem Maße die traditionelle Zweinaturenlehre als problematisch empfunden. Das kirchliche Dogma wurde kritisch befragt, und das bedeutete in diesem Zusammenhang: Die Rede von der Gottheit Christi wurde vielfach nur als Überhöhung seines Menschseins verstanden. Man war an dem Menschen Jesus von Nazareth interessiert; er sollte vor allem als sittliches Vorbild dienen.

Dies ist eine verbreitete Einstellung bis heute geblieben. Das theologische Nachdenken wird dadurch in besonderer Weise herausgefordert. Bereits im 19. Jahrhundert schrieb Kierkegaard: „Der Gott-Mensch ist die Einheit von Gott und einem einzelnen Menschen." Er „wählt, dieser einzelne Mensch zu werden: das tiefste Inkognito... oder die undurchdringlichste

Unkenntlichkeit, die überhaupt möglich ist"[10]. So ist neu zu fragen: Was bedeutet das Bekenntnis zu Jesus dem Christus, dem Sohn Gottes? Welche grundlegenden Einsichten des Glaubens werden damit zum Ausdruck gebracht, und wie ist dieses Bekenntnis in der Gegenwart zu verantworten?

3.1 Jesus Christus – das eine Wort Gottes. Das Bekenntnis von Barmen

Die Frage nach der Bedeutung der Person Jesu Christi bekam nach 1933 eine überraschende Aktualität in der Auseinandersetzung zwischen den „Deutschen Christen" und der „Bekennenden Kirche". Die Glaubensbewegung „Deutsche Christen" schloß sich eng an das politische Programm der nationalsozialistischen Partei an. In diesem Zusammenhang bezeichnete man die Machtergreifung Hitlers als die „Deutsche Stunde" und billigte ihr Offenbarungsqualität zu. So betonte E. Hirsch, die Kirche könne sich nicht nur an der Bibel orientieren; vielmehr brauche sie Menschen, die ihr unter der Führung des Geistes neue Wege zeigen. So wird das „Gebot der Stunde" zu einer zweiten Norm neben der Bibel[11].

Diesen Anschauungen trat die „Bekennende Kirche" mit Nachdruck entgegen. Auf der Synode in Barmen 1934 wurde die „Theologische Erklärung" verabschiedet, deren erste These lautet: „Ich bin der Weg und die Wahrheit und das Leben; niemand kommt zum Vater denn durch mich" (Joh 14,6). „Wahrlich, wahrlich ich sage euch: Wer nicht zur Tür hineingeht in den Schafstall, sondern steigt anderswo hinein, der ist ein Dieb und ein Mörder. Ich bin die Tür; so jemand durch mich eingeht, der wird selig werden" (Joh 10,1.9). „Jesus Christus, wie er uns in der Heiligen Schrift bezeugt wird, ist das eine Wort Gottes, das wir zu hören, dem wir im Leben und Sterben zu vertrauen und zu gehorchen haben. Wir verwerfen die falsche Lehre, als könne und müsse die Kirche als Quelle ihrer Verkündigung außer und neben diesem einen Worte Gottes auch noch andere Ereignisse und

---

[10] S. Kierkegaard, Einübung im Christentum, Köln/Olten 1951, S. 133; S. 189.
[11] Vgl. dazu die Darstellung bei H. G. Pöhlmann. Abriß der Dogmatik, Gütersloh ⁴1985, S. 53–55.

Mächte, Gestalten und Wahrheiten als Gottes Offenbarung anerkennen."[12]

Jesus Christus ist das *eine* Wort Gottes. Er verkündigt nicht nur die Botschaft von Gott, sondern in seiner Person und Geschichte (Kreuz und Auferstehung) ist er selbst das Wort Gottes. Das Geheimnis seiner Person besteht darin, daß in ihm Gott selbst in der Welt offenbar wird. Diese Wahrheit erschließt sich dem Glaubenden im Hören des biblischen Wortes. Daraus folgt: Jesus Christus ist allein die Quelle der kirchlichen Verkündigung; neben ihm kann es keine zweite Offenbarung geben – eine Einsicht, die weit über die Bekenntnis-Situation von Barmen hinaus eine grundlegende Bedeutung für Theologie und Kirche hat.

3.2 Jesus Christus, die Offenbarung Gottes – Karl Barth

Karl Barth, der an der Formulierung der Theologischen Erklärung von Barmen maßgebend beteiligt war, will sich gerade im Blick auf Jesus Christus streng an die Aussagen der biblischen Botschaft halten. Von der Bibel her sind die Aussagen des kirchlichen Dogmas zu begründen und zu interpretieren. Das neutestamentliche Zeugnis stimmt darin überein, daß es Jesus Christus als die „Offenbarung" Gottes oder als das „Wort Gottes" bekennt; so kann das Christusgeschehen als die „Tat Gottes" bezeichnet werden[13]. In Jesus Christus begegnet Gott selber. In dieser Erkenntnis des Glaubens ist es begründet, daß er der Sohn Gottes genannt wird, daß er im Bekenntnis der Kirche als „wahrer Gott und wahrer Mensch" bezeugt wird.

---

[12] Kirchen- und Theologiegeschichte in Quellen, Band IV,2. H.-W. Krumwiede/M. Greschat/M. Jacobs/A. Lindt (hg.): Neuzeit, 2. Teil, Neukirchen 1980, S. 130 f. Zur Problematik der „natürlichen Theologie" und der Frage von Gesetz und Evangelium im Blick auf die 1. Barmer These vgl. E. Wolf, Barmen. Kirche zwischen Versuchung und Gnade. München, ³1984; S. 92–112; G. Besier, „Barmen" und der Humanismus Gottes. Zur historisch-theologischen Kritik aktueller Auslegungen der Theologischen Erklärung, Evangelische Theologie 44, 1984, S. 542–562; K. Scholder, Die Kirchen und das Dritte Reich, Band 2. Das Jahr der Ernüchterung 1934, Barmen und Rom, Berlin 1985, S. 190–194.

[13] Vgl. K. Barth, Dogmatik im Grundriß, Zürich ³1947, S. 96 ff.; KD IV, 1, S. 174.

Barth grenzt sich damit von der in der Neuzeit verbreiteten Tendenz ab, das christologische Dogma als überholt beiseite zu schieben. Er nimmt bewußt die kirchliche Lehre auf, weil sie nach seiner Überzeugung das Anliegen der neutestamentlichen Christusbotschaft zutreffend wiedergibt. Allerdings geht Barth über die Begrifflichkeit des altkirchlichen Dogmas hinaus. Er möchte die zuständliche Redeweise von der göttlichen und menschlichen „Natur" überwinden. Er geht deshalb von dem Werk Jesu aus, von dem er sagt: Dieser Mensch will nur gehorsam sein, „gehorsam dem Willen des Vaters, der auf Erden zur Errettung der Menschen geschehen soll...". „Der wahre Gott – ... ein Gehorsamer"[14], darin besteht das Geheimnis der Person und Geschichte Jesu.

Jungfrauengeburt als Zeichen

Barth nimmt nun in diesem Zusammenhang die Aussagen des Glaubensbekenntnisses auf, die von Jesus, dem Sohn Gottes bekennen: „Empfangen durch den heiligen Geist, geboren von der Jungfrau Maria."

Das Bekenntnis „geboren von der Jungfrau Maria" bringt zum Ausdruck: Jesus hat seinen Ursprung im schöpferischen Tun Gottes, nicht in dem Wollen und Tun eines menschlichen Vaters.[15]

Die Jungfrauengeburt ist für Barth das Zeichen, das auf das Geheimnis der Menschwerdung hinweist. Wenn man dieses Zeichen für nebensächlich hält, besteht die Gefahr, daß man auch das Geheimnis selbst, die Einheit von Gott und Mensch in Jesus Christus, nicht mehr versteht und würdigt.

Zusammenfassung

Karl Barth versteht im Sinne der Bibel Jesus Christus als die Offenbarung Gottes. Das christologische Dogma „Jesus Christus – wahrer Gott und wahrer Mensch" interpretiert Barth von dem Werk Jesu her: Der „wahre Gott – ein Gehorsamer". Die Jungfrauengeburt ist das Zeichen, das auf das Geheimnis der Menschwerdung Gottes in Jesus Christus hinweist.

---

[14] KD IV, 1, S. 179.
[15] Vgl. KD I, 2, S. 203–217; KD IV, 1, S. 227.

3.3 Das Neue Sein in Jesus dem Christus – Paul Tillich

Kritische Auseinandersetzung mit dem christologischen Dogma

Tillich stellt die Frage: Gelang es dem altkirchlichen Bekenntnis, den echten Sinn der christlichen Botschaft zu bewahren? Er faßt seine Sicht in den Worten zusammen: „Das christologische Dogma rettete die Kirche, aber mit unzulänglichen begrifflichen Mitteln."[16] Es rettete das Christentum vor der völligen Beseitigung des menschlichen Bildes Jesu. Aber es konnte diese Aufgabe nur lösen durch eine Anhäufung machtvoller Paradoxien. Eine konstruktive Interpretation ist dagegen nicht gelungen. Der grundlegende Fehler liegt nach Tillichs Meinung in dem Begriff „Natur".

Wenn man von der „göttlichen Natur" und der „menschlichen Natur" in Jesus spricht, dann legt sich der Eindruck nahe: Die Naturen liegen wie zwei Blöcke nebeneinander; ihre Einheit läßt sich in keiner Weise verstehen und deutlich machen. Das statische Denken, das diesem Begriff zugrunde liegt, ist für die Rede von Jesus dem Christus überhaupt unangemessen[17].

Jesus in der ungebrochenen Einheit mit Gott

Tillich möchte ein dynamisches Denken zur Geltung bringen, das die Beziehung zwischen Gott und Jesus ausdrückt. In Jesus dem Christus ist die ewige Einheit von Gott und Mensch historische Wirklichkeit geworden. In dem Sein Jesu ist das Neue Sein wirklich geworden; und das Neue Sein ist die wiederhergestellte Einheit zwischen Gott und Mensch. Tillich spricht also nicht von der göttlichen und menschlichen Natur in Jesus, sondern von der „ewigen Gott-Mensch-Einheit"[18]. Diese Einheit von Christus mit Gott erscheint in den Geschichten der Evangelien mit konkreter Anschaulichkeit. Es besteht eine Gemeinschaft zwischen Gott und dem Zentrum des personhaften Lebens Jesu.

---

16 P. Tillich, Syst. Theologie II, S. 152.
17 Im einzelnen vgl. die Argumentation aaO, S. 159/160.
18 AaO, S. 160. Tillich weist auf eine ähnliche Aussage bei D. F. Schleiermacher (1768–1834) hin, der Jesus als das „Urbild" des wesenhaften Menschseins beschreibt; Jesus ist „durch die stetige Kräftigkeit seines Gottesbewußtseins" von allen Menschen unterschieden. Demgegenüber möchte Tillich mit dem Begriff des „Neuen Seins" zum Ausdruck bringen, daß es nicht nur um einen Zustand des Bewußtseins geht, vgl. aaO, S. 162.

Diese Gemeinschaft bestimmt alle Äußerungen seines Lebens, sie widersteht den Versuchungen zu ihrer Zerreißung.

Das biblische Bild von Jesus beschreibt die völlige Endlichkeit, die Echtheit der Versuchungen, die aus der Endlichkeit erwachsen und dem Sieg über die Versuchungen. Dabei betont Tillich: Jesus ist nicht ein himmlisches Wesen, das unangefochten über die Erde schreitet; er ist nicht ein „göttlich-menschlicher Automat". Die Versuchungen, von denen die Bibel spricht, sind echte Versuchungen, die Jesus zu bestehen hatte. Darin ist er wahrer Mensch, Mensch wie wir.

Aber zugleich ist er der Christus, der Träger des Neuen Seins; er lebt in der ungebrochenen Einheit mit Gott und widersteht so den Anfechtungen und Versuchungen. Durch ihn kann der Mensch Anteil an dem Neuen Sein bekommen[19].

Zusammenfassung

Tillich setzt sich mit dem christologischen Dogma kritisch auseinander: Es rettete die Kirche, aber mit unzureichenden begrifflichen Mitteln. Tillich spricht deshalb nicht von der göttlichen und menschlichen „Natur". Er betont vielmehr: Jesus lebt in der ungebrochenen Einheit mit Gott. Der Mensch Jesus ist der Träger des Neuen Seins.

3.4 Jesus Christus, Gottes Wort in Person – Gerhard Ebeling

Aus der neueren Diskussion[20] soll nun als ein Beispiel der Ansatz Gerhard Ebelings kurz dargestellt werden. Ebeling ist sich darüber im klaren, daß die altkirchliche Zweinaturenlehre unter den Bedingungen der Neuzeit als widersinnig empfunden wird, und daß die dogmatische Formel von „zwei Naturen in einer Person" für die Vernunft wie ein rotes Tuch wirkt. Auf der anderen Seite betont Ebeling: Man wird der Person Jesu nicht gerecht, wenn man ihn nur als einen von Gott gesandten Propheten oder als einen besonders vorbildlichen Menschen versteht.

Ebeling möchte die Intention des altkirchlichen Christusbe-

---

[19] Vgl. aaO, S. 137–146.
[20] Vgl. zur neueren Diskussion u. a. W. Pannenberg: Grundzüge der Christologie, Gütersloh 1964, ⁶1982; J. Moltmann: Der gekreuzigte Gott, 1972, München ⁴1981.

kenntnisses aufnehmen, es aber in einer anderen Sprache und Begrifflichkeit aussagen. So faßt er seine Überlegungen in der Aussage zusammen: Jesus ist „Gottes Wort in Person"[21]. An Jesus wird erkennbar: Zwischen Gott und ihm besteht eine einzigartige Verbundenheit, die für andere in einzigartiger Weise zur Quelle für den Lebenszusammenhang mit Gott wird. Dies kommt in dem Bekenntnis zu Jesus als „Sohn Gottes" zum Ausdruck[22].

Die Aussage von der Menschwerdung findet mit Recht ihre besondere Veranschaulichung am Beginn des Lebens Jesu: „an der Hilflosigkeit des Säuglings unter ärmlichsten Bedingungen"[23]. Die Aussage von der Menschwerdung darf sich aber nicht auf diesen Anfang beschränken. Vielmehr bezieht sich das Wunder der Weihnacht auf die Erscheinung Jesu im ganzen. Er ist von Gott in die Welt gesandt, und er bejaht diesen Auftrag bis zum Tod am Kreuz, indem er nicht für sich selbst lebte, sondern in Hingabe für andere[24].

Gott wird Mensch, damit die Zwietracht des Menschen aufgehoben wird, und der Mensch in Frieden mit Gott lebt. Dies geschieht durch die Macht des Wortes – nicht durch Zwangsgewalt, mit der Menschen ihren Willen durchsetzen wollen, auch nicht durch eine Wundermacht, wie sie von einem Eingreifen Gottes erträumt wird. Die Vollmacht des Wortes ist vielmehr darin begründet, daß in Jesus Christus Gott im Wort zum Menschen kommt, um den Menschen zur Gemeinschaft mit Gott zu befreien, und ihn dadurch zu sich selbst, zur Bestimmung seines Menschseins zu führen.

Zusammenfassung

Ebeling interpretiert das altkirchliche Christusbekenntnis mit der Aussage: Jesus ist „Gottes Wort in Person". Das heißt: Zwischen Gott und Jesus besteht eine einzigartige Verbundenheit (= „Sohn Gottes"); in ihr lebte Jesus nicht für sich, sondern für die Menschen, um sie zur Gemeinschaft mit Gott zu führen.

---

[21] G. Ebeling, Dogmatik II, S. 70.
[22] Vgl. aaO, S. 74–76.
[23] AaO, S. 89.
[24] Vgl. aaO, S. 88 f.

VI. Das Kreuz Jesu Christi

A. Biblische Grundlagen

1. Hintergründe und Verlauf der Passion

Aus vielen Texten der Evangelien geht hervor, daß Jesus mit seiner Verkündigung und mit seinem Verhalten Widerspruch hervorgerufen hat:

Er verkündigte die vorbehaltlose Nähe Gottes, er legte in Vollmacht das Gebot aus, er hielt Tischgemeinschaft mit den Zöllnern und Sündern und sagte ihnen die vergebende Liebe Gottes zu. So führten seine Botschaft und sein Verhalten zu Auseinandersetzungen vor allem mit den pharisäischen Schriftgelehrten.

Nach seiner Wirksamkeit in Galiläa geht Jesus mit seinen Jüngern nach Jerusalem. Offenbar will er seine Botschaft in der Hauptstadt des Landes, in der Stadt des Tempels, verkündigen und damit das Volk und seine religiösen Repräsentanten vor die unausweichliche Entscheidung ihm gegenüber stellen. Von dem Einzug Jesu nach Jerusalem berichtet Mk 11,1–10. Als Jesus auf einem Esel in die Stadt reitet, jubeln die Menschen ihm als dem Messias zu. Es schließt sich die Erzählung von der Tempelreinigung an (Mk 11,15–19): Jesus vertreibt die Verkäufer und Käufer sowie die Geldwechsler aus dem Tempelbezirk. Der Tempel soll ein Bethaus sein; er soll für den Anbruch der kommenden Gottesherrschaft gereinigt werden. Auf Grund dieser Vorfälle, so berichtet Mk 11,18, trachteten die Hohenpriester und Schriftgelehrten danach, wie sie Jesus umbringen könnten. –

Verhaftung, Verhör, Verurteilung

Am Beginn der eigentlichen Passionsgeschichte[1] (Mk 14, 1.2) heißt es: die Priester und Schriftgelehrten suchen einen Weg, wie

[1] Zum Ganzen vgl. G. Bornkamm, Jesus, S. 135–148; Sachwissen, S. 137–141; H. R. Weber, Kreuz. Überlieferung und Deutung der Kreuzigung

sie Jesus festnehmen und töten können, ohne daß bei dem bevorstehenden Passafest Unruhe im Volk entsteht. Mk 14, 3–9 erzählt, wie Jesus von einer Frau mit kostbarem Öl gesalbt wird. Die Evangelisten deuten diese Huldigung als eine Vorwegnahme der Salbung Jesu zum Begräbnis. Es folgt eine knappe Notiz, die von dem Verrat berichtet: Einer der Jünger, Judas Iskariot, bietet der jüdischen Behörde an, Jesus bei einer günstigen Gelegenheit auszuliefern. Die Evangelien erwähnen, daß Judas für den Verrat Geld erhalten hat, lassen aber die Motive für sein Tun im Dunkeln (Mk 14, 10,11). In der Erwartung seines bevorstehenden Todes feiert Jesus mit seinen Jüngern das letzte Mahl (Mk 14,12–25; s.u. Kapitel IX,A.3). Der Text des Gebetes Jesu im Garten Gethsemane ist eindringliches Zeugnis von der Tiefe seiner Anfechtung (Mk 14,32–42).

Es folgt die Verhaftung. Die Jünger verlassen Jesus und fliehen (Mk 14,50). Petrus folgt von fern bis in den Hof des hohenpriesterlichen Palastes. Als er dort von den Bediensteten verdächtigt wird, ein Anhänger Jesu zu sein, verleugnet er diesen: „Ich kenne den Menschen nicht" (Mk 14,71). Jesus wird dem Hohen Rat vorgeführt. Im Mittelpunkt des Verhörs (Mk 14,53–65) steht die Frage des Hohenpriesters: „Bist du der Christus, der Sohn des Hochgelobten?" Das Bekenntnis Jesu: „Ich bin es..." bewirkt seine Verurteilung zum Tode wegen Gotteslästerung. Dieses Christusbekenntnis ist für die Evangelisten das Entscheidende; hier zeigt sich der Gegensatz zur spätjüdischen Frömmigkeit.

Im Einzelnen ist der historische Hergang des Prozesses nicht mehr deutlich zu erkennen. Wesentlich dürfte allerdings sein, daß der Hohe Rat Jesus aus religiösen Gründen verurteilt hat. Um das Todesurteil durchzusetzen, mußte aber der römische Statthalter Pontius Pilatus eingeschaltet werden (Mk 15,1–15). Wahrscheinlich hat die jüdische Behörde Jesus als politischen Unruhestifter an die Römer ausgeliefert. Auf jeden Fall hat Pilatus das Todesurteil gesprochen und die Hinrichtung am Kreuz vollstrecken lassen. Den Abschluß der Passionsgeschichte bildet die Geschichte von der Grablegung Jesu (Mk 15,42–47). Der Ratsherr Josef von Arimathäa bittet Pilatus um den Leichnam Jesu und bestattet ihn in seinem eigenen Grab, das in einen

---

Jesu im neutestamentlichen Kulturraum, Stuttgart/Berlin 1975; H. Zahrnt, Jesus aus Nazareth, Ein Leben, München 1987, S. 187–219.

Felsen gehauen war. Dieser Schluß der Passionsgeschichte leitet bereits zu der Ostergeschichte (Mk 16) über, mit der sie einen erzählerischen Zusammenhang bildet.

Historische Fragen zum Prozeß Jesu

In der umfangreichen Diskussion[2] ist u. a. die Frage erörtert worden, welche Rolle die maßgeblichen Vertreter des Judentums bei der Kreuzigung Jesu spielten. Es ist die These vertreten worden, die Beteiligung des Hohen Rates an dem Todesurteil sei ganz ungeschichtlich. In der Überlieferung bestehe die Tendenz, die Juden immer stärker zu belasten und die Römer zu entlasten. Die Juden hätten damals durchaus das Recht gehabt, Todesurteile auszusprechen; daher habe für die Auslieferung an die Römer kein Grund bestanden. Diese These ist jedoch nicht haltbar; sie ist historisch nicht zu belegen, und damit entfällt die entscheidende Voraussetzung für diesen Erklärungsversuch[3].

Außerdem ist die Frage diskutiert worden: Hat das Urteil des römischen Statthalters Pilatus, das ja ein politisches Urteil war, Anhalt an der Realität? Hat Jesus zu der Befreiungsbewegung der Zeloten gehört, und hat die christliche Überlieferung sein Wirken nachträglich entpolitisiert? Diese These ist seit der Aufklärung bis in die Gegenwart wiederholt vertreten worden. Ihr steht allerdings die gesamte Jesusüberlieferung entgegen. Es dürfte sich kaum zeigen lassen, daß Jesus den Zeloten nahegestanden und einen Aufstand gegen die Römer geplant hat. Neuerdings hat P. Lapide einen modifizierten Erklärungsversuch vorgelegt[4]. Er meint: Jesus habe in der Tat nicht zu der Bewegung der Zeloten gehört. Allerdings bedeute die Botschaft vom Gottesreich für die Juden auch immer Befreiung im politischen Sinn. Jesus habe es gewagt, waffenlos gegen die Römerherrschaft zu protestieren. So gewinnt für Lapide das Verhör vor Pilatus und dessen Todesurteil das entscheidende Gewicht. Demgegenüber muß festgehalten werden: Auch der Bericht vom Verhör vor dem Hohen Rat hat einen historischen Kern – wie immer dieses Verhör im Einzelnen verlaufen sein mag. Vor allem

---

[2] Vgl. dazu den Überblick bei Roloff, Neues Testament, S. 182 f.

[3] Vgl. Conzelmann, Artikel „Jesus Christus", in: RGG[3], Band 3, Sp. 647 f.; Roloff, aaO, S. 182 f.

[4] P. Lapide, Er predigte in ihren Synagogen, Gütersloh, [4]1985, S. 46–55.

aber läßt sich aus den Evangelien nicht wahrscheinlich machen, daß für Jesus die Botschaft vom Gottesreich mit der Befreiung von der Römerherrschaft verbunden ist.

Mit dem bisher Ausgeführten ist bereits deutlich: Die traditionelle Auskunft, das jüdische Volk insgesamt sei am Tode Jesu schuld, ist unhaltbar. Durch diese Aussage sind im Laufe der Geschichte in erheblichem Maße antisemitische Tendenzen verstärkt worden. Demgegenüber muß betont werden: Die Evangelien berichten von der Verurteilung Jesu durch die religiösen Repräsentanten in Jerusalem und von einer aufgewiegelten Volksmenge, die von Pilatus die Kreuzigung fordert. Keinesfalls aber ist das ganze jüdische Volk an der Ablehnung und Verurteilung Jesu beteiligt. Dazu kommt eine wichtige theologische Einsicht: Die Ablehnung, die Jesus in seinem Volk erfährt, ist für das Neue Testament typisch für die Einstellung der Menschen überhaupt. In allen Völkern und zu allen Zeiten wird der Wirklichkeit Gottes, wie Jesus sie offenbart hat, widersprochen.

Hat Jesus seinen Tod gedeutet?

Wenn Jesus seine Botschaft auch in Jerusalem, dem religiösen Mittelpunkt des Volkes, verkündigen wollte, so mußte er davon ausgehen, daß es zu Auseinandersetzungen um seinen Anspruch kommen würde. Er mußte mit seinem Leiden und seinem gewaltsamen Tod rechnen. Dies wird in den Leidensweissagungen zum Ausdruck gebracht: „Und er fing an, sie zu lehren: „Der Menschensohn muß viel leiden und verworfen werden von den Ältesten und Hohenpriestern und Schriftgelehrten und getötet werden und nach drei Tagen auferstehen" (Mk 8,31)[5]. Ob diese und die anderen Leidensweissagungen in der vorliegenden Form auf den historischen Jesus zurückgehen, wird in der Forschung unterschiedlich beurteilt[6]. Vielfach wird angenommen, daß im Rückblick Einzelzüge des Passionsgeschehens in die Überlieferung aufgenommen sind. Aber auch dann ist möglich, daß die Ankündigung des Leidens auf Jesus selbst zurückgeht.

Es gibt in den Evangelien nur wenige Worte, in denen Jesus auf

---

[5] Die weiteren Leidensweissagungen finden sich Mk 9,31; 10,32–34 und den entsprechenden Parallelen. Das Wort „Menschensohn" bezeichnet ursprünglich (nach Dan. 7,13) den himmlischen Weltenrichter; aber auch der irdische Jesus wird „Menschensohn" genannt.

[6] Vgl. Roloff, Neues Testament, S. 185.

seinen Tod ausdrücklich zu sprechen kommt. In diesem Zusammenhang ist vor allem das Wort vom Lösegeld (Mk 10,45, Mt. 20,28) zu nennen: „Denn auch der Menschensohn ist nicht gekommen, daß er sich dienen lasse, sondern daß er diene und sein Leben gebe als Lösegeld für viele". „Für viele" ist im inklusiven Sinn zu verstehen. Es bedeutet: für alle. Das Bild vom Lösegeld wird nicht weiter ausgeführt. Entscheidend ist offenbar: Durch die Hingabe des Lebens kommt das Dienen Jesu zu seinem Ziel.

In der Forschung ist umstritten, ob dieses Wort auf den historischen Jesus zurückgeht, oder ob hier bereits eine frühchristliche Deutung des Todes Jesu vorliegt[7].

Auch in Worten der Abendmahlsüberlieferung wird der Tod Jesu in seiner Bedeutung „für uns" oder „für viele" ausgesagt (Mk 14,27; 1. Kor 11,24). Insgesamt läßt sich sagen: In den Evangelien finden sich nur wenige Worte, die den Tod Jesu deuten. Sie verstehen das Sterben Jesu als Konsequenz seines Dienstes an den Menschen; die Hingabe seines Lebens geschieht „für uns", „für die vielen", d. h. für alle Menschen.

Zusammenfassung

Jesus hatte mit seiner Verkündigung und mit seinem Wirken Widerspruch hervorgerufen. Er wird in Jerusalem auf Betreiben der religiösen Repräsentanten Israels verhaftet und von ihnen dem römischen Statthalter Pilatus mit dem Vorwurf des politischen Aufruhrs übergeben. Pilatus hat Jesus zum Tod am Kreuz verurteilt. Einzelne Worte in den Evangelien deuten den Tod Jesu als Hingabe des Lebens für die Menschen.

2. Der Kreuzestod Jesu in den Evangelien

2.1 „Mein Gott, warum hast du mich verlassen?" – das Kreuz bei Markus und Matthäus

Der römische Statthalter Pontius Pilatus hatte Jesus zum Tod am Kreuz verurteilt (Mk 15,15). Vom Evangelisten Markus[8]

---

[7] Vgl. E. Schweizer, Markus, S. 124 f.

[8] Zu A. 2,1 vgl. E. Schweizer, Markus, S. 163–210; W. Schmithals, Das Evangelium nach Markus, Kapitel 9,2–16,18. Ökumenischer Taschenbuch-

wird der grausame Vorgang der Kreuzigung nicht im einzelnen beschrieben; die knappe, nüchterne Darstellung aber spricht eine deutliche Sprache.

Die Kreuzesinschrift entspricht der damals üblichen Praxis: „... es stand über ihm geschrieben, welche Schuld man ihm gab, nämlich der König der Juden" (Mk 15,26). Mit dieser Anklage hatte Pilatus die Verurteilung Jesu begründet. Mit Jesus werden zwei andere gekreuzigt, „zwei Räuber", wie es Mk 15,27 heißt. Es ist möglich, daß es sich bei diesen Männern um die Aufrührer handelt, die beim Aufruhr einen Mord begangen hatten, wie in 15,7 berichtet wird. Jedoch läßt sich dies nicht mit Sicherheit ausmachen. Es steht allerdings fest, daß die Römer Aufständische zur Hinrichtung am Kreuz verurteilt haben[9].

Mit den genannten Einzelheiten wird einiges zum historischen Hintergrund der Kreuzigung Jesu deutlich. Sein Tod am Kreuz ist eine historische Tatsache. Die Evangelien gehen von dieser Tatsache aus; sie beschränken sich aber nicht darauf, das historische Geschehen mit den ihnen überlieferten Erinnerungen mitzuteilen. Vielmehr geht es ihnen darum, die Bedeutung des Todes Jesu am Kreuz aufzuzeigen. Die Passionserzählung ist daher zugleich Verkündigung (= Kerygma). Darin liegt ihre eigentliche Intention.

Von den Menschen abgelehnt

Für Markus, den frühesten Evangelisten, ist nun charakteristisch, daß er der Härte des Leidens und Sterbens Jesu nichts abbricht. Er zeigt vielmehr die Schärfe der Ablehnung, die Jesus erfährt, und die Einsamkeit, in der er stirbt. Die führenden Repräsentanten Israels lehnen Jesus ab. Ihr Verständnis kommt sehr pointiert in Mk 15,32 zum Ausdruck: „Ist er der Christus, der König von Israel, so steige er nun vom Kreuz, damit wir sehen und glauben." Hinter diesen Worten steht die Überzeugung: Der Christus muß sich ausweisen können, er muß durch ein Wunder seine Messianität beweisen. Erst wenn man eine solche Machttat sieht, kann man seinen Anspruch anerkennen und ihm glauben.

---

kommentar zum Neuen Testament, Band 2/2 Gütersloh/Würzburg[2] 1986, S. 586–706.

[9] Vgl. E. Schweizer, Markus, S. 194 und S. 200.

Jesus wird von den führenden religiösen Vertretern seines Volkes abgelehnt. Er ist aber auch von seinen Jüngern verlassen, wie es schon bei seiner Gefangennahme berichtet wird: „Da verließen ihn alle und flohen" (Mk 14,50). Die Einsamkeit Jesu wird von Markus in Aufnahme von Erfahrungen des leidenden Gerechten geschildert, vor allem in Anklang an Ps 22: „Zu der neunten Stunde rief Jesus laut: Eli, Eli, lama asabtani? das heißt übersetzt: Mein Gott, mein Gott, warum hast du mich verlassen?" (Mk 15,34). Dieses Wort des sterbenden Jesus wird zunächst in Aramäisch, der Muttersprache Jesu, wiedergegeben. In eindringlicher Weise kommt hier die Tiefe des Leidens Jesu zum Ausdruck. Er ist nicht nur von den Menschen – selbst von den ihm vertrauten Freunden – verlassen; sondern er fühlt sich darüber hinaus auch von Gott verlassen. Er erfährt in einer besonderen Tiefe die Ferne, die Verborgenheit Gottes. Während seines öffentlichen Auftretens hatte Jesus die Botschaft von der Nähe Gottes, von seiner gnädigen Zuwendung zu den Menschen verkündigt. Diese Botschaft ist keine von der Person Jesu ablösbare Lehre, sondern sie ist untrennbar mit seiner Person, mit ihm selbst verbunden. Wenn er nun den schmachvollen Tod am Kreuz stirbt, dann ist damit auch seine Botschaft von der Nähe Gottes fraglich geworden.

Zugleich aber gilt das andere: Dieser Gebetsruf ist nicht der Schrei eines Verzweifelten. Jesus wendet sich in seiner Verlassenheit an Gott. Er hält im Vertrauen an Gott fest. Der ferner, verborgene ist dennoch der nahe Gott.

Die Kreuzigung wird nach der Überlieferung des Markusevangeliums von zwei Zeichen begleitet – von der Sonnenfinsternis (Mk 15,33) und dem Zerreißen des Vorhangs im Tempel (Mk 15,38). Mit beiden Zeichen wird etwas über die Bedeutung des Geschehens ausgesagt: Wenn die Sonne sich verfinstert, so nimmt die gesamte Schöpfung an dem Tod Jesu Anteil. Der zerrissene Vorhang deutet darauf hin, daß mit dem Kreuz Jesu der Tempelkult sein Ende gefunden hat. Nicht mehr durch den Kult im Tempel, sondern durch Jesus und seinen Kreuzestod ist der Zugang zu Gott den Menschen eröffnet. Der Tod Jesu selbst wird nur mit wenigen Worten beschrieben: „Aber Jesus schrie laut und verschied." (Mk 15,37).

Was bereits die beiden das Geschehen begleitenden Zeichen andeuten, wird in dem Bekenntnis des römischen Hauptmanns deutlich ausgesagt: „Wahrlich, dieser Mensch ist Gottes Sohn gewesen" (Mk 15,39). Der Gegensatz dieses Bekenntnisses zu der von den Schriftgelehrten und Hohenpriestern vertretenen Ansicht wird klar herausgestellt: Nicht weil er eine Machttat zur Schau stellt, wird Jesus als der Sohn Gottes bekannt, sondern weil er auch im Leiden und Sterben im Vertrauen an Gott festhält. Zugleich besteht ein großer Unterschied zu der verbreiteten Gottesvorstellung in der heidnischen Antike. Die Götter gelten als die Seligen, die fern von dem Leiden der Menschen leben. Auch dieser Anschauung tritt das Bekenntnis des Hauptmanns, des heidnischen Römers, entgegen: Gerade der am Kreuz Gestorbene wird als Sohn Gottes bekannt. Dabei bedeutet „Sohn Gottes" auf dem Hintergrund des alttestamentlichen Denkens nicht eine Aussage über sein Wesen, sondern über seinen Auftrag, über seine Funktion. Er ist der Sohn Gottes, weil er einen einzigartigen Auftrag Gottes an den Menschen, an der Welt wahrnimmt. Dieser Auftrag wird durch sein Leiden nicht widerlegt, durch seinen Tod nicht fraglich gemacht. Vielmehr gilt, „daß für Markus die Passion die entscheidende Offenbarung der Gottessohnschaft Jesu ausmacht"[10].

Spricht ein Heide angesichts des Kreuzes das Bekenntnis: „Wahrlich, dieser Mensch ist Gottes Sohn gewesen", so wird daran deutlich, daß jetzt allen Menschen durch Jesus Christus der Zugang zu Gott erschlossen ist. Im Kreuzestod Jesu wird die Wirklichkeit Gottes offenbar. Diese Gewißheit hat aber im Ostergeschehen ihren Grund. Das Bekenntnis zu dem Auferweckten, dem lebendigen Herrn, ist Voraussetzung für diese Deutung des Kreuzes[11].

Das Motiv der Nachfolge klingt am Schluß der Kreuzigungsszene an: „... es waren auch Frauen da, die von ferne zuschauten, ... die ihm nachgefolgt waren, als er in Galiläa war..." (Mk 15,40 f.) Die Jünger sind bei der Gefangennahme Jesu geflohen, die Frauen folgen ihm. Sie können nur von fern zuschauen; so dokumentieren sie ihre Verbundenheit mit Jesus. Wie die weitere

[10] E. Schweizer: Markus, S. 207.
[11] Siehe dazu ausführlich Kap. VII.

Erzählung in Mk 16,1 zeigt, wird ihnen zuerst die Wahrheit der Auferweckung Jesu enthüllt: „daß nämlich für den Nachfolger der Tod Jesu kein Ende, sondern wahrer Anfang neuen Lebens ist."[12]

Zusammenfassung

Markus und Matthäus betonen die Härte des Leidens und Sterbens Jesu. Jesus erfährt in einer besonderen Tiefe die Ferne Gottes und hält zugleich im Vertrauen an Gott fest. In dem Bekenntnis des Hauptmanns kommt zum Ausdruck: Gerade am Kreuz wird Jesus als der Sohn Gottes offenbar.

2.2 „Vater, ich befehle meinen Geist in deine Hände" – das Kreuz bei Lukas

Der Abschnitt über die Kreuzigung Jesu bei Lukas unterscheidet sich an verschiedenen Punkten von der Darstellung bei Markus und Matthäus. Dies zeigen vor allem die Worte, die nach der Überlieferung des Lukas der sterbende Jesus am Kreuz spricht. Das erste Kreuzeswort, das allerdings in einigen alten Handschriften fehlt, lautet: „Vater, vergib ihnen, denn sie wissen nicht was sie tun" (Lk 23,34). Jesus bittet für alle, die an seiner Kreuzigung schuld sind, sie sollen nicht auf ihre Tat festgelegt werden. Vielmehr gilt auch ihnen der Zuspruch göttlicher Vergebung. –

Diese Aussage wird noch verstärkt in dem Wort an den einen der beiden Verbrecher, die mit Jesus gekreuzigt werden. „Er sprach: Jesus gedenke an mich, wenn du in dein Reich kommst! Und Jesus sprach zu ihm: Wahrlich, ich sage dir: Heute wirst du mit mir im Paradies sein" (Lk 23,42 f.). Dieses Wort ist an einen Menschen gerichtet, der seine Schuld erkannt hat. Ihm spricht Jesus die Vergebung zu; ihm gibt er die Verheißung: Er ist in seinem Sterben nicht verloren, sondern er hat Anteil an der Gemeinschaft mit Jesus; er wird heute mit ihm im „Paradies" sein. Das „Reich" Jesu oder das „Paradies" bezeichnet die ewige Nähe Gottes, in die Jesus aufgenommen, und an der auch der Mitgekreuzigte Anteil haben wird.

Als letztes überliefert Lukas das Wort: „Und Jesus rief laut:

---

[12] E. Schweizer, Markus. S. 209.

Vater, ich befehle meinen Geist in deine Hände" (Lk 23,46; in Aufnahme von Ps 31,6). Für Lukas kommt in diesen Worten zum Ausdruck: Jesus stirbt in ungebrochenem Vertrauen zu Gott. „In die Hände der Menschen ist Jesus gegeben worden...; aber gerade so übergibt er sich in die Hände seines Vaters." „Mein Geist" beschreibt „das Ganze der lebendigen Person"[13]. Die bildhafte Aussage „in deine Hände" ist Ausdruck für eine letzte Geborgenheit.

Zusammenfassung

Die Worte des sterbenden Jesus im Lukasevangelium bestätigen, was für sein irdisches Wirken wichtig war, so der Zuspruch der Vergebung im Namen Gottes, der Ausdruck des ungebrochenen Vertrauens, in dem Jesus mit Gott verbunden ist. Das Verständnis des Kreuzestodes ist zugleich von der Ostergewißheit geprägt, wie es die Verheißung des Paradieses, der ewigen Gottesgemeinschaft zeigt.

2.3 „Es ist vollbracht" – das Kreuz bei Johannes

Eine besonders eigenständige Deutung des Kreuzestodes Jesu findet sich im Johannesevangelium. Sie ergibt sich aus dem Verständnis der Person und des Werkes Jesu. Der Evangelist versteht Jesus als den Offenbarer Gottes, der aus der himmlichen Welt auf die Erde kommt, und der nach seinem Wirken unter den Menschen diese Welt wieder verläßt und in die himmlische Herrlichkeit zu Gott zurückkehrt. Das Kommen und das Fortgehen des Offenbarers sind für den Evangelisten Johannes entscheidend.

Von diesem Verständnis der Sendung Jesu ist nun auch die Deutung des Kreuzes bestimmt. Eine für das Johannesevangelium typische Formulierung besagt, daß Jesus ans Kreuz „erhöht" wird. „Wenn ich erhöht werde von der Erde, so will ich alle zu mir ziehen. Das sagte er aber, um anzuzeigen, welchen Tod er sterben würde" (Joh 12,32f., vgl. auch 3,14; 8,28). Er wird ans Kreuz erhöht. Dabei hat das Wort „erhöht" für Johannes einen doppelten Sinn: Er wird hoch am Kreuz aufgehängt; aber dieser schmähliche, qualvolle Tod ist zugleich seine „Erhö-

---

[13] E. Schweizer, Lukas, S. 240.

hung", seine „Verherrlichung". Er ist erhöht zu Gott. Damit ist seine Sendung vollendet. „In der Passion vollendet sich der Sinn der Sendung Jesu. Und indem sie als die Erfüllung des vom Vater aufgetragenen Werks aufgefaßt und übernommen wird (14,31), wird sie zur Stunde der Erhöhung, der Verherrlichung."[14]

Der Gekreuzigte – der Sieger

Gerade in den letzten Worten Jesu[15] kommt zum Ausdruck, daß der Gekreuzigte der Sieger und darum auch in der Situation des Todes der eigentlich Handelnde ist. „Mich dürstet", dieses Wort spricht er, damit die Schrift erfüllt wird, und weil er wußte, daß schon alles vollbracht war (Joh 19,28). „Als nun Jesus den Essig genommen hatte, sprach er: Es ist vollbracht! und neigte das Haupt und verschied" (Joh 19,30). Sein Werk ist vollendet, es ist zu seinem Ziel gekommen. Das Kreuz ist die Verherrlichung – „ich bin nicht allein, denn der Vater ist bei mir" (Joh 16,32).

Zusammenfassung

Im Johannesevangelium wird der Kreuzestod Jesu als „Erhöhung" bezeichnet, das heißt: dieser Tod ist zugleich die Verherrlichung, Jesus wird zu Gott erhöht. Damit ist sein Auftrag in der Welt vollendet, er ist zu seinem Ziel gekommen.

3. Die Botschaft vom Kreuz bei Paulus

3.1 Für uns gestorben

Eine frühe Deutung des Kreuzestodes Jesu findet sich in den von Paulus[16] aufgenommenen Bekenntnisformulierungen der urchristlichen Gemeinden. Zu diesen frühen Bekenntnissen gehört z.B. die Aussage in Röm 4,25: Jesus „ist um unserer Sünden

---

[14] R. Bultmann, Theologie, S. 400.
[15] Die Worte an Maria und den Lieblingsjünger (Joh 19,26f.) sind wahrscheinlich in symbolischem Sinne gemeint und auf die Juden- und Heidenchristen bezogen, die zueinander gewiesen werden, vgl. S. Schulz, Johannes, S. 235.
[16] Zu Paulus vgl. G. Bornkamm, Paulus, S. 145–155; J. Roloff, Neues Testament, S. 190–192.

willen dahingegeben und um unserer Rechtfertigung willen auferweckt"; ebenso 1. Kor 15,3[17].

In der Bekenntnisformulierung Röm 3,25 f. spielt die Vorstellung von der Sühne eine Rolle: „Den (Christus) hat Gott hingestellt als Sühne in seinem Blut zum Erweis seiner Gerechtigkeit…" Diese Aussage knüpft an die in Israel geläufige Vorstellung von der stellvertretenden und sühnenden Kraft des Opfers an. Auch in neutestamentlicher Zeit wurden im Tempel von Jerusalem Sühneopfer dargebracht, und jedes Jahr wurde der Versöhnungstag gefeiert. Auf diesem Erfahrungshintergrund sagt das frühchristliche Bekenntnis: Gott hat im Tod Jesu Christi („in seinem Blut") für alle Sünder Sühne geschaffen. Durch diese Sühne sind die Sünden vergeben.

Die Deutung des Todes Jesu ist wahrscheinlich durch Aussagen des Alten Testaments vorbereitet, in erster Linie durch die Worte über den leidenden Gottesknecht[18] in Jes 52,13–53,12. Von ihm, der im Text selbst nicht näher beschrieben wird, heißt es: „Er war der Allerverachtetste und Unwerteste, voller Schmerzen und Krankheit" (Jes 53,3). Aber nun wird betont, daß er gerade mit seinem Leiden eine Bedeutung für die anderen hat: „Fürwahr, er trug unsere Krankheit und lud auf sich unsere Schmerzen… Die Strafe liegt auf ihm, auf daß wir Frieden hätten, und durch seine Wunden sind wir geheilt" (Jes 53,4.5).

Die Gestalt des leidenden Gottesknechtes verhilft den frühen christlichen Gemeinden dazu, den Kreuzestod Jesu zu verstehen, so daß sie bekennen: Jesu ist für uns, für unsere Sünden gestorben. Sein Leiden und Sterben sühnt die Schuld aller Menschen.

---

[17] Zu 1. Kor 15,3–8 vgl. auch Kap. VII, A. 1. Zum biblischen Verständnis der Sünde vgl. Kap. III,A. 1–4. Da Paulus den 1. Korintherbrief wahrscheinlich im Jahr 54 oder 55, den Römerbrief 56 oder 57 geschrieben hat, müssen die von Paulus aufgenommenen frühchristlichen Bekenntnisse vor diesem Zeitpunkt entstanden sein.

[18] Zur Bedeutung von Jesaja 53 im Urchristentum vgl. J. Roloff, Neues Testament, S. 188 f.; P. Stuhlmacher, Jesus von Nazareth – Christus des Glaubens, Stuttgart 1988, S. 11–64.

3.2 Die Gerechtigkeit Gottes

Die für Paulus charakteristische Aussage ist, daß im Kreuz Jesu Gott „seine Gerechtigkeit" erweist. Im biblischen Sprachgebrauch ist „Gerechtigkeit" ein Verhältnisbegriff, ein gemeinschaftsbezogener Begriff. Diese Bedeutung klingt auch im heutigen Sprachgebrauch noch an, wenn man etwa sagt: Es geht darum, daß man einem anderen Menschen gerecht wird. Auf diesem Hintergrund sind auch die Aussagen des Paulus zu verstehen: Im Kreuzestod Jesu Christi will Gott „seine Gerechtigkeit erwiesen, daß er selbst gerecht ist und gerecht macht den, der da ist aus dem Glauben an Jesus Christus" (Röm 3,26). Paulus versteht „Gerechtigkeit" nicht als abstrakte Norm, mit der Gott den Menschen beurteilt; er versteht sie vielmehr aus dem Wesen Gottes, „der gerecht ist", d.h. der sich dem Menschen zuwendet. Gott sucht Gemeinschaft mit dem Menschen, und zwar auch mit dem, der sich vom ihm getrennt hat. Diese Zuwendung Gottes zum Menschen wird in Jesus Christus offenbar.

Diese Botschaft grenzt Paulus scharf gegen eine in der damaligen jüdischen Frömmigkeit herrschende Überzeugung ab: „Nun aber ist ohne Zutun des Gesetzes die Gerechtigkeit, die vor Gott gilt, offenbart..." (Röm 3,21). Alle „werden ohne Verdienst gerecht aus seiner Gnade durch die Erlösung, die durch Jesus Christus geschehen ist" (Röm 3,24). Damit weist Paulus klar ab: Nicht das menschliche Tun, nicht die ethischen und religiösen Werke machen vor Gott gerecht. Vielmehr gilt das Gegenteil: Gott rechtfertigt den Menschen. Er spricht ihn gerecht. Er nimmt den gott-fernen, den sündigen Menschen als gerecht an, und gerade damit macht er ihn zu einem neuen Menschen. Die „Gerechtigkeit" Gottes ist also seine Treue und Barmherzigkeit gegenüber den Menschen, die in Jesus Christus, und zwar gerade in seinem Kreuz wirksam wird.

In diesem Zusammenhang betont Paulus die Bedeutung des Glaubens: „Ich rede aber von der Gerechtigkeit vor Gott, die da kommt durch den Glauben an Jesus Christus zu allen, die glauben..." (Röm 3,22) „So halten wir nun dafür, daß der Mensch gerecht wird ohne des Gesetzes Werke, allein durch den Glauben" (Röm 3,28). Selbstverständlich darf in diesen Aussagen der Glaube nicht als Werk oder Leistung des Menschen gesehen werden. Der Glaube ist vielmehr die Antwort des Menschen auf die Botschaft von Jesus Christus. Der Glaube ist das Vertrauen auf die Treue und Barmherzigkeit Gottes, die in Jesus Christus begegnet. Dieser Glaube wird durch die Christusbotschaft allererst geweckt. Zweifellos will die Verkündigung die Zustimmung des Menschen gewinnen, sie erwartet sein freies Ja. Dennoch darf der Glaube nicht als religiöse Leistung des Menschen gesehen werden. Denn der Glaube verdankt sich nicht der menschlichen Erkenntnis oder Entschlußkraft; er ist vielmehr Antwort auf die dem Menschen zugesagte Treue und Barmherzigkeit Gottes[19].

3.3 Die Versöhnung

Im 2. Korintherbrief schreibt Paulus: „Gott war in Christus und versöhnte die Welt mit sich selber" (2. Kor 5,19). An dieser Aussage ist zunächst zu beachten, daß die Versöhnung von Gott ausgeht. Man hat allerdings in der späteren Überlieferung immer wieder behauptet, Gott müsse versöhnt werden, um den Menschen ihre Schuld vergeben zu können. Demgegenüber muß betont werden: Die archische Vorstellung eines molochhaften Gottes, der das Opfer seines eigenen Sohnes fordert, um die

---

[19] Vgl. G. Bornkamm , Paulus, S. 147. Zum Verhältnis von göttlicher Gnade und menschlicher Freiheit im Geschehen des Glaubens sowie zum Verhältnis von Glaube und ethischem Tun vgl. Kap. VIII, A,2 und B,2. Die an dem Abschnitt Röm. 3,21–31 verdeutlichte Aussage ist für die Verkündigung des Paulus insgesamt wesentlich. Vgl. z. B. Röm. 5,1–11; 8,28–39; Gal. 2,11–3,14; Phil. 3,1–11. Dabei greift Paulus eine Reihe unterschiedlicher Bilder und Vorstellungen für die Deutung des Kreuzes auf. Die wichtigsten Vorstellungen sind (nach Bultmann, Theologie NT, S. 295–300):
  a) Sühnopfer (z. B. Röm. 3,25 f.; 5,9),
  b) stellvertretendes Opfer (z. B. 2. Kor. 5,21),
  c) Loskauf, Befreiung (z. B. Gal. 3,13; 4,4 f.),
  d) Sterben und Auferstehen mit Christus (z. B. Röm. 6,3–11; in den hellenistischen Mysterienreligionen gab es die Vorstellung vom Sterben und Auferstehen mit der Mysteriengottheit);
  e) der Lebenszusammenhang mit Christus (z. B. 2. Kor. 5,14 f.; Phil. 3,10 f., auf dem Hintergrund der gnostischen Vorstellung von der Zusammengehörigkeit von Erlöser und Erlösten).
Im 1. Korintherbrief betont Paulus: Für die Menschen, die Zeichen fordern oder nach Weisheit fragen, ist das Wort vom Kreuz ein „Ärgernis" und eine „Torheit". Demgegenüber verkündigt der Apostel den gekreuzigten Christus als „Gottes Kraft und Gottes Weisheit" (vgl. 1. Kor. 1,18–25).

Sünden der Menschen zu tilgen, liegt Paulus fern[20]. Gott *wird* nicht versöhnt, sondern *er versöhnt* die Welt mit sich selber.

Diese Versöhnung geschieht „in Christus": Gott „hat den, der von keiner Sünde wußte, für uns zur Sünde gemacht, damit wir in ihm die Gerechtigkeit würden, die vor Gott gilt" (2. Kor 5,21). Sünde ist auch hier vor allem als Trennung von Gott zu verstehen. So bringt Paulus zum Ausdruck: Jesus lebt in der ungebrochenen Gemeinschaft mit Gott; er hat in seinem Sterben die Gottesferne erfahren; er hat damit Anteil an der Situation der Menschheit, er hat die Gottesferne der Menschheit auf sich genommen. Paulus betont nun: Dies ist „für uns" geschehen. Denn durch Christus erfahren wir die „Gerechtigkeit Gottes", d.h. seine vorbehaltlose Zuwendung zum Menschen; und eben dies ist das Geschehen der Versöhnung: Die Trennung zwischen Gott und Welt ist überwunden. Die versöhnende Liebe stellt die zerbrochene Gemeinschaft wieder her. „Gott versöhnt, indem er an den Verlorenen, den Zerstörern und Zerstörten so handelt, daß sie aus seiner Liebe von neuem leben."[21]

Die durch Christus geschehene Versöhnung ist der Ursprung für den „Dienst", „die Versöhnung zu predigen", oder für „das Wort von der Versöhnung". Das heißt: das Christusgeschehen wird im Wort der Verkündigung vergegenwärtigt. Dementsprechend schreibt Paulus: „So wirken wir als Botschafter an Christi Statt... So bitten wir an Christi Statt: Laßt euch versöhnen mit Gott" (2. Kor 5,20). Das Wort von der Versöhnung kommt als Bitte zu den Menschen. Es bittet, es lädt dazu ein, die versöhnende Liebe Gottes anzunehmen, als versöhnte Menschen zu leben.

Zusammenfassung

In urchristlichen von Paulus aufgenommenen Bekenntnissen heißt es: Jesus ist „für unsere Sünden" gestorben. Paulus selbst betont: Im Kreuz Jesu erweist Gott seine „Gerechtigkeit". Gerechtigkeit bezeichnet die Treue und Barmherzigkeit, mit der Gott an den Menschen festhält, die Gemeinschaft mit ihnen sucht. Dabei ist zu beachten: Gott wird nicht versöhnt, sondern von ihm geht die versöhnende Liebe aus.

---

[20] Vgl. G. Bornkamm, Paulus, S. 238.
[21] G. Sauter, Meditation zu 2. Kor. 5,19–21, Göttinger Predigtmeditationen 40 (1986), S. 221.

4. Deutungen des Kreuzes im Neuen Testament – Zusammenfassung

a) Alle Schriften des Neuen Testaments überliefern, daß Jesus am Kreuz gestorben ist. Dabei wird die Kreuzigung nicht nur als historische Tatsache gesehen; sondern es wird die Bedeutung des Kreuzestodes Jesu für die Welt verkündigt.

b) Die Bedeutung des Kreuzes Jesu wird in den einzelnen neutestamentlichen Schriften allerdings in unterschiedlicher Weise beschrieben. Dies hängt mit dem theologischen Anliegen des Verfassers und der jeweiligen Situation der Adressaten, also den verschiedenen Gemeinden zusammen. So wird bereits an den verschiedenen Auslegungen im Neuen Testament klar, daß eine einzige Deutung das vielschichtige Geschehen des Kreuzes nicht erfaßt. Das Geheimnis des gekreuzigten Christus ist größer; daher sind die verschiedenen Perspektiven für die Deutung des Kreuzes legitim.

c) Die neutestamentlichen Zeugen bekennen: Die Wirklichkeit Gottes wird in Jesus Christus offenbar, und zwar hat Gott in *einzigartiger* Weise in Jesus Christus an der Welt gehandelt. Diese Offenbarung Gottes geschieht nicht nur in der Botschaft Jesu. Sie ist vielmehr an seine Person und Geschichte gebunden – also auch von seinem Kreuz und der Auferstehung nicht ablösbar. Diese an der Christusbotschaft gewonnene Gewißheit verbindet auch unterschiedliche Deutungen des Christusgeschehens, z.B. die unterschiedliche Deutung des Kreuzes bei Paulus und Johannes.

B. Systematisch-theologische Aspekte

1. Die Lehre von der stellvertretenden Genugtuung Christi – Anselm von Canterbury

Zur Zeit der Alten Kirche wurde das Werk Christi vor allem als Erlösung verstanden. Jesus Christus befreit den Menschen aus der Vergänglichkeit; er gibt ihm Anteil an dem wahren, unvergänglichen Leben. In der mittelalterlichen Theologie dagegen tritt der Gedanke von Schuld und Versöhnung stärker in den

Vordergrund, in besonders ausgeprägter Form bei Anselm von Canterbury (1033/34–1109). In seiner Schrift „Cur deus homo" (= „Warum Gott Mensch wurde") entwickelt er seine Versöhnungslehre, die für die Folgezeit große Bedeutung bekommen sollte.

Folgende Aussagen sollen aus dem Gedankengang besonders hervorgehoben werden:

a) Alle vernünftige Kreatur ist verpflichtet, dem Willen Gottes gehorsam zu sein. Die Menschheit hat aber durch ihre Sünde Gott die ihm gebührende Ehre entzogen. Der Mensch ist durch seine Schuld der Ehre und Majestät Gottes zu nahe getreten.

   Gott kann nun die Schuld nicht einfach übergehen; also muß sie gesühnt werden; es muß Satisfaktion (= Genugtuung) geleistet werden: „Also ist es notwendig, daß entweder die geraubte Ehre wiederhergestellt wird, oder Strafe folge."[1]

b) Die Bestrafung des Menschengeschlechts würde Gottes Vorsatz von der Bestimmung des Menschen durchkreuzen. Es ist also Genugtuung nötig; aber der Mensch kann sie nicht leisten; (er kann Gott nur in pflichtmäßiger Weise ehren). Dem, der das bezweifelt, entgegnet Anselm: „Du hast noch nicht das Gewicht der Sünde bedacht: Du hast noch nicht erwogen, von welcher Schwere die Sünde ist."[2]

c) Darum mußte Gott in Christus Mensch werden (die Zweinaturenlehre wird hier eingebracht). Denn nur Christus, der Gottmensch, konnte die Genugtuung leisten, und er hat sie vollbracht. Als Mensch war er Gott Gehorsam schuldig; nicht dagegen schuldete er Gott seinen Tod; in seinem Tod am Kreuz vollzieht sich die Genugtuung.

d) Christus hat dadurch ein Verdienst erworben. Da er selbst nichts bedarf, gibt er seinen Nachahmern Anteil an seinem Verdienst, die Vergebung der Sünden. So gilt denn: „Die Barmherzigkeit Gottes... haben wir so groß und übereinstimmend mit der Gerechtigkeit gefunden, daß sie größer und gerechter nicht gedacht werden kann."[3]

---

[1] Anselm von Canterbury, Cur deus homo – Warum Gott Mensch geworden, Darmstadt 1970, S. 47. Zum Ganzen vgl. W. Joest, Dogmatik 1, S. 242–260.

[2] AaO S. 75.

[3] AaO S. 153.

Zusammenfassung

Die entscheidenden Begriffe in Anselms Versöhnungslehre sind Genugtuung und Verdienst. Beide Begriffe stammen aus der mittelalterlichen Bußlehre, und von daher wird das Werk Christi gedeutet. Christus hat die Genugtuung durch seinen Opfertod am Kreuz geleistet; er hat dadurch ein Verdienst erworben, das seinen Gläubigen zugute kommt.

Kritische Auseinandersetzung mit Anselms Versöhnungslehre

a) Anselm betont mit Recht die Heiligkeit Gottes, seinen unbedingten Anspruch an die Menschen. Die menschliche Schuld darf nicht als Belanglosigkeit angesehen werden; vielmehr verletzt sie die Ehre und Majestät Gottes. Auf diesem Hintergrund tritt das Besondere der Versöhnung durch Jesus Christus deutlich hervor.

b) Die neutestamentliche Botschaft bezeugt: Gott wird nicht versöhnt, sondern er versöhnt die Welt mit sich selber (vgl. 2. Kor 5,19). Von hier aus ist Anselms Lehre kritisch zu beurteilen, wenn er meint: Gottes verletzter Ehre müsse Genugtuung geleistet werden, bevor seine Barmherzigkeit wirksam werden kann.

c) Anselm beschreibt das Werk Jesu Christi mit dem (im Mittelalter geläufigen) Begriff „Verdienst". Diese Anschauung und die ihr zugrundeliegende Frömmigkeit ist aber problematisch. Sie widerspricht der biblischen Botschaft, die nichts von „Verdiensten" weiß, die vielmehr bezeugt: In Jesus Christus wird die Gnade und Güte Gottes offenbar.

d) Nach Anselm wird das Verdienst Christi auf die Gläubigen übertragen. Auch diese Aussage gibt zu kritischen Bedenken Anlaß. „Die Versöhnung vollzieht sich... als ein objektives Geschehen zwischen Gott und Christus, an dem der mit Gott zu versöhnende Mensch zunächst gar nicht beteiligt ist."[4] So wird nicht deutlich genug, inwiefern das Christusgeschehen ein Geschehen „für mich" bzw. „für uns" ist.

---

[4] H. Graß, Glaubenslehre I, S. 54; ebd. auch weitere Überlegungen zur Lehre Anselms.

2. Theologie des Kreuzes – Martin Luther

Der Kreuzestod Jesu hat für die Theologie und Verkündigung Luthers zentrale Bedeutung. Dabei hat Luther die überlieferte kirchliche Lehre weitgehend umgestaltet.

Der angefochtene Christus

Im Gegensatz zur mittelalterlichen Tradition ist es für Luther wichtig, auf den Menschen Jesus zu achten; er gebraucht hier oft den Ausdruck „die Menschheit Christi" und denkt dabei an das ganze Leben Jesu, vor allem aber an sein Leiden und Sterben. Hier begegnet uns der „angefochtene Christus" – etwa Jesus im Garten Gethsemane, oder der sterbende Jesus am Kreuz, der den Schrei ausstößt: „Mein Gott, warum hast du mich verlassen?"[5]

In der Psalmenauslegung sagt Luther dazu: „... daß er (Gott) ihn (Christus) in alle Leiden und Tode und Anfechtungen dahingibt und doch zugleich rettet. Und eben dann, wenn er ihn am meisten verläßt, nimmt er sich seiner an. Und wenn er ihn verdammt, rettet er ihn in der ausgezeichnetsten Weise. So geschieht es nach seinem Ratschluß, daß er (in Christus) sein Werk dann tut, wenn es ihm ganz fremd ist."[6]

Jesus durchlebt die Tiefe des Leidens; er erleidet in seinem Sterben die äußerste Ferne von Gott. Und zugleich ist Gott ihm ganz nahe. Die Gegenwart Gottes kann durch das Leiden und Sterben nicht fraglich gemacht werden. Darum wird im Kreuz und in der Auferweckung Jesu Christi die Zuwendung Gottes zum Menschen offenbar.

Christus – das Werk Gottes

Luther nennt Jesus Christus das „Werk Gottes"; das heißt: In ihm wird die Gerechtigkeit, die Gnade Gottes offenbar. In Chri-

---

[5] Wenn Luther davon spricht, daß Christus die „Strafe" für die Sünden der Menschheit trägt, dann besteht die „Strafe" in dem Erleiden des Todes, aber auch „in der Angst und dem Entsetzen eines erschrockenen Gewissens, das den ewigen Zorn fühlt und so daran ist, als sollte es in Ewigkeit verlassen und verworfen werden von Gottes Angesicht" (WA 18, S. 5). Der Ausdruck „Zorn Gottes" bezeichnet nicht eine Laune oder Stimmung, sondern die Erfahrung der Ferne Gottes.

[6] WA 4, S. 87.

stus tut Gott sein Werk für und an der ganzen Welt – und zwar in einzigartiger Weise[7].

Es ist zu gering zu sagen: „Christus hat für unsere Sünden genug getan." Es muß vielmehr heißen: „Christus ist der Befreier... von Tod, Sünde, Teufel."[8] Anselm von Canterbury hatte gelehrt: Gott muß durch das Verdienst Christi versöhnt werden; damit wird seiner Gerechtigkeit genug getan. Luther betont: In Christus wird die befreiende Gerechtigkeit Gottes offenbar, der die Menschen mit sich versöhnt[9]. Dabei versteht Luther die Botschaft von der „Gerechtigkeit Gottes" im Sinne seiner reformatorischen Entdeckung, die er an Paulus gewonnen hat. „Nicht die Gerechtigkeit, durch die Gott gerecht ist, sondern die, mit der er den Menschen umkleidet, wenn er den Gottlosen rechtfertigt."[10] Gerechtigkeit meint nicht die richterlich strafende oder lohnende Gerechtigkeit, sondern die heilschaffende, befreiende Gerechtigkeit, die in Jesus Christus offenbar wird[11].

Rechte Theologie ist für Luther „Theologie des Kreuzes" und nicht „Theologie der Herrlichkeit". Die „Theologie der Herrlichkeit" versucht, aus den Werken der Schöpfung Gottes unsichtbares Wesen zu erkennen, d. h. die Eigenschaften seiner göttlichen Majestät. Die „Theologie des Kreuzes" dagegen orientiert sich am Leiden, am Kreuz Jesu Christi, so wie es Paulus 1. Kor 1,21 ff. ausgeführt hat. „So ist es für niemand genug und nütze, daß er Gott in seiner Glorie und Majestät

---

[7] Vgl. WA 3, S. 542. Vgl. E. Wolf, Die Christusverkündigung bei Luther, in: Peregrinatio I, München ²1962, S. 64 f.

[8] WA 34 I, S. 303.

[9] Über das Verhältnis Luthers zu Anselm schreibt G. Ebeling: „Wenn sich sein (Luthers) christologisches Verständnis auch zweifellos nicht mit demjenigen Anselms deckt, so hat er sich doch von ihm auch nicht ausdrücklich distanziert" (Dogmatik II, S. 173). – Luthers Anschauung vom angefochtetenen Christus wird im 19. Jahrhundert von Kierkegaard in folgender Weise aufgenommen: „Nur so ist es im tiefsten Sinne Ernst damit, daß er wahrer Mensch wurde, weshalb er ja auch das Äußerste an Leiden durchleidet: sich von Gott verlassen zu fühlen" (Einübung im Christentum, hg. von W. Rest, Köln/Olten 1951, S. 189).

[10] M. Luther, Vorlesung über den Römerbrief, 1515/1516, in: M. Luther, Ausgewählte Werke, hg. von H. H. Borcherdt und G. Merz, Ergänzungsreihe 2. Band, München ³1965, S. 131.

[11] Vgl. G. Ebeling, Martin Luthers Weg und Wort, Frankfurt M. 1983, S. 74.

186

erkennt, wenn er ihn nicht auch erkennt in der Niedrigkeit und Schmach des Kreuzes."[12]

Das Kreuz Jesu Christi wird so zum Kriterium für alle rechte Theologie und VeKündigung. Im Kreuz Jesu wird die Wirklichkeit Gottes offenbar. „Eben darin, daß er in der Schwachheit mächtig, in der Nichtigkeit herrlich, im Tode lebendig und lebenschaffend ist, zeigt Gott sich als Gott. So gehören die Theologie des Kreuzes und die Gottheit Gottes bei Luther innig zusammen."[13]

Zusammenfassung

Für Luthers Verständnis des Leidens und Sterbens Jesu ist vor allem der „angefochtene Christus" wichtig. Jesus hat am Kreuz die Gottverlassenheit in ihrer ganzen Tiefe erfahren. Dabei sieht Luther das Kreuz mit dem Geschehen der Auferweckung zusammen. Darum gilt: Am Kreuz Jesu wird die befreiende Gerechtigkeit Gottes offenbar, der den Menschen mit sich versöhnt. Diese Botschaft ist das Zentrum der „Theologie des Kreuzes".

3. Die Versöhnungslehre im Protestantismus

Luthers vielschichtiges Verständnis des Kreuzes Jesu ist in der Folgezeit nur teilweise aufgenommen worden. Dagegen hat die Versöhnungslehre des Anselm auch in der evangelischen Theologie und Kirche eine beträchtliche Wirkung ausgeübt. So heißt es in dem von Melanchthon verfaßten Augsburger Bekenntnis von 1530, einer der grundlegenden Bekenntnisschriften der evangelisch-lutherischen Kirche, daß Christus „ein Opfer nicht nur für die Erbsünde, sondern auch für alle anderen Sünden war und Gottes Zorn versöhnte" (Artikel 3[14]). In ähnlicher Weise wird im Heidelberger Katechismus, der für die evangelisch-reformierten Gemeinden grundlegend ist, ausgeführt (Frage 40): „Warum hat Christus den Tod leiden müssen? Weil wegen der Gerechtigkeit und Wahrheit Gottes nicht anders für unsere Sün-

---

[12] WA 1, S. 362.
[13] P. Althaus, Die Theologie Martin Luthers, Gütersloh ²1963, S. 41, vgl. insgesamt S. 34–42.
[14] Bekenntnisschriften, S. 61.

den mochte bezahlt werden denn durch den Tod des Sohnes Gottes."[15] Diese Ansätze werden in der altprotestantischen Orthodoxie des 17. Jahrhunderts aufgenommen und weitergeführt.

Die Botschaft vom Kreuz im Pietismus

Die Botschaft vom Kreuzestod Jesu Christi ist im Pietismus von großer Bedeutung. Dabei wirkt auch in der pietistischen Theologie und Frömmigkeit die Versöhnungslehre Anselms in vereinfachter Form weiter.

So schreibt A. H. Francke: „Wir werden allein gerecht durch den Glauben an den Herrn Jesum ohne Verdienst und Zutun der Werke, in dem uns der Himmlische Vater um der vollkommenen Genugtuung und des hochteuren Verdienstes willen seines Sohnes los und ledig spricht von allen unsern Sünden."[16]

Zinzendorf betont: „Unser Glaube muß feste stehen auf des Heilands Verdienst"[17]. Christus ist am Kreuz gestorben, „damit er unsere Sünden büßen und Gott versöhnen möchte"[18]. Darum gilt es, daß „wir alle als Sünder zu Jesu kommen", „und so die Gnade und seine mit Blut erworbene Gerechtigkeit suchen"[19]. Die Rede vom „Blut Christi" tritt bei Zinzendorf und dann in der späteren vom Pietismus geprägten Erweckungsbewegung stark hervor. Insgesamt sind wesentliche Motive der Lehre Anselms zu beobachten: Jesus Christus ist für uns gestorben, er hat sein Blut für uns vergossen, und er hat damit Gott versöhnt.

Zusammenfassung

Überblickt man die Versöhnungslehre im Protestantismus, so läßt sich sagen:

a) Gegenüber Anselm tritt die Betonung der Rechtfertigungsbotschaft, die Botschaft von der Gnade Gottes stärker hervor.

---

[15] Heidelberger Katechismus, Frage 40, vgl. auch Frage 43.
[16] In der Schrift „Von der Christen Vollkommenheit", 1690 oder 1691, in: M. Schmidt/W. Jannasch, Das Zeitalter des Pietismus, Bremen 1963, S. 89.
[17] Erste Rede über die Erklärung des zweiten Artikels des christlichen Glaubens, 1738; bei Schmidt/Jannasch, S. 322.
[18] AaO S. 323.
[19] AaO. S. 327.

b) Kritisch zu beurteilen ist dagegen, daß der Begriff vom „Verdienst" Christi beibehalten wird.

c) Die im Pietismus verbreitete Rede vom „Blut Christi" enthält die Gefahr, daß der Tod Jesu wie eine „dinghafte" Ersatzleistung verstanden und nicht mehr im biblischen Sinne als die Hingabe des Lebens gesehen wird.

4. Kritische Fragen der Neuzeit

In der Zeit der Aufklärung werden gegen die überkommene Versöhnungslehre, wie sie vor allem von Anselm geprägt war, kritische Einwände vorgebracht. Dabei sind vor allem folgende Aussagen zu beachten:

a) Man behauptet, es sei unnötig, daß Gott versöhnt wird. Er ist nicht der Zornige, sondern nur der Liebende. Die Vorstellung von dem zornigen Gott beruht auf einem falschen Gottesverständnis, das überwunden werden muß. In diesem Sinne kritisiert Wegscheider, einer der vielgelesenen Theologen des Rationalismus, die überlieferte kirchliche Versöhnungslehre mache Gott zu einem blutrünstigen Moloch[20].

b) Kritisiert wird auch der Gedanke der Stellvertretung. Schuld ist etwas sehr Persönliches. Sie kann nicht vergeben werden, dadurch daß ein anderer, nämlich Jesus Christus, sie auf sich nimmt. Eine solche Vorstellung ist nur bei einer Geldschuld möglich. Sie kann getilgt werden, wenn ein anderer eine Ersatzzahlung leistet. Mit einem solchen Vorgang kann aber Schuld im ethischen und religiösen Sinn nicht verglichen werden. Der Gedanke der Stellvertretung widerspricht daher dem eigentlichen Verständnis von Schuld, und er kann das Geschehen der Vergebung nicht angemessen zum Ausdruck bringen.

Diese Gedanken haben eine erhebliche Wirkung gehabt. Sie haben wichtige Elemente der überlieferten kirchlichen Versöhnungslehre in Frage gestellt. Dies führte dazu, daß bei vielen Theologen im 19. Jahrhundert die Predigt und das Wirken Jesu in den Mittelpunkt rückten, die Aussagen über den Kreuzestod

---

[20] Vgl. H.G. Pöhlmann, Abriß der Dogmatik. Ein Kompendium, Gütersloh ⁴1985, S. 210.

Jesu demgegenüber in den Hintergrund traten. Das Leiden und Sterben Jesu wurde vorwiegend unter dem Gesichtspunkt gesehen, daß Jesus für die Wahrheit seiner Botschaft gelitten hat und gestorben ist.

Das Kreuz – ein Fluch auf das Leben?

Eine besonders scharfe, über die Gedanken der Aufklärung hinausgehende Kritik findet sich bei Friedrich Nietzsche (1844–1900). Für ihn ist das Kreuz ein „Fluch auf das Leben". Nietzsche stellt die Gestalt des Dionysos als Symbol der Lebensbejahung der Gestalt des Gekreuzigten als dem Symbol der Lebensverneinung gegenüber[21]. In dieser Sicht ist das Kreuz das Zeichen der Schwäche, es verführt zur passiven Bejahung des Leidens, zur falschen Demut und Geduld, zu einem schwächlichen Mitleid. Demgegenüber vertritt Nietzsche das Recht des freien und starken Menschen, das Prinzip der Lebensbejahung, den „Willen zur Macht". Von dieser Überzeugung her lehnt Nietzsche in seiner Kritik am Christentum gerade auch die Botschaft vom Kreuz Jesu nachdrücklich ab.

Sicher kann man in der Gegenwart an diesen kritischen Aussagen nicht vorbeigehen, zumal sie in vereinfachter Form ins allgemeine Bewußtsein eingegangen sind. Demgegenüber ist zu fragen: Enthält die überlieferte Lehre von der Versöhnung Einsichten, die neu erschlossen und verständlich gemacht werden müssen? Auf diesem Hintergrund soll nun das Verständnis des Kreuzes bei einigen Theologen des 20. Jahrhunderts dargestellt werden.

5. Zum Verständnis des Kreuzes Jesu in der neueren Theologie

5.1 Gericht und Gnade – Rudolf Bultmann

Das Ereignis des Lebens und Sterbens Jesu ist in die Kette historischer Ereignisse eingereiht. Es ist von ihnen nicht durch ein eindeutiges Merkmal abgehoben. Das gilt vor allem von der Kreuzigung Jesu. Aus historischer Sicht kann von ihr nur gesagt werden: Jesus starb den Verbrechertod am Kreuz.

---

[21] Vgl. F. Nietzsche, Ecce homo, Werke Band XV, Leipzig 1905 ff., S. 127.

Dem historischen Ereignis des Kreuzes wird aber im Neuen Testament eine besondere Bedeutung zugeschrieben. Es wird als das Heilsereignis verkündigt. Nun setzt sich Bultmann mit traditionellen Deutungen des Kreuzes kritisch auseinander. Er sagt: Der Mensch der Gegenwart kann „die Lehre von der stellvertretenden Genugtuung durch den Tod Christi nicht verstehen. Wie kann meine Schuld durch den Tod eines Schuldlosen... gesühnt werden?"[22] Die Vorstellung, daß Jesus durch sein Blut die Sünde der Menschen sühnt, bezeichnet Bultmann als mythologisch[23]. Die damit verbundenen Opfervorstellungen und Rechtsanschauungen sind zeitbedingt und können von uns nicht mehr nachvollzogen werden. Diese Vorstellungen können aber von der Theologie nicht einfach beiseite geschoben werden. Sie sind vielmehr zu interpretieren, auf ihren eigentlichen Sinn zu befragen; und die Intention der Sühne- und Opfervorstellungen besteht offenbar darin, die Heilsbedeutung des Kreuzes Jesu auszusagen.

Wie kann das historische Ereignis der Kreuzigung Jesu Heilsereignis sein? Wenn Jesus, der Bote Gottes, den Verbrechertod am Kreuz stirbt, dann ist dieses Geschehen ein Ärgernis, eine Infragestellung der in der Welt gültigen Maßstäbe und Werte. Im Neuen Testament wird das im Gegenüber zum Spätjudentum und Griechentum verdeutlicht. Mit dem Tod Jesu am Kreuz ist das Urteil über alles menschliche Rühmen gesprochen, das sich auf die Werke des Gesetzes (Judentum) oder auf die menschliche Weisheit (Griechentum) gründet. Damit wird im Kreuz Christi das „Gericht" über die menschliche Selbstbehauptung, über das Geltenwollen, offenbar; alle menschliche Selbstbehauptung gerät in die Krise, sie wird grundlegend in Frage gestellt.

Das Kreuz Jesu ist „in seiner geschichtlichen Bedeutsamkeit das Gericht über die Welt, das befreiende Gericht über den Menschen"[24]. Das Kreuz bedeutet also nicht nur eine Infragestellung des Menschen und der Welt, wie sie faktisch sind, sondern zugleich eine Befreiung. Deshalb spricht Bultmann von dem befreienden Gericht. Diese Gewißheit ist allerdings am Kreuz allein nicht zu gewinnen. Sie hat ihren Grund vielmehr darin, daß Kreuz und Auferstehung Jesu zusammengehören.

---

[22] H. W. Bartsch, (Hg.), Kerygma und Mythos I, Hamburg [4]1960, S. 20.
[23] Zu Bultmanns Verständnis des Begriffes „Mythos" vgl. Kap. IV, B. 1.
[24] H. W. Bartsch aaO S. 43.

Der Gekreuzigte ist der lebendige Herr. Darin ist die Botschaft (= Kerygma) begründet: „Am Kreuz wird Gottes Gnade offenbar. Den, der nichts für sich war und kein Geltenwollen kannte, den Hingabe und Liebe ans Kreuz gebracht haben, den hat Gott zum Herrn erhöht und damit das Gesetz des Kreuzes über der Welt errichtet, das befreiende Gesetz des Kreuzes."[25]

Der Mensch kann nun von der Selbstbehauptung, dem Geltenwollen loskommen. Er ist nicht mehr von der Macht der Sünde, der Gottes-Ferne bestimmt. Er ist befreit zu einem Leben in der Gemeinschaft mit Gott, zur Hingabe an Gottes Gnade. In diesem Sinne sind Kreuz und Auferstehung Christi die Offenbarung des Gerichtes und der Gnade Gottes.

Zusammenfassung

Die Vorstellungen, mit denen im Neuen Testament die Heilsbedeutung des Kreuzes ausgesagt wird – vor allem die Anschauungen vom Opfer und der Sühne – unterzieht Bultmann einer scharfen Kritik, da er sie für zeitbedingt hält. Dennoch versucht er – im Unterschied zur Aufklärung – die zentrale Bedeutung des Kreuzes Jesu zusammen mit der Auferstehung festzuhalten. Sein Verständnis ist in der Aussage konzentriert: Am Kreuz wird das Gericht und die Gnade Gottes offenbar.

5.2 Jesus Christus der Versöhner – Karl Barth

Barth weist bei dem Wort „Versöhnung" auf die Grundbedeutung hin: das griechische Wort „katalage" bedeutet „Vertauschung". Im Kreuz Jesu geschieht ein unbegreiflicher Tausch. „Darin geschieht die Versöhnung des Menschen mit Gott, daß Gott sich an die Stelle des Menschen setzt und der Mensch an die Stelle Gottes gesetzt wird, ganz und gar als Gnadenakt. Eben dieses unbegreifliche Wunder ist unsere Versöhnung."[26] Dies geschieht in der Kreuzigung Jesu.

Barth betont mit dem Christusbekenntnis der frühen Kirche: Jesus Christus ist wahrer Gott und wahrer Mensch[27]. Darum kann er an die Stelle der Menschen treten. Darum trifft ihn das

---

[25] R. Bultmann, Glauben und Verstehen II, Tübingen 1952, S. 154.
[26] K. Barth, Dogmatik im Grundriß, Zürich ³ 1947, S. 135.
[27] Vgl. dazu Kap. V, B 3.2.

Urteil Gottes; und gerade darin vollzieht sich Gottes Gerechtigkeit an den schuldigen Menschen. Nach biblischem Verständnis
bedeutet Gerechtigkeit nicht die Haltung des Richters, der den
Schuldigen bezahlen läßt, „sondern das Handeln eines Richters,
der im Angeklagten den Elenden erkennt, dem er helfen will,
indem er ihn zurechtbringt"... „Gerechtigkeit heißt Aufrichten.
Und das ist es, was Gott tut"[28]. Gottes Gerechtigkeit steht also
im Einklang mit seiner Barmherzigkeit.

In diesem Zusammenhang grenzt sich Barth gegen die Versöhnungslehre Anselms ab: Ist Jesus Christus unseren Weg „bis
hinaus in die äußerste Finsternis gegangen", so kann man wohl
mit der alttestamentlichen Stelle (Jes 53,5) sagen: Er hat unsere
Strafe erlitten. Es ist aber nicht möglich, diesen Begriff geradezu
zum Hauptbegriff zu erheben. Vor allem die Vorstellung, Jesus
habe durch seinen Tod am Kreuz dem Zorne Gottes genug getan,
ist dem Neuen Testament ganz fremd[29].

Vielmehr kommt am Kreuz Jesu die Versöhnung der Welt mit
Gott zur Vollendung. Das heißt: Der Bund zwischen Gott und
Mensch war vom Menschen gebrochen. Gott aber hat diesen
Bund, die Gemeinschaft zwischen sich und den Menschen, wieder hergestellt. Im Leiden und Sterben Jesu hat „Gott selbst sich
an aller Menschen Stelle mit dem auseinandergesetzt, was sie
von ihm trennt, trug er selbst die Folge dieser Trennung, um sie
eben damit aufzuheben"[30].

Zusammenfassung

Im Kreuz Jesu Christi geschieht die Versöhnung des Menschen
mit Gott. Denn in Jesus Christus, der wahrer Gott und wahrer
Mensch ist, tritt Gott selbst an die Stelle des Menschen und
richtet den verurteilten Menschen auf. Gottes Gerechtigkeit
steht so im Einklang mit seiner Barmherzigkeit.

---

[28] Dogmatik im Grundriß, S. 140.
[29] KD IV, 1, S. 279.
[30] KD IV, 1, S. 272.

5.3 Die überwundene Entfremdung – Paul Tillich

Für Paul Tillich ist Jesus der Christus der „Träger des Neuen Seins"[31]. Das Neue Sein bezeichnet die göttliche Wirklichkeit, die unter den Bedingungen der von Gott getrennten Welt erscheint. Dies gilt für die Person und Geschichte Jesu insgesamt oder – wie Tillich formuliert: „Jesus als der Christus ist der Träger des Neuen Seins in der Totalität seines Seins nicht in einzelnen seiner Äußerungen."[32] Das heißt: Jesus wird als der Christus, als der Träger des Neuen Seins, offenbar in seinen Worten, in seinen Taten, in seinem Leiden. Dies alles ist zusammenzusehen; die einzelnen Äußerungen – Worte, Taten und Leiden – dürfen nicht voneinander getrennt werden.

In diesem Zusammenhang setzt sich Tillich kritisch mit dem traditionellen Verständnis des Leidens und Sterbens Jesu auseinander: Die überlieferte Lehre hat das Sterben Jesu von seinem Sein, d.h. von seiner Person, seinem Wirken und seiner Geschichte insgesamt getrennt und hat dem Tod am Kreuz als Opfer und Sühne eine besondere Bedeutung zugesprochen (vor allem Anselm von Canterbury).

Die Sendung Jesu in die Welt schließt sein Leiden und seinen gewaltsamen Tod ein. Denn Leiden und Sterben sind die Folge des unausweichlichen Konflikts zwischen Jesus, dem Träger des Neuen Seins, und den Kräften der von Gott entfremdeten Menschheit. Daher gilt: „Nur dadurch konnte Jesus der Christus werden, daß er Leiden und Tod auf sich nahm, denn nur auf diese Weise konnte er vollkommen an der Existenz (= an der Situation der von Gott entfremdeten Menschheit) teilhaben und alle Kräfte der Entfremdung, die ihn von Gott lösen wollten, besiegen."[33]

In Jesus dem Christus ist die Entfremdung des Menschen von Gott überwunden; es geschieht Versöhnung. Dabei betont Tillich: „Versöhnung ist ein Werk Gottes und Gottes allein."[34] Gott ist in seinem versöhnenden Handeln nicht von Christus abhängig; er *wird* nicht durch Christus versöhnt. Vielmehr ist ernstzunehmen, daß das versöhnende Handeln von Gott ausgeht. Der

---

[31] P. Tillich, Systematische Theologie II, S. 132.
[32] AaO S. 132.
[33] AaO S. 134.
[34] AaO S. 187.

Christus, als der Träger des Neuen Seins, vermittelt das versöhnende Handeln den Menschen. „Im Kreuz des Christus wird die göttliche Teilnahme an der existentiellen Entfremdung manifest."[35]

Zusammenfassung

Was für das Sein Jesu insgesamt gilt, das wird in seinem Tod am Kreuz in besonderer Weise deutlich: Die Macht des Neuen Seins überwindet die Entfremdung des Menschen von Gott. So wird im Kreuz des Christus die Versöhnung zwischen Gott und Mensch manifest. Die heilende Kraft, die von dem Neuen Sein ausgeht, überwindet den Zwiespalt zwischen Gott und Mensch, zwischen dem Menschen und seiner Welt sowie den Zwiespalt des Menschen mit sich selbst.

5.4 Das Wort von der Versöhnung – Gerhard Ebeling

Ebeling setzt bei der Unterscheidung zwischen historischer Aussage und Glaubensaussage ein. Der Kreuzestod Jesu ist ein historisch gesichertes Faktum. Zugleich ist das Kreuz zu dem christlichen Symbol schlechthin geworden[36]. Seine Bedeutung wird – im Neuen Testament und dann in der kirchlichen Überlieferung – mit verschiedenen Vorstellungen ausgesagt. Für ein angemessenes Verstehen des Kreuzes ist es nach Ebeling wichtig, „daß Jesu Verhältnis zu Gott und sein Verhältnis zu den Menschen eine Einheit bilden. Er vertritt Gott vor den Menschen und die Menschen vor Gott[37]. Beide Aussagen gehören untrennbar zusammen: Jesus ist eins mit Gott, und er ist zugleich der von Gott Verlassene. Beides wird am Kreuz offenbar, beides muß daher bei einer Deutung des Kreuzestodes Jesu beachtet werden.

Der Kreuzestod Jesu als historisches Ereignis ist von grauenhafter Realität. So befremdet es, daß überhaupt etwas Sagbares daraus hervorging, daß es zum Wort der Versöhnung wurde. Aber eben dies ist für die biblische Botschaft charakteristisch. Nach biblischem Verständnis kann die Sünde, also die Entfremdung des Menschen von Gott und damit die Zerstörung wahren

---

[35] AaO S. 188.
[36] Vgl. G. Ebeling, Dogmatik II, S. 150.
[37] AaO S. 177.

Lebens, nicht vom Menschen her überwunden werden. Vielmehr kann sich Versöhnung nur als ein Friedenstiften von Gott her ereignen; eben dies geschieht in Jesus Christus, konzentriert in seinem Tod am Kreuz. So erschließt sich eine „grundeinfache Deutung" des Kreuzes Jesu. „Gottes Liebe läßt sich nicht glaubhaft aussagen als theoretisch gelehrte Liebe, sondern nur unter Hinweis auf wirklich gelebte Liebe."[38] Diese Liebe wird bis ins Leiden und Sterben hinein durchgehalten. So ist „die Wiederbringung wahren Lebens nur durch eine solche Übernahme des Todes möglich, die zur Quelle wahren Lebens wird"[39].

Im Kreuz Jesu Christi versöhnt Gott die Welt mit sich selber; das Kreuzesgeschehen ist darum der Grund für das Wort von der Versöhnung. In Christus ist die Welt mit Gott versöhnt. Freilich zeigt die erdrückende Masse dessen, was geschieht, daß die Welt noch darauf wartet, in die Versöhnung hineingeholt zu werden. Überall wo es um Versöhnung geht, muß die religiöse Dimension beachtet werden. Das heißt: Die Bereitschaft zur Versöhnung muß in der Gewißheit des eigenen Versöhntseins begründet werden. „Das Wort von der Versöhnung, das sich auf Jesus Christus beruft, hat es mit dem gottgewirkten Versöhnungsgrund zu tun, aus dem die Freiheit zum zwischenmenschlichen Versöhnungsgeschehen entspringt."[40]

Zusammenfassung

Jesus vertritt Gott vor den Menschen und die Menschen vor Gott. Er hat die Liebe Gottes nicht nur gelehrt, sondern bis zum Tod am Kreuz gelebt. So wird sein Kreuz zum Geschehen der Versöhnung zwischen Gott und Mensch und zum Ursprung für das Wort von der Versöhnung.

5.5 Aspekte der neueren Kreuzestheologie – Zusammenfassung

Für die besprochenen Entwürfe aus der Theologie des 20. Jahrhunderts ist die Botschaft vom Kreuz Jesu Christi von zentraler Bedeutung. Dabei wird die überlieferte Versöhnungs-

---

[38] AaO S. 223.

[39] AaO S. 222.

[40] AaO S. 227; vgl. zum Ganzen auch G. Sauter, Was heißt: Nach Sinn fragen?, München 1982, S. 141–158.

lehre, wie sie vor allem durch Anselm von Canterbury geprägt worden ist, an entscheidenden Punkten kritisiert. Insofern werden von der gegenwärtigen Theologie die kritischen Anfragen der Neuzeit aufgenommen. Zugleich aber wird die Deutung des Kreuzes Jesu im Sinne eines Märtyrertodes als unzureichend bezeichnet. Die genannten Theologen versuchen vielmehr, das Kreuz Christi als Geschehen der Versöhnung zwischen Gott und Welt auszusagen.

So wird durchweg die Meinung abgelehnt, daß Gott versöhnt *werden* müsse. Die Versöhnung geht vielmehr von Gott aus. Im Kreuz Jesu Christi wird die Versöhnung zwischen Gott und Welt offenbar. In diesem Geschehen hat das Wort von der Versöhnung seinen Ursprung, das den Menschen zum Vertrauen auf die geschehene Versöhnung einlädt.

VII. Die Auferstehung Jesu Christi

A. Biblische Grundlagen

1. Die früheste Überlieferung von der Auferstehung Jesu

Die früheste Überlieferung von der Auferstehung Jesu findet sich im 15. Kapitel des 1. Korintherbriefes, den Paulus etwa im Jahr 54/55 geschrieben hat. In den Versen 3–5 gibt er eine Bekenntnisformel wieder, die er wohl bald nach seiner Bekehrung (um das Jahr 34) von den ersten Christen übernommen hat. Die Bekenntnisformel ist offenbar in unmittelbarer zeitlicher Nähe zu den Ereignissen (Kreuzigung Jesu um das Jahr 30) entstanden: „Denn als erstes habe ich euch weitergegeben, was ich selbst empfangen habe:

daß Christus gestorben ist für unsere Sünden nach der Schrift, und daß er begraben worden ist;

und daß er auferstanden ist am dritten Tage nach der Schrift, und daß er erschienen ist dem Kephas (= Petrus), danach den Zwölfen."

Die Aussage „gestorben – begraben/auferstanden (wörtlich: auferweckt) und erschienen (oder: gesehen worden)" bringt in knapper Form das Entscheidende zum Ausdruck: Der gekreuzigte Jesus ist auferweckt, er ist der lebendige Herr.

Christus ist auferweckt und erschienen –
die Erfahrung der ersten Zeugen

Der Osterglaube läßt sich nicht durch einen Stimmungsumschwung in der Situation der Jünger psychologisch erklären – etwa indem man von Jesus behauptet: „Er war zu groß, um sterben zu können" (Lagarde). So habe sich allmählich im Kreis der Jünger die Überzeugung gebildet, Jesus sei auferstanden. Nimmt man die Aussagen der neutestamentlichen Texte ernst, so stellt das Bekenntnis der Jünger zum auferstandenen Christus etwas Neues dar, das aus der bisherigen Geschichte nicht abgeleitet werden kann. Die Jünger waren nach der Kreuzigung Jesu ratlos und verängstigt; ihre Hoffnungen, die sie auf Jesus gesetzt hatten, waren zerbrochen. Der Osterglaube ist daher nichts von den Jüngern Erdachtes. Der Glaube und das Erkennen der Jünger gründen sich vielmehr auf ein unerwartetes Geschehen, auf ein Widerfahrnis, das den Jüngern zuteil wurde. Erst aufgrund dieses Geschehens kommen sie zu der Gewißheit: Jesus ist der Christus; er ist der lebendige Herr.

Was läßt sich über dieses Geschehen aussagen? In der von Paulus überlieferten Bekenntnisformulierung heißt es: Jesus wurde „auferweckt". Die passivische Formulierung betont das schöpferische Tun Gottes und wehrt zugleich das Mißverständnis ab, als wäre Jesus ins irdische Leben zurückgekehrt. Er ist „auferweckt", das heißt: Er ist von Gott in die himmlische Herrlichkeit aufgenommen, er ist zum ewigen Leben auferweckt.

Dieses Geschehen, das sich der Beobachtung der Menschen entzieht, wird den Jüngern in einer besonderen Begegnung offenbart, in der ihnen der lebendige Christus erscheint. Dieses „Erscheinen" vollzieht sich allerdings nicht vor neutralen Beobachtern (etwa vor Pilatus oder den Mitgliedern des Hohen Rates), es ist nicht allgemein wahrnehmbar, nicht „fotografierbar". Der Auferweckte erscheint vielmehr denen, die von seiner Botschaft bereits angesprochen waren, nämlich den Jüngern, die durch dieses Geschehen zum Glauben kommen oder im Glauben bestärkt werden.

Die Christusbegegnung des Paulus – vom Gegner zum Apostel

Die besondere Situation des Paulus wird in den Versen 9–11 beschrieben. Auch Paulus war von der Botschaft Jesu angesprochen – aber so, daß er sie als überzeugter Pharisäer leidenschaftlich ablehnte und die erste christliche Gemeinde verfolgte. Für ihn bedeutet die Begegnung mit dem lebendigen Christus: Er erfährt die Macht der Gnade Gottes, die sein Leben von Grund auf verändert. Er wird in dieser Begegnung mit dem Auferweckten zum Christen, ja noch mehr: Er wird zum Apostel berufen. Er verkündigt von jetzt an die Botschaft von Jesus Christus unter den Heiden. Begegnung mit dem lebendigen Christus bedeutet also Veränderung der eigenen Existenz. Dies verbindet Paulus in seiner besonderen Situation mit den übrigen Zeugen der Auferstehung. So läßt sich sagen: „Das Erscheinen Jesu und das Zum-Glauben-Kommen dessen, dem die Erscheinung zuteil wurde, war darum ein und dasselbe."[1]

Von daher ist es verständlich, daß über die Art der Erscheinungen im Einzelnen bei Paulus nichts ausgesagt wird. Die Frage nach dem Wie war offenbar nicht wichtig. Entscheidend war die in der Begegnung mit dem lebendigen Christus gewonnene Gewißheit: Der gekreuzigte Jesus ist auferweckt, er ist der lebendige Herr. Damit ist gesagt: Gott hat sich zu dem Gekreuzigten bekannt, er hat damit die Wahrheit seiner Botschaft und seines gesamten Wirkens bestätigt.

Was ist historisch faßbar?

Für die historische Erkenntnis bleibt festzuhalten: Bereits kurze Zeit nach der Kreuzigung Jesu treten die Jünger mit dem Bekenntnis auf: Jesus lebt, er ist auferweckt. Dieses Bekenntnis, dieser Glaube der Jünger, ist historisch faßbar. Das Geschehen, das diesen Glauben begründet, ist jedoch mit den Mitteln historischer Erkenntnis nicht zu fassen. Dem entspricht es, daß im Neuen Testament selbst der Vorgang der Auferweckung Jesu nirgends beschrieben wird[2]. Dieser Vorgang entzieht sich grundsätzlich der menschlichen Beobachtung und Beschreibung. Die Auferweckung des gekreuzigten Jesus als schöpferische Tat Gottes bleibt ein Geheimnis. Es wird erschlossen durch seine Wir-

---

[1] G. Ebeling, Das Wesen des christlichen Glaubens, Tübingen 1963, S. 81.

Zum Ganzen vgl. G. Bornkamm, Jesus, S. 159−164; Zu 1. Kor. 15,1−11 vgl. F. Lang, Korintherbriefe, S. 208−216; Zu beachten ist neben 1. Kor. 15,3−5 die Aussage in Gal. 1,15 f., wo Paulus von der ihm zuteil gewordenen Erscheinung sagt: „Als es aber Gott wohlgefiel..., daß er seinen Sohn offenbarte in mir..."; die Aussage klingt an alttestamentliche Prophetenberufungen an (z.B. Jes 49,1; Jer 1,5).

Frühe Tradition findet sich auch in anderen von Paulus übernommenen Glaubensformeln, z.B. Röm 10,9; Gal 1,1; Phil 2,6−11; 1. Thess 1,10 und in den Bekenntnisformulierungen der Apostelgeschichte z.B. Apg 2,23 f.; 3,15; 4,10; 5,30; 10,39 f.

[2] Dies geschieht erst in der legendären Schilderung des Petrusevangeliums, das nicht in den Kanon des Neuen Testaments aufgenommen worden ist.

kungen – die Erscheinungen Jesu und den dadurch begründeten Glauben der Jünger[3].

Zusammenfassung

Bereits kurz nach der Kreuzigung Jesu treten die Jünger mit dem Bekenntnis auf: Jesus ist auferweckt, der Gekreuzigte ist der lebendige Herr. Dieser Glaube ist nicht psychologisch erklärbar. Er entstand vielmehr aufgrund eines Geschehens: Jesus „erschien" ihnen. Dabei handelt es sich nicht um das Erscheinen eines irdischen Menschen, sondern um die Begegnung mit dem zu Gott erhöhten lebendigen Christus. Durch diese Begegnung wird der Glaube an Jesus Christus bestätigt oder begründet.

2. Die Botschaft von der Auferstehung Jesu in den Evangelien

Im Unterschied zu Paulus und anderen urchristlichen Bekenntnisformulierungen (z. B. Apg 2,24; 3,15) überliefern die Evangelien einzelne Auferstehungsgeschichten. Sie enthalten zwar eine Reihe von geschichtlichen Erinnerungen, sind aber in ihrer eigentlichen Absicht nicht historische Protokolle, sondern – wie die Evangelien insgesamt – urchristliche Verkündigung des lebendigen Christus.

2.1 Grabesgeschichten

Alle Evangelien erzählen, daß einige Frauen am 3. Tag nach der Kreuzigung zum Grab Jesu gehen und das Grab leer finden (Mk 16,1–8; Mt 28,1–10; Lk 24,1–12; Joh 20,1–10). Die einzelnen Evangelientexte sind von verschiedenen Motiven gestaltet. Sie spiegeln das Wachsen der Überlieferung und das unterschiedliche Verkündigungsanliegen des jeweiligen Evangelisten wider.

---

[3] Der Zusammenhang zwischen der Auferstehung Jesu und der Auferstehung der Toten wird von Paulus 1. Kor. 15,12–58 aufgezeigt, dazu s. Kapitel X, A3.

In der Forschung ist nun umstritten, ob diese Erzählung auf eine alte Überlieferung zurückgeht. Eine Reihe von Auslegern[4] hält den Text für legendär, etwa aufgrund der Engelerscheinung. Ein wichtiger Gesichtspunkt ist vor allem die Tatsache, daß Paulus weder in 1. Kor 15,3 ff. noch an einer anderen Stelle seiner Briefe das leere Grab erwähnt. Dieser Sachverhalt läßt sich folgendermaßen interpretieren: Entweder kannte Paulus die Überlieferung vom leeren Grab nicht. Sie ist ihm auch bei seinem Besuch in Jerusalem (Gal 1,18) nicht bekannt geworden. Möglicherweise ist sie erst in späterer Zeit entstanden. Oder: Paulus verkündigte die Botschaft von der Auferstehung Jesu, ohne das leere Grab zu erwähnen. Das Fehlen der Grabesüberlieferung bei Paulus ist für viele Ausleger ein Argument dafür, daß diese Überlieferung erst relativ spät (wenn auch vor der schriftlichen Abfassung der Evangelien) entstanden ist.

Andere Ausleger betonen jedoch[5]: Bei den Grabesgeschichten handelt es sich mit hoher Wahrscheinlichkeit um eine alte Überlieferung, um die österliche Schlußgeschichte des Passionsberichtes. Sie markiert die Antwort Gottes auf das frevelhafte Tun der Menschen an Jesus. Das Bild des leidenden Jesus entspricht dem Bild des leidenden Gerechten im Alten Testament. So wie die leidenden Gerechten die Errettung durch Gott bezeugen, so gilt für Jesus: Gott bekennt sich zu ihm, indem er ihn von den Toten auferweckt. Aus dem Zusammenhang der Passionsgeschichte legt sich nahe: Die Grabesgeschichte ist der Schluß der Passionsüberlieferung gewesen. Die Geschichte hätte sich nicht bilden können, wenn nicht in Jerusalem die Tradition des Felsengrabes lebendig gewesen wäre.

---

[4] Vgl. R. Bultmann, Die Geschichte der synoptischen Tradition, Göttingen [9]1979, S. 308–316; H. Graß, Glaubenslehre I, S. 102 f.

[5] H. v. Campenhausen, Der Ablauf der Osterereignisse und das leere Grab, Heidelberg [4]1977, S. 20–28, S. 35–42, S. 50–55; U. Wilckens, Auferstehung, S. 33–50. Zu Mark 16,1–8 insgesamt vgl. außerdem E. Schweizer, Markus, S. 210–216; W. Schmithals, Das Evangelium nach Markus, Kapitel 9,2–16, Ökumenischer Taschenbuchkommentar zum Neuen Testament Band 2/2, Gütersloh/Würzburg [2]1986, S. 706–717; J. Gnilka, Das Evangelium nach Markus, Evangelisch-Katholischer Kommentar zum Neuen Testament, Band II, 2, Zürich/Einsiedeln/Köln/Neukirchen [2]1986, S. 337–350.

Unwahrscheinlich ist auch, daß eine Geschichte erfunden wird, in der Frauen als Zeugen auftreten[6].

Das leere Grab – nicht Beweis, sondern Zeichen

Für beide Auffassungen werden gewichtige Gründe vorgebracht. Nun wird die historische Frage, ob in den Grabesgeschichten eine alte Überlieferung vorliegt, durch ihre theologische Aussage relativiert. Denn wie immer man die historische Frage beurteilt, so ist jedenfalls bereits von den Aussagen des Neuen Testaments her deutlich: Die Entdeckung des leeren Grabes allein führt nicht zum Glauben an den auferweckten Christus. Dies wird vor allem am Schluß der Grabesgeschichte bei Markus deutlich, wo von den Frauen gesagt wird: „Sie gingen hinaus und flohen von dem Grab; denn Zittern und Entsetzen hatte sie ergriffen. Und sie sagten niemandem etwas, denn sie fürchteten sich" (Mk 16,8). Die Grabesgeschichten stellen also nicht einen Beweis für die Auferstehung Jesu dar. Sie sind vielmehr als ein Zeichen zu verstehen, das auf das Eigentliche hinweist, wie denn auch der Engel in der Erzählung des Markus den Frauen am Grab den Auftrag gibt: „Geht also hin und sagt seinen Jüngern und Petrus, daß er vor euch hingehen wird nach Galiläa; dort werdet ihr ihn sehen, wie er euch gesagt hat" (Mk 16,7).

2.2 Erscheinungsgeschichten

Alle Evangelien stimmen darin überein: Erst die Erscheinungen des Auferweckten begründen den Osterglauben der Jünger. Dabei treten in den einzelnen Texten verschiedene Motive besonders hervor.

„Ich bin bei euch alle Tage" – Verheißung und Auftrag des Auferstandenen

In Mt 28,16–20 steht das Sendungsmotiv im Vordergrund. Die Erscheinung des Auferstandenen wird den Jüngern auf einem Berg in Galiläa zuteil, der als Ort der Gottesbegegnung gilt. Wie in anderen Texten wird betont, daß einige der Jünger zwei-

---

[6] Vgl. U. Wilckens, aaO S. 109–111.

felten, andere aber zum Zeichen der Anbetung vor ihm niederfallen. Die Begegnung wird von der ursprünglichen Überlieferung als eine Erscheinung vom Himmel her verstanden[7]; der in den Himmel erhöhte Christus wird plötzlich von den Jüngern geschaut (Mt 28,17), und sie vernehmen seine Worte: „Mir ist gegeben alle Gewalt im Himmel und auf Erden" (Mt 28,18 b). Der Auferweckte ist also der zu Gott in den „Himmel" Erhöhte. Daß er zu den Jüngern auf die Erde kommt (Mt 28,18 a: „Und Jesus trat heran"), ist erst vom Evangelisten hinzugefügt worden.

Mit seiner Erhöhung hat sich Gott zu dem gekreuzigten Jesus bekannt, er hat ihn ins Recht gesetzt. In diesem Geschehen ist die Sendung der Jünger begründet, der Auftrag, die Botschaft von Jesus Christus in der Welt zu verkündigen. Dieser Auftrag der Jünger steht unter einer besonderen Verheißung: „Siehe, ich bin bei euch alle Tage bis an der Welt Ende" (Mt 28,20).

Die Jünger sind bei ihrer Sendung zu den Völkern nicht auf sich allein gestellt, sondern ihr Herr ist bei ihnen; Ostern bedeutet daher: Das Werk Jesu ist mit seinem Tod am Kreuz nicht beendet oder gar gescheitert. Vielmehr ist der Gekreuzigte *der* lebendige Herr, und seine Gegenwart wird in aller Welt bezeugt. Darin ist die Kraft seiner Auferweckung wirksam.

„Brannte nicht unser Herz in uns, als er mit uns redete?" – die Gegenwart des Auferstandenen im Wort und Abendmahl

In den Ostergeschichten des Lukas steht das Identifikationsmotiv im Vordergrund. Es hebt hervor: Der auferweckte Christus ist kein anderer als der irdische Jesus. Dennoch ist er seit seiner Auferweckung nicht als Mensch gegenwärtig; vielmehr begegnet er den Jüngern in einer besonderen Weise. Das wird in der Emmausgeschichte (Lk 24,13–35) erzählerisch eindrucksvoll dargestellt. Der Auferweckte begegnet als unbekannter Wanderer. Die Jünger erkennen ihn nicht, denn „ihre Augen werden gehalten" (Lk 24,16). Als sie ihn aber erkennen, verschwindet er vor ihnen. Darin kommt zum Ausdruck: Die Erscheinungen sind zeitlich begrenzt, sie sind nur als Anstoß zum Glauben wichtig. In Übereinstimmung mit der Überlieferung des

---

[7] Vgl. E. Schweizer, Matthäus, S. 346, 350 f.; U. Wilckens, Auferstehung, S. 50–52.

Paulus in 1. Kor 15,5 wird am Schluß der Geschichte betont: „Der Herr ist tatsächlich auferweckt und Simon (= Petrus) erschienen" (Lk 24,34).

Der lebendige Christus ist nicht mehr als Mensch unter seinen Jüngern. Er ist vielmehr in seinem Wort gegenwärtig. Dies kommt durch das Gespräch auf dem Wege zum Ausdruck, in dem den Jüngern die Bedeutung des Leidens und Sterbens Jesu erschlossen wird. Im Rückblick auf dieses Gespräch sagen sie: „Brannte nicht unser Herz in uns, als er mit uns redete auf dem Wege und uns die Schrift öffnete?" (Lk 24,32) Wie in seinem Wort, so ist Christus in der Gemeinschaft des Abendmahls gegenwärtig. Diese Aussage nimmt in der Emmausgeschichte eine zentrale Bedeutung ein: „Es geschah, als er mit ihnen zu Tische saß, nahm er das Brot, dankte, brach's und gab's ihnen. Da wurden ihre Augen geöffnet, und sie erkannten ihn..." (Lk 24,30 f.) In der Gemeinschaft des Mahls erkennen sie in dem unbekannten Wanderer den lebendigen Christus, der kein anderer ist als der irdische Jesus. Darin ist die Gewißheit der Jünger begründet: In der nachösterlichen Gemeinschaft des Abendmahls erfahren sie die Gegenwart des lebendigen Christus[8].

Insgesamt zeigt die Emmaus-Geschichte, wie die Begegnung mit dem auferweckten Christus das Leben der Jünger verändert: Sie kommen von der Traurigkeit zur Freude, von der Resignation und vom Zweifel zum Glauben und damit zu der Bereitschaft, die Botschaft von Jesus Christus, dem Gekreuzigten und Auferweckten, weiterzugeben.

In Lk 24,36–49 wird von einer Erscheinung des Auferstandenen vor dem Kreis der Jünger berichtet[9]. Die Begegnung mit dem lebendigen Christus ist hier in sehr realistischer Weise geschildert. Er zeigt den Jüngern seine Hände und seine Füße, er ißt vor ihren Augen ein Stück gebratenen Fisch, um ihnen zu zeigen: „ich bin's selber" (Lk 24,39). Die Erscheinung des auferweckten Christus wird hier (anders als bei Paulus oder Matthäus) in einer stärker materialisierten Weise vorgestellt. Dies ist möglicherwei-

---

[8] Vgl. U. Wilckens, aaO, S. 55–61.

[9] Im Lukas- und Johannesevangelium erscheint der Auferstandene den Jüngern nicht in Galiläa, sondern in Jerusalem. Die meisten Forscher halten dies für eine spätere Stufe der Überlieferung; anders H. Conzelmann, der die Jerusalemtradition für ursprünglich ansieht (Artikel „Auferstehung Jesu", RGG^3 I. Sp. 699 f.).

se so zu erklären, daß Lukas bestimmte Mißverständnisse der Auferstehung abweisen möchte. Nach Meinung der meisten Ausleger spiegelt diese Ostererzählung ein spätes Stadium der Überlieferung wider. Die realistischen Vorstellungen dieses Textes stehen im Dienst des Identifikationsmotivs. Es soll deutlich werden: Der Auferstandene ist kein anderer als der irdische Jesus.

„Rühre mich nicht an!" –
Der Erhöhte kehrt nicht ins irdische Leben zurück

Im Johannesevangelium finden sich eine Reihe von Ostergeschichten (Joh 20 und 21). Auf zwei Texte, an denen das Verständnis des Johannes deutlich wird, soll im folgenden näher eingegangen werden.

Joh 20,11–18 berichtet von der Erscheinung des Auferstandenen vor Maria von Magdala, die zu den Frauen aus dem Kreis um Jesus gehörte. Wahrscheinlich ist diese Geschichte dem Evangelisten Johannes aus der Gemeindeüberlieferung bekannt geworden[10]. Die Erzählung betont, daß der Auferstandene zunächst unerkannt bleibt. Erst als er Maria mit Namen anspricht, erkennt sie ihn als ihren Meister und Lehrer. Typisch für das Johannesevangelium ist nun die Aussage: „Spricht Jesus zu ihr: Rühre mich nicht an! denn ich bin noch nicht aufgefahren zu meinem Vater" (Joh 20,17). Der Auferstandene ist nicht ins irdische Leben zurückgekehrt, sondern er ist zu Gott erhöht. Auf dem Wege in die himmlische Herrlichkeit gibt er sich durch das Wunder der Erscheinung seinen Jüngern zu erkennen: „Ich fahre auf zu meinem Vater und zu eurem Vater, zu meinem Gott und zu eurem Gott" (Joh 20,17). Der Auferstandene bekräftigt damit, was schon der irdische Jesus verkündigt hatte: Sein Tod am Kreuz ist seine Erhöhung, sein Hingang zu Gott dem Vater. Für seine Jünger ist dies der „Beginn der immerwährenden Gemeinschaft mit ihm und dem Vater"[11].

---

[10] Nach J. Jeremias (Neutestamentliche Theologie, 1. Teil: Die Verkündigung Jesu, Gütersloh [3]1979, S. 289 f.) ist in dieser Geschichte eine sehr alte Überlieferung aufbewahrt. Dafür kann u. a. sprechen, daß hier eine Frau zur Zeugin wird, was für damalige Vorstellungen ungewöhnlich ist. Andere Forscher ordnen die Geschichte einem späteren Stadium der Übelieferung zu (vgl. J. Roloff, Neues Testament, S. 199).

[11] S. Schulz, Johannes, S. 244.

„Nicht sehen und doch glauben" –
wie wird der Zweifel überwunden?

In Joh 20,24–29 spielt das Motiv des Zweifels, das in mehreren Ostergeschichten begegnet, eine besondere Rolle. Thomas, einer der Jünger, war bei der ersten Erscheinung Jesu nicht zugegen. Er bezweifelt das Zeugnis der anderen Jünger: „Wenn ich nicht in seinen Händen die Nägelmale sehe und meinen Finger in die Nägelmale lege und meine Hand in seine Seite lege, kann ich's nicht glauben" (Joh 20,25). Nach acht Tagen wird dem Jüngerkreis – diesmal ist Thomas dabei – erneut eine Erscheinung Jesu zuteil. Thomas ist von dieser Begegnung so überwältigt, daß er bekennt: „Mein Herr und mein Gott!" (Joh 20,28). Daraufhin sagt Jesus zu ihm: „Weil du mich gesehen hast, Thomas, darum glaubst du. Selig sind, die nicht sehen und doch glauben" (Joh 20,29). Das Wunder wird dem zweifelnden Thomas gewährt. Aber dies ist eine letzte Ausnahme. Künftig wird es derartige Wunder nicht mehr geben. Denn der wahre Glaube braucht das Wunder nicht. Für den Evangelisten Johannes ist das Entscheidende das lebensspendende Wort, das mit Jesus in die Welt gekommen ist. Wer dieses Wort hört, der hat das ewige Leben, er ist vom Tod ins Leben hinübergeschritten (vgl. Joh 5,24). In dieser Gewißheit besteht der wahre Osterglaube. Er gründet sich nicht auf etwas Sichtbares, sondern auf das Wort des lebendigen Christus, das in seiner Gemeinde gegenwärtig ist.

Zusammenfassung

In den Auferstehungsgeschichten der Evangelien findet sich die Überlieferung vom leeren Grab. Wie immer diese Überlieferung historisch beurteilt wird, so ist doch nach den Aussagen des Neuen Testaments deutlich: Nicht das leere Grab, sondern die Erscheinungen begründen den Glauben an die Auferweckung Jesu. Durch die Begegnung mit dem auferweckten Christus werden Ratlosigkeit und Zweifel der Jünger überwunden; ihr Glaube wird durch dieses Geschehen neu begründet. Zugleich werden sie beauftragt, die Botschaft von Jesus Christus in der Welt zu verkündigen. In der Verkündigung der Botschaft ist der lebendige Christus gegenwärtig.

3. Auferstehung und Himmelfahrt

Für die ersten christlichen Bekenntnisse gehören Auferwek-, kung und Erhöhung Jesu zusammen: Jesus, der vom Tod Auferweckte, ist zu Gott in die himmliche Herrlichkeit erhöht (vgl. Röm 8,34; Phil 2,9–11). Erst in den Schriften des Lukas wird die Himmelfahrt besonders hervorgehoben. Am Schluß des Lukasevangeliums heißt es: Jesus führte die Jünger nach Betanien und segnete sie. „Und es geschah, als er sie segnete, schied er von ihnen und fuhr auf zum Himmel" (Lk 24,51). In der Schilderung des Evangeliums geschieht dies unmittelbar nach der Erscheinung des Auferweckten, also noch am Ostertag. Die Worte „und fuhr auf zum Himmel" fehlen allerdings in einigen Handschriften, so daß in dieser Fassung nur von dem Abschied Jesu berichtet wird.

In der Apostelgeschichte stellt Lukas das Geschehen der Himmelfahrt ausführlicher dar (Apg 1,1–11)[12]. Hier findet sich die Angabe der 40 Tage: Den Jüngern „zeigte er (Jesus) sich nach seinem Leiden durch viele Beweise als der Lebendige und ließ sich sehen unter ihnen vierzig Tage lang und redete mit ihnen vom Reich Gottes" (Apg 1,3). Die Erscheinungen des Auferweckten erstrecken sich nach der Vorstellung des Lukas über einen Zeitraum von 40 Tagen, der durch die Himmelfahrt beendet wird.

Berichte von einer Himmelfahrt oder Entrückung sind nun in der damaligen Zeit durchaus geläufig, in der hellenistischen Welt vor allem im Herrscherkult. So erzählt Plutarch, Romulus sei bei einer Volksversammlung während eines Gewitters zu den Göttern entrückt worden[13]. Ähnliches berichtete man von anderen berühmten Männern der Antike. Im Alten Testament wird von der Entrückung des Propheten Elia erzählt: In einem feurigen Wagen mit feurigen Rossen fährt Elia im Wetter zum Himmel (2. Kön 2,11). Die Erhöhungsvorstellung findet sich auch in Ps 110,1: „Der Herr sprach zu meinem Herrn: Setze dich zu meiner Rechten, bis ich deine Feinde zum Schemel deiner Füße mache."

An diese Vorstellungen knüpft Lukas an, wenn er seinen Zeit-

---

[12] Vgl. zum Ganzen: U. Wilckens, Auferstehung, S. 66–71.
[13] Plutarch, Romulus c. 27 f.; vgl. dazu J. Roloff, Neues Testament, S. 202 f.

genossen die Erhöhung Jesu in den Himmel bezeugt. Die erzählerische Gestaltung ist im ganzen sparsam: Eine Wolke verhüllt ihn vor ihren Blicken (Apg 1,9 f.), „zwei Männer in weißen Gewändern", also zwei Engel, deuten als Boten Gottes das Geschehen (Apg 1,10 f.): Jesus ist in den Himmel aufgenommen, aber auf der Erde beginnt jetzt die Zeit der Mission, der Verkündigung der Botschaft von Jesus Christus: „Ihr werdet die Kraft des heiligen Geistes empfangen, der auf euch kommen wird, und werdet meine Zeugen sein in Jerusalem und in ganz Judäa und Samarien und bis an das Ende der Erde" (Apg 1,8). Dieser Auftrag ist für Lukas von besonderer Bedeutung.

Der heutige Leser muß, um den Sinn der Aussage von der Himmelfahrt zu erfassen, sich von räumlichen Vorstellungen frei machen. Natürlich finden sich in der Erzählweise des Lukas räumliche Anschauungen von Himmel und Erde, wie sie in der damaligen Zeit verbreitet waren. Zugleich aber ist zu beachten: Das Wort „Himmel" bezeichnet nach biblischem Sprachgebrauch nicht einen umgrenzten Ort (englisch = sky); es ist vielmehr in erster Linie eine Umschreibung für die Wirklichkeit Gottes (englisch = heaven). Jesus ist in den Himmel erhöht, bedeutet dann: er ist in die Herrlichkeit Gottes aufgenommen. Auf der Erde aber wird die Botschaft von ihm als das Evangelium verkündigt.

Zusammenfassung

Für die ersten christlichen Bekenntnisse gehören Auferwekkung und Erhöhung Jesu zusammen. Erst Lukas spricht von der Himmelfahrt als einem besonderen Vorgang. Er bringt damit zum Ausdruck: Jesus ist in die Herrlichkeit Gottes aufgenommen; unter den Menschen wird die Botschaft von ihm als dem lebendigen Herrn verkündigt.

B. Systematisch – theologische Aspekte

1. *Kritische Fragen der Neuzeit*

Historisch glaubwürdig?

Kritische Fragen gegenüber der Botschaft von der Auferstehung Jesu spielen in stärkerem Maße erst in der Neuzeit eine Rolle. Im Denken der Aufklärung des 18. Jahrhunderts werden die historischen Dokumente und damit auch die Schriften der Bibel mit den Maßstäben der historischen Wissenschaft interpretiert. So untersucht Reimarus (1699–1768)[1] die Texte in den vier Evangelien und stellt dabei fest: In den Berichten der Evangelien liegen sehr unterschiedliche Darstellungen vor. Ein glaubwürdiges Zeugnis in einer so wichtigen Sache müßte aber übereinstimmend sein. Grundsätzlich kritisiert Reimarus, daß die Auferstehung Jesu nicht vor aller Welt bewiesen worden sei.

Diese Gedanken haben in der Folgezeit weitergewirkt – als kritischer Einwand oder jedenfalls als Frage: Kann die neutestamentliche Überlieferung von der Auferstehung Jesu historisch als glaubwürdig angesehen werden?

Naturwissenschaftlich denkbar?

Ein anderes Problem stellte sich unter dem Eindruck des von der Naturwissenschaft des 19. Jahrhunderts geprägten Weltbildes. Die Welt und die Geschichte werden als ein in sich geschlossener Wirkungszusammenhang angesehen, der von innerweltlichen, kausalen Gesetzen gesteuert wird. In diesem Weltbild erscheint ein Ereignis wie die Auferstehung von den Toten naturwissenschaftlich unmöglich; es würde den Zusammenhang der Naturgesetze sprengen. Um der Wahrhaftigkeit willen müßte die neutestamentliche Auferstehungsbotschaft abgelehnt oder anders interpretiert werden.

Die Jünger standen nach dem Karfreitag noch immer unter dem Eindruck der Persönlichkeit Jesu. Sie konnten ihn nicht dem

---

[1] S. H. Reimarus, Apologie oder Schutzschrift für die vernünftigen Verehrer Gottes, posthum von Lessing herausgegeben; in: H. W. Krumwiede/M. Greschat/M. Jacobs/A. Lindt (Hg.), Kirchen- und Theologiegeschichte in Quellen, Band IX,1 Neukirchen 1979, S. 113, vgl. S. 114–117.

Tode verfallen sehen; sie begannen an sein Nachleben zu glauben. Daher meinten sie ihn zu sehen. So kam es zu den Ostervisionen. Der Osterglaube wird hier als Ergebnis eines psychologischen Prozesses verstanden[2].

Zusammenfassung

Seit dem Beginn der Neuzeit werden kritische Fragen gegenüber der Botschaft von der Auferstehung Jesu gestellt: Kann die neutestamentliche Überlieferung als historisch glaubwürdig angesehen werden? Ist im Rahmen des von der Naturwissenschaft geprägten Weltverständnisses Auferstehung überhaupt denkbar?

Christus, der aufersteht in unser Leben

Dorothee Sölle spricht von Jesus Christus, der aufersteht in unser Leben. „Das bedeutet…, daß Auferstehung nicht ein Ereignis, ein einzelnes isoliertes Ereignis war, das einmal vor 2000 Jahren passiert ist. Es ist eher zu verstehen als ein Prozeß, und es geschieht immer wieder aufs neue, daß Leute, die zuvor tot waren, sich von den Toten erheben." Die Auferstehung Jesu gibt den Anfang des Reiches Gottes, noch nicht seine Vollendung, die noch aussteht, auf die hingearbeitet werden muß. „So meinen auch wir, wenn wir von Befreiung sprechen, einen unabgeschlossenen Prozeß, wir sprechen mit diesem Ausdruck über den Kampf für Befreiung…"[3]

D. Sölle versteht Auferstehung nicht als ein einmaliges Geschehen im Zusammenhang mit der Kreuzigung Jesu. Auferstehung Jesu wird im Grunde als seine geschichtliche Nachwirkung über den Tod hinaus gedeutet. Auferstehung als ein „Prozeß" verwirklicht sich dann im Tun der Menschen, die die von Jesus begonnene Befreiung weiterführen. Zweifellos beruht dieses Verständnis auf Gedanken der Aufklärung; es steht in einem beträchtlichen Abstand zur biblischen Botschaft von der Auferstehung Jesu.

---

[2] So z.B. von D.F. Strauß (1808–1874), vgl. aaO S. 200f.; ähnlich E. Bloch, Atheismus im Christentum, Frankfurt M. 1968, S. 220.
[3] D. Sölle, Wählt das Leben, Stuttgart/Berlin ⁴1986, S. 123.

Zusammenfassung

Dorothee Sölle versteht Auferstehung nicht als ein einmaliges Ereignis, sondern als einen Prozeß, der mit Jesus beginnt, und der von den Menschen fortgesetzt wird, die für Befreiung eintreten und so auf das Reich Gottes hinarbeiten.

2. Das Verständnis der Auferstehung Jesu bei Bultmann und Barth

Viele der theologischen Ansätze im 20. Jahrhundert verbindet das Bemühen, die kritischen Fragen der Neuzeit ernstzunehmen, sich aber nicht dem neuzeitlichen Denken einfach anzupassen, und auch nicht lediglich traditionelle Vorstellungen zu wiederholen. Die theologischen Deutungen versuchen vielmehr, im Hören auf die biblische Botschaft, die zentrale Aussage von der Auferstehung Jesu in der Gegenwart verantwortlich zu bezeugen.

Nicht Mirakel, sondern Heilsgeschehen (Bultmann)

Rudolf Bultmann verbindet in seiner Deutung des Ostergeschehens exegetische Erkenntnisse und systematisch-theologische Überlegungen. Im Blick auf die historische Frage stellt er fest: Neben dem Ereignis des Kreuzes ist „als historisches Ereignis... nur der Osterglaube der ersten Jünger faßbar"[4]. „Das Osterereignis als die Auferstehung Christi ist kein historisches Ereignis."[5] Das heißt: Die Auferstehung Christi ist mit den Mitteln der historischen Betrachtung nicht feststellbar. Damit behauptet Bultmann keineswegs, die Auferstehung Christi sei nur eine Idee der Jünger, vielmehr geht es um „die Selbstbekundung des Auferstandenen, die Tat Gottes, in der sich das Heilsgeschehen des Kreuzes vollendet"[6]. Diese Selbstbekundung des Auferstandenen hat den Osterglauben der Jünger überhaupt erst begründet. Durch die Auferweckung des Gekreuzigten wird das Kreuz Jesu zum Heilsereignis. Die Auferstehung Jesu kann darum nicht ein „beglaubigendes Mirakel" sein, das sich mit Sicher-

---

[4] H.-W. Bartsch (Hg.), Kerygma und Mythos I, Hamburg ⁴1960, S. 47.
[5] AaO S. 46f.
[6] AaO S. 47.

heit feststellen läßt. Ein Mirakel wäre die Rückkehr eines Toten ins diesseitige Leben. Aber dies ist mit der Botschaft von der Auferstehung Jesu nicht gemeint. Die Auferstehung Christi ist vielmehr das „eschatologische Ereignis", d. h. das endzeitliche Ereignis, in dem die „Vernichtung der Todesmacht" überhaupt erfolgt[7]. Weil Kreuz und Auferstehung zusammengehören, darum kann Bultmann auch formulieren: Die Rede von der Auferstehung Christi ist „der Ausdruck der Bedeutsamkeit des Kreuzes"[8].

Darüber hinaus ist zu beachten: Im Osterereignis hat das Wort der Verkündigung seinen Ursprung. Dieses Wort kommt zum Kreuz hinzu, es macht das Kreuz als das Heilsgeschehen verständlich, indem es zum Glauben ruft. In diesem Wort werden Kreuz und Auferstehung Jesu vergegenwärtigt. Dieses Wort richtet „die Frage an den Menschen, ob er sich als Mitgekreuzigten und damit auch als Mitauferstandenen verstehen will. Im Erklingen des Wortes werden Kreuz und Auferstehung Gegenwart..."[9] Die Verkündigung eröffnet dem Menschen die Möglichkeit des Verständnisses seiner selbst. Es fragt ihn, ob er sein Leben vom Kreuz und der Auferstehung Jesu her verstehen will, ob er in der Freiheit für Gott und den Nächsten leben will. „Glaube und Unglaube sind deshalb nicht blinder, willkürlicher Entschluß, sondern verstehendes Ja oder Nein. – Der verstehende Glaube an das Wort der Verkündigung ist der echte Osterglaube."[10]

Die neue Tat Gottes (Barth)

Karl Barth betont übereinstimmend mit Bultmann: Die Auferstehung Jesu kann mit den Mitteln und Methoden vor allem auch unter den stillschweigenden Voraussetzungen der modernen Wissenschaft nicht als „historisches Faktum" angesehen werden. Die Ostergeschichte hat in der Tat nur einen schmalen

---

[7] AaO; dazu aaO S. 45.

[8] AaO S. 44.

[9] AaO S. 47; in diesen Zusammenhang gehört auch die Aussage: Jesus sei „ins Kerygma auferstanden". Sie meint, „daß Jesus im Kerygma wirklich gegenwärtig ist, daß es *sein* Wort ist, das den Hörer im Kerygma trifft" (R. Bultmann, Das Verhältnis der urchristlichen Christusbotschaft zum historischen Jesus, Heidelberg [4]1965, S. 27).

[10] AaO S. 46.

historischen Rand. Barth fragt aber darüber hinaus: „Warum soll sie (die Ostergeschichte) darum nicht geschehen sein? Es beruht auf einem Aberglauben, daß nur das ‚historisch‘ Feststellbare wirklich in der Zeit geschehen sein könne. Es könnte Ereignisse geben, die viel sicherer wirklich in der Zeit geschehen sind, als alles, was die ‚Historiker‘ als solche feststellen können. Wir haben Gründe, anzunehmen, daß zu diesen Ereignissen vor allem die Geschichte von der Auferstehung Jesu gehört.“[11]

Weil es Barth um das gegenständliche, wirkliche Geschehen geht, darum ist ihm auch die Überlieferung vom leeren Grab wichtig. Er sieht in ihr eine Nebenbestimmung des Osterzeugnisses, allerdings eine „sachlich unentbehrliche Nebenbestimmung“[12]. Die Überlieferung vom leeren Grab kann nicht als „historischer“ Beweis dienen, sie kann auch nicht für sich, sondern nur im Zusammenhang mit der Osterbotschaft insgesamt verkündigt werden.

So sehr Kreuz und Auferstehung Jesu zusammengehören, so sehr betont Barth gleichzeitig: Die Auferstehung Jesu ist gegenüber dem Kreuz die neue, selbständige Tat Gottes. Dem Auferstehungsgeschehen fehlt jede Komponente des menschlichen Tuns und Wollens; Jesus wird durch die schöpferische Kraft Gottes auferweckt. Darum ist die Auferstehung die eigentliche, exemplarische Gestalt der Offenbarung Gottes. Von daher nennt Barth die Auferstehung Jesu das „Urteil des Vaters“[13]. Das heißt: Gott hat sein Ja zu dem gekreuzigten Jesus gesprochen. Er hat ihn ins Recht gesetzt: „Die Auferweckung Jesu Christi ist das große Gottesurteil, der Vollzug und die Proklamation über das Kreuzesgeschehen.“[14]

Das Geschehen von Kreuz und Auferstehung Jesu zielt auf die neue Existenz des Menschen, auf die Versöhnung des Menschen mit Gott. Darin besteht die Bedeutung des einmaligen Christusgeschehens für die Menschen aller Zeiten: „Die Auferweckung Jesu Christi macht eben das wahr, was in seinem Tode wirklich ist: die in ihm geschehene Umkehrung aller Menschen zu Gott hin.“[15] Dieses Wort wird in jeder Zeit gesagt. Denn Jesus

---

[11] KD III, 2, S. 535.
[12] KD IV, 1, S. 376.
[13] AaO S. 311.
[14] AaO S. 340.
[15] AaO S. 349.

existiert nicht exklusiv für sich; sondern seine Geschichte ist „inklusive Geschichte"[16], sie geht alle Menschen an, alle sind in diese Geschichte einbezogen. Allerdings gilt: „Nicht alle hören dieses Wort, nicht alle sind ihm gehorsam. Es geht aber auch sie alle an, betrifft sie alle, ist für sie alle und zu ihnen allen gesagt... Und ihrer aller Situation ist die durch dieses Wort veränderte Situation."[17]

Fragen an Bultmann und Barth

Strittig ist zwischen Barth und Bultmann vor allem die Frage, in welchem Sinne die Auferstehung Jesu ein „Geschehen" ist. Bultmann betont: Nur der Osterglaube der Jünger sei historisch faßbar. Die Auferstehung Jesu sei dagegen nicht als historisches Faktum feststellbar. Auch Barth sieht die Auferstehung Jesu nicht als historisches Faktum. Dennoch bezeichnet er die Auferstehung als „ein innerweltlich wirkliches Ereignis von gegenständlichem Gehalt". Hier erhebt sich die Frage: Wird damit das Anliegen der neutestamentlichen Aussagen angemessen wiedergegeben? Die Auferstehung Jesu liegt doch nicht auf derselben Ebene wie das innerweltliche Ereignis der Kreuzigung. Umgekehrt kann man an Bultmann die kritische Anfrage richten: Greift seine Rede von der Auferstehung als „Ausdruck der Bedeutsamkeit des Kreuzes" nicht zu kurz? Muß nicht im Sinne Barths die Auferstehung Jesu als die neue Tat Gottes gesehen werden?

Zusammenfassung

Für Bultmann sind das Kreuz Jesu und der Osterglaube der Jünger als historische Ereignisse faßbar. Dieser Glaube ist durch die Selbstbekundung des Auferstandenen begründet. In dem Geschehen von Kreuz und Auferstehung Jesu hat das Wort der Verkündigung seinen Ursprung. Das Wort ruft den Menschen zum Glauben und eröffnet ihm ein neues Verständnis seiner selbst. – Barth betont: die Auferstehung Jesu ist ein Geschehen; sie ist gegenüber dem Kreuz die neue Tat Gottes. Er hat damit sein Ja zu dem gekreuzigten Jesus gesprochen und ihn ins Recht

---

[16] Vgl. aaO S. 387 f.
[17] AaO S. 349.

gesetzt. Das Geschehen von Kreuz und Auferstehung Jesu zielt als „inklusive Geschichte" auf die Versöhnung des Menschen mit Gott.

3. Auferstehung, Geschichte, Zukunft – Aspekte der weiteren Diskussion

Auferstehung – Gottes Ja zum Gekreuzigten (Graß)

Hans Graß kommt in seiner Untersuchung der neutestamentlichen Auferstehungstexte zu dem Ergebnis: Die urchristlichen Zeugen, die den auferweckten oder erhöhten Christus verkündigen, bringen damit zum Ausdruck, daß Gott sich zu dem hingerichteten Jesus bekannt, daß er zu seiner Sache ja gesagt hat. „Auferweckung meint das Ja Gottes zum Gekreuzigten."[18] Darin ist das Wort von Jesus Christus begründet. „Geschichte und Geschick Jesu sind ins Wort gefaßt."[19]

Auferstehung und Geschichte (Pannenberg)

Wolfhart Pannenberg bedenkt in besonderem Maße die Frage von Auferstehung und Geschichte. „Die Auferstehung Jesu ist einerseits, nach rückwärts, mit dem irdischen Auftreten Jesu verbunden, andererseits – zur Zukunft hin – mit der eschatologischen Erwartung des Gerichtes und der Verwandlung aller Dinge."[20] In Jesu Botschaft vom Reich Gottes und in seinen Taten ist der Anspruch enthalten, daß in ihm Gott selbst handelt. Dieser Vollmachtsanspruch wird durch die Auferstehung Jesu von den Toten bestätigt. In diesem Geschehen ist die endzeitliche Erfüllung schon angebrochen. Das Ende aller Dinge, das für uns noch aussteht, ist in ihm bereits da. „Nur weil in Jesu Auferweckung das Ende der Welt schon da ist, deshalb ist an ihm Gott selbst offenbar."[21]

---

[18] H. Graß, Glaubenslehre I, S. 104. Zum Ganzen vgl. auch W. Joest, Dogmatik 1, S. 260–273.

[19] AaO S. 107.

[20] W. Pannenberg, Das Glaubensbekenntnis; ausgelegt und verantwortet vor den Fragen der Gegenwart, Gütersloh ⁴1984, S. 105.

[21] W. Pannenberg, Grundzüge der Christologie, Gütersloh ⁶1982, S. 64.

Jürgen Moltmann betont im Rahmen seiner „Theologie der Hoffnung": Auferstehung bzw. Auferweckung ist ein apokalyptischer Begriff. Daher ist der Horizont der apokalyptischen Zukunftserwartungen mitzubedenken, zugleich aber das Besondere der christlichen Botschaft gegenüber der Apokalyptik zu sehen: „Zwischen dem eschatologischen Osterglauben und der spätjüdischen Apokalyptik... stand Jesus selbst und sein Kreuz."[22] Die Osterzeugen haben den irdischen, gekreuzigten Jesus „in der Herrlichkeit des kommenden Gottes wahrgenommen". Daher muß man sagen „daß Jesus in die Zukunft Gottes hinein auferweckt ist"[23]. Er wird als gegenwärtiger Repräsentant dieser Zukunft Gottes gesehen und geglaubt.

Zusammenfassung

Die genannten Theologen betonen übereinstimmend: Die Auferweckung Jesu bedeutet: Gott hat sich zu dem Gekreuzigten bekannt und damit das Wirken des irdischen Jesus bestätigt. Zugleich ist die Auferweckung Jesu Vorwegnahme der endgültigen Erfüllung des Reiches Gottes; (dies wird von Pannenberg und Moltmann besonders hervorgehoben).

4. Die Theodizeefrage im Licht von Kreuz und Auferstehung Jesu

Das Verständnis von Kreuz und Auferstehung Jesu hat nun Bedeutung für die Auseinandersetzung mit dem Atheismus, vor allem mit der Form des „Protestatheismus", der mit besonderer Dringlichkeit die Frage nach der Gerechtigkeit Gottes stellt[24].

Gott leidet in uns (Moltmann)

Auf die leidenschaftliche Frage nach der Gerechtigkeit Gottes in der Welt kann nach Moltmann die christliche Theologie nicht

---

[22] J. Moltmann, Der gekreuzigte Gott. Das Kreuz Christi als Grund und Kritik christlicher Theologie, München 1972, S. 153.
[23] AaO S. 155.
[24] Zu dieser Problematik s. Kap. III, B. 2.1.

die traditionelle „theistische" Antwort geben; d.h. die Vorstellung von einem Gott, der in teilnahmsloser Seligkeit im Himmel thront, wird unglaubwürdig. Die christliche Theologie kann aber auch nicht die atheistische Antwort übernehmen. Sie muß vielmehr den „Todesschrei Jesu nach Gott" ernstnehmen[25].

Der Glaube, der sich auf das Geschehen von Kreuz und Auferweckung Jesu gründet, sagt angesichts des Leidens nicht, warum es so sein muß, wie es ist. Er erstarrt aber auch nicht zum bloßen Protest, warum es nicht so sein darf, wie es ist; „sondern er führt die angefochtene, verzweifelte Liebe auf ihren Ursprung zurück…" Wo wir leiden, weil wir lieben, leidet Gott in uns. Wo den Tod Jesu erlitten hat und dadurch die Kraft seiner Liebe erweist, finden auch Menschen die Kraft, in der Liebe zu bleiben und das Vernichtende auszuhalten[26].

Keine rationale sondern eine „praktisch-geschichtliche" Antwort (Gollwitzer)

Helmut Gollwitzer betont: Die Frage nach der Gerechtigkeit Gottes angesichts des Bösen in der Welt wird von der christlichen Botschaft nicht mit einem rationalen Argument beantwortet. Eine Antwort im Sinne des christlichen Glaubens gibt es nur „praktisch-geschichtlich durch das Geschick Jesu Christi"[27].

Dies bedeutet im Einzelnen:

a) Nach christlichem Verständnis steht Gott nicht unberührt über den Leiden der Welt. Im Tod seines Sohnes setzt er sich vielmehr selbst diesem Leiden aus.

b) „Das Leiden Jesu ist das ungerechteste der Welt."[28] Denn wenn er die Gegenwart Gottes in der Welt verkörpert, dann ist seine Hinrichtung der Totschlag Gottes durch seine Geschöpfe. Weil die Menschen den Lebensspender töten, darum ist seine Tötung das sinnloseste Ereignis der Welt.

c) Der Gekreuzigte ist zugleich der Auferweckte. Mit seinem Leben aus dem Tode hat dann die Lebenszukunft für alle Menschen begonnen. So ist in dem sinnwidrigsten Ereignis

---

[25] J. Moltmann, aaO S. 212.
[26] AaO S. 240.
[27] H. Gollwitzer, Krummes Holz – aufrechter Gang. Zur Frage nach dem Sinn des Lebens, München [10]1985, S. 379.
[28] AaO S. 380.

der Sinn der Geschichte begründet. Diese Verheißung wird dem Menschen angesichts des Unrechts zugesprochen.

Die Frage der Theodizee kann nicht nur zur Abwendung von Gott, zum Atheismus, führen, sondern auch zu einem neuen Hören auf die Botschaft von Gott und zur Erfahrung der Kraft, die in dem Geschehen von Kreuz und Auferweckung Jesu wirksam geworden ist.

5. Die Christusbotschaft angesichts des Atheismus

Eberhard Jüngel bedenkt die Botschaft von Kreuz und Auferweckung Jesu im Blick auf den neuzeitlichen Atheismus. „Gott ist tot", diese Aussage Nietzsches[29] charakterisiert die neuzeitliche Erfahrung der Ferne oder Abwesenheit Gottes.

Gott ist tot – der christliche Ursprung dieser Aussage

Die Rede vom „Tod Gottes" ist keineswegs erst im modernen Atheismus aufgekommen; sie hat vielmehr ihren Ursprung in der christlichen Theologie selbst. Luther hat davon gesprochen, daß im Leiden Jesu Gott gelitten habe, gestorben und begraben sei[30]. Entsprechend heißt es in einem Karfreitagslied von Johann Rist

„O große Not, Gott selbst liegt todt,
am Kreuz ist er gestorben,
hat dadurch das Himmelreich
uns aus Lieb erworben."[31]

An die ursprüngliche Aussage des Kirchenliedes knüpft Hegel in seiner Religionsphilosophie an.

Angesichts des Todes Jesu am Kreuz gilt: „Gott ist gestorben, Gott ist tot – dieses ist der fürchterlichste Gedanke, daß alles Ewige alles Wahre nicht ist, die Negation selbst in Gott ist." Aber dies ist nicht das letzte Wort, „sondern es tritt nun die Umkehrung ein; Gott nämlich erhält sich in diesem Prozeß, und

---

[29] Vgl. dazu Kap. I,B, 4.3.
[30] E. Jüngel, Unterwegs zur Sache, München 1972, S. 115 unter Hinweis auf Luther WA 39 II, S. 93.
[31] J. Porst, Geistliche und liebliche Lieder, 1796, Nr. 114. Die veränderte Fassung „Gotts Sohn liegt tot" findet sich im Ev. Kirchengesangbuch Nr. 73,2.

dieser ist nur der Tod des Todes. Gott steht wieder auf zum Leben: es wendet sich somit zum Gegenteil"[32].

Diese Aussagen der Religionsphilosophie Hegels haben für Jüngel der Theologie in erheblichem Maße zu denken gegeben. Er spricht von einer Heimkehr der Rede vom Tod Gottes in die Theologie. Von besonderer Wichtigkeit ist dabei auch Bonhoeffers Aussage in „Widerstand und Ergebung": „Gott läßt sich aus der Welt herausdrängen ans Kreuz, Gott ist ohnmächtig und schwach in der Welt und gerade und nur so ist er bei uns und hilft uns."[33] Die Aussage von der Gegenwart Gottes muß den recht verstandenen Gedanken vom Tod Gottes einbeziehen.

Gott – der Sieger über das Nichts

Das neuzeitliche Denken bringt mit dem Wort vom „Tod Gottes" die Erfahrung der Ferne und Abwesenheit Gottes zum Ausdruck. Diese Erfahrung, so betont demgegenüber die christliche Theologie, muß nicht zu einem Atheismus führen, sie hat vielmehr innerhalb des Glaubens ihren Platz. Gerade angesichts der Erfahrung von der Abwesenheit Gottes kann die Botschaft von Kreuz und Auferstehung Jesu in neuer Weise die Gegenwart Gottes wahrnehmen lassen. Denn in dem Geschehen von Kreuz und Auferstehung Jesu hat Gott sich auf das Nichts eingelassen, und er erweist sich als der Sieger über das Nichts.

„Gott ist derjenige, der... auch die Negation des Todes ertragen kann und erträgt, erleiden kann und erleidet, ohne dabei vernichtet zu werden."[34] In der Auferweckung Jesu von den Toten identifiziert sich Gott mit diesem toten Menschen. Er identifiziert sich auch mit dem Leben Jesu und seiner Gottverlassenheit am Kreuz. Damit aber definiert Gott sich selbst[35]. In dem Geschehen von Kreuz und Auferweckung Jesu wird offenbar, wer Gott ist. Die Identifikation des göttlichen Lebens mit dem gekreuzigten Jesus ist das Ergebnis der göttlichen Liebe.

---

[32] G. W. F. Hegel, Vorlesungen über die Philosophie der Religion II, Werke Band 17, Frankfurt M. 1969, S. 291. Auf die Rede vom Tode Gottes bei Hegel weist auch Moltmann hin, vgl. aaO S. 240 f.

[33] D. Bonhoeffer, Widerstand und Ergebung, München/Hamburg 1965, S. 178.

[34] E. Jüngel, Gott als Geheimnis der Welt, Tübingen [5] 1986, S. 298.

[35] Vgl. aaO S. 497 f.

Denn mitten in der Gottverlassenheit, wie sie am Kreuz offenbar wird, schafft Gott eine neue Gottesbeziehung für den Menschen.

6. Die Auferstehungsbotschaft in der Gegenwart – Zusammenfassung

Abschließend kann nun aufgrund der Einsichten in der neueren Theologie noch einmal auf die kritischen Anfragen zur Auferstehungsbotschaft eingegangen werden.

Auferstehung und naturwissenschaftliche Wahrheit

Steht das Bekenntnis zur Auferstehung Jesu im Widerspruch zum neuzeitlichen Wirklichkeitsveständnis?

Zu dieser Frage ist zu beachten: Die Aussage „Jesus ist auferweckt" meint nicht die Rückkehr in das irdische Leben, das den Tod noch einmal vor sich hat. Diese Erkenntnis ist wichtig gegenüber einer Sicht vom Menschen, die das Leben allein unter naturwissenschaftlichen Kategorien betrachtet und unter dieser Voraussetzung den Tod als das natürliche Ende des Lebens ansieht. Leben und Tod erschöpfen sich aber nicht im biologischen Aspekt. So liegt auch die Aussage von der Auferstehung Jesu auf einer anderen als der biologischen Ebene. Sie ist von der Transzendenzerfahrung, von der Beziehung zu Gott her, zu verstehen. Auferstehung meint „den Eingang in das Leben, das den Tod endgültig hinter sich hat"[36], das Leben, das so zu seiner eigentlichen Erfüllung gelangt ist. Die Aussage von der Auferstehung Jesu steht so nicht im Widerspruch zu dem neuzeitlichen, von der Wissenschaft geprägten Wirklichkeitsverständnis. Sie zeigt aber – wie jede Aussage des Glaubens, daß menschliches Leben nicht nur unter naturwissenschaftlichen Kategorien gesehen werden kann. Der Sinn des Menschseins erschließt sich erst im Bezug zur Transzendenz, im Gegenüber zu Gott. Nach christlichem Verständnis ist die Wirklichkeit Gottes aber gerade in dem Geschehen offenbar geworden, das im Neuen Testament als Auferweckung Jesu verkündigt wird.

---

[36] G. Ebeling, Dogmatik II, S. 303.

Ist die Überlieferung von der Auferstehung Jesu historisch gut bezeugt? Und wie wird der Abstand zwischen den Osterzeugen und der Gegenwart überbrückt?

Die Auslegung der neutestamentlichen Texte hat gezeigt: Die Überlieferung von der Auferstehung Jesu, wie sie in 1. Kor 15 erhalten ist, reicht in die Zeit unmittelbar nach der Kreuzigung Jesu zurück. Es gibt eine Reihe von Zeugen, denen eine Begegnung mit dem lebendigen Christus zuteil geworden ist. Ihr Bekenntnis „Jesus ist auferweckt" läßt sich nicht als Einbildung abtun. Vielmehr sind die Erscheinungen des auferweckten Christus ein unerwartetes Widerfahrnis, durch das der Osterglaube begründet wurde. Diese Erkenntnisse ergeben sich durch eine unvoreingenommene Betrachtung der neutestamentlichen Texte. Insofern ist die Überlieferung von der Auferstehung Jesu im historischen Sinne als glaubwürdig zu bezeichnen. Gegenüber dieser grundlegenden Einsicht fallen die historischen Unsicherheiten, die sich mit der Osterüberlieferung verbinden, nicht ins Gewicht, z. B. daß es Unterschiede in der Schilderung der Evangelien gibt, oder daß für die historische Betrachtung viele Fragen offen bleiben.

Dies führt zu einer grundsätzlichen Einsicht: Der Osterglaube gründet sich nicht auf das historisch Wahrscheinliche; und er wird durch historische Unsicherheiten der Überlieferung nicht fraglich gemacht. Der Osterglaube ist aber auch kein „blinder" Glaube. Er übernimmt nicht einfach die Aussagen der ersten Zeugen, indem er gleichsam auf ihre Autorität hin glaubt. Vielmehr wird der Osterglaube durch die Osterbotschaft begründet, durch das Wort von Jesus Christus, das in dem Ostergeschehen seinen Ursprung hat. Darauf hat Luther nachdrücklich hingewiesen. Es reicht nicht, nur die Historie zu hören. Vielmehr ist die Auferstehung Christi „ins Wort gefaßt", weil sie „mich und dich angeht", damit wir die Kraft der Auferstehung erfahren. Es ist „das große hohe Werk der Auferstehung Christi dazu geschehen und soll dazu gepredigt, gehört und erkannt werden, damit es Frucht in uns schaffe, unser Herz erwecke und anzünde, neue Gedanken, Verstand und Mut, Leben und Freude, Trost und Stärke in uns wirke"[37]. Das Wort von Jesus Christus spricht über

---

[37] E. Mülhaupt, D. Martin Luthers Evangelienauslegung, Band 5, Göttingen [4]1970, S. 291.

die Zeiten hinweg unmittelbar in das Leben der Menschen hinein. Wenn dieses Wort Menschen überzeugt, wenn es Glauben weckt, Vertrauen und Hoffnung stiftet, dann erweist sich Christus als der Lebendige, dann wird die Gegenwart seines Geistes erfahren[38], der Glaubende wird mit Christus „gleichzeitig" (Kierkegaard).

Damit wird deutlich: So sehr der Glaube in dem einmaligen Christusgeschehen begründet ist, so sehr geht er auf die Erfahrungen des Menschen ein und stiftet neue Erfahrungen. Durch die Osterbotschaft kommt das menschliche Leben und Sterben unter eine neue Perspektive: Menschliches Leben kommt zu seiner Erfüllung in der Beziehung zu Gott. In der Gemeinschaft mit ihm empfängt menschliches Leben eine Ermutigung und Gewißheit, die durch nichts erschüttert werden kann.

Auferstehung und Atheismus

Ist die Botschaft von der Auferstehung Jesu durch den Atheismus überholt? Der atheistische Schriftsteller Camus formuliert: „Christus kam, zwei Hauptprobleme zu lösen: Das Böse und den Tod... Seine Lösung bestand zuerst darin, sie auf sich zu nehmen."[39] Damit ist natürlich die Herausforderung des Atheismus nicht widerlegt. Bemerkenswert bleibt jedoch, daß ein Nichtchrist bis zu dieser Erkenntnis vorstoßen kann. Er hat etwas Wesentliches an der Person und dem Werk Jesu Christi erkannt, ohne deshalb bereits Christ zu werden. Auch von seinem Standpunkt aus ist die Überwindung des Bösen und des Todes eine denkbare Möglichkeit und eine sinnvolle Perspektive.

Die christliche Botschaft verkündigt: Durch Jesus Christus ist in der Tat die Macht des Bösen und die Macht des Todes überwunden. In dem Geschehen von Kreuz und Auferstehung Jesu wird offenbar, wer Gott ist. Er ist der, „der die Gottlosen gerecht macht" (Röm 4,5). Gott nimmt den Menschen an, der sich von ihm abgewendet hat, der damit gott-los ist. So ist die Macht des Bösen, der Feindschaft gegen Gott, überwunden. „Gott ist der, der die Toten lebendig macht und das Nichtseiende ins Sein ruft" (Röm 4,17). In der Auferweckung Jesu wird die schöpferische

---

[38] Vgl. dazu Kap. VIII.
[39] A. Camus, Der Mensch in der Revolte, Reinbeck 1964, S. 38.

Macht Gottes offenbar, die der Gewalt des Todes überlegen ist. So wie Gott in der Schöpfung das Nichtseiende ins Sein ruft, so siegt in der Auferweckung das göttliche Leben über die Macht des Todes. Im Kreuz und in der Auferweckung Jesu wird so nach christlichem Verständnis erst in letzter Tiefe die Wirklichkeit Gottes offenbar.

Dabei bleibt der christliche Glaube stets angefochtener Glaube. Die Fragen, die der Atheismus stellt, sind dem Glaubenden bekannt, so die Frage der Theodizee, nach der Gerechtigkeit Gottes angesichts des Leidens in der Welt. Die Theodizeefrage wird aber in das Licht der Botschaft von Jesu Kreuz und Auferweckung gerückt. So führt die Theodizeefrage nicht zwangsläufig zur Abwendung von Gott, sondern gerade zu einem neuen Hören auf die Botschaft von Gott und zum Vertrauen auf die Kraft Christi, die auch in der Schwachheit wirksam ist. Bringt das neuzeitliche Denken mit der Rede vom „Tode Gottes" die Erfahrung von der Ferne und Abwesenheit Gottes zum Ausdruck, so weist die Theologie auf den christlichen Ursprung dieses Wortes hin. Damit wird zugleich betont: Gerade angesichts der Erfahrung von der Abwesenheit Gottes kann die Botschaft von Jesus Christus in neuer Weise die Gegenwart Gottes wahrnehmen lassen. Denn mitten in der Gottverlassenheit, wie sie am Kreuz Jesu offenbar wird, schafft Gott eine neue Gottesbeziehung für den Menschen, von der gilt: „Ich bin gewiß, daß weder Tod noch Leben... uns scheiden kann von der Liebe Gottes, die in Jesus Christus ist, unserem Herrn" (Röm 8,38 f.).

VIII. Die Gegenwart Gottes –
der Heilige Geist

Nach christlichem Verständnis ist Gott der gegenwärtig wir-
kende. Er offenbart sich in Jesus Christus; aber damit ist sein
Wirken nicht auf ein bestimmtes Ereignis der Geschichte begrenzt. Seine einmalige Offenbarung gilt vielmehr ein für allemal. Der Geist Gottes wird als gegenwärtig wirksam erfahren.
Die Rede vom „Geist Gottes" oder vom „Heiligen Geist" ist
dabei gegenüber mehreren Mißverständnissen abzugrenzen, die
sich von heutigen Anschauungen und vom allgemeinen Sprachgebrauch her ergeben können. „Geist" im Sinne der Bibel bedeutet nicht Verstand oder Vernunft und hat auf der anderen Seite
nichts mit Gespenstern zu tun. Das Wort, das in den biblischen
Schriften den Geist bezeichnet (hebräisch: ruah, griechisch:
pneuma), bedeutet ursprünglich Hauch oder Wind. „Geist" ist
so die lebendige Kraft Gottes, die am Menschen und in der Welt
wirkt. –

A. Biblische Grundlagen

1. Die Wirklichkeit des Heiligen Geistes

Im Alten Testament bezeichnet „Geist" zunächst die göttliche
Lebenskraft, die Menschen und Tieren gegeben ist (z.B. 1. Mose
6,17). Die Geschöpfe leben von ihr, aber sie sterben, wenn Gott
sie fortnimmt (Ps 104,29f.). Daneben spricht das Alte Testament von einem besonderen Wirken des Geistes: Er kommt über
einzelne Menschen und befähigt sie zu einem außerordentlichen
Tun (z.B. Ri 3,10; 1.Sam 10,6). In der Heilserwartung der
Propheten hat der Geist eine wichtige Bedeutung (z.B. Jes -

11,1 ff.; 42,1 ff.). Er wird nicht nur einzelnen Menschen, sondern dem ganzen Volk verheißen (Hes 36,26 f.)[1].

Die Evangelien bezeugen, daß Jesus vom Geist Gottes bestimmt ist. Dies wird vor allem in dem Text von der Taufe Jesu deutlich (Mk 1,9–11 par.): Jesus sah, „daß sich der Himmel auftat und der Geist wie eine Taube herabkam auf ihn"[2]. Für Matthäus und Lukas steht Jesus bereits von Anfang an unter dem Geist Gottes (Mt 1,18.20; Lk 1,35, vgl. dazu Kapitel V,A), der in seinem gesamten Wirken gegenwärtig ist.

1.1 „Der Geist macht lebendig" – die Botschaft des Paulus

Für das Neue Testament ist vor allem die nachösterliche Zeit durch die Gegenwart des göttlichen Geistes geprägt. Paulus[3] betont dabei den Zusammenhang zwischen Jesus Christus und dem Geist: „Denn das Gesetz des Geistes, der lebendig macht in Jesus Christus, hat dich frei gemacht von dem Gesetz der Sünde und des Todes" (Röm 8,2). Die Wirksamkeit des Geistes ist in Jesus Christus begründet; er wird jetzt als lebendig machende Kraft erfahren. Dieser Geist befreit vom Gesetz der Sünde und des Todes, d. h. aus der Situation der Gottesferne.

Was heißt: „Fleisch" und „Geist"?

Für Paulus ist die Gegenüberstellung von „Fleisch" und „Geist" wichtig. Dabei bezeichnet „Fleisch" (griechisch = sarx) nicht die sinnliche Natur des Menschen, von der dann die höheren geistigen Fähigkeiten unterschieden werden. Vielmehr bedeutet „Fleisch" als Gegensatz zum göttlichen Geist das Leben allein nach menschlich-welthaften Maßstäben, ein Leben in der Gottesferne und Selbstsucht (so in der Übersetzung von Wilkkens). Das von der Selbstsucht (griechisch: sarx) bestimmte Leben ist Feindschaft gegen Gott, es ist Tod; das vom Geist

---

[1] Vgl. auch die ähnliche Aussage, in der allerdings der Begriff „Geist" nicht vorkommt: Jer 31,31–34; außerdem die Bitte um Vergebung und den neuen Geist Ps 51,12–14; ferner Joel 3,1 f. insgesamt vgl. E. Schweizer, Heiliger Geist, Stuttgart/Berlin 1978.

[2] Die Taube gilt daher als Symbol des Heiligen Geistes.

[3] Zum Verständnis des Geistes bei Paulus vgl. G. Bornkamm, Paulus, S. 187–189; W. G. Kümmel, Theologie NT, S. 193–196; E. Lohse, Ntl. Theologie, S. 96–98;

bestimmte Leben dagegen wird Leben und Friede genannt (Röm 8,6f., vgl. Gal 5,16–26): „Ihr aber lebt nicht (mehr) unter der Herrschaft der Selbstsucht, wenn wirklich Gottes Geist in euch wohnt" (Röm 8,9). Die Aussagen vom „Geist Gottes" und „Geist Christi" kann Paulus synonym gebrauchen; er spricht auch davon, daß „Christus in euch" ist (Röm 8,10).

Mit alledem wird deutlich: Der Geist ist bei Paulus nicht stofflich gedacht; er ist nicht eine übernatürliche Kraft, die den Menschen in ihren Bann zwingt. Der Geist ist in dem Christusgeschehen begründet und zugleich die Erstlingsgabe der künftigen Vollendung[4] (Röm 8,17.22ff.; Gal 4.6f.). Er läßt den Menschen die Gegenwart Gottes erfahren und wirkt den Glauben, der das freie Ja des Menschen und das verantwortliche Tun einschließt.

Der Geist wirkt in den Geistesgaben oder Gnadengaben (= Charismen) in der Gemeinde, so in der Wortverkündigung, der Diakonie und Gemeindeleitung (vgl. Röm 12,3–8; 1.Kor 12,4–11)[5].

Zusammenfassung

Für Paulus ist das Wirken des göttlichen Geistes im Christusgeschehen begründet. Der Heilige Geist oder der Geist Jesu Christi wird gegenwärtig als lebendige Kraft erfahren, die aus der Gottesferne und Selbstsucht befreit und so das Leben der Gemeinde wie der einzelnen Christen bestimmen will.

1.2 Das Feuer des Geistes – die Pfingstgeschichte des Lukas

Nach allgemein urchristlicher Anschauung, die auch von Paulus und Johannes geteilt wird, ist mit der Auferweckung und Erhöhung Jesu der Heilige Geist in der Gemeinde wirksam. In der Apostelgeschichte des Lukas dagegen wird das Kommen des Geistes mit einem bestimmten Datum verbunden, nämlich mit dem Pfingstfest. Daher wird der Text Apg 2 im allgemeinen als die Pfingstgeschichte bezeichnet[6]. Die Anschauung des Lukas

---

[4] Dazu vgl. Kapitel X, A.3.

[5] Dazu ausführlicher in Kapitel IX, A.1; zur gegenwärtigen charismatischen Bewegung vgl. EKL Bd. 1, Sp. 644–648.

[6] Zu Apg 2 vgl. J. Roloff, Die Apostelgeschichte, Das Neue Testament Deutsch, Band 5, Göttingen [17]1981, S. 37–64. Zum Verständnis des Geistes in der Apostelgeschichte vgl. u. a. Apg 1.5.8; 4,8.31; 8.15.18f. 29; 15,8.

hat sich in der kirchlichen Tradition durchgesetzt, in der Pfingsten – 50 Tage nach Ostern – als Fest des Heiligen Geistes gilt.

In Israel wurde 50 Tage nach dem Passa das „Wochenfest" gefeiert, das Fest der Getreideernte. Wenn Lukas mit diesem Tag das Kommen des Heiligen Geistes in Verbindung bringt, übernimmt er wahrscheinlich eine Überlieferung, die von einer machtvollen Erscheinung des göttlichen Geistes unter den ersten Christen erzählte. Lukas gestaltet diese Geschichte mit erzählerischen Motiven, die aus dem hellenistischen Judentum stammen. So erzählt er von einem „Brausen vom Himmel wie von einem gewaltigen Wind" und fährt dann fort: „... sie sahen eine Erscheinung, als ob Zungen wie von Feuer sich verteilten und sich einzeln auf jeden von ihnen setzten" (Apg 2,2f.). Mit diesen Bildern wird im Alten Testament und in der jüdischen Überlieferung eine Gotteserscheinung dargestellt (z. B. 2. Mose 19,16 ff.). Lukas greift diese Motive auf, um mit ihnen die Gegenwart des Heiligen Geistes zum Ausdruck zu bringen.

Eine neue Sprache

Die versammelten Christen „wurden vom Heiligen Geist erfüllt und fingen an, in anderen Sprachen zu reden..." (Apg 2,4). Dabei ist ursprünglich an ein ekstatisches Reden, die „Zungenrede" gedacht. Lukas gibt dieser Überlieferung jedoch eine andere Interpretation; er bezieht sie auf die Fremdsprachen, so daß jeder von den Anwesenden seine Muttersprache wahrnimmt (Apg 2,8); „wir hören sie in unseren Sprachen von den großen Taten Gottes reden" (Apg 2,11). Das Ereignis von Pfingsten hebt so die Sprachverwirrung unter den Menschen auf, von der die alttestamentliche Geschichte vom Turmbau in Babylon erzählt (1. Mose 11,1–9). Die Gegenwart des göttlichen Geistes führt die Menschen zusammen. Indem die Völker gemeinsam das Evangelium hören, werden sie sich auch untereinander verstehen.

Was bedeutet Pfingsten?

In der Rede des Petrus (Apg 2,14–36) werden wichtige Gesichtspunkte für das Verständnis des Heiligen Geistes deutlich: In dem Geschehen von Pfingsten erfüllt sich die Verheißung der

Propheten Israels: „Und es soll geschehen in den letzten Tagen, spricht Gott, da will ich ausgießen von meinem Geist auf alle Menschen..." (Apg 2,17; vgl. Joel 3,1). Darüber hinaus wird die Geschichte Jesu in Erinnerung gerufen, aus der folgende Züge besonders hervorgehoben werden:

a) Jesus von Nazareth ist von Gott durch Machttaten, Zeichen und Wunder beglaubigt (Apg. 2,22).

b) Die Menschen in Jerusalem haben ihn durch die Hand der Heiden ans Kreuz geschlagen und umgebracht (Apg 2,23).

c) Gott hat Jesus auferweckt, ihn zu sich erhöht und damit zum Christus gemacht. Jesus hat den Heiligen Geist empfangen und jetzt den Geist ausgegossen (Apg 2,24,32 f. 36).

d) Die schuldigen Menschen werden zur Umkehr gerufen. Ihnen wird im Namen Jesu Christi die Vergebung angeboten. Sie werden aufgefordert, sich taufen zu lassen und so zur christlichen Gemeinde zu gehören (Apg 2,38).

Auch nach dem Verständnis des Lukas ist der Heilige Geist auf das Christusgeschehen bezogen. Seit Pfingsten wird die Botschaft von Jesus Christus öffentlich verkündigt. Diese Botschaft will Menschen gewinnen und überzeugen. Darin wird die Kraft des göttlichen Geistes wirksam.

Zusammenfassung

Die Pfingstgeschichte bei Lukas bringt zum Ausdruck: Im Kommen des Geistes erfüllen sich die alttestamentlichen Verheißungen; die Botschaft von Jesus Christus wird öffentlich verkündigt; sein Evangelium überwindet die Trennung zwischen den Völkern; indem sein Wort Glauben unter den Menschen weckt, wirkt der Heilige Geist in der Gegenwart.

1.3 Gott Vater, Sohn und Heiliger Geist – frühe Bekenntnisaussagen

An einigen Stellen des Neuen Testaments finden sich Bekenntnisformulierungen, die von Gott dem Vater, dem Sohn und dem Heiligen Geist sprechen. Am bekanntesten ist die Aussage: „... gehet hin und machet zu Jüngern alle Völker. Taufet sie auf den Namen des Vaters, des Sohnes und des Heiligen Geistes" (Mt 28,19). Dabei wird nicht reflektiert, in welchem Verhältnis Vater, Sohn und Heiliger Geist zueinander stehen. Auch liegt wie 2. Kor. 13,13 und 1. Petr 1,2 keine Trinitätslehre vor, wie sie sich im Laufe der Geschichte in der Alten Kirche entwickelt hat. Aufschlußreich ist die Aussage in 1. Kor 12,4–6[7]: „Es sind verschiedene Gaben; aber es ist *ein* Geist. Und es sind verschiedene Dienste: aber es ist *ein* Herr. Und es sind verschiedene Kräfte; aber es ist *ein* Gott, der da wirkt alles in allen." Paulus führt einzelne Gnadengaben in der Gemeinde auf den Geist, den Herrn (= den Kyrios Jesus) und auf Gott (den Vater) zurück. Damit wird das göttliche Wirken nicht aufgespalten, vielmehr wird die Wirksamkeit Gottes in seiner Vielfalt beschrieben.

2. Die christliche Freiheit - Glaube und Liebe

„Zur Freiheit hat uns Christus befreit…" (Gal 5,1). Diese Aussage hat in der Theologie des Paulus zentrale Bedeutung[8]. Dabei gehören Christus und der Geist eng zusammen: „Der Herr ist der Geist; wo aber der Geist des Herrn ist, da ist Freiheit" (2. Kor 3,17).

Christus – das Ende des Gesetzes

Paulus verkündigt: Jesus Christus bringt die Freiheit vom Gesetz, also von der Tora des Alten Testaments. Die Forderung der Gebote zeigt dem Menschen, daß er schuldig wird. Oder aber der Mensch versucht, gerade durch Erfüllung der Gebote vor Gott seine eigene Gerechtigkeit aufzurichten, vor Gott Geltung zu erlangen (vgl. Phil 3,3–11). Demgegenüber betont Paulus: „Christus ist des Gesetzes Ende" (Röm 10,4). Durch Jesus Christus ist der Mensch davon befreit, mit Hilfe des Gesetzes die eigene Gerechtigkeit vor Gott aufzurichten. Das Gesetz als Weg zum Heil ist überholt. Die durch Christus erschlossene Freiheit versteht Paulus in diesem Sinne als Freiheit vom Gesetz, als die Freiheit des Glaubens, die er in eindrucksvoller Weise beschreibt: „Darum soll sich niemand unter den Menschen selbst

---

[7] Vgl. F. Lang, Korintherbriefe, S. 168.
[8] Zum folgenden vgl. G. Bornkamm, Paulus, S. 207–211; 222–225; W. G. Kümmel, Theologie NT, S. 199–203; 265–272; E. Lohse, Ntl. Theologie, S. 96–101; 140.

rühmen. Euch gehört alles – Paulus, Apollos, Kephas, Welt, Leben, Tod, Gegenwart, Zukunft: alles gehört euch; – doch ihr gehört Christus und Christus Gott" (1. Kor 3,21–23). In der Bindung an Jesus Christus ist die Freiheit der Glaubenden von allen Mächten und Bedrohungen der Welt begründet.

Freiheit und Liebe

„In Jesus Christus gilt weder Beschneidung[9] noch Unbeschnittensein etwas, sondern der Glaube, der in der Liebe tätig ist" (Gal 5,6). Die in Jesus Christus begründete Freiheit verwirklicht sich im Glauben, im Vertrauen zu Gott. Der Glaube aber wird in der Liebe tätig. Denn die Freiheit darf nicht mit Willkür verwechselt werden. So warnt Paulus ausdrücklich: „Ihr seid ja doch zur Freiheit berufen, Brüder. Nur: Sorgt dafür, daß die Freiheit nicht eurer Selbstsucht die Bahn freigibt, sondern dienet einander in der Liebe" (Gal 5,13). In diesem Zusammenhang bekommt nun das Gebot seine Bedeutung, als Maßstab für das Zusammenleben der Menschen: „Denn das ganze Gesetz hat in dem einen Gebot seine Erfüllung: Liebe deinen Nächsten wie dich selbst" (3. Mose 19,18, zitiert Gal. 5,14; vgl. Röm 13,8–10). Wer den Nächsten liebt, hat darum die Intention des Gesetzes erfüllt. Ebenso dazu will die Gegenwart des göttlichen Geistes die Glaubenden befreien. Der Geist der Freiheit ist daher zugleich der Geist der Liebe.

In eindrucksvoller Weise bringt Paulus dies in dem Hymnus auf die Liebe 1. Kor 13 zum Ausdruck. Er redet in diesem Kapitel nicht ausdrücklich von Jesus Christus. Dennoch ist deutlich: Paulus spricht hier von der „Liebe Gottes, die durch die Hingabe Jesu Christi für die Menschen in unserer Welt wirksam geworden ist"[10].

In Christus bleiben

Im Johannesevangelium ist die Bildrede vom Weinstock und den Reben (Joh 15,1–8)[11] für den Zusammenhang von Glaube

---

[9] Die rituellen Vorschriften des Alten Testaments (wie vor allem die Beschneidung) haben für Paulus seit Christus keine Gültigkeit mehr.

[10] F. Lang, Korintherbriefe, S. 181 f.

[11] Vgl. S. Schulz, Johannes, S. 193–200. Zum Liebesgebot im Johannesevangelium und den -briefen vgl. W. Schrage, Ethik NT, S. 296–301.

und Tat wichtig. Jesus sagt: „Ich bin der Weinstock, ihr seid die Reben. Wer in mir bleibt und ich in ihm, der bringt viel Frucht; denn ohne mich könnt ihr nichts tun" (Joh 15,5). Die Glaubenden stehen in einem Lebenszusammenhang mit Jesus Christus. Es gilt, in dieser Gemeinschaft zu bleiben. Daraus erwächst die „Frucht", d.h. die Lebendigkeit des Glaubens, zu dem das Tun der Liebe gehört[12].

Glaube und Werke – ein Unterschied zwischen Paulus und Jakobus

Für Paulus gehören Glaube und Liebe untrennbar zusammen. Der in späterer Zeit verfaßte Jakobusbrief[13] wendet sich nun gegen die Auffassung, daß der Glaube ohne Werke vor Gott gerecht machen könne. Auch der Jakobusbrief verweist auf das Beispiel Abrahams, deutet es aber anders als Paulus: „So seht ihr nun, daß der Mensch durch Werke gerecht wird, nicht durch Glauben allein" (Jak 2,24). Dies ist ein eindeutiger Widerspruch zu der Aussage des Paulus: „So halten wir nun dafür, daß der Mensch gerecht wird ohne des Gesetzes Werke allein durch den Glauben" (Röm 3,28).

Die Anschauung, gegen die Jakobus sich wendet, hat die paulinische Botschaft von Christus als dem Ende des Gesetzes und der Bedeutung des Glaubens nicht verstanden. Der Jakobusbrief kritisiert also nicht Paulus direkt, sondern einzelne Schlagworte, mit denen man behauptete, es komme allein auf den Glauben, aber nicht auf das Tun an. Auch Paulus ist der Überzeugung, daß der Glaube in der Liebe tätig ist (Gal 5,6). Er lehnt jedoch die Meinung ab, daß Glaube und Werke zusammen den Menschen vor Gott gerecht machen.

Zusammenfassung

Jesus Christus hat die Freiheit vom Gesetz gebracht und dem Menschen so die Freiheit des Glaubens in der lebendigen Gemeinschaft mit Gott eröffnet. Der Glaube ist in der Liebe tätig;

---

[12] Vgl. R. Bultmann, Das Evangelium des Johannes, Göttingen [21]1986, S. 409.

[13] Entstehungszeit etwa um das Jahr 100; zum folgenden vgl. E. Lohse, Ntl. Theologie, S. 157 f.; W. Schrage, Ethik NT., S. 266–271. Wegen der Unterschiede zu Paulus ist der Jakobusbrief von Luther scharf kritisiert und als „stroherne Epistel" bezeichnet worden.

für Christen geht es darum, das Wollen und Tun vom Geist Jesu Christi bestimmen zu lassen. Dabei wird das Verhältnis von Glaube und Werken von Paulus und Jakobus unterschiedlich gesehen.

3. Einzelne ethische Weisungen

3.1 Mann und Frau, die Ehe

Die Botschaft vom Reich Gottes und das Gebot der Nächstenliebe sind für die Gestaltung der menschlichen Lebensbeziehungen[14] wesentlich. Dabei vertritt Jesus nicht ein Programm zur Gesellschaftsreform, z. B. im Blick auf die Stellung der Frau[15]. Im Vergleich zum zeitgenössischen Judentum und seinen weithin patriarchalischen Anschauungen ergibt sich aber aus dem Wirken Jesu eine neue Sicht der Frauen. Jesus richtet sich mit seiner Botschaft an Männer und Frauen, an die verhaßten Zöllner wie an die verachteten Dirnen. In den Heilungsberichten tauchen des öfteren Frauen auf und können als Beispiele des rechten Glaubens gelten. In Lk 8,1–3 wird von Jüngerinnen berichtet; und ein Kreis von Frauen folgt ihm bis nach Jerusalem (vgl. Mk 15,40 f.). Dies ist im Blick auf die Umwelt ungewöhnlich und stellt offenbar eine Besonderheit im Wirken Jesu dar.

In der Erwartung des kommenden Reiches Gottes wird alles Irdische und jede menschliche Gemeinschaft relativiert. So gilt auch die Ehe als etwas Vorläufiges. Um der Herrschaft Gottes willen ist es möglich, auf die Ehe zu verzichten (vgl. Mt 19,12). Aber nirgends wird grundsätzlich die Ehelosigkeit gefordert. Dem entspricht es, daß Petrus verheiratet war ebenso wie die Brüder Jesu (vgl. Mk. 1,30 par; 1. Kor 9,5).

Für das Verständnis der Ehe ist ihre Begründung in der Schöpfung wichtig (Mk 10,2–9): „... von Beginn der Schöpfung an hat Gott sie geschaffen als Mann und Frau" (Mk 10,6). Dem Schöpferwillen Gottes entspricht die geschlechtliche Differenzierung und zugleich die leiblich-geistige Einheit von Mann und Frau, die sich in der Ehe verwirklichen will: „... sie werden ein

---

14 Zum Abschnitt A.3 vgl. Schrage, Ethik NT, S. 88–115; S. 123–125; S. 208–230.

15 Vgl. W. Schrage, aaO, S. 92 f.; vgl. im Kapitel IV, den Abschnitt B.3.

Fleisch sein" (Mk 10,8). Der Wille des Schöpfers zielt darauf, daß Mann und Frau füreinander da sind und so untrennbar eins werden: „Was nun Gott zusammengefügt hat, das soll der Mensch nicht scheiden" (Mk 10,9). In der Auslegung ist umstritten, ob sich dieses Wort auf die Institution der Ehe oder auf den konkreten Einzelfall bezieht. In jedem Fall ist das Wort Jesu nicht ein Rechtssatz, der juristisch durchgesetzt werden kann; er darf auch nicht als eine starre ethische Norm verstanden werden, sondern vielmehr als eine Einladung, dem ursprünglichen Willen des Schöpfers von der Verläßlichkeit und Dauer der Ehe zu entsprechen[16].

Für Paulus ist grundlegend, daß durch Jesus Christus die Unterschiede zwischen den Menschen eine neue Bewertung erfahren: „... da ist nicht Mann noch Frau; denn ihr seid alle *einer* in Jesus Christus" (Gal. 3,28; ähnlich 1. Kor 11,11 f.). Mann und Frau haben vor Gott die gleiche Würde. Daneben finden sich bei Paulus auch traditionellere Vorstellungen[17]. Die Aussage, es „sollen die Frauen schweigen in der Gemeindeversammlung..." (1. Kor 14,34) stammt dagegen sehr wahrscheinlich nicht von Paulus, sondern ist erst später in den Zusammenhang eingefügt worden. Dem entspricht, daß auch eine Frau die Gnadengabe der prophetischen Rede hat (1. Kor 11,5).

Die Aussagen über die Ehe sind von der Erwartung des Reiches Gottes geprägt: „Die Zeit ist kurz" (1. Kor 7,29). Der Verzicht auf die Ehe ist eine unverfügbare Gabe für einzelne Christen. So versteht Paulus seine eigene Ehelosigkeit, die er aber nicht für alle als verbindlich ansieht – und zwar nicht von einer Leibfeindlichkeit her, sondern als Möglichkeit zu einem besonderen Dienst (vgl. 1. Kor 7,1.7, 25 f. 32 f.). Im übrigen hält Paulus die Ehe für die dem Menschen angemessene Lebensform. Mann und Frau sind „in gleicher Weise aufeinander angewiesen und einander verpflichtet"[18]. Die Anrede an beide Ehepartner ist

---

[16] Zu den Aussagen der Bergpredigt über d. Ehe vgl. Kap. IV, A.3.

[17] Z. B. 1. Kor., 11.2 f.

[18] Schrage, aaO, S. 218. Als Beispiel für die Aufnahme biblischer Aussagen in der gegenwärtigen Situation vgl. die Ausführungen von J. M. Lochman: „Es geht in der Ehe zunächst um die Lebensgemeinschaft im Sinn einer umfassenden, vielschichtigen Mitmenschlichkeit..." „Als die Lebensgemeinschaft ist die Ehe zugleich auch im anderen, zeitlichen Sinn zu verstehen: als eine auf Dauer, auf Lebenszeit angelegte Gemeinschaft" (Wegweisung der Freiheit. Abriß der Ethik

für den ganzen Abschnitt 1. Kor 7 charakteristisch. Im Blick auf die Ehescheidung zitiert Paulus 1. Kor 7,10 ein Wort aus der synoptischen Überlieferung (Mk 10,12), das er erweitert und interpretiert. Er beruft sich in dieser Frage also auf die Autorität Jesu.

Zusammenfassung

In seinem Wirken überwindet Jesus das patriarchalische Verständnis von der Stellung der Frau. Die Ehe sieht er im Willen des Schöpfers begründet. Ihm entspricht die leiblich-geistige Einheit von Mann und Frau, die sich in der Ehe in einer dauerhaften Gemeinschaft verwirklichen will. Wie auch Paulus betont, sind Mann und Frau aufeinander angewiesen und verpflichtet, füreinander da zu sein.

3.2 Arbeit und Eigentum

Im Alten Testament gehört die Arbeit zu der Aufgabe der Weltgestaltung, die dem Menschen vom Schöpfer gegeben wurde (1. Mose 2,15), die aber infolge der Sünde den Charakter der Mühsal erhalten hat (1. Mose 3,17–19). Durch die Feier des Sabbats erfährt die Arbeit eine Eingrenzung. Sie dient der Erhaltung des Lebens und dem Mitmenschen, sie wird also nicht überhöht und nicht abgewertet. Die irdischen Güter werden als Gaben Gottes verstanden (z.B. 5. Mose 7,13 f.; 8,7–10), mit denen er sein Volk im verheißenen Land segnet. Als sich in späterer Zeit soziale Unterschiede herausbilden, klagen die Propheten die Reichen und Mächtigen wegen ihrer Habgier und der Benachteiligung der Armen an (z. B. Am 2,6–8; Jes 1,10–17).

In den synoptischen Evangelien wird direkt kaum etwas zur Arbeit gesagt. Dies hängt damit zusammen, daß Jesus und seine Jünger während der Zeit seiner öffentlichen Wirksamkeit keinen Beruf ausgeübt haben. Dagegen sind Worte über das Eigentum an mehreren Stellen zu finden. Jesus warnt davor, sich irdische Schätze zu sammeln. Denn es besteht die Gefahr, daß der Mensch sein Herz an sie hängt; „... wo dein Schatz ist, da ist auch dein Herz" (Mt 6,21). Wer aber nur auf irdische Güter aus

---

in der Perspektive des Dekalogs, Gütersloh[2] 1984, S. 109, vgl. zum Ganzen S. 100–113).

ist, der wendet sich von Gott ab: „Niemand kann zwei Herren dienen… Ihr könnt nicht Gott dienen und dem Mammon" (Mt 6,24)[19].

Jesus hat keinen allgemeinen Besitzverzicht gefordert, wohl aber im Einzelfall die Hingabe der Güter verlangt, wie es in der Geschichte vom reichen Jüngling deutlich wird (Mk 10,17–22 par). Eigentum wird auch bei den Jüngern vorausgesetzt. So wird vom Haus des Simon und Andreas (Mk 1,29), vom Haus des Levi (Mk 2,14 f.) berichtet. Mit dem Eigentum soll man Eltern unterstützen (Mk 7,9 ff.) und Notleidenden helfen. Die an die Jünger gerichtete Forderung der äußersten Bedürftigkeit (Mk 6,8 f.; und noch gesteigert in Matth 10,9 f.; Luk 9,3) geht wahrscheinlich auf die nachösterliche Gemeinde zurück.

In den urchristlichen Gemeinden wird die Arbeit[20] als selbstverständlich vorausgesetzt. Auch im Blick auf das baldige Kommen des Reiches Gottes ist Faulheit nicht erlaubt. So ermahnt Paulus die Gemeinde: „… setzt eure Ehre darein, daß ihr… mit euren eigenen Händen arbeitet, wie wir euch geboten haben, damit ihr ehrbar lebt vor denen, die draußen sind, und auf niemanden angewiesen seid" (1. Thess 4,11 f.; 2. Thess 3,8.11 f.). Im Epheserbrief wird darauf hingewiesen, daß mit der Arbeit das nötige Gut geschaffen werden soll, um auch dem Bedürftigen abgeben zu können (Eph 4,28).

Für Paulus ergibt sich aus dem Glauben an Jesus Christus und der eschatologischen Erwartung die Stellung zum Eigentum. Die irdischen Güter werden in ihrer Vorläufigkeit erkannt: Diejenigen, die kaufen, sollen sich so verhalten, „als behielten sie es nicht; und die diese Welt gebrauchen, als brauchten sie sie nicht. Denn das Wesen dieser Welt vergeht" (1. Kor 7,30 f.).

Paulus sagt im Blick auf sich selbst, als er der Gemeinde für eine Gabe dankt: „Mir ist alles und jedes vertraut: beides, satt sein und hungern, beides, Überfluß haben und Mangel leiden; ich vermag alles, durch den, der mich mächtig macht" (Phil

---

[19] Das Wort „Mammon" bezeichnet nicht nur das Geld, sondern jeglichen Besitz. „Mammon" gerät faktisch in die Rolle eines Gegengottes, wenn er den Menschen beherrscht.

[20] Zur heutigen Problematik vgl. u. a.: Solidargemeinschaft von Arbeitenden und Arbeitslosen. Sozialethische Probleme der Arbeitslosigkeit. Eine Studie der Kammer der Evangelischen Kirche in Deutschland für soziale Ordnung, Gütersloh ²1983.

4,12 f.). Aus dieser Überzeugung warnt Paulus davor, im geschäftlichen Leben den Nächsten zu übervorteilen (1. Thess 4,6); vielmehr kommt es darauf an, auch in diesem Bereich die Verantwortung vor Gott wahrzunehmen.

Sklaverei

Die in der Antike verbreitete Sklaverei sieht Paulus nicht als gottgewollt an, er erhebt auf der anderen Seite aber auch nicht die programmatische Forderung nach Freilassung der Sklaven. Die durch Jesus Christus geschenkte Freiheit relativiert den Unterschied zwischen Sklaven und Freien (1. Kor 7,20–22). In der christlichen Gemeinde ist der Sklave jetzt ein geliebter Bruder (Phlm 16). Er kann einen Dienst in der Gemeinde wahrnehmen. So wird vom Evangelium und dem Gebot der Liebe her auch die Institution der Sklaverei relativiert.

Gütergemeinschaft?

Eine Besonderheit stellen die Aussagen über die Gütergemeinschaft in der Apostelgeschichte dar[21]: „Alle, die zum Glauben gekommen waren, verwalteten ihre ganze Habe als Gemeinbesitz. Ihre Grundstücke und sonstigen Güter verkauften sie und verteilten (den Erlös) an alle, so oft einer etwas nötig hatte" (Apg 2,44 f.; vgl. 4,32–37). Nun wird an anderen Stellen vorausgesetzt, daß die Hingabe des Besitzes nicht allgemein üblich war, daß die Christen vielmehr Besitz hatten (vgl. Apg 5,1 ff.; 12,12). Daher nehmen viele Ausleger an: Lukas hat in seiner Darstellung Einzelfälle verallgemeinert und so das Bild der Gütergemeinschaft der Urgemeinde gezeichnet.

Gelegentlich hat man von „Liebeskommunismus" gesprochen. Dieser Ausdruck ist jedoch unangemessen. Denn es handelt sich nicht um eine Sozialisierung der Güter oder der Produktion. Es geht also nicht um die Ordnung der Gesellschaft, sondern um eine Lebensform der christlichen Gemeinde. Die Aussagen der Apostelgeschichte über die Gütergemeinschaft der Urgemeinde haben im Laufe der Geschichte immer wieder Beachtung gefunden im Blick auf die Frage, inwiefern das Evangelium verändernd in die ökonomischen Realitäten hineinwirken kann.

---

[21] Vgl. Schrage, Ethik NT, S. 123–125.

Nach biblischem Verständnis gehört die Arbeit zu dem Auftrag des Schöpfers an den Menschen. Sie wird nicht religiös überhöht, aber auch nicht abgewertet, da sie der Erhaltung des Lebens und der Unterstützung der Notleidenden dient.

Das Eigentum soll für den Menschen nicht zum höchsten Wert werden. Vielmehr geht es darum, die irdischen Güter in Verantwortung gegenüber Gott und dem Mitmenschen zu gebrauchen.

3.3 Der Staat

Jesus hat keine Staatslehre und kein politisches Programm entwickelt[22]. Er hat sich nicht der jüdischen Befreiungsbewegung, den Zeloten, angeschlossen, die durch bewaffneten Kampf das Volk Israel von der Römerherrschaft befreien wollten. Obwohl es im Jüngerkreis ehemalige Zeloten gab (vgl. Lk 6,15; Apg 1,13), hat Jesus sich von der in dieser Bewegung vertretenen Gewaltanwendung distanziert. Dies ergibt sich aus dem Gebot der Feindesliebe (Matth 5,43–48; vgl. auch Matth 26,52), wie aus der gesamten Art seines Wirkens.

Zwischen Kaiser und Gott

In dem Streitgespräch über die Steuer (Mk 12,13–17 par)[23] wird das Verständnis des Staates deutlich. Mit der Frage „Ist's recht, daß man dem Kaiser Steuern zahle oder nicht?" (Mk 12,14) will man Jesus entweder als Aufrührer oder als Verräter am eigenen Volk erweisen. Jesus läßt sich einen Denar, eine römische Silbermünze, geben, dessen Vorderseite ein Bild des Kaisers zeigt. Im täglichen Leben wird diese Münze unbedenklich gebraucht. Auf diese Praxis werden die Fragesteller angesprochen. Mit dem Hinweis auf das Bildnis des Kaisers auf der Münze, sagt Jesus: „So gebt dem Kaiser, was des Kaisers ist" (Mk 12,17). Die Zahlung der Steuern ist nicht nur erlaubt, sondern geboten.

Das Schwergewicht der Antwort Jesu liegt aber in der Fortset-

---

[22] Vgl. W. Schrage, aaO, S. 107–115; dort auch die kritische Auseinandersetzung mit der These, Jesus sei ein nationaler Prophet bzw. ein Revolutionär gewesen.

[23] Vgl. G. Bornkamm, Jesus, S. 106–109.

zung des Wortes: „Gebt Gott, was Gottes ist" (Mk 12,17). Jesus bestreitet nicht die Macht und das Recht des Staates, vielmehr begrenzt er sie; er macht „erst recht jede religiöse Überhöhung des Staates unmöglich"[24]. Die Münze gehört dem Kaiser, aber der Mensch gehört Gott. Für den Menschen geht es darum, in der Bindung an Gott und in der Verantwortung vor ihm zu leben. Jesu Botschaft vom anbrechenden Reich Gottes bestimmt auch das Verständnis des Staates. Angesichts der kommenden Herrschaft Gottes kann die Forderung des Staates nur ein begrenztes Recht haben.

„Seid untertan der Obrigkeit"?

Auch die Aussagen des Apostels Paulus im 13. Kapitel des Römerbriefes[25] dürfen nicht als eine umfassende Staatslehre verstanden werden. Es sind vielmehr situationsbezogene Mahnungen an die Gemeinde von Rom, die im Zusammenhang anderer Weisungen für das alltägliche Leben stehen (vgl. Röm 12,9–21; 13,8–10).

Mißverständlich ist allerdings die Übersetzung „Obrigkeit" in der Lutherbibel. Es liegt Paulus fern, die Obrigkeit religiös zu überhöhen und einen Untertanengehorsam zu propagieren. Das von ihm gebrauchte Wort (exusia) bedeutet „Macht" oder „Vollmacht" und bezieht sich in diesem Zusammenhang auf die staatlichen Behörden: „Jedermann soll sich den Behörden, die Gewalt über ihn haben, unterordnen" (Röm 13,1). Diese Aufforderung wird mit der im Judentum und im frühen Christentum vertretenen Überzeugung begründet[26]: „Denn es gibt keine politische Gewalt, die nicht von Gott ihre Vollmacht hat; alle, die es gibt, bestehen durch Gottes Anordnung" (Röm 13,1). Paulus geht davon aus: Die staatliche Gewalt hat ihre Aufgabe darin,

---

[24] Schrage, aaO, S. 114.

[25] Vgl. W. Schrage, aaO, S. 226–230. W. Pöhlmann, Gehorsam um der Liebe willen. Römer 13 und die 5. Barmer These, in: G. Besier/G. Ringshausen (Hg.) Bekenntnis, Widerstand, Martyrium. Von Barmen 1934 bis Plötzensee 1944, Göttingen 1986, S. 110–125; zur Auslegungsgeschichte von Römer 13,1–7 vgl. U. Wilckens, Der Brief an die Römer, 3. Teilband Röm 12–16, Evangelisch-katholischer Kommentar zum Neuen Testament, Band VI, 3, Zürich/Einsiedeln/Köln/Neukirchen 1982, S. 43–66.

[26] Weitere Stellen im Neuen Testament: 1. Petr 2,13–17; 1. Tim 2,1 f.; Tit 3,1 f.; Joh 19,11.

das Böse zu bestrafen und das Gute zu stärken. Deshalb ruft er die Christen dazu auf, um des Gewissens willen die Anordnungen der staatlichen Behörden zu befolgen. Ein solches Verhalten gehört zum Gottesdienst im Alltag der Welt (vgl. Röm 12,1 f.). Auch diese Aussagen sind im Rahmen des Glaubens an Jesus Christus und der Erwartung des kommenden Reiches Gottes zu verstehen. Der Staat gehört zu den vorläufigen Ordnungen dieser Welt. In dieser Begrenzung hat er die Aufgabe, für das Recht im Zusammenleben der Menschen zu sorgen und damit das Gute zu schützen und zu stärken[27].

„Gott mehr gehorchen als den Menschen"

Für den Fall, daß staatliche Ansprüche mit dem Glauben an Jesus Christus in Widerspruch geraten, hat das Urchristentum einen klaren Maßstab vertreten: „Man muß Gott mehr gehorchen als den Menschen" (Apg 5,29). Es kann sein, daß staatliche Macht widergöttliche, dämonische Züge annimmt. Diese Situation ist in der Vision der Offenbarung des Johannes Kapitel 13 beschrieben: Das „Tier", der Antichrist, proklamiert seine totale Herrschaft in der Welt. Für den Seher verkörpert das römische Reich die widergöttliche Macht schlechthin. Fordert der Kaiser göttliche Verehrung, so haben die Christen diesem Anspruch zu widerstehen und das Leiden und den Märtyrertod auf sich zu nehmen: „Hier geht es um Ausharren und Glaubenstreue der Heiligen" (Offb. 13,10). Die Kraft dazu empfangen die Christen durch die Verheißung des ewigen Lebens.

---

[27] Die politische Mitverantwortung der Bürger, wie sie im neuzeitlichen Rechtsstat gegeben ist, kann Paulus in seiner Situation natürlich noch nicht im Blick haben.

Zur gegenwärtigen Problemlage vgl.: Evangelische Kirche und freiheitliche Demokratie. Der Staat des Grundgesetzes als Angebot und Aufgabe, eine Denkschrift der Evangelischen Kirche in Deutschland, Gütersloh 1985.

Zum Problem des Friedens vgl.: Frieden wahren, fördern und erneuern. Eine Denkschrift der Evangelischen Kirche in Deutschland, Gütersloh 1981; Das Bekenntnis zu Jesus Christus und die Friedensverantwortung der Kirche. Eine Erklärung des Moderamens des Reformierten Bundes, Gütersloh 1982. E. Jüngel, Mit Frieden Staat zu machen. Politische Existenz nach Barmen V, München 1984.

Zusammenfassung

Das neutestamentliche Verständnis des Staates ist im Zusammenhang mit der Botschaft vom kommenden Reich Gottes zu verstehen. Der Staat gehört zu den vorläufigen irdischen Ordnungen. Seine Aufgabe besteht darin, für das Recht unter den Menschen zu sorgen. Keinesfalls darf der Staat zur höchsten Instanz werden und sich an die Stelle Gottes setzen.

B. Systematisch-theologische Aspekte

1. Gott Vater, Sohn und Heiliger Geist

1.1 Das trinitarische Bekenntnis der Alten Kirche

Im Neuen Testament finden sich einzelne Bekenntnisaussagen, die von Gott dem Vater, dem Sohn und dem Heiligen Geist sprechen. Im weiteren Verlauf der Kirchengeschichte stellte sich die Frage: In welchem Verhältnis stehen der Vater, der Sohn und der Heilige Geist zueinander? Wie lassen sich die Aussagen über die Dreieinigkeit mit dem Glauben an den einen Gott vereinbaren? Diese Fragen führen in den ersten Jahrhunderten zu einem intensiven Nachdenken und auch zu harten Auseinandersetzungen innerhalb der Kirche[1]. Dabei ging es in erster Linie nicht um theologische Spekulationen, sondern um die Frage des ewigen Heils, die für die Christen der ersten Jahrhunderte auf dem Spiel stand.

Ein erstes Ergebnis in den trinitarischen Streitigkeiten brachte die Synode von Nicäa im Jahre 325. Hier ging es um die Auseinandersetzung mit Arius[2]. Er hatte behauptet, Jesus sei nicht gottgleich, er sei vielmehr ein adoptierter Sohn und ein Geschöpf Gottes. Demgegenüber betont das Glaubensbekenntnis des Konzils: Jesus Christus ist

„Gott vom Gott, Licht vom Licht,
wahrer Gott vom wahren Gott,
gezeugt, nicht geschaffen,
wesenseins mit dem Vater"[3].

---

[1] Vgl. K. Kupisch, Kirchengeschichte, Band 1, Stuttgart/Berlin/Köln/Mainz, 1973, S. 70−75.
[2] Vgl. Kapitel V, B.1.
[3] Bekenntnisschriften, S. 38.

Entscheidend ist die Aussage, Jesus ist „wesenseins" mit Gott. Nach der Überzeugung des Konzils kann Jesus nur dann die Menschen erlösen, wenn er selbst Gott und nicht nur ein vergöttlichter Mensch ist.

Das Bekenntnis von Nicäa wurde nach weiteren Auseinandersetzungen durch das Konzil von Konstantinopel im Jahre 381 ergänzt. Dieses erweiterte Bekenntnis (das „Nicäno-Constantinopolitanum") enthält u. a. folgende Aussagen über den Heiligen Geist.

„Und an den Heiligen Geist, den Herrn und Lebensspender,
der vom Vater (und vom Sohn) ausgeht[4].
Er wird mit dem Vater und dem Sohn zugleich angebetet und verherrlicht.
Er hat gesprochen durch die Propheten."[5]

Damit ist das Bekenntnis zur Dreieinigkeit Gottes formuliert. In Begriffen der damaligen Zeit wird gesagt: Das eine göttliche Wesen existiert in drei Personen. Es handelt sich nicht um drei Götter (Tritheismus); vielmehr wird der Glaube an den einen Gott nachdrücklich festgehalten und deshalb das eine göttliche Wesen bekannt (griechisch: ousia; lateinisch: essentia). Das eine göttliche Wesen existiert in drei Personen (griechisch: hypostasis; lateinisch: persona, was ursprünglich Maske bedeutet). Er offenbart sich als der Vater, der Sohn und der Heilige Geist und erschließt so sich selbst, das Geheimnis eines göttlichen Wesens.

Man hat schon früh nach Analogien, also nach Entsprechungen der Trinität in der Wirklichkeit der Welt gesucht, nach den „Spuren der Trinität", die dem Menschen erkennbar sind. So bezeichnet Augustinus das menschliche Selbstbewußtsein als dreifach gegliedert – das Gedächtnis, die Einsicht und den Willen. In der Liebe sind der Liebende, das Geliebte und der Vorgang der Liebe zu unterscheiden[6]. Mit diesen Analogien wollte

---

[4] Die Worte „und vom Sohn" wurden später dem Glaubensbekenntnis eingefügt und zur Zeit der Karolinger im Westen gebräuchlich, nicht dagegen in der Ostkirche.

[5] Bekenntnisschriften, S. 39. Der Begriff „Person" darf nicht mit dem modernen Begriff Person oder Persönlichkeit verwechselt werden... Die drei ‚Personen' sind lediglich Besonderheiten oder Besonderungen des *einen* Wesens Gottes..." (H. G. Pöhlmann, Bekenntnisschriften, S. 58 f.).

[6] Vgl. Augustinus, De Trinitate, IX, 4; XV 5–9.

Augustinus die Denkbarkeit der göttlichen Geheimnisse aufzeigen.

Die Trinitätslehre in der orthodoxen Kirche

Die Bekenntnisse der frühen Kirche haben als Trinitätsdogma Verbindlichkeit verlangt – wie später das christologische Dogma. In der orthodoxen Kirche hat die Trinitätslehre des Johannes von Damaskus (gestorben um 750) besondere Bedeutung gewonnen. Er betont die Einheit von Gott Vater, Sohn und Heiligem Geist. Zugleich aber gilt: Der Vater ist der Ursprung und insofern größer als der Sohn. Der Geist geht durch den Sohn vom Vater aus.

In der Auslegung des trinitarischen Dogmas kam es zu einem Streit zwischen der Ost- und Westkirche. Er entzündete sich an der Aussage, daß der Heilige Geist vom Vater und vom Sohn ausgeht. Die Worte „und vom Sohn" (lateinisch: filioque) wurden in der westlichen Überlieferung in das nicäno-konstantinopolitanische Bekenntnis eingefügt, von der Ostkirche aber nachdrücklich abgelehnt. Dabei wurde nicht nur um Worte oder um die ursprüngliche Form des Bekenntnisses gestritten. Vielmehr stand für die orthodoxe Kirche das grundsätzliche Verständnis vom Geheimnis und Wirken des Heiligen Geistes auf dem Spiel: Der Geist geht vom Vater aus, der Sohn ist dabei nur mitwirkend tätig. „Der Sohn und der Geist konnten nunmehr aufgefaßt werden als die beiden Strahlen, die von der Einheit Gottes ausgehen." Diese Aussage enthält eine wichtige Folgerung: „Die Welt und in ihr die Menschheit sind unmittelbar zum Geiste Gottes, während sie zu Christus nur ein mittelbares Verhältnis haben."[7] Während die ostkirchliche Tradition das Hervorgehen des Sohnes und des Geistes aus Gott dem Vater als dem einen Ursprung betont, versucht die westliche Theologie, mehr das Geheimnis des innertrinitarischen Lebens zu beschreiben.

Die Trinitätslehre in der kirchengeschichtlichen Entwicklung

Die Anerkennung der Lehre von der Dreieinigkeit Gottes galt seit den altkirchlichen Konzilien als ein Kennzeichen des wah-

---

[7] A. Adam, Lehrbuch der Dogmengeschichte, Band 1, Gütersloh ⁵1985, S. 375.

ren christlichen Glaubens. In der Zeit des Mittelalters war diese Übezeugung weithin unbestritten. Auch in den reformatorischen Bekenntnissen wird die Trinitätslehre als Grundlage der christlichen Wahrheit vorausgesetzt, so im 1. Artikel des Augsburger Bekenntnisses und in der Frage 25 des Heidelberger Katechismus. Dagegen findet sich eine Bestreitung der Trinitätslehre bei Michael Servet (ca. 1511–1553). Eine stärkere antitrinitarische Bewegung kommt mit den Sozinianern auf, die im 16. und 17. Jahrhundert in Polen und Siebenbürgen eigene Gemeinden bilden. In England und Amerika erlangten die Unitarier einen gewissen Einfluß. Für den Pietismus stand die persönliche Heilsgewißheit im Mittelpunkt, nicht das kirchliche Dogma. Das Denken der Aufklärung war insgesamt skeptisch gegenüber theologischen Spekulationen.

Dies alles führt dazu, daß die Lehre von der Trinität in den Hintergrund trat, obwohl in der gottesdienstlichen Praxis das Bekenntnis zu Gott dem Vater, dem Sohn und dem Heiligen Geist festgehalten wurde.

Zusammenfassung

Auf dem Hintergrund der trinitätstheologischen Überlegungen und Streitigkeiten in der Zeit der Alten Kirche wird in den Bekenntnissen der Konzilien von Nicäa und Konstantinopel das Trinitätsdogma formuliert: Das eine göttliche Wesen existiert in drei Personen – als Vater, Sohn, Heiliger Geist.

1.2 Das Geheimnis des dreieinigen Gottes – Aspekte der neueren Theologie

In der Theologie des 20. Jahrhunderts hat die Trinitätslehre aufs neue Bedeutung gewonnen. So stellt Karl Barth die Trinitätslehre an die Spitze seiner Kirchlichen Dogmatik. Nach seiner Überzeugung liegt in dem Geschehen der Offenbarung Gottes die Wurzel für die Lehre von der Dreieinigkeit; damit wird das Reden von Gott als christlich ausgezeichnet[8]. Barth hebt dabei hervor: Die Trinitätslehre findet sich nicht in der Bibel, sie ist ein

---

[8] Vgl. K. Barth, KD I, 1, S. 316, S. 318, S. 324.

Werk der Kirche. Aber sie übersetzt und interpretiert das biblische Offenbarungszeugnis; darin besteht ihre Bedeutung[9].

Nun will Barth die überkommene Lehre nicht einfach wiederholen, sondern im eigenen theologischen Denken verantworten. Das zeigt sich in der Verwendung der Begriffe. Statt von den drei Personen spricht Barth von den drei Seinsweisen. Gott hat nicht drei verschiedene Eigenschaften, sondern er ist Gott „in diesen drei Seinsweisen als Vater, Sohn und Geist, weil die Schöpfung, die Versöhnung, die Erlösung, das ganze Sein, Reden und Handeln, in dem er unser Gott sein will, begründet und vorgebildet ist in seinem eigenen Wesen, in seinem Gottsein selber"[10]. Die Rede von der Dreieinigkeit ist deutlich auf die Offenbarung Gottes, auf sein Wirken als der Schöpfer, Versöhner, Erlöser bezogen. Aber sein Wirken ist begründet in seinem Wesen, in dem, was er bereits zuvor in sich selber ist. Gott in seiner Offenbarung kann kein andere sein als Gott in seiner ewigen Wirklichkeit. Die Trinitätslehre will zum Ausdruck bringen, daß der Mensch in der Offenbarung mit Gott selbst zu tun hat. Sie will die Wirklichkeit Gottes nicht begrifflich erklären, sondern auf das Geheimnis Gottes hinweisen, der selbst in seiner Offenbarung dem Menschen begegnet.

Eberhard Jüngel hat diesen Ansatz Barths aufgenommen und weitergeführt[11]. Gottes Sein kann nur von seiner Offenbarung her verstanden werden; die Offenbarung in Jesus Christus zeigt, wer Gott in Wahrheit ist. Die Trinitätslehre ist darum keine theologische Spekulation, sondern vielmehr die begriffliche Kurzform der Geschichte Jesu. Die Lebens- und Leidensgeschichte Jesu ist die Spur, die zum Glauben an den dreieinigen Gott führt. Am Kreuz auf Golgatha teilt Gott die Gott-verlassenheit Jesu, und zugleich schafft er in der Auferweckung Jesu eine neue Gottesbeziehung. „Der mit dem Gekreuzigten identische Gott allein macht uns seiner Liebe und also seiner selbst gewiß."[12] Der Geist ist zu verstehen als das immer neue Ereignis zwischen Vater und Sohn; zugleich vollzieht sich im Geist die

---

[9] Vgl. aaO, S. 325–327.

[10] AaO, S. 403 f.

[11] E. Jüngel, Gottes Sein ist im Werden, Verantwortliche Rede vom Sein Gottes bei Karl Barth. Eine Paraphrase, Tübingen ²1966, vgl. u.a. S. 9–11, S. 119–122; ders., Gott als Geheimnis der Welt, Tübingen, ⁵1986, S. 470–543.

[12] E. Jüngel, Gott als Geheimnis der Welt, Tübingen, ⁵1986, S. 511.

Begegnung zwischen Gott und Mensch. Sie wird erschlossen durch das Wort, das die Geschichte Jesu vergegenwärtigt. In diesem Sinne ist der dreieinige Gott das Geheimnis der Welt.

Auch bei anderen Theologen hat die Trinitätslehre an Bedeutung gewonnen[13]. Dieses theologische Bemühen schließt eine kritische Auseinandersetzung mit der im trinitarischen Dogma gebrauchten Begrifflichkeit ein, nimmt aber das Anliegen der Trinitätslehre auf, Gottes Einheit in seiner Vielfalt zur Sprache zu bringen, das Geheimnis der Wirklichkeit Gottes zu bezeugen.

Zusammenfassung

In der neueren Theologie hat die Trinitätslehre an Bedeutung gewonnen. Sie wird von der Offenbarung Gottes her verstanden, von dem Wirken Gottes als Schöpfer, Versöhner und Erlöser (Barth). Ihr Anliegen besteht darin, die Einheit Gottes in seiner Vielfalt zum Ausdruck zu bringen.

2. Die christliche Freiheit

2.1 Rechtfertigung – Heiliger Geist

Die Lehre von der christlichen Freiheit hat ihre klassische Ausprägung in der reformatorischen Theologie gefunden. Sie ist begründet in der Botschaft von der Rechtfertigung, von der Offenbarung der Gerechtigkeit Gottes in Jesus Christus[14]. So heißt er im Artikel 4 des Augsburger Bekenntnisses: „Weiter wird gelehrt, daß wir Vergebung der Sünde und Gerechtigkeit vor Gott nicht durch unser Verdienst, Werk und Genugtuung erlangen können, sondern daß wir Vergebung der Sünde bekommen und vor Gott gerecht werden aus Gnade um Christi willen durch den Glauben…"[15] „Gerechtigkeit" meint dabei keine

---

[13] Weitere trinitätstheologische Ansätze in der gegenwärtigen Theologie u. a. J. Moltmann: Der gekreuzigte Gott, München 1972, vor allem S. 222–267; ders.: Trinität und Reich Gottes, Zur Gotteslehre, München, 2. Aufl. 1986; W. Pannenberg, Systematische Theologie, Band 1, Göttingen 1988, S. 283–364.

[14] Zur biblischen Begründung vgl. Kapitel VI, A.3.

[15] Bekenntnisschriften, S. 62; vgl. Erwachsenenkatechismus, S. 420–445. Im Verständnis der Rechtfertigung ist es in der Gegenwart zu einer erheblichen Annäherung zwischen evangelischer und katholischer Theologie gekommen;

abstrakte Norm, mit der Gott die Menschen beurteilt. „Gerechtigkeit" wird vielmehr aus dem Wesen Gottes verstanden, der sich dem Menschen zuwendet. Gott sucht die Gemeinschaft mit dem Menschen, und zwar auch mit dem, der sich von ihm getrennt hat. Gott ist der Gebende, und der Mensch ist der Empfangende.

Damit wird klar abgewiesen: Nicht unser Tun, nicht unsere Werke und Leistungen machen uns vor Gott gerecht. Vielmehr spricht Gott uns gerecht. Er nimmt den Menschen, und zwar den gottlosen Menschen, als gerecht an und macht ihn damit zu einem neuen Menschen. Seine Gerechtigkeit ist seine Liebe und Barmherzigkeit. So ist sie in Jesus Christus offenbar geworden.

Diese Botschaft von Jesus Christus erwartet die Antwort des Glaubens. Dazu sagt Luther im Kleinen Katechismus:

> „Ich glaube, daß ich nicht aus eigener Vernunft noch Kraft an Jesus Christus, meinen Herrn, glauben oder zu ihm kommen kann; sondern der Heilige Geist hat mich durch das Evangelium berufen, mit seinen Gaben erleuchtet, im rechten Glauben geheiligt und erhalten."[16]

Der Mensch kann nicht von sich aus zum Glauben kommen, vielmehr ist der Glaube Werk des Heiligen Geistes. Der Heilige Geist aber wirkt nicht wie eine naturhafte Gewalt; er ist vielmehr darin wirksam, daß die Botschaft von Jesus Christus den Menschen überzeugt, ihm den Glauben abgewinnt. Das Wirken des göttlichen Geistes schließt so das freie Ja des Menschen ein.

Stellt man die Frage, warum die einen zum Glauben kommen und die anderen nicht, so gibt es dafür keine allgemeingültige, rational einleuchtende Erklärung. Die Lehre von der göttlichen Vorherbestimmung (= Prädestination) behauptet, daß der eine Teil der Menschen für die ewige Seligkeit, der andere für die Verdammnis bestimmt sei. In der Bibel ist eine ausgeführte Prädestinationslehre noch nicht zu finden[17]; zudem erweckt eine

---

vgl. W. Joest, Dogmatik 2, S. 447–449 unter Hinweis auf die katholischen Theologen H. Küng und O. H. Pesch.

[16] Bekenntnisschriften, S. 545; vgl. auch die Erklärung zum 3. Artikel im Großen Katechismus, Bekenntnisschriften, S. 687 f.

[17] Es gibt zwar prädestinatianisch klingende Wendungen z. B. Röm 8,28 ff., 9,15 f., Joh 6,44, 8,43 ff.; hier wird aber keine Prädestinationslehre formuliert, sondern lediglich die dem Menschen nicht verfügbare Freiheit Gottes sowie sein Heilshandeln in Jesus Christus zum Ausdruck gebracht.

solche Lehre den Eindruck einer Allgemeingültigkeit, sie fällt ein Urteil über die Menschheit als ganze, die der Glaubenserkenntnis des Einzelnen nicht zusteht[18]. In der Bibel geht es nicht um das Aufdecken eines festgelegten Geschichtsablaufs, sondern um echte menschliche Entscheidungen und zugleich um das unverfügbare Wirken des göttlichen Geistes. Den Menschen wird die Botschaft von Jesus Christus ans Herz gelegt, die ihn überzeugen und zum Ja zum Glauben befreien will.

Zusammenfassung

In Jesus Christus wird die Gerechtigkeit Gottes offenbar; der sündige (= gott-ferne) Mensch wird von Gott gerechtfertigt. „Gerechtigkeit" ist im Sinne der Bibel keine abstrakte Norm, mit der Gott den Menschen beurteilt. „Gerechtigkeit" wird vielmehr aus dem Wesen Gottes verstanden, der sich dem Menschen zuwendet, der die Gemeinschaft auch mit dem Menschen sucht, der sich von ihm abgewendet hat. Diese Botschaft erwartet die Antwort des Glaubens. Der Glaube ist Gabe des Heiligen Geistes, dessen Wirken das freie Ja des Menschen einschließt.

2.2 Freiheit – Glaube und Tat

Aus der Botschaft von der Rechtfertigung folgt die Lehre von der christlichen Freiheit. Luther hat sie in seiner berühmt gewordenen Schrift „Von der Freiheit eines Christenmenschen" dargestellt. Am Anfang steht der programmatische Satz: „Ein Christenmensch ist ein freier Herr über alle Dinge und niemand untertan."[19] Der Christ ist frei, das heißt: Er ist durch das Wort von Christus befreit und verändert. Er ist befreit von seiner Schuld, die ihn von Gott trennt und zugleich vom Leiden und

---

[18] Zur Prädestinationslehre vgl. W. Joest, Dogmatik 2, S. 659–671. Die Prädestinationslehre gewann besondere Bedeutung bei Calvin und – dessen Ansatz weiterführend – in der reformierten Theologie. Karl Barth hat die traditionelle Lehre kritisiert und seinerseits eine Neuinterpretation vorgenommen: In der Prädestinationslehre geht es nicht um irgendetwas Dunkles neben dem geoffenbarten Gott sondern um Gott in Jesus Christus. „Es gibt keinen vom Willen Jesu Christi verschiedenen Willen Gottes" (KD II,2, S. 124).

[19] M. Luther Ausgewählte Schriften Bd. 1, S. 239; vgl. zum Ganzen E. Jüngel, Zur Freiheit eines Christenmenschen. Eine Erinnerung an Luthers Schrift, München ² 1978.

vom Tod. Natürlich müssen die Glaubenden leiden und sterben. Aber das Leiden und der Tod können sie von Gott nicht trennen. Wenn der Mensch sich von Gott abwendet, wenn er sich selbst zur höchsten Instanz macht, dann wird er unfrei. Dann ist er seiner Willkür und Selbstsucht unterworfen, er gerät unter die Macht des Bösen. Wenn sich der Mensch an Jesus Christus orientiert, wird er frei[20], er findet Zugang zu Gott, von dessen Liebe ihn nicht die Schuld und nicht der Tod trennen kann. Gott und Freiheit müssen also zusammengesehen werden; das ist aus Luthers Freiheitsschrift für die Gegenwart wichtig.

Neben den Satz: „Ein Christenmensch ist ein freier Herr über alle Dinge und niemand untertan" stellt er den anderen: „Ein Christenmensch ist ein dienstbarer Knecht aller Dinge und jedermann untertan."[21] Dieser Satz bezieht sich auf das Leben des Christen in der Welt; der Umgang mit den Menschen erfordert die Bereitschaft zum Dienen; darum ist der Christ an seinen Nächsten gebunden; der Glaube will sich im Tun der Liebe auswirken. Glaube und Tat gehören unlöslich zusammen.

Der Glaube gibt die Kraft zur Liebe, genauer: Der Glaube befreit das Tun von der unsachgemäßen Zielsetzung, sich durch die Werke zu rechtfertigen – vor Gott, vor anderen Menschen, vor sich selbst. Der Glaube bewahrt zugleich vor der Gefahr der Resignation oder Verzweiflung. Ihr droht der Mensch zu erliegen, wenn er versagt und in seinem Tun scheitert. Weil der Glaube vor Selbstrechtfertigung und Verzweiflung bewahrt, darum gibt er die Freiheit, das zu tun, was um des Nächsten willen nötig ist, was die Liebe fordert[22].

Dabei ist jedoch zu beachten: Der Christ ist Gerechter und Sünder zugleich – simul iustus et peccator. Im Blick auf Christus sind wir gerecht, von Gott angenommen. Im Blick auf uns selbst sind wir Sünder, von Gott getrennt. Dabei bleibt es das ganze

---

[20] Von dieser Aussage müssen die Gedanken Luthers in der Schrift „Vom unfreien Willen" (= De servo arbitrio) unterschieden werden. Unfreiheit des Willens bedeutet hier: Der Mensch ist unfähig, aus eigener Willenskraft zu Gott zu finden und das Heil zu erlangen; er ist vielmehr auf die Gnade Gottes und die Kraft des Heiligen Geistes angewiesen. Luthers Aussagen haben ihr Grundmotiv in „der Gewißheit um die unbedingte Verläßlichkeit der Zusage Gottes" (W. Joest, Dogmatik 2, S. 663).

[21] AaO S. 239.

[22] Vgl. G. Ebeling, Luther. Einführung in sein Denken, Tübingen [4]1981, S. 192f.

Leben hindurch. So geht es darum, daß Christus immer mehr in uns Gestalt gewinnt. Darum ist der Christ nicht im Sein, sondern im Werden.

Zusammenfassung

Der glaubende Mensch hat Anteil an der durch Jesus Christus erschlossenen Freiheit von Sünde und Tod. Die christliche Freiheit bewährt sich in der Verbindung von Glaube und Tat. Der Glaube gibt die Freiheit, das zu tun, was um des Nächsten willen nötig ist.

2.3 Gesetz und Evangelium

Das Wort Gottes begegnet als Gesetz, d.h. es fordert etwas, und es begegnet als Evangelium, d.h. es schenkt und verheißt etwas[23]. Das Wort, das sagt, was man nicht getan hat und wieviel man tun sollte, ist das Gesetz. Dieses Wort trifft den Menschen im Gewissen. Damit meint Luther nicht (wie der Idealismus) eine selbständige innere Stimme im Menschen. Mit Gewissen wird vielmehr zum Ausdruck gebracht: der Mensch ist in Anspruch genommen, einem Urteil unterworfen; seine Existenz hängt davon ab, welches Wort ihn erreicht und in seinem Innersten trifft – das Wort des Gesetzes, das ihn bloß bei sich selbst behaftet, oder das befreiende, ermutigende Wort des Evangeliums. Dieses Wort des Evangeliums spricht dem Menschen eine Hoffnung zu, die nicht in ihm selbst begründet ist; es spricht den Menschen als den an, der nicht sich selbst verdankt, sondern der vom Geschenk der Gnade und Vergebung lebt. Durch das Evangelium wird aus dem furchtsamen, erschrockenen Gewissen das befreite, getröstete Gewissen.

Im Leben der Christen haben Gesetz und Evangelium eine wesentliche Bedeutung, dabei unterscheiden die Reformatoren verschiedene Dimensionen in der Wirklichkeit des Gesetzes (in lateinischer Terminologie: verschiedene „usus legis"):

---

[23] Vgl. G. Ebeling, Luther, Einführung in sein Denken, Tübingen ⁴1981, S. 120–156; W. Joest, Dogmatik 2, S. 487–517; H. Schwarz, Kirche 3, S. 43–51, S. 116–119.

a) Das Gesetz als Maßstab für das weltliche Zusammenleben

(usus civilis / usus politicus legis). Das Gesetz hat innerhalb der Welt eine wichtige Funktion. Es soll das Böse, das infolge der Sünde herrscht, eindämmen. Es soll das Leben schützen, die menschlichen Beziehungen ordnen und die Gerechtigkeit erhalten. In diesem Sinne sind die Forderungen des Gesetzes – etwa die ethischen Forderungen des Dekalogs – allen Menschen als vernünftigen Wesen einsichtig. Das weltliche Recht appelliert daher an die Vernunft des Menschen; es muß aber gegenüber den Rechtsbrechern notfalls mit Gewalt durchgesetzt werden.

b) Das Gesetz als unbedingte Forderung Gottes

(usus theologogicus legis / usus elenchticus legis = die anklagende Funktion des Gesetzes).

Die eigentliche – theologische – Funktion des Gesetzes besteht darin, daß es den unbedingten Anspruch Gottes an den Menschen enthält, z. B. in der Auslegung der Gebote durch die Forderungen der Bergpredigt. In diesem Sinne zeigt das Gesetz auf, daß der Mensch dem Anspruch Gottes nicht gerecht wird. Es klagt an, es begegnet dem Menschen wie ein Richter. Damit treibt es den Menschen entweder zur Verzweiflung oder zu verblendetem Hochmut. Wird das Gesetz aber im Lichte des Evangeliums von Jesus Christus gesehen, so bewirkt das Anklagen des Gesetzes, daß der Mensch auf die Selbstrechtfertigung verzichtet und die Zusage der vergebenden Liebe Gottes für sich gelten läßt.

c) Das Gesetz als Maßstab für das Leben der Christen

(tertius usus legis = der dritte Gebrauch des Gesetzes; in der Gegenwart ist die Formulierung geprägt: usus practicus evangelii = der praktische Gebrauch des Evangeliums)[24].

Luther kennt – im Unterschied zu Melanchthon, Calvin und späteren Theologen – die Lehre vom tertius usus legis nicht. Er sieht in dieser Lehre die Gefahr, daß das Christsein doch wieder gesetzlich verstanden wird. Nach seiner Überzeugung ist das Leben des Christen vom Heiligen Geist bestimmt. Der Christ wird dadurch zur Liebe befreit und kann so entscheiden, was

---

[24] So W. Joest, aaO, S. 512.

jeweils für den Nächsten zu tun ist. Der Sache nach versteht aber auch Luther das Gesetz als ethischen Maßstab für das Leben der Christen. Das wird an seiner Auslegung des Dekalogs in den Katechismen deutlich.

In der reformierten Tradition hat die dritte Funktion des Gesetzes ein stärkeres Gewicht gewonnen. Dies kommt im Heidelberger Katechismus darin zum Ausdruck, daß die Auslegung des Dekalogs im dritten Teil unter der Überschrift „Von der Dankbarkeit" erfolgt. In dem Tun der Christen das von dem Maßstab der Gebote bestimmt wird, geht es darum, „daß wir mit unserem ganzen Leben uns dankbar gegen Gott für seine Wohltaten erzeigen, und er durch uns gepriesen werde"[25].

Zusammenfassung

Der Mensch steht unter dem Anspruch des Gesetzes und unter dem befreienden Zuspruch des Evangeliums. Der christliche Glaube hat seinen Grund in dem Evangelium von Jesus Christus. Dennoch behält das Gesetz auch für den Christen seine Bedeutung – als Maßstab für das menschliche Zusammenleben in der Welt, als Ausdruck der unbedingten Forderung Gottes sowie als Kriterium für das ethische Tun der Christen.

3. Christliche Existenz in der Welt

Wie läßt sich das Gebot der Nächstenliebe in der Realität der Welt verwirklichen? Diese Frage hat die Christen zu allen Zeiten beschäftigt. Sie wird in jeder geschichtlichen Situation, im Leben jedes Christen erneut aktuell. Die Theologie hat in verschiedener Weise versucht, auf diese Frage eine sachgemäße Antwort zu finden[26] und damit eine Orientierung zu geben.

3.1 Zwei – Reiche – Lehre

In der Zwei-Reiche-Lehre grenzt Luther sich nach zwei Seiten hin ab: Einmal gegenüber der mittelalterlichen Kirche, in der Papst und Bischöfe weltliche Macht in Anspruch genommen

---

[25] Heidelberger Katechismus, Frage 86, vgl. auch Frage 115.
[26] Vgl. dazu die verschiedenen Deutungen der Bergpredigt, Kapitel IV, B.2.

haben; zum anderen gegenüber den „Schwärmern", die aus dem Evangelium direkt weltliche Gesetze ableiten und damit die Welt regieren wollen[27]. Demgegenüber unterscheidet die Zwei-Reiche-Lehre zwischen dem geistlichen und weltlichen Regiment[28].

Diese Lehre bringt zum Ausdruck: Gott begegnet der Welt in unterschiedlicher Weise.

a) Im Evangelium von Jesus Christus ruft er Menschen zum Glauben. Darin besteht das „geistliche Regiment"; es ist allein auf das Wort von Jesus Christus gegründet.

b) Mit dem Gesetz (im Sinne des weltlichen Rechts) werden die Folgen der Sünde in der Welt äußerlich begrenzt. Darin besteht das „weltliche Regiment". Es hat sich an den Geboten (Zweite Tafel des Dekalogs) auszurichten.

Unpolitischer Glaube?

Die Zwei-Reiche-Lehre führte in späterer Zeit zu einer Trennung von Glaube und Welt in zwei Bereiche und damit zu einer Eigengesetzlichkeit in Politik und Wirtschaft. Dabei handelt es sich aber um ein Mißverständnis, das die Intention der Zwei-Reiche-Lehre verkennt und verzerrt. Nach reformatorischer Anschauung[29] ist Gott der Herr über das geistliche und das weltliche Regiment. Daher gelten auch in der Politik die Maßstäbe der Ethik, die sich an der Zweiten Tafel des Dekalogs ausrichten.

Die Zwei-Reiche-Lehre fordert die Weltlichkeit des Politischen. Sie widerspricht einer religiösen oder ideologischen Über-

---

[27] So z.B. bei Thomas Müntzer (ca. 1489/90—1525) „Nicht das Wort der Bibel, sondern die unmittelbare Erleuchtung stellte er an die erste Stelle. Nicht die Rechtfertigung aus Glauben allein, sondern die Läuterung durch das Kreuz des Leidens war die Vorbedingung für das Heil. Diese spiritualistischen Züge verbanden sich mit der Verkündigung des unmittelbar bevorstehenden Weltendes. Die Vorstellung einer in aller Welt verstreuten Kirche der Geisterfüllten wurde abgelöst von der Hoffnung auf die Errichtung eines Gottesstaates" (H. Fast, Hg., Der linke Flügel der Reformation, Klassiker des Protestantismus, Band IV, Bremen 1962, S. 270).

[28] Die Zwei-Reiche-Lehre ist ausführlich entwickelt in Luthers Schrift „Von weltlicher Obrigkeit", M. Luther, Ausgewählte Schriften, 4. Band, Frankfurt M. 1982, S. 36—84; vgl. zum Ganzen: P. Althaus, die Ethik Martin Luthers, Gütersloh 1965, S. 11—42; G. Ebeling, Luther-Einführung in sein Denken, Tübingen, [4]1981, Kapitel VII, VIII, XI; Sachwissen, S. 195—210.

[29] Vgl. G. Ebeling, Usus politicus legis - usus politicus evangelii, in: H. Ch. Knuth (Hg.), Theologie und Kirche in Gesellschaft und Politik. Theologische Existenz heute Nr. 217, S. 65—67.

höhung des Staates. Das Politische ist nicht das „Letzte", sondern nur das „Vorletzte"[30]. Dies bedeutet eine Befreiung zur Sachlichkeit, zum sachgemäßen Gebrauch der Vernunft[31] im Bereich des Politischen. Für den Christen ist die Vernunft von der Liebe bestimmt. Insofern geht es im Wahrnehmen der Weltverantwortung nicht nur um Begrenzung des Bösen, sondern auch um die positive Gestaltung der Welt durch Frieden und Recht.

3.2 Christengemeinde und Bürgergemeinde – Karl Barth

Wird in der reformatorischen Theologie die Unterscheidung zwischen den beiden Reichen betont, so geht es Karl Barth darum, den Zusammenhang aufzuzeigen, der zwischen ihnen besteht. Barth entwickelt sein Verständnis unter den Begriffen „Christengemeinde" und „Bürgergemeinde"[32].

Die Berechtigung der Zwei-Reiche-Lehre wird damit nicht bestritten. Denn so formuliert E. Jüngel: „Bei genauerem Hinsehen zeigt sich…, wie sehr Barths Bestimmung des Verhältnisses von Christengemeinde und Bürgergemeinde eine – allerdings höchst eigenständige – Entwicklung des reformatorischen Ansatzes der Zwei-Reiche-Lehre ist."[33] Denn das Evangelium ist kein Gesetz für das Regieren der Welt. Wohl aber hat das Evangelium eine richtunggebende Bedeutung für das Regieren der Welt. Die Christengemeinde[34] soll dabei nicht für ein bestimmtes politisches Programm oder System eintreten, wohl aber für eine bestimmte Richtung und Linie für die christlichen Entscheidungen, die im politischen Raum zu vollziehen sind. Dabei soll die

[30] Diese Begrifflichkeit spielt bei Bonhoeffer eine wichtige Rolle, vgl. D. Bonhoeffer, Ethik, München 1966, S. 128–152.

[31] Vgl. dazu auch die Aussage von A. Rich, Wirtschaftsethik. Grundlagen in theologischer Perspektive, Gütersloh 1985, S. 167: „Weil die hoffende Liebe des Glaubens… den vom Absoluten ausgehenden Anspruch mit dem Relativen in den konkreten gesellschaftlichen Verhältnissen, also in Staat, Gesellschaft, Wirtschaft zu vermitteln hat, ist sie auf den ihr gemäßen Gebrauch der Vernunft angewiesen."

[32] K. Barth, Christengemeinde und Bürgergemeinde, 1946, Neudruck: Rechtfertigung und Recht/Christengemeinde und Bürgergemeinde, Theologische Studien 104, Zürich, ³1984.

[33] E. Jüngel, Mit Frieden Staat zu machen. Politische Existenz nach Barmen V, München 1984, S. 33.

[34] Vgl. K. Barth, aaO, S. 60.

Christengemeinde vom Evangelium ausgehen; denn Jesus Christus ist der Herr über alle Bereiche des Lebens. Dies wird später mit dem Begriff von der „Königsherrschaft Jesu Christi" zum Ausdruck gebracht.

Die Kirche verkündigt das Reich Gottes und seine Gerechtigkeit. Aus christlicher Sicht ist die Gerechtigkeit des Staates ein Gleichnis, eine Entsprechung des Reiches Gottes. So geht es der Christengemeinde darum, daß die offenbar gewordene Gnade Gottes in den äußerlichen und vorläufigen Handlungen der politischen Gemeinde abgebildet wird.

Was ist menschliche Politik?

Gott ist in Jesus Christus Mensch geworden. Dies hat zur Folge[35]: Die christliche Gemeinde wird im Bereich des Politischen immer für den Menschen und nicht für irgendeine Sache eintreten. Jesus ist gekommen, um zu suchen und zu retten, was verloren ist. Darum hat die Christengemeinde im politischen Raum eine besondere Verantwortung für die Armen und Schwachen. Über die der christlichen Gemeinde aufgetragene Diakonie hinaus geht es dabei um die politische Gestaltung der Gesellschaft im Sinne der sozialen Gerechtigkeit. Die Christengemeinde ist Zeuge der göttlichen Rechtfertigung. Daraus folgt ihr Eintreten für den Rechtsstaat. Es besteht ein Zusammenhang von Rechtfertigung und Recht[36]. So ergibt sich vom Evangelium her eine Linie zum demokratischen Rechtsstaat.

3.3 Politische Theologie – Jürgen Moltmann

Jürgen Moltmann möchte über den Ansatz der Zwei-Reiche-Lehre wie über die Anschauung von der Königsherrschaft Christi hinausgehen[37]. Er kritisiert an Luther: Die Zwei-Reiche-Lehre diene der Erhaltung der Welt bis zum Jüngsten Tag, aber nicht der Verwirklichung des Reiches Gottes auf Erden. Gegen Barth wendet er ein: Barth sei mit seiner Lehre von

---

[35] Vgl. zu den genannten Konkretionen, aaO, S. 67 f.

[36] So der Titel einer anderen programmatischen Schrift.

[37] Vgl. J. Moltmann, Politische Theologie – Politische Ethik, München/Mainz 1984, S. 158 f.; außerdem den Zusammenhang S. 152–164.

Christus, dem Herrn, in den Enthusiasmus geraten, er habe die Kreuzesgestalt der Herrschaft Christi in dieser Welt überspielt.

Wie politisch ist das Christentum?

Moltmann formuliert: Die Gemeinde, die im politischen und sozialen Handeln Christus zu entsprechen versucht, nimmt damit das kommende Reich Gottes vorweg. „Diese Welt ist kein Wartezimmer für das Reich Gottes. Diese Welt ist auch noch nicht das Reich Gottes selbst. Sie ist der Kampfplatz und der Bauplatz für das Reich, das von Gott selbst auf Erden kommt."[38] Das politische und soziale Handeln der Gemeinde ist bereits eine reale Vermittlung des Reiches Gottes unter den begrenzten Möglichkeiten der Geschichte.

Dieses Handeln geschieht in verschiedenen Dimensionen, im Kampf um ökonomische Gerechtigkeit, um Menschenrechte und Freiheit, um menschliche Solidarität, um Frieden mit der Natur und um Gewißheit. Es kommt darauf an, ein Netz von heilenden Antizipationen (= Vorwegnahmen des Reiches Gottes) auf den verschiedenen Feldern anzustreben. So bezieht christliche Ethik leidende und handelnde Menschen in die Geschichte Gottes mit der Welt ein.

3.4 Theologie der Befreiung

Die Theologie der Befreiung hat ihren Ursprung in Lateinamerika, in der Erfahrung von politischer und sozialer Unterdrückung und dem beginnenden Aufbruch zu einem Prozeß der Befreiung. Das theologische Nachdenken ist ganz mit dieser Situation verbunden und versucht im Zusammenhang dieser Problematik die großen Themen des christlichen Lebens zu durchdenken.

Erlösung und Befreiung

Am Beispiel von G. Gutiérrez sollen einige wesentliche Aspekte der Befreiungstheologie aufgezeigt werden. Gutiérrez betont: Die Erlösung, die in Jesus Christus geschehen ist, steht

---

[38] AaO, S. 162.

in einem Zusammenhang mit dem Prozeß der Befreiung, die sich im Lauf der Geschichte verwirklicht. Denn die Erlösung als Rettung umfaßt die Gemeinschaft mit Gott und die Gemeinschaft der Menschen untereinander[39]. An der Befreiung Israels aus Ägypten wird deutlich: Der Mensch ist befreit, aktiv beim Aufbau einer gerechten Gesellschaft mitzuarbeiten. Christus ist Mensch geworden, seine befreiende Tat steht im Zentrum der Geschichte. Deshalb ist der Kampf für eine gerechte Gesellschaft Bestandteil der Heilsgeschichte. So ist das politische Befreiungsgeschehen Wachstum des Reiches Gottes, aber noch nicht die ganze Erlösung; das Kommen des Reiches Gottes selbst bleibt Geschenk des göttlichen Wirkens.

Die Hoffnung auf das kommende Reich Gottes befreit zur Mitarbeit beim Aufbau einer gerechten Gesellschaft und damit zur Schaffung eines neuen Menschen. Von daher kann eine Utopie als Geschichtsprojekt entwickelt werden. Sie intendiert die Schaffung eines neuen Menschen in einer solidarischen Gesellschaft, eines freieren und menschlicheren Menschen, der Vorkämpfer seines eigenen Schicksals ist[40].

Folgende Gesichtspunkte sollen dazu bsonders bedacht werden[41]:

a) Gutiérrez sieht Erlösung und Befreiung in einem Zusammenhang, zugleich aber unterscheidet er zwischen dem Tun Gottes und dem Tun der Menschen. Dies ist nach seiner Überzeugung notwendig, damit es nicht zu einem gefährlichen politisch-religiösen Messianismus kommt.

b) Gutiérrez spricht von der Schaffung eines neuen Menschen in einer solidarischen Gesellschaft. Diese Zielvorstellung übersieht, daß auch in einer gerechteren Gesellschaft der Mensch immer der „alte" sein wird. Nach reformatorischer Erkenntnis bleibt auch der Gerechtfertigte, der durch Christus Erneuerte, stets zugleich der Sünder, d. h. der gott-ferne, selbstsüchtige und lieblose Mensch. Das Ziel, den neuen Menschen zu schaffen, ist utopisch; es wird – in die Politik übertragen – zu schweren Enttäuschungen führen oder zu

---

[39] Zum folgenden vgl. G. Gutiérrez, Theologie der Befreiung, München [9]1986, S. 135–185.

[40] Vgl. G. Gutiérrez, aaO, S. 229–233.

[41] Vgl. Th. Strohm, Artikel „Befreiungstheologie", EKL[3], Bd. 1, Sp. 382.

dem Versuch, ein ideologisch festgelegtes Bild vom „neuen Menschen" mit Gewalt durchzusetzen.

Zusammenfassung

Die Frage, wie das Christsein unter den Bedingungen der Welt realisiert werden kann, hat in der Theologie verschiedene Antworten erhalten. Die Zwei-Reiche-Lehre betont die Unterscheidung (nicht Trennung) von Glaube und Welt. Sie fordert die Weltlichkeit des Politischen. Da der Glaube die Vernunft zur Sachlichkeit befreit, sind die Christen zur Wahrnehmung der Weltverantwortung aufgerufen. In diesem Zusammenhang hebt K. Barth hervor: Die Gerechtigkeit der Bürgergemeinde soll der Gerechtigkeit des Reiches Gottes entsprechen. Moltmann versteht das politische und soziale Handeln der Gemeinde als eine reale Vorwegnahme des Reiches Gottes unter den begrenzten Möglichkeiten der Geschichte. Die Befreiungstheologie betont den Zusammenhang zwischen der Erlösung in Jesus Christus und dem geschichtlichen Prozeß der Befreiung.

IX. Die Kirche

Die Botschaft von Jesus Christus wird in der Kirche verkündigt. Nach neutestamentlichem Verständnis ist die Kirche in erster Linie nicht eine soziologische Größe, sondern Gemeinschaft des Glaubens. Sie wird nicht durch den Zusammenschluß der Menschen, sondern durch die Gegenwart des Heiligen Geistes begründet. In diesem Zusammenhang sind u. a. folgende Fragen zu bedenken: Wie ist die Kirche entstanden? Welches ist ihr Wesen und ihr Auftrag? In welchem Verhältnis stehen die verschiedenen Konfessionskirchen zu der *einen* Kirche Jesu Christi, die das Glaubensbekenntnis bezeugt? Wie kann die Beziehung der Kirche zu den außerchristlichen Religionen bestimmt werden?

A. Biblische Grundlagen

1. Das Kirchenverständnis im Neuen Testament

1.1 Gottesvolk und Jüngerkreis

Im Alten Testament war der Glaube auf engste mit der Gemeinschaft verbunden. Gott beruft ein Volk[1], das in der Bindung an ihn leben und sich an seinen Geboten orientieren soll. Dabei fallen Glaubensgemeinschaft und Volksgemeinschaft für Israel weithin zusammen. Erst in späteren Schriften findet sich die Erwartung, daß sich das Heil über die Grenzen Israels hinaus erstreckt und auch den anderen Völkern gilt (z. B. Jes 2,1–5; 42,1–9).

Jesus hat sich in seiner öffentlichen Wirksamkeit an das Volk

---

[1] Zum Alten Testament vgl. W. H. Schmidt, „Volk Gottes" – Aspekte des Alten Testaments, Glaube und Lernen 2, 1987, S. 19–32; zum Neuen Testament vgl. J. Roloff, Die Bedeutung des Gottesvolkgedankens für die neutestamentliche Ekklesiologie, aaO, S. 33–46; H. Schwarz, Kirche 1, S. 25–84, S. 118–128.

Israel gewandt[2], und zwar nicht nur an eine bestimmte Gruppe, sondern an alle Menschen seines Volkes. Die Evangelien berichten darüber hinaus von einzelnen Begegnungen Jesu mit Heiden (z.B. Mt. 8,5–13; 15,21–28 par.), die als Beispiele für den wahren Glauben hingestellt werden.

Jesus beruft eine Gruppe von Jüngern in seine Nachfolge, die allein mit dem Ruf: „Folge mir nach!" (Mk 1,17; 2,14 par.) begründet wird. Die Jünger begleiten Jesus bei seiner Wirksamkeit in Galiläa und später auf dem Weg von Galiläa nach Jerusalem. Die Zwölfzahl der Jünger[3] steht in einer Verbindung zu den zwölf Stämmen Israels. Mit der Berufung der Zwölf bringt Jesus zum Ausdruck: Er wendet sich mit seiner Verkündigung an ganz Israel, das die Botschaft von dem anbrechenden Reich Gottes vernehmen soll.

Jesus hat keine Kirche gegründet. So ist von der Kirche oder Gemeinde in den synoptischen Evangelien ausdrücklich nur an zwei Stellen die Rede – außer Mt 18,17 in dem berühmten Wort an Petrus: „Du bist Petrus, und auf diesen Felsen will ich meine Gemeinde bauen, und die Pforten der Hölle sollen sie nicht überwältigen" (Mt 16,18). In der neueren Auslegung wird dieses Wort im allgemeinen nicht als Aussage des historischen Jesus angesehen, sondern der Überlieferung der frühen palästinensischen Gemeinde zugeschrieben. Mit diesem Wort wird die führende Rolle des Petrus als dem ersten Zeugen des Auferstandenen begründet.

1.2 Gemeinde im Urchristentum

Eine neue Situation ergibt sich nach Ostern und Pfingsten. Die Jünger finden sich wieder zusammen, und es entsteht sehr schnell eine Gemeinde. Aus der Pfingstgeschichte (Apg 2) geht klar hervor[4]: Die Gemeinde ist in der Botschaft von Jesus Christus, in dem Wirken des göttlichen Geistes begründet. Die Aufnahme in die Gemeinde erfolgt durch die Taufe (Apg 2,37–41).

Die Gemeinde versteht sich als das heilige Volk der Endzeit. In

---

[2] Vgl. E. Lohse, Ntl. Theologie, S. 40–43.

[3] Die Frage, ob der Zwölferkreis auf den historischen Jesus zurückgeht, oder erst in der Urgemeinde entstanden ist, wird in der Forschung unterschiedlich beurteilt, vgl. E. Lohse, aaO, S. 42.

[4] Vgl. J. Roloff, Apostelgeschichte, S. 64–68.

ihr sind die Verheißungen Gottes an Israel zur Erfüllung gekommen. Die Gemeinde in Jerusalem hatte sich noch nicht von der Glaubensgemeinschaft Israels getrennt. Die Christen kamen weiterhin im Tempel zusammen, zugleich aber wurde das gemeinsame Mahl in den Häusern gefeiert (Apg 2,46). Der Kreis um Stephanus übte allerdings Kritik an Gesetz und Tempel (Apg 6,13). Im Laufe der Zeit wurden zunehmend Heiden in die christliche Gemeinde aufgenommen (Apg 11,19–26); aufgrund der erfolgreichen Mission des Apostels Paulus in den Ländern des Mittelmeerraumes bilden die heidenchristlichen Gemeinden bald die Mehrheit. Damit stellte sich das Problem des Verhältnisses zwischen Israel und den Christen, das zur Trennung zwischen Synagoge und christlicher Gemeinde führte.

Die Kirche wird im Neuen Testament mit dem griechischen Wort „Ekklesia" bezeichnet[5]. Damit wird ein ursprünglich profaner Begriff aufgenommen: Ekklesia meint die Versammlung der stimmberechtigten Bürger einer Stadt (vgl. Apg 19,32.39 f.). Dieses Wort wird aber nun vom alttestamentlichen Zusammenhang her inhaltlich gefüllt. Bereits in der griechischen Übersetzung des Alten Testamentes bezeichnet „Ekklesia" das Volk Gottes; und in diesem Sinne wird es in den neutestamentlichen Schriften gebraucht. Dabei kann sowohl die Gesamtkirche wie die einzelne Ortsgemeinde gemeint sein. Denn in der einzelnen Gemeinde tritt die Gesamtkirche, das ganze Volk Gottes, in Erscheinung. Die Christen werden „Heilige" genannt (z.B. 1. Kor 6,2; 16,1). „Heilig" bezeichnet nicht ein vollkommenes ethisches Verhalten; es bedeutet vielmehr: die Christen wissen sich von Gott berufen, erwählt und geheiligt (Röm 1,6; 1. Kor 1,2.24); sie sind aufgefordert, entsprechend ihrer Berufung zu leben.

Viele Gaben – ein Geist

Die Gemeinde weiß sich von der Gegenwart des Heiligen Geistes bestimmt. Auf ihn gehen auch die verschiedenen Gaben zurück, mit denen die einzelnen Christen in der Gemeinde wirken: „Es sind verschiedene Gaben, aber es ist *ein* Geist" (1. Kor

---

[5] Vgl. G. Bornkamm, Paulus, S. 158–160, S. 184–195, S. 201 f.; W. G. Kümmel, Theologie NT, S. 185–189, S. 206 f.; E. Lohse, Ntl. Theologie, S. 101–103, S. 152–155.

12,4). Paulus spricht von Gnadengaben (Charismen) und bringt damit zum Ausdruck: die Gaben sind durch die Gnade Gottes geschenkt. In der Vielfalt der Gaben wirkt der eine göttliche Geist. Um dies zu veranschaulichen, greift Paulus das damals verbreitete Bild vom Leib und den Gliedern auf. Jedes Glied hat am Leib seine besondere Aufgabe. So nehmen die einzelnen Christen mit ihren Gnadengaben einen Dienst wahr, der für die ganze Gemeinde wichtig ist (Röm 12,3–8; 1. Kor 12,12–27).

Die Verbindung mit Jesus Christus kommt darin zum Ausdruck, daß Paulus die Gemeinde den „Leib Christi" nennt (vgl. Röm 12,5; 1. Kor 12,27): „Denn wir sind durch *einen* Geist zu einem Leib getauft..." (1. Kor 12,13). „Leib Christi" bedeutet hier Herrschaftsbereich Jesu Christi; die Christen gehören zu Jesus Christus, dessen Herrschaft mit Kreuz und Auferweckung aufgerichtet ist und in der Taufe vermittelt wird. Die Aussage vom Leib Christi in diesem Sinne macht deutlich: Der Leib entsteht nicht durch Zusammenfügung der einzelnen Glieder. Vielmehr begründet die Gegenwart Jesu Christi die Gemeinde als seinen „Leib".

Paulus nennt eine Reihe von unterschiedlichen Gnadengaben. Eine Gemeindeordnung mit festen Ämtern existiert noch nicht; wohl aber gibt es verschiedene Aufgaben[6]: „Gott hat in der Gemeinde eingesetzt erstens Apostel, zweitens Propheten, drittens Lehrer, dann Wundertäter, dann Gaben, gesund zu machen, zu helfen, zu leiten und mancherlei Zungenrede" (1. Kor 12,28). Paulus hebt die drei wichtigsten Verkündigungsaufgaben besonders hervor. Die höchste Gnadengabe aber ist die Liebe, deren Macht Paulus im folgenden Kapitel (1. Kor 13) eindrücklich bezeugt.

Israel und die Christen

Paulus denkt in intensiver Weise über das Verhältnis zwischen Israel und der Christenheit nach (vor allem Römer 9–11). Er selbst stammt aus der religiösen Tradition des Judentums; nach seiner Berufung zum Christen und Apostel hat er auf seinen Missionsreisen den Juden in der Diaspora das Evangelium von Jesus Christus verkündigt, und er muß mit Schmerzen erfahren, daß die meisten Juden diese Botschaft ablehnen. Für Paulus steht

---

[6] Vgl. F. Lang, Korintherbriefe, S. 170–182.

jedoch fest: den Israeliten gehört „die Kindschaft... und die Herrlichkeit und der Bund und das Gesetz und der Gottesdienst und die Verheißungen" (Röm 9,4). Gott hat seine Gemeinde berufen aus den Juden und aus den Heiden (Röm 9,24 f.).

Die Verheißung Gottes zeichnet Israel vor allen Völkern aus, und diese Verheißung behält ihre Gültigkeit (Röm 9,6; 11,29). Dennoch haben die Juden zur Zeit des Paulus in ihrer Mehrzahl die Botschaft von Jesus Christus abgelehnt. Der Apostel deutet diese Entscheidung folgendermaßen: „Israel hat nach dem Gesetz der Gerechtigkeit getrachtet und hat es doch nicht erreicht. Warum das? Weil es die Gerechtigkeit nicht aus dem Glauben sucht, sondern als komme sie aus den Werken..." (Röm 9,31 f.)[7]. Der Weg Israels kann nur von der Rechtfertigungsbotschaft her verstanden werden. Darum gilt: Auch durch die Schuld der Juden, die nicht an Jesus Christus glauben, wird die Verheißung Gottes nicht ungültig.

Auf die Frage: „Hat denn Gott sein Volk verstoßen?" (Röm 11,1) kann Paulus deshalb nur antworten: „Gott hat sein Volk nicht verstoßen, das er zuvor erwählt hat" (Röm 11,2). Paulus veranschaulicht das Verhältnis zwischen Israel und den aus dem Heidentum kommenden Christen mit dem Gleichnis vom Ölbaum (Röm 11,17 f.). Die Heidenkirche ist durch Gottes Gnade auf die „Wurzel" Israels aufgepfropft worden. Da die göttliche Verheißungen nicht ungültig werden, kann Gott die natürlichen Zweige (d.h. die jetzt ungläubigen Juden) wieder einpfropfen (Röm 11,23 f.). In diesem Sinne spricht Paulus die Erwartung aus: Es „wird ganz Israel gerettet werden" (Röm 11,26). Die Barmherzigkeit Gottes wird sich auch an Israel, dem Volk der Verheißung, als wirksam erweisen.

Zusammenfassung

Nach neutestamentlichem Verständnis ist die Kirche in der Botschaft von Jesus Christus, im Wirken des Heiligen Geistes begründet. Sie versteht sich als das Volk Gottes, als der „Leib Christi". In der Gemeinde wirken die einzelnen Christen mit den ihnen verliehenen Gnadengaben. Wie Paulus betont, ist mit der Existenz der christlichen Gemeinde die Verheißung an Israel nicht aufgehoben.

---

[7] Vgl. dazu Kap. VI, A.3 und VIII, A.2.

2. Die Taufe

Wie die Evangelien übereinstimmend bezeugen, hat Johannes als erster getauft (Mk 1,4–8 par.)[8]. Diese Tatsache wurde in seinem Wirken offenbar als so charakteristisch angesehen, daß er den Beinamen „der Täufer" erhielt. Religionsgeschichtliche Vorbilder sind für die Taufe nicht nachweisbar. Die Menschen, an denen Johannes die „Taufe der Umkehr" vollzieht, sollen angesichts des kommenden Gerichts gereinigt und gerettet werden, indem sie die Vergebung der Sünden empfangen.

Jesus ist von Johannes dem Täufer getauft worden (Mk 1,9–11 par.), und damit beginnt seine öffentliche Wirksamkeit. Um so erstaunlicher ist es, daß Jesus nach der Darstellung der synoptischen Evangelien nicht getauft hat. Allerdings berichten zwei Stellen des Johannesevangeliums von der Taufpraxis Jesu bzw. seiner Jünger (Joh 3,22; 4,1 f.). Es ist aber fraglich, ob es sich dabei um historisch zuverlässige Angaben handelt. In jedem Fall spielt die Taufe im Wirken Jesu keine wesentliche Rolle.

Wie ist die Taufe begründet?

Die urchristliche Gemeinde hat offenbar von Anfang an getauft. Sie führt die Taufe nicht auf den irdischen Jesus, sondern auf den Auferstandenen zurück. In der Erscheinung des auferweckten Christus empfangen die Jünger den Auftrag zur Taufe: „... geht hin und machet zu Jüngern alle Völker: Taufet sie auf den Namen des Vaters und des Sohnes und des heiligen Geistes und lehret sie halten alles, was ich euch befohlen habe..." (Mt 28,19 f.). Mit der Auferweckung Jesu wird die Christusbotschaft allen Völkern verkündigt. In diesem Zusammenhang hat die Taufe ihre Bedeutung: Die Menschen, die zum Glauben kommen, sollen getauft werden. Die Taufe erfolgt „auf den Namen" Jesu Christi. Das heißt: Bei der Taufe wird der Name Jesus Christus über dem Täufling ausgerufen. Name bedeutet Macht. Der Getaufte wird also der Herrschaft Jesu unterstellt. Im Matthäusevangelium erfolgt die Taufe zugleich auf den Namen des

---

[8] Vgl. G. Bornkamm, Jesus, S. 40–47; G. Bornkamm, Paulus, S. 196–198; W. G. Kümmel, Theologie NT., S. 24–29, S. 185–193; E. Lohse, Ntl. Theologie, S. 22–25; S. 65–68; S. 104–108; J. Roloff, Neues Testament, S. 227–244; Erwachsenenkatechismus, S. 1060–1066.

Vaters und des Heiligen Geistes. Mit dieser dreigliedrigen Tauf-
formel wird zum Ausdruck gebracht: Das Bekenntnis zu Jesus
Christus schließt den Glauben an den einen Gott und die Gewißheit von der Gegenwart des Heiligen Geistes in der Gemeinde
ein.

Die Bedeutung der Taufe bei Paulus

Paulus setzt die von der Gemeinde geübte Praxis der Taufe
voraus. Er deutet sie im Zusammenhang mit der Christusbotschaft folgendermaßen: „… wißt ihr nicht, daß alle, die wir auf
Christus Jesus getauft sind, die sind in seinen Tod getauft? So
sind wir ja mit ihm begraben durch die Taufe in den Tod, damit,
wie Christus auferweckt ist von den Toten durch die Herrlichkeit des Vaters, auch wir in einem neuen Leben wandeln" (Röm
6,3 f.).
Dieser Aussage liegt ein damals verbreiteter Gedanke aus den
Mysterienreligionen zugrunde: Wer sich in eine Mysterienge-
meinschaft einweihen läßt, bekommt Anteil am Geschick der
sterbenden und auferstehenden Gottheit. Auf diesem Hintergrund wurde die christliche Taufe gedeutet: Der Täufling wird
mit dem Tod und der Auferweckung Jesu verbunden, so daß er
das Sterben und Auferstehen an sich erfährt. Paulus betont dabei
die Künftigkeit der Auferstehung: „Sind wir aber mit Christus
gestorben, so glauben wir, daß wir auch mit ihm leben werden"
(Röm 6,8). Damit wird ein magisches Verständnis der Taufe
abgewehrt. Der Ritus vermittelt keine übernatürlichen Kräfte,
die der Mensch wie einen Besitz zu eigen hat. Vielmehr gilt es, die
erfahrene Gegenwart Jesu Christi im Glauben festzuhalten und
im Tun zu bewähren.
Die Verkündigung der Christusbotschaft und die Taufe (wie
das Abendmahl) stehen für Paulus in einem inneren Zusammenhang. Sie interpretieren sich gegenseitig: „Denn durch die Taufe
wird das rechte Verständnis der Wortverkündigung gesichert
und diese vor Spiritualisierung bewahrt. Umgekehrt schützt die
Predigt vor einem dinglichen oder schwärmerischen Mißverständnis der Taufe und verwehrt eine magische Auffassung…"[9]
Da Christus einmal und damit ein für allemal gestorben und
auferweckt ist, wird ein Mensch nur einmal getauft. Die Verkün-

---

[9] E. Lohse, Ntl. Theologie, S. 107.

digung der Christusbotschaft erinnert den Getauften stets aufs neue an den Grund des Christseins, sie ermutigt und ruft dazu auf, im Glauben, in der Liebe und in der Hoffnung zu bleiben.

Kindertaufe?

Zur Zeit des Urchristentums wurden im allgemeinen Erwachsene getauft. Dies ergibt sich aus der damaligen Situation: Wer die Botschaft von Jesus Christus angenommen hatte und zur christlichen Gemeinde gehören wollte, ließ sich taufen. Ob es neben der Erwachsenen- bereits eine Kindertaufe gab, läßt sich aus den neutestamentlichen Texten nicht eindeutig entnehmen[10]. An einigen Stellen wird erwähnt, daß sich Erwachsene mit ihrem ganzen Hause taufen ließen. So schreibt Paulus: „Ich habe auch Stephanas und sein Haus getauft" (1. Kor 1,16; vgl. auch Apg. 16,15; 18,8). Dabei kann natürlich auch an die Kinder gedacht sein; allerdings werden sie nicht ausdrücklich erwähnt. So läßt sich aus den vorliegenden Texten nicht erkennen, ob in neutestamentlicher Zeit die Taufe von Kindern praktiziert wurde. Die Frage der Kindertaufe kann mit geschichtlichen Gründen nicht entschieden werden. Eine Antwort ist vielmehr vom Gesamtverständnis der Taufe zu suchen. Das Problem muß daher im Zusammenhang der systematisch-theologischen Überlegungen wieder aufgenommen werden.

Zusammenfassung

Johannes der Täufer hat die „Taufe der Umkehr" vollzogen. Im Urchristentum wird „auf den Namen Jesu" bzw. „auf den Namen des Vaters, des Sohnes und des Heiligen Geistes" getauft. Damit werden die Getauften dem Herrschaftsbereich Jesu Christi unterstellt, sie gehören zur christlichen Gemeinde. Ob in urchristlicher Zeit bereits Kinder getauft wurden, läßt sich aus den neutestamentlichen Texten nicht eindeutig erkennen.

---

[10] Die historische Frage wird unterschiedlich beurteilt. J. Jeremias bemüht sich, die Praxis der Kindertaufe im Urchristentum nachzuweisen (Die Kindertaufe in den ersten vier Jahrhunderten, Göttingen 1958). K. Aland hält dagegen diese Praxis nicht für historisch nachweisbar (Die Säuglingstaufe im Neuen Testament und in der alten Kirche. Eine Antwort an Joachim Jeremias, München 1962; Taufe und Kindertaufe, Gütersloh, 1971).

3. Das Abendmahl

Die Überlieferung vom letzten Mahl Jesu mit seinen Jüngern[11], auch Herrenmahl oder Eucharistie (= Danksagung) genannt, findet sich in den synoptischen Evangelien und bei Paulus (Mt 26,17–30; Mk 14,12–26; Lk 22,7–23; 1. Kor 11,23–26).

Was geschah beim letzten Mahl Jesu?

Die Evangelien erzählen, daß Jesus im Zusammenhang mit dem Passafest ein gemeinsames Mahl mit seinen Jüngern gehalten hat. Der Bericht darüber und vor allem die Worte, die dabei gesprochen werden, unterscheiden sich allerdings von den Deuteworten des Passa. Bei der in den Familien stattfindenden Passafeier fragen die Kinder, warum man an diesem Tag Bitterkräuter und ungesäuertes Brot (= Mazzen) ißt. Der Vater antwortet darauf: Einst haben die Ägypter den Israeliten die Gefangenschaft bitter gemacht; die Israeliten konnten bei ihrem schnellen Aufbruch nur das Brot, das nicht durchsäuert war, mitnehmen (vgl. 2. Mose 12,1–13,16). Die Deuteworte beim Abendmahl beziehen sich nun nicht auf die Bitterkräuter und das ungesäuerte Brot; sie nehmen überhaupt nicht auf das Passafest Bezug; sie werden vielmehr über dem Brot und dem Wein gesprochen.

Das Abendmahl steht in einem Zusammenhang mit den Tischgemeinschaften, die Jesus mit seinen Jüngern aber auch mit den Zöllnern gehalten hat. Zugleich aber hat der Ausblick auf das kommende Reich Gottes besondere Bedeutung: „Wahrlich, ich sage euch, daß ich nicht mehr trinken werde von dem Gewächs des Weinstocks bis an den Tag, an dem ich aufs neue davon trinke im Reich Gottes" (Mk 14,25). Paulus betont: Bei der Feier des Abendmahls wird der Tod Jesu am Kreuz verkündigt, bis Jesus am Ende der Tage in Herrlichkeit kommt (1. Kor 11,26).

Die Deuteworte zum Abendmahl sind in zwei verschiedenen Fassungen überliefert: Die eine Tradition findet sich bei Markus/

---

11 Vgl. G. Bornkamm, Jesus, S. 141–143; G. Bornkamm, Paulus, S. 198–200; W. G. Kümmel, Theologie NT, S. 80–85, S. 196–199; F. Lang, Korintherbriefe, S. 126–129, S. 147–162; E. Lohse, Ntl. Theologie, S. 68–71, S. 108 f.; J. Roloff, Neues Testament, S. 211–227; E. Schweizer, Markus, S. 169–176.

Matthäus, die andere bei Paulus/Lukas. Die urchristliche Gemeinde hat wie auch sonst Worte Jesu nicht buchstabengetreu überliefert, sondern sie ihrem wesentlichen Gehalt nach wiedergegeben und sie dabei auch in verschiedener Weise interpretiert. Die früheste Überlieferung der Abendmahlsworte findet sich bei Paulus; aber auch für die Markusüberlieferung kann aufgrund ihres Sprachgebrauchs ein hohes Alter angenommen werden. Der ursprüngliche Wortlaut läßt sich allerdings nicht mehr genau erschließen.

„Für euch gegeben"

Für die Entstehung des Abendmahls macht die Überlieferung eine klare Aussage: Jesus feierte es mit seinen Jüngern „in der Nacht, da er verraten ward" (1. Kor 11,23). Der Zusammenhang mit der Passion und dem bevorstehenden Tod wird deutlich hervorgehoben.

> „Der Herr Jesus, in der Nacht, da er verraten ward,
> nahm er das Brot, dankte und brach's und sprach:
> Das ist mein Leib, der für euch gegeben wird;
> das tut zu meinem Gedächtnis"
> (1. Kor 11,23 f.).

Markus überliefert eine kürzere Fassung des Brotwortes: „Nehmet, das ist mein Leib" (Mk 14,22). Das Wort „Leib" bezeichnet (im Unterschied zu „Fleisch") nach aramäischem Sprachgebrauch das „Ich", die „Person" des Menschen[12]. So wird im Brotwort zum Ausdruck gebracht: Alle, die am Mahl teilnehmen, bekommen Anteil an Jesus Christus selbst, an der versöhnenden Kraft seines Todes am Kreuz. Paulus betont besonders: der Leib Christi ist „für euch" dahingegeben. Diese Aussage wird an anderer Stelle weiter erläutert: „Das Brot, das wir brechen, ist das nicht die Gemeinschaft des Leibes Christi? Denn *ein* Brot ist's: So sind wir viele ein Leib, weil wir alle an *einem* Brot teilhaben" (1. Kor 10,16 f.). Alle, die beim Abendmahl das Brot empfangen, bekommen damit Anteil am Leib Christi, der für uns in den Tod gegeben ist. Sie sind so mit Jesus Christus und untereinander verbunden.

In der paulinischen Überlieferung ist der Wiederholungsbefehl ausdrücklich hinzugefügt: „das tut zu meinem Gedächtnis"

---

[12] Vgl. E. Schweizer, aaO, S. 175.

(1. Kor 11,24). Auch in der Markusfassung ist die Wiederholung stillschweigend vorausgesetzt, wie es dem Charakter liturgischer Worte entspricht. Es blieb nicht bei dem einen Abschiedsmahl, vielmehr wird das Abendmahl nach Karfreitag und Ostern weitergefeiert. Dabei geht es nicht einfach um Erinnerung; vielmehr wird das Christusgeschehen im Vollzug des Abendmahls vergegenwärtigt. Als der lebendige Herr ist Jesus Christus in seinem Wort sowie im Geschehen von Taufe und Abendmahl gegenwärtig.

Der neue Bund

Das Deutewort zum Kelch wird, wie Paulus überliefert, „nach dem Mahl" gesprochen. Daran wird deutlich: Ursprünglich wurde die Feier im Rahmen einer Mahlzeit begangen. Schon bald ist allerdings das Abendmahl von dem Gemeinschaftsmahl getrennt und zu einer selbständigen Handlung geworden. Das Deutewort zum Kelch lautet zu der Paulusfassung:

„Desgleichen nahm er auch den Kelch
nach dem Mahl und sprach:
Dieser Kelch ist der neue Bund in meinem Blut;
das tut, sooft ihr daraus trinkt, zu meinem Gedächtnis"
(1. Kor 11,25).

Damit wird auf die prophetische Verheißung des neuen Bundes hingewiesen (Jer 31,31–34). Es werden nicht „Leib" und „Blut" gegenübergestellt (wie bei Markus und Matthäus), sondern „Leib" und „Kelch". Es geht dabei nicht um die Substanzen von Brot und Wein oder Leib und Blut. Eine solche dinghafte Vorstellung, die sich leicht mit magischen Anschauungen verbindet, liegt den Deuteworten fern. Vielmehr geht es um das Geschehen des Mahles, um den Vollzug der Feier. In ihr wird der Kelch mit dem Wein herumgereicht; dieser Kelch ist der neue Bund, das heißt die neue Gemeinschaft zwischen Gott und den Menschen. Die Worte „der neue Bund in meinem Blut" bringen zum Ausdruck: Die neue Gemeinschaft zwischen Gott und den Menschen ist im Tod Jesu Christi am Kreuz begründet. In der Feier des Abendmahls wird der gekreuzigte Christus als der Gegenwärtige und Kommende verkündigt.

In der Markusfassung lautet das Kelchwort: „Das ist mein Blut des Bundes, das für viele vergossen wird" (Mk 14,24). Auch hier liegt keine dinghafte Vorstellung von der Substanz des Blutes vor. Vielmehr weisen die Worte darauf hin: Jesus hat sein Blut vergossen, d.h. er hat sein Leben „für viele", also für alle dahingegeben. Matthäus fügt interpretierend hinzu: „zur Vergebung der Sünden" (Mt 26,28). Im Tod Jesu Christi ist der neue Bund begründet. Gottes vergebende Liebe wird in der Feier des Abendmahls erfahren.

Die Teilnahme am Abendmahl garantiert den Christen nicht einen gesicherten Besitz des Heils. Vielmehr gilt im Sinne des Paulus die Warnung vor falscher Sicherheit und vor Mißbrauch. So warnt Paulus davor, das Abendmahl „unwürdig" zu feiern, d.h. den Tod Christi durch liebloses Verhalten zu mißachten (vgl. 1. Kor 11,27–34). Wie die Taufe so ist auch das Abendmahl im Zusammenhang mit der Christusverkündigung und dem Glauben zu verstehen. Für die Christen geht es darum, sich durch die Verkündigung und das Abendmahl stets aufs Neue im Glauben bestärken zu lassen.

Zusammenfassung

Die neutestamentliche Überlieferung betont den Zusammenhang des Abendmahls mit dem Kreuzestod Jesu und dem kommenden Reich Gottes. In den Deuteworten zum Brot und zum Kelch kommt zum Ausdruck: Im Abendmahl wird die Gemeinschaft mit Jesus Christus erfahren; dadurch sind die Christen auch untereinander verbunden. Die Feier des Abendmahls vergegenwärtigt den neuen Bund zwischen Gott und den Menschen, der im Kreuzestod Jesu begründet ist.

B. Systematisch-theologische Aspekte

1. Wesen und Auftrag der Kirche

1.1 Das römisch-katholische Kirchenverständnis

Im Laufe des ersten Jahrhunderts tritt das neutestamentliche Kirchenverständnis allmählich zurück; die Kirche[1] als Institution gewinnt an Bedeutung.

---

[1] Zum Ganzen vgl. W. Huber, Kirche, Stuttgart/Berlin 1979; Erwachsenen-

Die Bischöfe gelten als die Hüter der kirchlichen Einheit. Eine Sonderstellung des römischen Bischofs besteht in den ersten Jahrhunderten noch nicht, sie entwickelt sich erst im beginnenden Mittelalter und setzt sich dann in der Westkirche durch. Der Papst repräsentiert die Einheit der Kirche. Der Gedanke der apostolischen Sukzession gewinnt an Bedeutung. Er besagt: Seit den Aposteln besteht eine ununterbrochene Kette der Beauftragung zum Bischofs- und Priesteramt. Durch diesen Zusammenhang weiß sich die Kirche unmittelbar mit Jesus Christus verbunden. –

Das Wirken der Kirche zum Heil der Menschen geschieht vor allem in den Sakramenten. Im Laufe der Zeit entwickelte sich die Siebenzahl der Sakramente, wie sie bis heute in der römisch-katholischen und orthodoxen Kirche gültig ist. Als Sakramente gelten Taufe, Eucharistie (Abendmahl), Firmung, Buße, Ehe, Krankensalbung, Priesterweihe. Das zugrundeliegende Verständnis besagt: Christus hat die Sakramente eingesetzt; er hat die Kirche bevollmächtigt, die Sakramente zu verwalten; durch ihren Empfang werden die Menschen in den Stand der gerechtmachenden Gnade aufgenommen, in ihm gestärkt oder (wie bei der Buße) in ihn zurückgeholt. In diesem Sinne hat die Kirche durch ihre Lehre wie durch ihr sakramentales Handeln eine grundlegende Bedeutung für das Leben der Gläubigen.

Unfehlbarkeit des Papstes

Die Grundzüge des römisch-katholischen Kirchenverständnisses haben sich im Mittelalter gebildet und im Laufe der Neuzeit eine weitere Ausprägung erfahren. Das 1. Vatikanische Konzil verkündigte das Dogma von der Unfehlbarkeit des Papstes[2]. Dieses Dogma besagt: Wenn der Papst offiziell („ex cathedra") in Fragen des Glaubens- und der Sittenlehre eine in der göttlichen Offenbarung enthaltene Wahrheit zum verbindlichen Dogma erklärt, dann kommt diesem Dogma Unfehlbarkeit zu. Auch

---

katechismus S. 908–977; H. Schwarz, Kirche 2, S. 77–116, S. 131–139; H. Schwarz, Kirche 3; Sachwissen, S. 103–129.

[2] Vgl. K. D. Schmidt/W. Sucker, Quellen zur Konfessionskunde, Lüneburg 1954–1957, S. 329–334; W. v. Loewenich, Der moderne Katholizismus vor und nach dem Konzil, Witten 1970, S. 35–52; J. Neuner-H. Roos, Der Glaube der Kirche in den Urkunden der Lehrverkündigung, neu bearbeitet von K. Rahner und K. H. Weger, Regensburg[8]1971, S. 293–303.

das Konzil der Bischöfe kann ein Dogma proklamieren, das aber nur durch die päpstliche Zustimmung Gültigkeit erlangt. Der Papst dagegen kann auch ohne Bestätigung durch das Konzil ein Dogma verkündigen. In der orthodoxen Kirche des Ostens wird dieses Verständnis des Papstes abgelehnt; dem römischen Bischof wird lediglich ein Ehrenvorrang zugestanden.

Marienverehrung

Im neueren Katholizismus wurden zwei Mariendogmen verkündigt. Im Jahre 1854 proklamierte Papst Pius IX. die Lehre von der unbefleckten Empfängnis Marias. Dieses Dogma lehrt, Maria sei bei ihrer Empfängnis durch ein einzigartiges Gnadenwerk Gottes im Blick auf die Verdienste Christi von der Erbsünde bewahrt geblieben. – Das im Jahre 1950 von Pius XII verkündigte Dogma[3] lehrt die Aufnahme Marias nach vollendetem Lebenslauf mit Leib und Seele in die himmlische Herrlichkeit (= „Assumptio"), die Himmelfahrt Marias. Eine biblische Begründung dieses Dogmas läßt sich nicht finden; es wird vielmehr aus der kirchlichen Tradition formuliert. Maria wird dabei zum Bild für die Kirche: Wie durch Maria Gottes Heil in die Welt kam, so kommt durch die Kirche das Heil zu den Menschen. In der neueren katholischen Interpretation werden diese Aussagen teilweise zurückhaltender gedeutet: Wegen des Bezuges zu Jesus Christus seien nicht alle Aussagen über Maria von gleichem Gewicht[4]. Daneben gibt es auch im heutigen Katholizismus Frömmigkeitsrichtungen, in denen die Marienverehrung eine große Bedeutung hat.

Das Verständnis der nichtkatholischen Kirchen

Das Kirchenverständnis im gegenwärtigen Katholizismus gründet sich auf die bisher genannten Anschauungen; zugleich aber werden auch neue Akzente gesetzt. So betont das 2. Vatikanische Konzil[5] in seinen Aussagen über die Kirche (1964): Priester und Laien bilden in Gemeinschaft das Volk Gottes; zusam-

---

[3] Vgl. K.D. Schmidt/W. Sucker, aaO, S. 55 f.; W. v. Loewenich, aaO, S. 228–275.

[4] Vgl. J. Feiner/L. Vischer (Hg.), Neues Glaubensbuch, Freiburg/Basel/Wien, [3]1973, S. 613.

[5] K.W. Kraemer (Hg.), Vatikanum II, Vollständige Ausgabe der Konzilsbe-

men vollziehen sie den Gottesdienst. Die nichtkatholischen Kirchen werden nicht mehr als häretisch beurteilt. Vielmehr sind auch in diesen Kirchen wesentliche Elemente der göttlichen Offenbarung und des Glaubens an Jesus Christus lebendig. Allerdings – so wird einschränkend hinzugefügt – haben die nichtkatholischen Gemeinschaften nicht an der Fülle der sakramentalen Gnade Anteil, die der römisch-katholischen Kirche gegeben ist.

Zusammenfassung

Nach römisch-katholischem Verständnis vollzieht sich das Wirken der Kirche zum Heil der Menschen vor allem in den Sakramenten. Die Bischöfe, an ihrer Spitze der Papst, repräsentieren die Einheit der Kirche, die durch die apostolische Sukzession mit Jesus Christus verbunden ist. Durch die Lehre von der Unfehlbarkeit des Papstes und die Mariendogmen wurde das Kirchenverständnis weiter ausgestaltet. Das 2. Vatikanische Konzil setzt neue Akzente im Blick auf die nichtkatholischen Kirchen.

1.2 Das reformatorische Kirchenverständnis

Evangelium – Sakramente – Kirche

Für das reformatorische Kirchenverständnis ist der Zusammenhang mit dem Christusgeschehen und der Rechtfertigungsbotschaft wesentlich. Das Christusgeschehen wird in der Verkündigung vergegenwärtigt; Wort und Sakrament sind die Mittel, in denen der Heilige Geist gegeben wird und den Glauben wirkt[6]. So heißt es im Artikel 7 des Augsburger Bekenntnisses: „Es wird auch gelehrt, daß allezeit eine heilige, christliche Kirche sein und bleiben muß, die die Versammlung aller Gläubigen ist, bei denen das Evangelium rein gepredigt und die heiligen Sakramente laut dem Evangelium gereicht werden."[7] Die Kirche wird immer sein; denn sie ist nicht Menschenwerk, sondern sie wird durch die Verkündigung der Christusbotschaft begründet. Sie ist

---

schlüsse, Osnabrück ³1966, S. 171–199; vgl. W. v. Loewenich, aaO, S. 333–354.

[6] Vgl. im Augsburger Bekenntnis, Artikel V, Bekenntnisschriften S. 63.
[7] Bekenntnisschriften S. 64.

die Versammlung der Menschen, die zum Glauben an Jesus Christus gekommen sind. Für die Einheit der Kirche reicht es, daß das Evangelium in diesem Verständnis verkündigt und die Sakramente entsprechend dem göttlichen Wort gereicht werden. Die rechtlichen und gottesdienstlichen Ordnungen sind dagegen Menschenwerk und zur Einheit der Kirche nicht notwendig.

Luther kann das Wort als das eine und wahre Kennzeichen der Kirche nennen: „Die Kirche ist unter dem Wort und nicht über ihm."[8] Die Kirche setzt daher nicht die Wahrheit. Sie gründet sich vielmehr auf das Wort Gottes, durch das sie selbst erst geschaffen wird. Die Botschaft von Jesus Christus ist also der Maßstab, an dem die vorhandene Kirche kritisch zu messen ist; zugleich ereignet sich im Hören des Wortes Gottes die Erneuerung der Kirche.

Sichtbare – unsichtbare Kirche

„Die Kirche ist verborgen, die Heiligen sind unbekannt."[9] Das heißt: Vor den Augen der Welt ist die Gemeinde als Kirche Jesu Christi verborgen; als Gemeinschaft der Glaubenden fällt sie nicht einfach mit der Zahl der Getauften zusammen. Dies entspricht der göttlichen Offenbarung überhaupt: Gott offenbart sich im Kreuz, „verborgen in den Leiden Christi"[10]. So ist der Artikel von der Kirche ein „Artikel des Glaubens", der gegen den Augenschein glaubt. Dieses Verständnis von der unsichtbaren Kirche bedeutet: Keine irdische Instanz kann entscheiden, wer zur wahren Kirche gehört und wer nicht. – So sehr die Unsichtbarkeit betont wird, so wird damit die sichtbare Gemeinschaft der Kirche nicht aufgelöst. Denn die Glaubenden bekennen in der Welt Jesus Christus als den Herrn. Darum gilt: „... wegen des Bekenntnisses ist die Kirche sichtbar"[11]. Das Bekenntnis aber gründet sich auf Wort und Sakrament. Wo sie

---

[8] M. Luther, WA 30/2, S. 682. Im Anschluß an das Nicänische Glaubensbekenntnis wird die Kirche mit den vier „Attributen" charakterisiert: Heiligkeit, Einheit, Katholizität, Apostolizität, vgl. W. Pannenberg, Das Glaubensbekenntnis, Gütersloh ⁴1982, S. 154–158. In der reformatorischen Theologie werden diese Aussagen über die Kirche von dem wesentlichen Kritierium, der Evangeliumsverkündigung her verstanden.

[9] M. Luther, WA 18, S. 652.

[10] Vgl. M. Luther, WA 39/II, S. 161.

[11] Ebd.

als die Zeichen der wahren Kirche zu finden sind, da sammelt sich in der sichtbaren Kirche die Gemeinde der Glaubenden.

Priestertum aller Gläubigen

Das rechte Verständnis der Bibel ist nach reformatorischer Überzeugung nicht an die Auslegung des kirchlichen Lehramtes gebunden. Die Reformatoren kennen auch kein besonderes Priesteramt in dem Sinne, daß nur der geweihte Priester wirksam die Sakramente austeilen könne. Die Reformatoren lehren vielmehr das „Priestertum aller Gläubigen". Alle Christen sind Zeugen des Evangeliums in der Welt. Zugleich gibt es um der Ordnung in der Gemeinde willen ein besonderes Amt mit dem Auftrag der öffentlichen Wortverkündigung und Sakramentsverwaltung. Die Träger dieses Amtes erhalten aber nicht eine Priesterweihe, sondern sie werden von der Gemeinde berufen[12].

Das reformatorische Kirchenverständnis setzt sich kritisch mit den Vorstellungen der Hierarchie (Papst- und Bischofsamt), sowie mit der kirchlichen Tradition neben der Bibel auseinander. Dazu gehört auch eine andere Sicht der Marienverehrung. Abgelehnt wird die kultische Verehrung Marias, denn dadurch würde die Bedeutung des Erlösungswerkes Christi infragegestellt. Die Stellung Marias kann nur von Person und Werk Jesu her gedeutet werden. So versteht Luther sie als Beispiel des Glaubens; in diesem Sinne kann sie eine Bedeutung für evangelische Christen haben.

Zusammenfassung

Nach reformatorischem Verständnis ist die Kirche in der Verkündigung der Christusbotschaft und in den Sakramenten begründet. Die wahre Kirche ist – wie die Offenbarung überhaupt – unsichtbar, verborgen. Die Kirche als Gemeinschaft der Glaubenden wird durch das Bekenntnis sichtbar.

---

[12] Vgl. das Augsburger Bekenntnis, Artikel 5 und 14, Bekenntnisschriften S. 63, S. 69 f.

1.3 Die Frage nach der Einheit der Kirche

Das Bewußtsein von der Einheit der Kirche ist im 20. Jahrhundert in erheblichem Maße gewachsen[13]. Der christliche Glaube bekennt die *eine* Kirche, zugleich aber ist die Realität durch die verschiedenen voneinander getrennten Konfessionen bestimmt. Die nicht-katholischen Kirchen haben sich zum „ökumenischen Rat der Kirchen" zusammengeschlossen, und auch die römisch-katholische Kirche hat sich vor allem seit dem 2. Vatikanischen Konzil der Ökumene in stärkerem Maße geöffnet.

Gegenseitige Anerkennung kirchlicher Ämter?

Das schwierigste Problem im Blick auf die ökumenische Einheit der Kirche ist die Frage des kirchlichen Amtes. Nach römisch-katholischem Verständnis hat Jesus Christus das Kirchliche Amt selbst eingesetzt und den Aposteln verliehen. Von ihnen reicht die ununterbrochene Kette der „apostolischen Sukzession" bis in die Gegenwart, da mit der Ordination die Vollmacht des Amtes weitergeben wird. Durch die Lehre von der Unfehlbarkeit des Papstes erfährt das katholische Amtsverständnis seine besondere Zuspitzung.

Die entscheidende Frage ist nun: Kann es in der Frage des Amtes zu einer Einigung zwischen den verschiedenen Konfessionen kommen? Nur wenn an diesem Punkt eine Einigung gelänge, könnte es auch zur Gemeinschaft im Abendmahl kommen. So versucht der Lima-Text Wege zur gegenseitigen Anerkennung der kirchlichen Ämter aufzuzeigen: Kirchen, die die apostolische Sukzession bewahrt haben, werden gebeten, das ordinierte Amt in den anderen Kirchen anzuerkennen. Kirchen ohne apostolische Sukzession werden gebeten, die Sukzession als Zeichen der Kontinuität wieder zu entdecken[14].

---

[13] Vgl. W. Joest, Dogmatik 2, S. 525 f., S. 537 f., S. 560—564; J. Feiner/L. Vischer (Hg.), aaO, S. 619—660; E. Lohse, Der ökumenische Dialog zwischen der Römisch-katholischen Kirche und der Evangelischen Kirche in Deutschland, Hannover 1987; Chr. Link/U. Luz/L. Vischer, Sie hielten aber fest an der Gemeinschaft. Einheit der Kirche als Prozeß im Neuen Testament und heute, Zürich 1988.

[14] Vgl. U. und G. Gaßmann (Hg.), Taufe, Eucharistie, Amt. Konvergenzerklärungen der Kommission für Glaube und Kirchenverfassung des Ökumenischen Rates der Kirchen, Frankfurt M./Paderborn, [10]1985, S. 42—49.

In der neueren Diskussion wird u. a. der Gedanke der versöhnten Verschiedenheit" vertreten, so in dem Vorschlag von H. Fries und K. Rahner[15]. Anzustreben ist eine Einigung in der Form der versöhnten Verschiedenheit von Teilkirchen. Sie alle behalten ihre eigene Tradition, verwerfen aber nicht mehr die Besonderheiten anderer Teilkirchen, die sich von ihrem Verständnis und ihrer Praxis unterscheiden. Dieser „Rahner-Plan" hat allerdings in der römisch-katholischen Kirche bislang keine offizielle Anerkennung gefunden; auch auf evangelischer Seite sind kritische Vorbehalte geltend gemacht worden. Wie immer man Einzelfragen beurteilen mag, so ist in jedem Fall deutlich: Eine Anerkennung der päpstlichen Unfehlbarkeit ist von evangelischer Seite nicht möglich, da sie dem reformatorischen Verständnis des Wortes Gottes widerspricht. In der Frage der Anerkennung kirchlicher Ämter sind einige verheißungsvolle Ansätze zu erkennen; grundsätzlich ist die Frage jedoch noch nicht gelöst.

Zusammenfassung

Das Bewußtsein von der Einheit der Kirche ist im 20. Jahrhundert gewachsen. Das schwierigste Problem bei der ökumenischen Verständigung ist die Frage des kirchlichen Amtes im Blick auf die „apostolische Sukzession" und die Stellung des Papstes. Es gibt verschiedene Bemühungen um die gegenseitige Anerkennung der kirchlichen Ämter, die allerdings bislang noch nicht zu einer Einigung geführt haben.

2. *Wort und Sakrament*

Die reformatorische Theologie kennt zwei Sakramente: Taufe und Abendmahl[16]. Ein Sakrament muß in der Bibel begründet, von Jesus Christus eingesetzt sein und außer dem Verheißungswort ein leibliche Element enthalten – bei der Taufe das Wasser,

---

[15] Vgl. H. Fries/K. Rahner, Einigung der Kirchen – reale Möglichkeit, Freiburg/Basel/Wien, Erw. Sonderausgabe 1985.

[16] Zu Abschnitt B.2, vgl. H. Graß, Glaubenslehre II, S. 144–168; W. Joest, Dogmatik 2, S. 565–590; Erwachsenenkatechismus, S. 1066–1085, S. 1104–1126; H. Schwarz, Kirche 3, S. 52–64.

beim Abendmahl Brot und Wein[17]. So gilt der Grundsatz: Wenn das Wort zum Element, zum natürlichen Wesen (einer Sache) hinzu kommt, so wird ein Sakrament daraus[18], ein „sichtbares Wort"[19]. Die Sakramente wirken nicht durch den bloßen Vollzug (ex opere operato); sondern sie rufen wie die Verkündigung des Wortes die Menschen zum Glauben.

2.1 Die Taufe

Die Taufe wird von allen christlichen Großkirchen untereinander anerkannt. Es gibt eine Gemeinsamkeit im Verständnis in folgenden Aussagen: Die Taufe ist von Jesus Christus eingesetzt (Mt 28,18–20). Durch ihren Vollzug wird ein Mensch Glied der Kirche. Die Taufe ist daher ein einmaliges Geschehen, das nicht wiederholt werden darf. Zu ihrem Vollzug gehört das Besprengen mit Wasser auf den Namen des dreieinigen Gottes.

Taufe und Glaube

Das reformatorische Verständnis der Taufe wird im Kleinen Katechismus deutlich. Auf die Frage: „Wie kann Wasser solch große Dinge tun?" gibt Luther im Kleinen Katechismus die Antwort: „Wasser tut's freilich nicht, sondern das Wort Gottes, das mit und bei dem Wasser ist, und der Glaube, der solchem Worte Gottes im Wasser traut."[20] Damit wird gesagt:

a) Das Wasser bei der Taufe ist nicht nur ein äußerliches Zeichen, sondern es ist „ins Wort gefaßt", mit der befreienden Zusage des Evangeliums verbunden.

b) Das Wasser ist nicht als solches heilswirksam; alle magischen Vorstellungen sind fernzuhalten. Die Taufe gilt – neben der Verkündigung – als eine besondere Gestalt des göttlichen Wortes. Sie ruft daher die Menschen zum Glauben und erwartet die Antwort des Glaubens auf das göttliche Wort. Luther verteidigt die Kindertaufe gegenüber den Wiedertäu-

---

[17] Da das leibliche Element bei der Buße fehlt, hat Luther sie anders als in seiner Frühzeit später nicht mehr als Sakrament angesehen.

[18] Großer Katechismus, 4. Hauptstück, Bekenntnisschriften S. 730.

[19] So z. B. Apologie, Artikel 13, Bekenntnisschriften S. 317.

[20] M. Luther, Der Kleine Katechismus, 4. Hauptstück, Bekenntnisschriften, S. 551; vgl. die Ausführungen im Großen Katechismus, Bekenntnisschriften, S. 728–731.

fern, die behaupten: Kleine Kinder können die Taufe noch nicht im Glauben empfangen; deswegen dürfen nur Erwachsene getauft werden. Luther hält dem entgegen: Unser Glaube macht nicht die Taufe, sondern er empfängt die Taufe. Deshalb gilt im Blick auf die Kinder: „Das Kind tragen wir herzu in der Meinung und Hoffnung, daß es glaube, und bitten, daß ihm Gott den Glauben gebe."[21] Der Vollzug der Taufe und die Antwort des Glaubens müssen zeitlich nicht zusammenfallen. Das Kind kann und soll im Laufe seines Lebens seinen Glauben auf die Zusage gründen, die ihm mit der Taufe gegeben ist.

Kindertaufe oder Erwachsenentaufe?

Die Diskussion um die Kindertaufe wurde in der Theologie vor allem durch Karl Barth neu in Bewegung gebracht. In seiner Schrift: „Die kirchliche Lehre von der Taufe"[22] deutet er die Taufe folgendermaßen: Gott gibt uns in ihr Bescheid über seine Entscheidung für uns, die er in Jesus Christus ein für allemal vollzogen hat. Zugleich ist die Taufe Bekenntnis und Entscheidung des Menschen. Deshalb sollte die Taufe in einem Alter vollzogen werden, in dem die Menschen das, was ihnen Gott sagt, aufnehmen und sich bewußt dazu bekennen können. Noch stärker unterscheiden sich von der überkommenen Tauflehre Barths Ausführungen im letzten Band der kirchlichen Dogmatik[23]. Barth unterscheidet hier zwischen der Taufe mit dem Heiligen Geist und der Taufe mit Wasser. In der Geisttaufe wirkt Jesus Christus als das einzige Sakrament der Kirche: „Jesus Christus selbst, er ganz allein, macht einen Menschen zum Christen."[24] Auf dieses göttliche Wirken antwortet der Mensch mit dem christlichen Leben; an dessen Anfang steht „seine in eigener Entscheidung von der Gemeinde begehrte und durch sie vollzogene Taufe mit Wasser als das verbindliche Bekenntnis seines Gehorsams, seiner Umkehr, seiner Hoffnung..."[25] Damit verstärkt sich Barths Ablehnung der Kindertaufe.

Orientiert sich die Theologie an dem reformatorischen Zu-

---

[21] M. Luther, Der Große Katechismus, 4. Hauptstück, Bekenntnisschriften, S. 738.

[22] K. Barth, Die kirchliche Lehre von der Taufe, Zürich 1947.

[23] K. Barth, KD IV, 4.

[24] K. Barth, aaO, S. 36.

[25] K. Barth, aaO, S. 1.

sammenhang von Gottes Wort und Glaube, dann läßt sich – anders als bei Barth – die Wassertaufe nicht ausschließlich von der Antwort des Menschen her verstehen. Die Besonderheit und Einmaligkeit der Taufe liegt nicht in dem menschlichen Ja des Getauften sondern in dem göttlichen Ja zum Menschen[26]. Deshalb liegt auf dem Zeitpunkt der Taufe kein entscheidendes Gewicht. So ist es auch legitim, wenn in evangelischen Kirchen die Kinder- und die Erwachsenentaufe nebeneinander praktiziert werden. Die Kindertaufe ruft in Erinnerung: Gottes Gnade gilt, bevor der Mensch etwas tun, auch bevor er glauben und bekennen kann. Die Erwachsenentaufe macht bewußt, daß vom Menschen die Antwort des Glaubens, das Bekenntnis zu Jesus Christus erwartet wird.

Zusammenfassung

Durch die Taufe auf den Namen des dreieinigen Gottes wird ein Mensch Glied der Kirche Jesu Christi. Nach evangelischem Verständnis ist die Taufe eine besondere Gestalt des göttlichen Wortes, das vom Menschen die Antwort des Glaubens erwartet. Wird beim Sakrament die Zusage Gottes als entscheidend angesehen, so läßt sich darin das Recht der Kindertaufe begründen, das in der neueren theologischen Diskussion allerdings umstritten ist.

2.2 Das Abendmahl

Im Laufe des Mittelalters entwickelte sich das Verständnis vom Abendmahl als „Meßopfer". Damit ist gemeint: Die Eucharistie ist eine Gabe Christi an die Kirche; zugleich aber bringt die Kirche ihn und sich selbst Gott als Opfer dar. Das Selbstopfer Jesu am Kreuz wird allerdings nicht durch ein weiteres Opfer ergänzt; vielmehr wird das einmalige Opfer am Kreuz in der Messe gegenwärtig gesetzt.

Die Anschauung von der Transubstantiation besagt: Durch die bei der Eucharistie gesprochenen Einsetzungsworte werden

---

[26] Vgl. G. Ebeling, Dogmatik III, S. 326; eine andere Position vertritt J. Moltmann: „Der Weg zu einer neuen, glaubwürdigeren Taufpraxis wird der Weg von der Kindertaufe zur Erwachsenentaufe sein", Kirche in der Kraft des Geistes, München 1975, S. 266.

die Substanzen von Brot und Wein in Leib und Blut Christi verwandelt. Von daher bildet der Vorgang der Wandlung den Höhepunkt im Meßgottesdienst.

Das reformatorische Verständnis

Die Reformatoren haben die Anschauung vom Meßopfer nachdrücklich abgelehnt, da diese Lehre im Widerspruch zu dem Selbstopfer Jesu am Kreuz stehe, in dem allein die Erlösung der Menschheit begründet sei. Nicht die Menschen bringen Gott ein Opfer dar; sondern Gott versöhnt die Welt mit sich in der Selbsthingabe Jesu. Daher ist das Abendmahl von der in Jesus Christus geschehenen Erlösung her zu verstehen.

Auch die Lehre von der Transsubstantiation wird von den Reformatoren abgelehnt, da sie sich aus der Bibel nicht begründen läßt. Brot und Wein werden nicht verwandelt, aber in diesen Elementen ist Christus im Abendmahl gegenwärtig. Auf die Frage: „Was ist das Sakrament des Altars?" gibt Luther die Antwort: „Es ist der wahre Leib und Blut unseres Herrn Jesus Christus, unter dem Brot und Wein uns Christen zu essen und zu trinken von Christus selbst eingesetzt."[27] In, mit und unter den Elementen ist Christus gegenwärtig.

Die evangelisch-reformierte Theologie vertritt demgegenüber eine andere Auffassung. Zwingli lehrt: das Brot „bedeutet" den Leib Christi; es besteht keine wesenhafte Verbindung zwischen den Elementen und Leib und Blut Christi; Brot und Wein weisen vielmehr auf Jesus Christus hin. Calvin betont: Christus ist nicht leiblich in Brot und Wein gegenwärtig; aber die Glaubenden werden durch den Heiligen Geist mit Christus verbunden. Darauf weist der leibliche Vorgang des Essens und Trinkens beim Abendmahl hin[28]. — Mit der Reformation setzte sich in den evangelischen Kirchen die Austeilung des Abendmahls „in beiderlei Gestalt", also von Brot und Wein durch.

---

[27] M. Luther, Der Kleine Katechismus, 5. Hauptstück, Bekenntnisschriften S. 553.

[28] J. Calvin, Christliche Unterweisung, Der Genfer Katechismus; vgl. auch den Heidelberger Katechismus, Frage 75−82.

Im Verständnis des Abendmahls wurde keine Einigkeit zwischen den reformatorischen Kirchen erreicht; es blieb vielmehr die wesentliche Unterscheidungslehre zwischen Lutheranern und Reformierten. Aus heutiger Sicht ist allerdings festzustellen, daß das Gemeinsame größer ist, als es in der Situation des 16. Jahrhunderts deutlich wurde. Die neue Beschäftigung mit den biblischen Texten und den systematisch-theologischen Überlegungen führte im Jahre 1971 zur „Leuenberger Konkordie", in der zwischen Lutheranern und Reformierten eine Übereinstimmung in den Grundfragen festgestellt wurde. So wird gesagt: Christus, „gibt sich vorbehaltlos allen, die Brot und Wein empfangen"; die Gemeinschaft mit ihm „können wir nicht vom Akt des Essens und Trinkens trennen"[29]. Es wird nach den neueren theologischen Einsichten nicht mehr nach dem Verhältnis zwischen Leib und Blut Christi und den Elementen Brot und Wein gefragt. Vielmehr geht es darum, daß Christus selbst im Geschehen des Essens und Trinkens beim Abendmahl gegenwärtig ist. Die neu gewonnene Übereinstimmung im Verständnis des Abendmahls ist eine wesentliche Voraussetzung für die Kirchengemeinschaft zwischen Lutheranern und Reformierten. Im übrigen wird aufgrund der Einsichten der Bibelwissenschaft die Vielfalt der Aspekte im neutestamentlichen Verständnis des Abendmahls in zunehmendem Maße gesehen (vgl. Abschnitt A,3).

Gemeinsames Abendmahl mit katholischen Christen?

Schwieriger ist das Gespräch mit der römisch-katholischen Kirche. In der neueren katholischen Theologie wird vielfach die Bindung Christi an das sakramentale Geschehen betont; Aussagen über das Meßopfer und die Transsubstantiation treten zurück. In der Konvergenzerklärung über „Taufe, Eucharistie und Amt", dem „Lima-Text" aus dem Jahre 1982, liegt eine Deutung des Abendmahls vor, die auch die Zustimmung römisch-katholischer Theologen gefunden hat. Dabei wird die Anschau-

---

[29] Zit. b. W. Joest, aaO, S. 588. – In manchen Gemeinden wird mit Rücksicht auf alkoholkranke Gemeindeglieder das Abendmahl (gelegentlich oder ständig) mit Traubensaft statt mit Wein gereicht.

ung vom Meßopfer und der Transsubstantiation nicht herangezogen[30]. Freilich bleibt abzuwarten, wie diese Erklärung in den
beteiligten Kirchen aufgenommen wird, ob sie auch die Zustimmung des Papstes findet. Vor allem aber ist die Frage des Amtes
bzw. des Weihesakraments strittig. Nach römisch-katholischer
Auffassung kann nur ein geweihter Priester das Sakrament voll-
gültig spenden. Die Frage des Abendmahls führt an dieser Stelle
auf das Problem des Amtes zurück (s.o. Abschnitt B, 1.3). Bei
vielen Christen ist die Hoffnung auf eine gemeinsame Abend-
mahlsfeier lebendig; dabei wäre es ein wichtiger Schritt, Ange-
hörige anderer Konfessionen als Gäste voll zuzulassen.

Zusammenfassung

Nach evangelischem Verständnis ist im Abendmahl unter
Brot und Wein Jesus Christus gegenwärtig. Die Feier des Abendmahls verbindet die Glaubenden mit Christus und untereinander. Zwischen Lutheranern und Reformierten ist eine Übereinstimmung im Verständnis des Sakraments erreicht; ob und in
welchem Sinne eine Abendmahlsgemeinschaft mit der römisch-
katholischen Kirche möglich sein wird, ist zur Zeit noch offen.

3. Juden und Christen

Das Verständnis zwischen Christentum und Judentum[31] hat
im 20. Jahrhundert eine beachtenswerte Wandlung erfahren.
Nach den Verbrechen an den Juden unter der nationalsozialistischen Herrschaft haben Christen ihre Schuld gegenüber Israel
erkannt, und es hat eine Neubesinnung über Gemeinsamkeiten
und Unterschiede zwischen Juden und Christen begonnen.
Gemeinsam ist beiden die hebräische Bibel mit ihrer Botschaft
von Gott, seinem Gebot und seinen Verheißungen. Der Unterschied liegt in der Stellung zu Jesus Christus. Der christliche
Glaube lebt in der Überzeugung, Jesus ist der Christus, d.h. in
ihm begegnet die entscheidende, letztgültige Offenbarung Gottes. Im Verständnis des jüdischen Glaubens ist der Messias noch

---

[30] AaO, S. 18–28.
[31] Vgl. A. Baumann (Hg.), Was jeder vom Judentum wissen muß, Gütersloh
[4]1987; Erwachsenenkatechismus, S. 1012–1022; Sachwissen, S. 224–227.

nicht erschienen; sein Kommen und damit die Überwindung der gottfeindlichen Mächte wird erst in der Zukunft erwartet.

Dennoch sind die Gemeinsamkeiten stärker ins Bewußtsein getreten; das jüdisch-christliche Gespräch hat eine erhebliche Intensivierung erfahren. In diesem Zusammenhang hat die Landessynode der Evangelischen Kirche im Rheinland im Jahr 1980 einen Beschluß gefaßt „Zur Erneuerung des Verhältnisses von Christen und Juden", der viel diskutiert worden ist. Mit dem Schuldbekenntnis am Holocaust und dem Hinweis auf die biblische Botschaft ist eine Gesinnungsänderung unausweichlich. Deshalb erklärt die Synode: „Wir bekennen uns zu Jesus Christus, dem Juden, der als Messias Israels Retter der Welt ist und die Völker der Welt mit dem Volk Gottes verbindet." Als Gemeinsamkeit zwischen Juden und Christen wird festgestellt: „Wir bekennen beide Gott als den Schöpfer des Himmels und der Erde und wissen, daß wir als von demselben Gott durch den aaronitischen Segen[32] Ausgezeichnete im Alltag der Welt leben. – Wir bekennen die gemeinsame Hoffnung eines neuen Himmels und einer neuen Erde und die Kraft dieser messianischen Hoffnung für das Zeugnis und das Handeln von Christen und Juden für Gerechtigkeit und Frieden in der Welt."[33] Da Christen und Juden Zeugen Gottes vor der Welt und voreinander sind, kann die Kirche ihr Zeugnis gegenüber dem jüdischen Volk nicht wie ihre Mission an der Völkerwelt wahrnehmen.

Die durch den Holocaust gegebene Herausforderung sowie die durch die Bibel begründete Gemeinsamkeit zwischen Juden und Christen werden in dieser Stellungnahme zweifellos mit Recht betont. Dennoch sind an die Erklärung auch kritische Fragen gerichtet worden[34]. Sie beziehen sich vor allem auf die Bedeutung Jesu. Auch in einem erneuerten Verhältnis zwischen Christen und Juden kann die Bedeutung Jesu nicht verschwiegen werden, vielmehr muß in die jüdisch-christliche Begegnung die Botschaft eingebracht werden: Im Leben, Sterben und Auf-

---

[32] 4. Mose 4,24–26.

[33] Evangelische Theologie, 40, 1980, S. 260 f.; vgl. zum Ganzen, S. 257–276.

[34] So z. B. G. Klein, Christlicher Antijudaismus, Zeitschrift für Theologie und Kirche, 79, 1982, S. 411–450; ferner verschiedene Beiträge in Kerygma und Dogma 27, 1981; vgl. zur Diskussion auch H. G. Pöhlmann, Abriß der Dogmatik, Gütersloh ⁴1985, S. 55 f.

erstehen Jesu Christi ist endgültig Gottes gnädige Zuwendung zur ganzen Menschheit offenbar geworden.

Zusammenfassung

Judentum und Christentum gründen sich gemeinsam auf das Alte Testament mit seiner Botschaft von Gott, seinem Gebot und seinen Verheißungen. Der Unterschied liegt in der Stellung zu Jesus Christus. Das jüdisch-christliche Gespräch hat unter dem Eindruck leidvoller geschichtlicher Erfahrungen und aufgrund der neu entdeckten Gemeinsamkeiten eine zunehmende Bedeutung gewonnen.

4. Christentum und Weltreligionen

Das Verhältnis zwischen dem Christentum und den anderen Weltreligionen[35] ist in unterschiedlicher Weise bestimmt worden[36].

a) In der älteren Theologie vor der Aufklärung argumentierte man vielfach mit der Unterscheidung zwischen wahrer und falscher Religion: Im Christentum ist die „wahre Religion" zu finden; in den außerchristlichen Kulten gibt es wohl eine Erfahrung des Heiligen, die aber durch menschliche Vorstellungen verfälscht worden ist.

b) Mit dem Zeitalter der Aufklärung setzte sich der Gedanke der Toleranz durch. Damit wurden auch die außerchristlichen Religionen positiver beurteilt. So konnten die Religionen als Entfaltung des menschlichen Gottesbewußtsein angesehen werden, die einen relativen Wahrheitsgehalt haben. Durch das Christentum ist dann die Religion zu ihrer höchsten Gestalt gekommen.

c) Karl Barth behauptet einen scharfen Unterschied zwischen

---

[35] Vgl. E. Dammann, Grundriß der Religionsgeschichte, Stuttgart/Berlin/Köln/Mainz 1978; Erwachsenenkatechismus, S. 90–112; Sachwissen, S. 217–224, S. 227–230; H. Schwarz, Gotteslehre 2; E. Conze, Der Buddhismus – Wesen und Entwicklung, Stuttgart/Berlin/Köln/Mainz [8]1986; R. Paret, Mohammed und der Koran, Geschichte und Verkündigung des arabischen Propheten, Stuttgart/Berlin/Köln/Mainz, [6]1985.

[36] Vgl. H. Graß, Glaubenslehre I, S. 64–73; W. Joest, Dogmatik 1, S. 28–34; W. Pannenberg, Systematische Theologie, Band 1, Göttingen 1988, S. 167–207.

Evangelium und Religion[37]. Im Evangelium von Jesus Christus gibt Gott sich den Menschen zu erkennen. Religion dagegen ist die Möglichkeit des Menschen, in der er versucht, von sich aus zu Gott zu kommen, ihn sich verfügbar zu machen. Das Evangelium führt so zu einer grundsätzlichen Infragestellung der Religionen.

d) Andere Theologen betonen Zusammenhang und Unterschied zwischen Christentum und Religionen. So sieht Tillich in Jesus Christus die „letztgültige" Offenbarung[38]. Er ist aber das Ziel einer Offenbarungsgeschichte, die auf ihn zugeht. Diese „universale" Offenbarung manifestiert sich darüber hinaus in allen Religionen. Sie unterliegt zwar vielen menschlichen Verfälschungen; aber die Religionen sind nicht nur Menschenwerk, sondern sie gehen auf Offenbarungserfahrungen zurück, die allerdings unter dem Urteil der letztgültigen Offenbarung stehen.

Nach dem Selbstverständnis des christlichen Glaubens ist es nicht möglich, von der Religion im allgemeinen und den bedeutenden Religionen her die Botschaft von Jesus Christus zu verstehen. Vielmehr kann nur von der Offenbarung Gottes in Jesus Christus her die Wirklichkeit der Religion und der einzelnen Religionen gesehen werden. Unter dieser Voraussetzung muß man die Religionen aber keineswegs rein anthropologisch, als bloßes Menschenwerk betrachten. Dies wird dadurch bestätigt, daß man in den Weltreligionen einzelne Motive wahrnehmen kann, die trotz aller Unterschiede eine Nähe zum christlichen Verständnis erkennen lassen. Für den Islam[39] ist der konsequente Monotheismus zu beachten, ein Erbe der alttestamentlichen Tradition. Der eine Gott wird als der gütige Schöpfer bezeugt. Im Bereich des Hinduismus ist die Bhakti-Frömmigkeit zu nennen[40]. In ihr geht es um die liebende Hingabe an die personal verstandene Gottheit; wesentlich ist dafür die Gnade, die dem Menschen zuteil wird. Schließlich ist an den Mahayana-Buddhismus zu erinnern[41]. Der Gedanke der erlösenden göttlichen Liebe hat hier besondere Bedeutung. Der Mensch kommt nicht

---

[37] Vgl. K. Barth, Dogmatik im Grundriß, S. 39−42.
[38] P. Tillich, Systematische Theologie I, S. 164−172.
[39] Vgl. E. Dammann, aaO, S. 73, S. 77.
[40] Vgl. aaO, S. 35.
[41] Vgl. aaO, S. 50−52.

von sich aus zum Heil, sondern durch Vertrauen auf die Kraft des Amida. Selbstverständlich sind alle diese Aussagen im Zusammenhang der jeweiligen Religion zu verstehen, und sie erhalten von daher ihr besonderes Gepräge.

Diese Beobachtungen unterstreichen die Erkenntnis, daß die Religionen nicht einfach als vom Menschen erdachten Gebilde gesehen werden können. Vielmehr zeigen die Religionen, daß der Mensch immer schon unter dem Anspruch Gottes steht. So kann gerade von Jesus Christus her Religion verstanden werden „nicht so sehr im Sinne einer vom Menschen her auf den wahren Gott zielenden Frage, aber als Symptom eines In-Frage-Gestelltseins durch ihn, als Signal einer „Unruhe", in die der Mensch von Gott her gestellt bleibt"[42]. Von daher sind Recht und Grenzen christlicher Mission sowie des interreligiösen Dialogs zu bestimmen.

Zusammenfassung

Da der christliche Glaube in Jesus Christus die letztgültige Offenbarung Gottes sieht, stellt sich das Problem, wie der Wahrheitsanspruch der anderen Religionen zu beurteilen ist. Die Religionen können nicht nur rein anthropologisch verstanden werden, sondern als Ausdruck der Tatsache, daß alle Menschen unter dem Anspruch Gottes stehen. Christliche Theologie hat keinen intoleranten Absolutheitsanspruch aufzurichten, wohl aber die einladende Botschaft des Evangeliums in der Welt der Religionen zu bezeugen.

---

[42] W. Joest, Dogmatik 1, S. 32. Für das Verhältnis zu *anderen religiösen Gemeinschaften* vgl. K. Hutten, Seher, Grübler, Enthusiasten. Das Buch der traditionellen Sekten und religiösen Sonderbewegungen, Stuttgart 1982 (Neuausgabe); R. Hauth, Die nach der Seele greifen. Psychokult und Jugendsekten, Gütersloh ²1985; G. Holtz, Die Faszination der Zwänge. Aberglaube und Okkultismus, Göttingen 1984; H.-J. Ruppert, New Age. Endzeit oder Wendezeit? Wiesbaden 1985; O. Eggenberger/C.-A. Keller/J. Mischko/J. Müller/G. Voss, New Age – aus christlicher Sicht, Weltanschauungen im Gespräch, Band 1, Freiburg/Zürich ²1987.

X. Die christliche Hoffnung

Das Christentum hat ein besonderes Verständnis der Geschichte entwickelt. Alles Geschehen und damit auch das Leben des Einzelnen geht auf ein Ziel zu. Die Hoffnung richtet sich auf die Verheißung Gottes, die an der Grenze des Todes kein Ende findet. Worin ist diese Hoffnung begründet? Wie läßt sie sich angesichts heutiger Erfahrungen aussagen und verantworten?

A. Biblische Grundlagen

1. Leben und Tod im Alten Testament

Im Glauben Israels wurde über einen langen Zeitraum die Verheißung Gottes rein innerweltlich verstanden; daher gab es keine Erwartungen über die Grenze des Todes hinaus[1]. Von den Vätern wird erzählt: Sie starben alt und lebenssatt (1. Mose 25,8; 35,29; Hiob 42,17). Dies gilt als gnädige Erfüllung, wurde doch das Leben ohnehin als etwas Begrenztes angesehen. Die Toten stehen außerhalb von Jahwes Handeln: „Du gedenkst ihrer nicht mehr, und sie sind geschieden von deiner Hand" (Ps 88,6). Im Tod bricht die Gemeinschaft mit der Familie und dem Volk aber auch mit Jahwe ab; es gibt keine Verkündigung und kein Lob Gottes mehr (vgl. Ps 88,11 f.; Jes 38,18). Im Unterschied zu den Religionen der Umwelt[2] haben sich erstaunlicherweise im frühen Israel keine Jenseitsvorstellungen entwickelt; gegenüber dem Totenkult verhielt man sich äußerst zurückhaltend.

---

[1] Vgl. zum Ganzen O. Kaiser-E. Lohse, Tod und Leben, Stuttgart/Berlin/Mainz 1977; vgl. G. v. Rad, Theologie AT I, S. 415−420; W. H. Schmidt, Atl. Glaube, S. 274−282.

[2] Vor allem die ägyptische Religion war stark von der Vorstellung eines Gerichts im Jenseits bestimmt.

Ein Beispiel für das frühe Verständnis des Todes ist Psalm 90[3]. Der Dichter bringt in eindringlicher Weise die Vergänglichkeit des Menschen zum Ausdruck, stellt dieser Erfahrung aber das Vertrauensbekenntnis zu Gott voran: „Herr, du bist unsere Zuflucht für und für. Ehe denn die Berge wurden und die Erde und die Welt geschaffen wurden, bist du Gott, von Ewigkeit zu Ewigkeit" (Ps 90,1 f.). Die Sterblichkeit der Menschen wird illusionslos geschildert: Sie kehren zum Staub zurück, sie sind wie ein Gras, das am Morgen noch blüht und am Abend verdorrt; ihre Schuld wird vor Gott offenbar; das Leben, die dem Menschen zugemessene Zeit von 70 oder 80 Jahren, geht schnell dahin, und was daran köstlich scheint, ist vergebliche Mühe (Ps 90,3–11). Aus dieser Erfahrung ergibt sich die Bitte: „Lehre uns unsere Tage zählen, daß wir ein weises Herz gewinnen" (Ps 90,12).

Darüber hinaus bittet der Dichter um die erneute Zuwendung Gottes, um die Erfahrung seiner Gnade und Freude, um seinen Segen für das Werk der Hände (Ps 90,13–17). Weinen und Lachen, Schmerz und Freude haben ihre Zeit. Auch angesichts der Vergänglichkeit können Freude und Gotteslob bestehen, wo die Zuversicht zu dem ewigen Gott bleibt[4]. Es gibt aber keine Hoffnung über den Tod hinaus. „Der Gedanke an den Tod provoziert nur dazu, das Leben in einem letzten Sinne ernst zu nehmen."[5]

Die Gemeinschaft mit Gott angesichts des Todes

Die genannten Vorstellungen entwickeln sich in der Glaubensgeschichte Israels weiter. Der Ansatzpunkt ist dabei die Erfahrung der Gottesgemeinschaft. So heißt es in Psalm 73[6]:

> „du leitest mich nach deinem Rat
> und nimmst mich am Ende mit Ehren an.
> Wenn ich nur dich habe,
> so frage ich nicht nach Himmel und Erde.
> Wenn mir gleich Leib und Seele verschmachtet,

---

[3] Vgl. C. Westermann, Ausgewählte Psalmen, S. 114–120.
[4] Vgl. C. Westermann, aaO, S. 120.
[5] U. Wilckens, Auferstehung, S. 76.
[6] Vgl. auch Ps 16,9–11, Hiob 19,25 f.

so bist du doch, Gott, allezeit meines Herzens Trost
und mein Teil." (Ps 73,24—26).

Der Glaubende lebt in der Gemeinschaft mit Gott, die über
den Tod hinaus besteht. Gelegentlich wird diese Hoffnung mit
der Vorstellung von der Entrückung[7] verbunden: „Gott selbst
wird mein Leben loskaufen, frei vom Totenreich; er wird mich
entrücken" (Ps 49,16). Hinter dieser Vorstellung steht die Gewißheit: Gott verfügt jenseits der Todesgrenze über weitere Le-
bensräume; und der glaubende Menschen weiß sich bei ihm
geborgen.

Auferstehung der Toten

In den späten Schriften des Alten Testaments ist bereits ein
Einfluß der Apokalyptik festzustellen mit der Erwartung einer
neuen Weltzeit, in der die Überwindung der Todesmacht und die
Auferstehung der Toten Wirklichkeit wird. So heißt es in Jes
25,8[8]: „Vernichten wird er den Tod auf ewig; und abwischen
wird Gott, der Herr, die Tränen von jedem Antlitz." Dem entspricht die Hoffnung auf die Auferstehung der Toten: „Deine
Toten werden leben…" (Jes 26,19). Bei Daniel wird schließlich
die allgemeine Auferstehung für Israel verkündigt: „Viele, die
unter der Erde schlafen liegen, werden aufwachen, die einen zum
ewigen Leben, die anderen zu ewiger Schmach und Schande"
(Dan 12,2). Die Erwartung des Gottesgerichts am Ende der Zeit
ist charakteristisch für die apokalyptischen Schriften. In diesem
Gericht ergeht das endgültige Urteil über die Menschen.

Die apokalyptische Literatur hat vor allem in nachalttesta-
mentlicher Zeit an Bedeutung gewonnen. Es geht hier um die
Frage: Behalten Leid, Schuld und Tod das letzte Wort? Oder ist
ihnen die Macht Gottes überlegen? Wie aber wird diese Wirklichkeit Gottes für den Menschen erfahrbar?

Zusammenfassung

In den frühen alttestamentlichen Schriften gibt es keine Erwartung eines Lebens nach dem Tod. Später entsteht aus dem

---

[7] In erzählenden Überlieferungen findet sich die Entrückungsvorstellung
1. Mose 5,24; 2. Kön 2,11 ff.
[8] Die Kapitel Jes 24—27 bilden die „jesajanische Apokalypse"; sie stammen
nicht vom Propheten Jesaja sondern sind in späterer Zeit hinzugefügt worden.

Glauben an Gott die Gewißheit: Die Gemeinschaft mit Gott besteht über den Tod hinaus. Unter dem Einfluß der Apokalyptik entwickelt sich die Erwartung der Auferstehung der Toten und des künftigen Gerichts.

2. Das kommende Reich Gottes – die Verkündigung Jesu

Die Erwartungen der Apokalyptik sind zur Zeit des Neuen Testaments weithin lebendig. Sie werden allerdings nicht von allen Gruppen in Israel geteilt. So lehnen die Sadduzäer die Vorstellung von der Auferstehung der Toten ab, da sie in den fünf Büchern Mose nicht bezeugt ist. Die Bewegung der Pharisäer lebt dagegen in der Erwartung des kommenden Reiches Gottes und hofft auf die Auferstehung der Toten. In diesem Glauben besteht eine Gemeinsamkeit zwischen den Pharisäern und Jesus.

Wie ist die Auferstehungshoffnung begründet?

Jesus verkündigte das Reich Gottes, das nahe herbeigekommen ist, und das in seinem Wirken bereits anbricht. Die Frage der Auferstehung wird dabei nur selten ausdrücklich thematisiert, so in dem Streitgespräch mit den Sadduzäern (Mk 12,18–27 par.)[9].

Offenkundig wollen die Sadduzäer mit der gestellten Frage Jesus in die Enge treiben und damit die Auferstehungshoffnung als sinnlos erweisen. Der Verlauf des Gesprächs zeigt nun deutlich: Jesus weist die Anschauung der Sadduzäer zurück. Er setzt die künftige Auferstehung der Toten voraus. Ihre Existenzweise ist allerdings nicht mit dem irdischen Dasein vergleichbar, „sondern sie sind wie die Engel im Himmel" (Mk 12,25). Die Begründung dieser Hoffnung liegt im Gottesverständnis. Jesus weist auf „die Kraft Gottes" hin (Mk 12,24). Der Gott Abrahams, Isaaks und Jakobs ist „nicht ein Gott der Toten, sondern der Lebenden" (Mk 12,27). Seine lebensschaffende Macht bleibt auch im Tod wirksam, darin ist die Gewißheit von der Auferstehung der Toten begründet.

---

[9] Vgl. E. Schweizer, Markus, S. 140–142.

Zur Botschaft vom kommenden Reich Gottes gehört die Ankündigung des Gerichts. Im Unterschied zur Apokalyptik und auch gegenüber Johannes dem Täufer hat bei Jesus die Verkündigung des Gerichts eine andere Bedeutung bekommen. Es geht in seiner Botschaft vor allem um die gnädige Zuwendung Gottes zum Menschen unabhängig von der religiösen oder ethischen Leistung. Diese vorbehaltlose Einladung wird zur Hoffnung für den, der umkehrt, und zum Unheil für den, der seine Werke als Verdienst ansieht.

Die Menschen, die der Botschaft Jesu glauben, haben damit keinen gesicherten Besitz gewonnen. Vielmehr gilt es, die empfangene Güte Gottes zu bewahren, sie im Leben zur Geltung kommen zu lassen, nicht die von Gott geschenkte Vergebung dem Mitmenschen vorzuenthalten (Mt 18,21–35). Es geht darum, den von Gott gegebenen Auftrag verantwortlich wahrzunehmen und sich ihm nicht zu versagen (Mt 25,14–30; Lk 19,12–27). Die Menschen werden beim Gericht danach gefragt, ob sie die Not ihres Nächsten gesehen und das Notwendige getan haben (Mt 25,31–46). Im Sinne Jesu gilt: „Was ihr getan habt einem von diesen meinen geringsten Brüdern, das habt ihr mir getan" (Mt 25,40). Die Liebe ist somit der entscheidende Maßstab im Gericht.

Anders als in der damaligen Frömmigkeit geht es nicht um besondere religiöse oder ethische Verdienste, mit denen der Mensch vor Gott bestehen und einen Anspruch auf Lohn im Jenseits erwerben will. Jesus fragt vielmehr nach der schlichten Tat der Liebe – „wir haben nur getan, was wir zu tun schuldig waren" (Lk 17,10). Diesem Verhalten verheißt Jesus den himmlischen „Lohn", die Erfüllung des menschlichen Lebens, die für immer Bestand haben wird.

Zusammenfassung

Jesus teilt die zu seiner Zeit lebendige Erwartung der Auferstehung der Toten. Sie gehört zur Botschaft vom Reich Gottes; sie ist in der Gewißheit von der Macht Gottes begründet. Im künftigen Gericht gilt die Liebe als der entscheidende Maßstab.

3. Auferstehung der Toten – die Theologie des Paulus

Paulus ist durch seine Herkunft mit den eschatologischen Erwartungen des pharisäischen Judentums vertraut. In seinen Briefen begründet er die Hoffnung mit der Auferstehung Jesu: „Denn wenn wir glauben, daß Jesus gestorben und auferstanden ist, so wird Gott auch die, die entschlafen sind, durch Jesus mit ihm einherführen" (1. Thess 4,14). Paulus erwartet wie die Urgemeinde die baldige Wiederkunft Jesu Christi in Herrlichkeit (= Parusie). Dabei liegt sein Interesse nicht auf der Frage nach dem Zeitpunkt. Er sieht vielmehr die Zukunft im Lichte der Erlösung, die in Jesus Christus schon geschehen ist. In der Gemeinde in Thessalonich sind nun die ersten Gläubigen gestorben. Zu den dadurch entstandenen Fragen schreibt Paulus: Diejenigen, die zu Lebzeiten die Ankunft des Herrn erleben, werden denen, die entschlafen sind, nicht zuvorkommen. Für beide gilt: „so werden wir bei dem Herrn sein allezeit" (1. Thess 4,17). Die Christen brauchen nicht traurig zu sein „wie die andern, die keine Hoffnung haben" (1. Thess 4,13); ihre Hoffnung ist in der Auferstehung Jesu begründet.

Sehr umfassend bezeugt Paulus die Botschaft von der Auferstehung der Toten im 15. Kapitel des 1. Korintherbriefes. Anlaß dazu sind Anschauungen, die in der Gemeinde von Korinth vertreten wurden – „wie sagen dann einige unter euch: Es gibt keine Auferstehung der Toten?" (1. Kor 15,12). Die hinter dieser Aussage stehenden Vorstellungen lassen sich im Einzelnen nicht mehr eindeutig erkennen. Möglicherweise handelt es sich um eine Anschauung von Enthusiasten, die meinen, für sie sei die Auferstehung schon geschehen, sie sei daher nicht mehr für die Zukunft zu erwarten. Paulus betont demgegenüber mit allem Nachdruck: An der Auferstehung der Toten hängt alles in der christlichen Verkündigung und im christlichen Glauben.

Auferstehung der Toten – die begründete Hoffnung

Ausgangspunkt der Argumentation[10] ist das überlieferte Bekenntnis vom Kreuzestod und der Auferweckung Jesu (1. Kor

---

10 Vgl. G. Bornkamm, Paulus, S. 225–233; W. G. Kümmel, Theologie NT, S. 203–218; E. Lohse, Ntl. Theologie, S. 109–111; U. Wilckens, Auferstehung, S. 92–95.

15,3–5)[11]. Aufgrund dieses Bekenntnisses schreibt Paulus: „Nun aber ist Christus auferweckt von den Toten als Erstling unter denen, die entschlafen sind" (1. Kor 15,20). Die Auferweckung Jesu hat nicht nur für ihn selbst Bedeutung. Vielmehr beginnt in diesem Geschehen die neue Schöpfung. Hier wird die lebenschaffende Kraft Gottes offenbar, die an allen wirksam werden will in der Auferweckung der Toten. Die Hoffnung der Christen ist daher begründete Hoffnung; sie hat ihren Grund in der Kraft Gottes, die in der Auferweckung Jesu offenbar geworden ist.

Für Paulus geht die Geschichte auf ein Ziel zu, auf die endgültige Herrschaft Gottes[12]. Zuvor müssen alle gottfeindlichen Mächte überwunden werden: „Der letzte Feind, der vernichtet wird, ist der Tod" (1. Kor 15,26). Wenn Christus alle Mächte besiegt hat, „dann wird auch der Sohn selbst untertan sein dem, der ihm alles unterworfen hat, damit Gott sei alles in allem" (1. Kor 15,28).

Wie ist die Auferstehung vorzustellen?

Diese Frage war schon zur Zeit des Neuen Testaments aktuell. „Es könnte aber jemand fragen: Wie werden die Toten auferweckt, und mit was für einem Leib werden sie kommen?" (1. Kor 15,35). Die Botschaft des Paulus ist gegenüber zwei anderen Auffassungen abzugrenzen:

a) Paulus vertritt nicht die Lehre von der Unsterblichkeit der Seele, die im griechischen Denken verbreitet ist. Diese Auffassung unterscheidet zwischen Leib und Seele. Der Leib ist der Vergänglichkeit unterworfen. Die Seele dagegen ist das Unvergängliche im Menschen, das ihm Unsterblichkeit gibt. Paulus liegen diese Vorstellungen fern. Er sieht den Menschen im Anschluß an das alttestamentliche Denken als leibseelische Einheit.

b) Die künftige Auferstehung ist nicht Verlängerung des irdischen Lebens. Diese verdeutlicht Paulus an dem Bild vom Samenkorn, das in die Erde gelegt wird und „stirbt", und aus

---

[11] Vgl. dazu Kapitel VII, A.1; zu 1. Kor 15 vgl. F. Lang, Korintherbriefe, S. 207–244.

[12] Paulus sagt in diesem Zusammenhang nichts von den Nichtchristen, ob sie im Tod bleiben oder auferstehen zum Gericht, vgl. Wilckens, aaO S. 94.

dem Gott eine neue Pflanze schafft. Was hier an einem Vorgang in der Schöpfung wahrgenommen werden kann, gilt auch für die neue Schöpfung in der Auferweckung der Toten (1. Kor 15,36—38).

Es geht nicht um eine Verlängerung des irdischen Daseins: „Das sage ich aber, liebe Brüder, daß Fleisch und Blut das Reich Gottes nicht ererben können; auch wird das Verwesliche nicht erben die Unverweslichkeit" (1. Kor 15,50). Die Auferstehung von den Toten ist nicht Wiederbelebung, sondern sie ist Schöpfung neuen Lebens, das die Macht des Todes überwunden hat (1. Kor 15,42—44). Das Leben der Auferstehung ist ganz anders als das irdische Dasein (totaliter-aliter).

Zugleich aber ist die Auferweckung von den Toten nicht eine Schöpfung aus dem Nichts, sie vollzieht sich vielmehr an den Menschen, die gelebt haben. Paulus weist darauf hin, indem er das Wort vom „geistlichen Leib" bildet; (im Gegensatz zum natürlichen Leib ist der geistliche Leib ganz vom göttlichen Geist bestimmt). Dabei bringt das Wort „Leib" zum Ausdruck: Der einzelne Mensch hat eine unverlierbare Würde, der Einzelne bleibt vor Gott unendlich wichtig; an ihm vollzieht sich das Wunder der Auferweckung von den Toten.

„Dies Sterbliche muß anziehen die Unsterblichkeit" (1. Kor 15,53). Im Unterschied zur griechischen Lehre ist die Unsterblichkeit in der Beziehung zwischen Gott und dem Menschen begründet. Das, was im Tod bleibt, liegt nicht in einer vorfindlichen Qualität des Menschen. Der Mensch steht vielmehr in einer unzerstörbaren Beziehung zu Gott bzw. zu Jesus Christus, da der Geist Gottes in ihm wohnt: „Wenn aber der Geist Gottes, der Jesus von den Toten auferweckt hat, in euch wohnt, so wird Gott, der Jesus Christus von den Toten auferweckt hat, auch eure sterblichen Leiber auferwecken durch die Kraft seines Geistes, der in euch wohnt" (Röm 8,11). Nicht der Tod, sondern Gott hat darum das letzte Wort. So bezeugt Paulus den Gott, „der die Toten lebendig macht und das Nichtseiende ins Sein ruft" (Röm 4,17). So wie Gott die Schöpfung aus dem Nichts ins Dasein gerufen hat, so wird er die Toten aus dem Tod zum Leben erwecken. Diese lebenschaffende Kraft Gottes ist in der Auferweckung Jesu offenbar geworden. Die Gewißheit von der Auferweckung der Toten ergibt sich also mit innerer Konsequenz aus dem Glauben an Gott, aus dem Glauben an Jesus Christus.

Auch Paulus spricht von dem zukünftigen Gericht nach den Werken: „Denn wir müssen alle offenbar werden vor dem Richtstuhl Christi; damit jeder seinen Lohne empfange für das, was er getan hat bei Lebzeiten, es sei gut oder böse" (2. Kor 5,10, vgl. Röm 2,5–13; 14,10). Paulus sieht diese Aussage im Zusammenhang mit Jesus Christus, „der uns von dem zukünftigen Zorn errettet" (1. Thess 1,10). Der Tag des Herrn wird wie ein Dieb in der Nacht kommen. Die Christen können diesem Tag aber in der Gewißheit entgegengehen: „Gott hat uns nicht bestimmt zum Zorn, sondern dazu, das Heil zu erlangen, durch unseren Herrn Jesus Christus" (1. Thess 5,9). Die Erwartung des künftigen Gerichts ist bestimmt von der Gewißheit: Gott, der seine Barmherzigkeit in Jesus Christus offenbar hat, wird uns gerechtsprechen (Röm 8,33 f.). Der christliche Glaube ist allerdings kein gesicherter Besitz. Es besteht die Gefahr, sich von Gott abzuwenden, sich von der Lieblosigkeit bestimmen zu lassen. Demgegenüber gilt es, bei der Botschaft von Jesus Christus zu bleiben, im Glauben, in der Hoffnung und der Liebe zu wachsen und so der Zukunft Jesu Christi entgegenzugehen.

Zusammenfassung

Für Paulus ist in der Auferweckung Jesu Christi die lebenschaffende Kraft Gottes offenbar geworden. Darin ist die Hoffnung auf die Auferweckung der Toten begründet. Sie ist die Schöpfung neuen Lebens, das die Macht des Todes endgültig überwunden hat. Für die Christen geht es darum, in dieser Hoffnung zu bleiben und angesichts des künftigen Gerichts an der Zusage der Barmherzigkeit Gottes festzuhalten.

4. Das ewige Leben – die Botschaft des Johannesevangeliums

Im Johannesevangelium[13] ist die Naherwartung zurückgetreten. Die überlieferten eschatologischen Vorstellungen haben eine Umprägung erfahren, die an den Aussagen über das Gericht deutlich wird: „Denn Gott hat seinen Sohn nicht in die Welt

---

[13] Vgl. E. Lohse, Ntl. Theologie, S. 135–138.

gesandt, daß er die Welt richte, sondern daß die Welt durch ihn gerettet werde. Wer an ihn glaubt, wird nicht gerichtet; wer aber nicht glaubt, der ist schon gerichtet, denn er glaubt nicht an den Namen des eingeborenen Sohnes Gottes" (Joh 3,17f; vgl. Joh 12,47f.). Der Auftrag Jesu besteht nicht darin, zu richten, sondern zu retten. Dennoch gibt es ein Gericht. Es vollzieht sich bereits in der Gegenwart, nämlich in der Entscheidung, ob die Menschen an Jesus glauben oder nicht[14]. Darin fällt die Entscheidung über Leben und Tod.

Was heißt „ewiges Leben"?

In diesem Zusammenhang sind die Christusworte vom ewigen Leben zu verstehen: „Wer mein Wort hört und glaubt dem, der mich gesandt hat, der hat das ewige Leben. Er kommt nicht in das Gericht, sondern er ist vom Tod zum Leben hinübergeschritten" (Joh 5,24). In dem Wort Jesu begegnet Gott, der ihn gesandt hat. Wer dieses Wort hört, und Gott glaubt, mit ihm im Vertrauen verbunden ist, der hat das ewige Leben. Ewig bedeutet hier „echt" oder „erfüllt". Ewiges Leben ist wahres Leben, weil es mit Gott, dem Ursprung des Lebens, verbunden ist. So wird das „ewige Leben" schon in der Gegenwart erfahren; durch das Sterben wird es nicht fraglich gemacht, sondern es kommt zu seiner Erfüllung und Vollendung. Die Gegenwart und die Zukünftigkeit des ewigen Lebens gehören auch im Johannesevangelium zusammen.

Hoffen – worauf?

Das ewige Leben ist in Jesus selbst, in seinem Wirken und in seiner Person begründet. Dies kommt vor allem in einem der Ich-bin-Worte zum Ausdruck: „Ich bin die Auferstehung und das Leben. Wer an mich glaubt, der wird leben, auch wenn er stirbt; und wer da lebt und glaubt an mich, der wird nimmermehr sterben" (Joh 11,25 f.). Der Glaubende lebt in der Gemeinschaft mit Jesus Christus, die im Tod nicht abbricht; denn Jesus ist selbst die Auferstehung und das Leben.

---

[14] Aussagen wie Joh 5,27–29, Joh 6,39 f.44.54, nach denen Jesus Christus am Jüngsten Tage Gericht halten wird, sind wahrscheinlich ein späterer Einschub, vgl. E. Lohse, aaO, S. 136.

Jeder der an ihn glaubt, wird für immer mit ihm verbunden bleiben. Auch wenn er stirbt, wird er in der unvergänglichen Gemeinschaft mit Gott leben. Diese Gewißheit kommt auch in dem Bild von den himmlischen Wohnungen zum Ausdruck: „Euer Herz erschrecke nicht! Glaubt an Gott und glaubt an mich! In meines Vaters Hause sind viele Wohnungen. Wenn's nicht so wäre, hätte ich dann zu euch gesagt: Ich gehe hin, euch die Stätte zu bereiten. Und wenn ich hingehe, euch die Stätte zu bereiten, will ich wieder kommen und euch zu mir nehmen, damit ihr seid, wo ich bin" (Joh 14,1–3; vgl. Joh 17,24). In dieser Verheißung ist die Hoffnung der Christen begründet.

Zusammenfassung

Das Johannesevangelium betont: Gott hat Jesus in die Welt gesandt. Wer auf das Wort Jesu hört und an Gott glaubt, der hat das ewige Leben, d. h. das wahre Leben in der Gemeinschaft mit Gott. Das ewige Leben wird schon in der Gegenwart erfahren; es wird durch das Sterben nicht fraglich gemacht, sondern es kommt für immer zu seiner Erfüllung.

5. Die Nähe der Parusie – die Botschaft der Johannesoffenbarung

In der Offenbarung des Johannes[15] ist die Naherwartung noch sehr lebendig: „Die Zeit ist nahe" (Offb 1,3). „Es spricht, der dies bezeugt: Ja, ich komme bald. – Amen, ja komm, Herr Jesus" (Offb 22,20). In der Hoffnung auf die Parusie hat der Seher Johannes viele Vorstellungen der jüdischen Apokalyptik übernommen. Er verbindet diese Erwartungen mit der Botschaft von

---

[15] Vgl. E. Lohse, aaO, S. 159 f; H. Conzelmann/H. Lindemann, Arbeitsbuch, S. 315–321. Die Offenbarung des Johannes (= Apokalypse) unterscheidet sich in Form und Inhalt – gerade in der Eschatologie – erheblich vom Johannesevangelium und den Johannesbriefen, sie muß daher einen anderen Verfasser haben und wird zur Regierungszeit des Kaisers Domitian (81–96 n. Chr.) entstanden sein. – In verschiedenen christlichen Gruppen und Sekten wird die Offenbarung dazu benutzt, um Ereignisse der Vergangenheit oder Gegenwart zu deuten oder um das Weltende zu berechnen. Dies ist aber keine Auslegung des Textes. Mehrere Abschnitte weisen in verhüllter Form auf Ereignisse der damaligen Zeit hin.

Jesus Christus. Der Gekreuzigte und Auferstandene wird in Herrlichkeit wiederkommen. Ihn bezeugt er als das „Lamm", das geopfert wurde, dem Gott aber alle Macht verliehen hat: „Das Lamm, das geschlachtet ist, ist würdig zu nehmen Kraft und Reichtum und Weisheit und Stärke und Ehre und Preis und Lob" (Offb 5,12).

Der Antichrist

Die Ereignisse der letzten Zeit werden die Gemeinde in schwere Bedrängnis führen. Hier gilt es standzuhalten und der Versuchung zu widerstehen, das „Tier", d.h. den Antichrist, anzubeten (Offb 14,9f.). In dieser Situation der Bedrängnis ist die Gemeinde aufgerufen, treu an Jesus Christus festzuhalten. Ihr gilt die Verheißung des ewigen Lebens: „Sei getreu bis an den Tod, so will ich dir die Krone des Lebens geben" (Offb 2,10). Gefordert ist die Geduld, das Festhalten an den Geboten Gottes und am Glauben an Jesus Christus (Offb 14,12): „Selig sind die Toten, die in dem Herrn sterben von nun an. Ja, spricht der Geist, sie sollen ruhen von ihrer Mühsal; denn ihre Werke folgen ihnen nach" (Offb 14,13).

Die neue Schöpfung

Die Parusie ist ein kosmisches Ereignis; mit ihr beginnt ein „neuer Himmel und eine neue Erde" (Offb 21,1). Die heilige Stadt, „das neue Jerusalem", wird auf die Erde herabkommen. Dieses Bild bringt zum Ausdruck, daß Gott ganz bei den Menschen sein wird. Das Leid und der Tod sind überwunden: „Gott wird abwischen alle Tränen von ihren Augen, und der Tod wird nicht mehr sein, noch Leid noch Geschrei noch Schmerz wird mehr sein; denn das Erste ist vergangen. Und der auf dem Thron saß, sprach: Siehe, ich mache alles neu" (Offb 21,4f.).

Zusammenfassung

In der Offenbarung des Johannes, die viele Vorstellungen der Apokalyptik aufgenommen hat, ist die Erwartung der baldigen Parusie lebendig. Für die Christen gilt es, treu an Jesus Christus festzuhalten, damit sie im Gericht bestehen können.

Die Parusie ist ein kosmisches Ereignis: In dem neuen Himmel und der neuen Erde werden Leid und Tod überwunden sein.

B. Systematisch – theologische Aspekte

1. Die traditionelle Eschatologie

Die Eschatologie[1] in der Lehre der altprotestantischen Orthodoxie[2] umfaßt folgende Vorstellungen:

a) Der Tod des einzelnen Menschen. Im „leiblichen Tod" geschieht die Trennung von Leib und Seele. Dagegen bedeutet der „geistliche Tod" das Getrenntsein von Gott. Die Seelen der Glaubenden werden in das ewige Leben aufgenommen, die Seelen der „geistlich Toten" gehen in die ewige Verdammnis[3].

b) Die Wiederkunft Jesu Christi am Jüngsten Tage. Am Jüngsten Tage vergeht die irdische Welt mit Ausnahme der Engel und der menschlichen Seelen. Es beginnt das Reich Gottes in vollendeter Gestalt.

c) Die Auferweckung aller Toten am Jüngsten Tag. Die Seelen werden mit dem aus dem Grab erweckten Leib vereinigt. Der Leib wird in eine neue, unzerstörbare Gestalt verwandelt[4].

---

[1] Zu Kapitel X, B. insgesamt vgl. Erwachsenenkatechismus, S. 871–895; H. Graß, Glaubenslehre II, S. 169–186; W. Joest, Dogmatik 2, S. 613–657; E. Jüngel, Tod, Gütersloh[3] 1985; H. Küng, Ewiges Leben? München/Zürich[3] 1986; J. M. Lochmann, Das Glaubensbekenntnis. Grundriß der Dogmatik im Anschluß an das Credo, Gütersloh[2] 1985, S. 142–146, S. 189–211; W. Pannenberg, Das Glaubensbekenntnis, ausgelegt und verantwortet vor den Fragen der Gegenwart, Gütersloh[4] 1982, S. 124–135, 177–185.

[2] Vgl. W. Joest, Dogmatik 2, S. 616–619.

[3] Die in der katholischen Theologie vertretene Lehre vom Fegefeuer, d. h. von einer Läuterung nach dem Tod und der endgültigen Erlösung, wird abgelehnt. – Ebenso wird der Gedanke der Wiederverkörperung in einem späteren irdischen Leben von der christlichen Theologie durchweg abgewiesen: 1. Dieser Gedanke findet sich nicht in der Bibel. 2. Er widerspricht dem biblischen Grundverständnis: Mit Einmaligkeit des irdischen Lebens ist dem Menschen eine besondere Verantwortung auferlegt, die durch die Vorstellung der Wiederverkörperung abgeschwächt wird.

[4] Die Lehre des „Chiliasmus" wird abgelehnt. „Chiliasmus" (von griechisch chilioi = tausend) beruft sich auf Offenbarung 20 und vertritt die Vorstellung, Christus werde zur Auferweckung der Frommen erscheinen, sie werden mit ihm

d) Die Auferweckten müssen vor dem Jüngsten Gericht erscheinen. In ihm wird Jesus Christus der Richter sein, vor dem die Taten aller Menschen offenbar werden. Die Entscheidung des Richters hat zum Maßstab, ob ein Mensch dem Evangelium geglaubt und so Vergebung der Sünden empfangen hat. Es wird zugleich Gericht nach den Werken sein. Denn wahrer Glaube bringt gute Werke hervor, die ihre endgültige Anerkennung finden. – Wer dagegen nicht an das Evangelium geglaubt hat, der wird verurteilt werden; vor Christus, dem Richter, werden seine unvergebenen Sünden offenbar.

e) Durch das Jüngste Gericht gehen die einen zum ewigen Leben ein, die anderen zur ewigen Verdammnis. Sie bedeutet eine unwiderrufliche Trennung von Gott, ein qualvolles Bewußtsein dieser Trennung verbunden mit leiblichen Qualen. Ewiges Leben bedeutet vollkommene Gemeinschaft mit Gott und Jesus Christus, unmittelbares Schauen seiner Herrlichkeit.

2. Fragen und Vorstellungen der Neuzeit

Im Zeitalter der Aufklärung beginnt die überlieferte Eschatologie an Überzeugungskraft zu verlieren. Vor allem die Vorstellung vom Weltende mit Jüngstem Gericht erscheint angesichts der neueren wissenschaftlichen Erkenntnisse als unglaubwürdig. Demgegenüber hat die Frage, wie der Mensch der Realität des Todes standhalten könne, und wie die Erwartung eines ewigen Lebens zu beurteilen sei, viele Denker der Neuzeit beschäftigt.

2.1 Unsterblichkeit als „Postulat" der praktischen Vernunft

Für Immanuel Kant ist die menschliche Vernunft an die Grenzen von Raum und Zeit gebunden. Was jenseits dieses Erfahrungshorizontes liegt, ist ihr nicht zugänglich; sie kann darüber keine Aussagen machen. Die „reine Vernunft" hat nicht die Möglichkeit, die Unsterblichkeit der Seele mit einer logisch

tausend Jahre auf der Erde herrschen, dann erst werden nach den Schrecken der Endzeit alle Toten zum Endgericht auferweckt, die irdische Welt werde vergehen und das ewige Reich Gottes anbrechen.

schlüssigen Argumentation zu beweisen. Demgegenüber sieht die *„praktische* Vernunft" den Menschen als verantwortliches Wesen; er hat Freiheit, denn er ist vor ethische Entscheidungen gestellt. Ohne diese Freiheit gibt es kein verantwortliches, menschenwürdiges Leben. Die Freiheit ist darum ein „Postulat", eine unabdingbare Forderung der praktischen Vernunft. Ebenso sind die Existenz Gottes und die Unsterblichkeit der Seele Postulate der praktischen Vernunft. Kant argumentiert dabei folgendermaßen: Der Mensch ist zur sittlichen Heiligkeit, zur Vollkommenheit bestimmt; er bleibt jedoch ständig hinter dem Anspruch der ethischen Forderung zurück. Er kann die sittliche Heiligkeit erst im Jenseits erreichen. Das aber setzt die Unsterblichkeit der Seele voraus[5].

Gott, Freiheit, Unsterblichkeit sind die drei Postulate der praktischen Vernunft. Diese Lehre Kants hat bis in die Gegenwart hinein in erheblichem Maße gewirkt. Denn damit war die Möglichkeit gegeben, als aufgeklärter, denkender Mensch an religiösen Überzeugungen wie Gott und Unsterblichkeit festzuhalten, ja sie sogar vernünftig zu verantworten.

2.2 Der Tod als Ende?

Der im 19. Jahrhundert aufkommende Atheismus vertritt eine konsequent diesseitige Weltanschauung und stellt die Hoffnungen auf das Jenseits kritisch infrage. Für Feuerbach ist Gott eine Projektion, ein Wunschbild des Menschen (s. Kapitel I, B 4.1). Für die Frage nach dem ewigen Leben bedeutet dies: Wenn der Mensch von dem himmlischen Leben redet, dann ist dies ein Traum, den der Mensch von sich selbst träumt. „Das Jenseits ist das im Bilde angeschaute, von aller groben Materie gereinigte – verschönerte Diesseits."[6] Die Ablehnung Gottes und die Leugnung der Unsterblichkeit fallen für Feuerbach zusammen. Feuerbachs Gedanken sind von Karl Marx übernommen worden. Sie haben durch den Marxismus eine erhebliche Verbreitung erfahren. Aber auch sonst hat sich die Anschauung ausgebreitet, daß der Tod als das absolute Ende des menschlichen Lebens gesehen und akzeptiert werden muß.

---

[5] Vgl. I. Kant, Kritik der praktischen Vernunft, Philosophische Bibliothek, Band 38, Hamburg 1959, S. 140–142.

[6] L. Feuerbach, Das Wesen des Christentums, Leipzig 1909, S. 110.

Man sollte beachten, daß auch Denker, die aus dem Marxismus kommen, wie Ernst Bloch, vorsichtiger urteilen. Bloch betont: Der Tod ist eine Frage von existentieller Dringlichkeit. Dies wird in dem traditionell marxistischen Verständnis des Todes überhaupt nicht erfaßt. Totentanz ist auch am schönsten Ort. Auf die Frage: Gibt es das, was die Menschen ersehnen – das Weiterleben, das Dabeisein nachher? antwortet Bloch: „Ich gehe also das große Vielleicht zu sehen."[7] Man sollte gegenüber einem platten Atheismus die vorsichtige Aussage Blochs beachten. Die Frage nach dem ewigen Leben ist auch für das moderne Denken eine durchaus offene Frage.

Zusammenfassung

Kant versteht die Unsterblichkeit als „Postulat" der praktischen Vernunft. Demgegenüber wird im neuzeitlichen Atheismus jede Hoffnung über den Tod hinaus abgelehnt oder (wie von Bloch) als offene, zum Wesen des Menschen gehörende Frage verstanden.

3. Zur neueren theologischen Diskussion

Angesichts der Anfragen der Neuzeit hat die Theologie die Intention der biblischen Botschaft zur Geltung zu bringen und die in Jesus Christus begründete Hoffnung darzustellen. Dabei ergibt sich, daß bestimmte Aussagen der Bibel als zeitbedingt erscheinen, z. B. die Vorstellung von der Naherwartung (die bereits in den späteren Schriften des Neuen Testaments zurücktritt) oder die Anschauung vom Weltende, das mit dem Ende der menschlichen Geschichte zusammenfällt. Die Erwartungen des wiederkommenden Christus auf den Wolken des Himmels und ein Gerichtsakt über die ganze Menschheit sind Vorstellungen der Apokalyptik und an das damalige Weltbild gebunden.
Versucht man, aus den unterschiedlichen eschatologischen Erwartungen der neutestamentlichen Schriften das Gemeinsame hervorzuheben, so läßt sich sagen: Das Reich Gottes ist in Jesus bereits angebrochen, seine endgültige Erfüllung steht aber noch aus. In der Auferweckung Jesu ist die Macht der Sünde und des

---

[7] E. Bloch, Tendenz – Latenz – Utopie, Frankfurt 1978, S. 319.

Todes schon überwunden; dieser Sieg wird aber endgültig offenbar werden, und Gott wird sein alles in allem. Von diesem Verständnis her sind gegenüber anderen Auffassungen folgende Abgrenzungen vorzunehmen:

a) Christliche Eschatologie heute ist von der *apokalyptischen Naherwartung* zu unterscheiden, die in bestimmten Epochen der Kirchengeschichte lebendig war, die in veränderter Form in einigen kirchlichen Gruppen und einer Reihe von Sekten vertreten wird. Nach einhelligem Zeugnis des Neuen Testaments ist eine Berechnung des Termins der Wiederkunft Jesu Christi nicht möglich[8]. Darüber hinaus muß die Naherwartung als eine zeitbedingte Vorstellung angesehen werden, die sich in der Gegenwart nicht erneuern läßt.

b) *Die traditionelle Lehre von der Eschatologie* kann nicht unbesehen übernommen werden. Dies gilt vor allem im Blick auf ihre Bindung an ein vergangenes Weltbild, die Trennung von Leib und Seele im Verständnis des Menschen, die Rede von den „letzten Dingen" als einer Reihe aufeinanderfolgender Ereignisse. Dennoch hat die traditionelle Eschatologie wesentliche Einsichten der biblischen Botschaft bewahrt. Die gegenwärtige Theologie setzt sich daher nicht nur kritisch mit der überlieferten Eschatologie auseinander; sondern sie versucht, im Hören auf die biblische Botschaft und im Bedenken von Fragen der Gegenwart, zu einer neuen Interpretation zu kommen.

c) Eine Abgrenzung muß auch gegen ein rein *innerweltliches Verständnis der Eschatologie* erfolgen. Eine solche Anschauung vertritt beispielsweise Dorothee Sölle[9]. Der Einzelne, der in der Nachfolge Jesu lebt, braucht nicht mehr die Hoffnung auf eine individuelle Fortdauer. Er kann vielmehr den Tod annehmen, zu seiner Sterblichkeit ja sagen. Mit dem Tod ist nicht alles aus, sondern es geht alles weiter: „Ich esse nicht mehr, aber es wird Brot gebacken und gegessen. Ich trinke nicht mehr, aber der Wein der Brüderlichkeit wird weiter getrunken."[10] Die Realisierung des Reiches Gottes innerhalb der Geschichte geht weiter. – Es dürfte deutlich sein: Die

---

[8] „Von dem Tage aber und der Stunde weiß niemand, auch die Engel im Himmel nicht, auch der Sohn nicht, sondern allein der Vater" (Mk 13,32 par.).

[9] Vgl. D. Sölle, Die Hinreise, Stuttgart, 1976, S. 7–23.

[10] AaO, S. 22.

biblische Verheißung angesichts des Todes und über den Tod hinaus ist hier preisgegeben. Das Reich Gottes wird rein innergeschichtlich verstanden.

4. Die in Jesus Christus begründete Hoffnung

4.1 Auferstehung

Die christliche Hoffnung hat ihren Grund in der Wirklichkeit Gottes. Nach neutestamentlichem Verständnis hat Gott sich in Jesus Christus endgültig offenbart. In der Person und Geschichte Jesu, in dem Geschehen von Kreuz und Auferweckung erschließt sich die Wirklichkeit des Gottes, „der die Toten lebendig macht und das Nichtseiende ins Sein ruft" (Röm 4,17). Darin ist die Hoffnung angesichts des Todes und über den Tod hinaus begründet.

In diesem Zusammenhang sagt E. Jüngel[11]: Angesichts der Macht des Todes – in der Kreuzigung Jesu – offenbart Gott sein ganzes Wesen, seine Zuwendung zu den Menschen. Er nimmt am Schmerz des Todes teil; er teilt das Elend des Todes mit den Menschen. So treffen das Wesen Gottes und das Wesen des Todes, Liebe und Zerstörung aufeinander. Die Ostergeschichten erzählen von einem Sieg. In der Auferweckung Jesu wird die Liebe Gottes offenbar, die dem Tod überlegen ist.

Der Tod ist das Ende einer menschlichen Lebensgeschichte und damit Ausdruck der Vergänglichkeit menschlichen Lebens. Das Leben vollzieht sich aber zugleich in Verbindung mit der Geschichte Gottes. „Das Leben ist von Gott geschaffen und das Leben geht ein in die Auferstehung von den Toten."[12] Man darf die christliche Hoffnung nicht egoistisch, von den menschlichen Wünschen her verstehen. Das Ziel der Auferstehung der Toten ist vielmehr „daß Gott sei alles in allem" (1. Kor 15,28). „Hoffnung auf Gott ist also die Hoffnung auf Auferstehung in ihrem Kern."[13] Dieses gelebte Leben wird erlöst, das irdisch begrenzte Leben hat teil an Gottes Ewigkeit, das schuldige Menschenleben hat teil an Gottes Ehre. In seinem Leben wird das unsrige gebor-

---

[11] Vgl. E. Jüngel, Tod, Gütersloh[3] 1985, S. 138–144.
[12] AaO, S. 150.
[13] AaO, S. 151.

gen sein. Jüngel nimmt die Aussage Barths auf: „Gott ist mein Jenseits"; „der unsterbliche *Gott*" ist „ganz *allein* des Menschen Jenseits, seine Zukunft, seine Hoffnung"[14].

Auch G. Ebeling betont: Die Hoffnung auf die Auferstehung der Toten kann nur in Verbindung mit dem Gottesglauben vertreten werden. Vom biblischen Gottesverständnis unter dem Vorzeichen der Christusoffenbarung aber gilt: „Nur dann ist mit dem Glauben an Gott als den Lebendigen Ernst gemacht, wenn Gott in der Konfrontation mit dem Tod als der Lebendigmachende geglaubt wird."[15] In der Auferstehung der Toten wird das Zusammensein des Menschen mit Gott vollendet; so werden Versöhnung und Friede zu ihrer Erfüllung kommen. Die Aussage von der „Auferstehung des Leibes" bringt zum Ausdruck: vor Gott erscheint der Mensch in der Ganzheit seines Lebens, in seiner Identität, die erst jetzt offenbar wird – in ihrer Bruchstückhaftigkeit und ihrem Elend, aber auch in der Gestalt, die der Mensch empfängt, wenn er von Gott endgültig angenommen ist.

Unsterblichkeit?

Mit den Neuansatz der Eschatologie im 20. Jahrhundert wurde im allgemeinen die Vorstellung von der Unsterblichkeit der Seele abgelehnt; auch die Verbindung der Aussage von der Unsterblichkeit mit der Auferstehung in der theologischen Tradition wurde kritisiert. Inzwischen urteilen einige Theologen an diesem Punkte vorsichtiger. Abgelehnt wird allerdings die griechische Vorstellung von der Seele, die sich im Tod vom Leib trennt und als der unsterbliche Teil des Menschen bleibt. So sagt G. Ebeling[16]: Zwischen den Aussagen von der Auferstehung und der Unsterblichkeit besteht eine Problemberührung; denn auf beide Weisen wird der Ewigkeitsbezug des Menschen angesprochen. Im christlichen Sinn kann Unsterblichkeit nicht in einer Eigenschaft des Menschen, sondern nur in seinem Angespro-

---

[14] K. Barth, Unsterblichkeit, abgedruckt in: K. Kupisch, Quellen zur Geschichte des deutschen Protestantismus von 1945 bis zur Gegenwart, 2. Teil, Hamburg 1971, S. 132.

[15] G. Ebeling, Dogmatik III, S. 446 f.

[16] Vgl. G. Ebeling, Dogmatik III, S. 456–459; zur Problematik auch H. Ott/ K. Otte, Die Antwort des Glaubens, Stuttgart/Berlin, ³1981, S. 501–503. H. G. Pöhlmann, Abriß der Dogmatik, ⁴Gütersloh 1985, S. 345–348.

chensein durch Gott gesehen werden. Dies kommt bereits in einem Wort Luthers zum Ausdruck: „Wo oder mit wem Gott redet, es sei im Zorn oder in der Gnade, der ist gewiß unsterblich. Die Person Gottes, der da redet, und das Wort zeigen an, daß wir solche Kreaturen sind, mit denen Gott bis in Ewigkeit in unsterblicher Weise reden wolle."[17] Das Angesprochenwerden des Menschen von Gott hört nicht auf. Die Unsterblichkeit in diesem Sinne kann als eine in Christus begründete Unsterblichkeit verstanden werden.

Zusammenfassung

In Kreuz und Auferweckung Jesu wird die lebenschaffende Kraft Gottes offenbar, der die Macht des Todes überwindet. In dieser Wirklichkeit Gottes ist die christliche Hoffnung angesichts des Todes und über den Tod hinaus begründet. In der „Auferstehung der Toten" wird das Zusammensein des Menschen mit Gott vollendet. „Unsterblichkeit" bedeutet (im Unterschied zum griechischen Verständnis): Der Mensch steht in einer unzerstörbaren Beziehung zu Gott.

4.2 Jüngstes Gericht

Die Rede vom „Jüngsten Gericht" ist eng mit dem Welt- und Geschichtsbild der Apokalyptik verbunden, etwa wenn es im Apostolischen Glaubensbekenntnis von Jesus Christus heißt: „... von dort (vom Himmel) wird er kommen, zu richten die Lebenden und die Toten." Das von apokalyptischen Vorstellungen geprägte Weltbild ist für uns vergangen. Trotzdem ist das Bewußtsein von der Verantwortung des Menschen durchaus lebendig[18]. Die Aussage vom „Jüngsten Gericht" bringt die Unbedingtheit der menschlichen Verantwortung zum Ausdruck: Der Mensch hat sich vor Gott als einer letzten Instanz zu verantworten; vor ihm kann er sich nicht verstellen und nichts verbergen. Alle Selbstsucht und Lieblosigkeit, alle Menschenverachtung und Gewalt, die Abgründe des Bösen und der Gottesfeindschaft werden offenbar werden.

---

[17] M. Luther, WA 43, S. 481.
[18] Vgl. H. Jonas, Das Prinzip Verantwortung, Frankfurt/M. 1984.

Besonderes Gewicht kommt der Frage zu, ob die Aussage vom Gericht mit der Botschaft von Jesus Christus als Evangelium übereinstimmt. Das Werk Jesu besteht darin, die vergebende Liebe Gottes allen Menschen zu bezeugen. Wird diese Botschaft nicht durch die Ankündigung des Gerichts wieder fraglich? Steht das Gericht nach den Werken nicht im Widerspruch zu dem Christusgeschehen, in dem Gott die Welt mit sich versöhnt und auch den Gottlosen die Versöhnung anbietet? Es ist deutlich: Der Ausgangspunkt einer verantwortbaren Eschatologie muß im Evangelium von Jesus Christus liegen. Dieser in der heutigen Theologie weithin anerkannte Grundsatz schließt eine kritische Auseinandersetzung mit einem breiten Strom kirchlicher Überlieferung und Frömmigkeit ein. Nicht nur im Mittelalter und in vielen Sekten, auch im Bereich der protestantischen Frömmigkeit ist vielfach mit dem Jüngsten Gericht gedroht worden – ein Verständnis und eine Praxis, die als unevangelisch abgelehnt werden muß.

In Jesus Christus hat Gott die Welt mit sich versöhnt. Menschen, die von dieser Botschaft überzeugt, die von der Kraft Christi ergriffen sind, werden dadurch gewandelt. Sie werden zu neuen Menschen, aber sie bleiben zugleich noch die alten – von Unglauben und Selbstsucht geprägt, oder – wie Luther gesagt hat: Der Christ bleibt Gerechter und Sünder zugleich, solange er lebt. „Jüngstes Gericht" bedeutet in diesem Zusammenhang: Wir werden offenbar, wie wir sind; und wir werden zugleich endgültig befreit von der Macht der Sünde – also von der Gottesferne und Selbstsucht. Das Negative wird als Negatives durchschaut und überwunden[19]. Die Gottesgemeinschaft aber, die im irdischen Leben angefangen hat, der Glaube, der in der Liebe tätig ist, wird Bestand haben und zu seiner Erfüllung kommen.

Die Verbindung mit Jesus Christus wird das entscheidende Kriterium sein. Jesus Christus, der sein Leben für uns hingegeben hat, „wird die annehmen, die geglaubt haben, daß er sie annehmen will und von diesem Glauben gelebt haben. Aber solcher Glaube kann und wird nicht ohne Werke bleiben". Es sind nicht die Werke, mit denen der Mensch sich vor Gott annehmbar machen will. „Es werden die Früchte des Geistes

---

[19] Vgl. P. Tillich, Systematische Theologie III, S. 450–453.

sein, den Gott selbst schenkt. Es werden vielleicht oft Werke sein, die denen, die sie tun, gar nicht als *ihre* ‚guten Werke‘ bewußt sind.“[20] Da der Glaube immer vom Unglauben, die Liebe von der Lieblosigkeit bedroht ist, richtet sich die Hoffnung der Christen auf die endgültige Erlösung. So wird das Jüngste Gericht als der endgültige Freispruch erwartet.

Versöhnung aller?

Wie ist es mit dem doppelten Ausgang des Gerichts? Die Bibel, wie die kirchliche Überlieferung, spricht von ewigem Leben und ewiger Verdammnis. Dem steht die andere Anschauung entgegen, die seit Origenes (ca. 185−ca. 254) vertreten worden ist, aber keine offizielle Anerkennung gefunden hat, die Lehre von der Allversöhnung oder Wiederbringung aller (= Apokatastasis panton). Sie besagt, Gott werde am Ende der Geschichte alle Menschen erlösen.

Karl Barth hat in seiner Erwählungslehre die Universalität der Liebe Gottes in starkem Maße betont; der Glaube an die Prädestination bedeute gerade „Glaube an die Nicht-Verwerfung des Menschen“[21]. Diese Aussage scheint in die Nähe der Lehre von der Allversöhnung zu führen: „Gerade der Glaubende kann im Unglauben anderer unmöglich eine letzte Gegebenheit erkennen.“[22] Barth vertritt die Freiheit der Gnade Gottes, aber nicht ein Gesetz der Allversöhnung. „Die Kirche soll... keine Apokatastasis, sie soll... aber auch keine ohnmächtige Gnade Jesu Christi und keine übermächtige Bosheit des Menschen ihr gegenüber predigen...“[23] Vonseiten des Menschen kann nicht gefordert werden, Gott müsse am Ende alle Menschen erlösen; genausowenig läßt sich behaupten, es müsse ewig Verdammte geben. „Angesichts derer, die wir glaubenslos sterben sehen, bleibt die Zuversicht, daß die Möglichkeit Gottes, Menschen zu erreichen und zu gewinnen, auch durch das Ende ihres irdischen Lebens keine unübersteigbare Grenze gezogen ist.“[24]

Die Aussage vom Gericht ist als Anfrage an mich selbst zu

---

[20] W. Joest, Dogmatik 2, S. 656.
[21] K. Barth, KD II, 2, S. 182.
[22] AaO, S. 360.
[23] AaO, S. 529.
[24] W. Joest, Dogmatik 2. S. 681, unter Hinweis auf die Aussage im Glaubensbekenntnis „hinabgestiegen in das Reich des Todes“.

verstehen, als Aufruf, die eigene Verantwortlichkeit ernst zu nehmen. Ich kann dann darauf verzichten, über das Schicksal anderer Menschen zu spekulieren – werden sie zu den Erlösten oder zu den Verworfenen gehören? Wohl aber gilt die Botschaft vom Gericht mir selbst! Es ist die kritische Anfrage: Nehme ich Gott als den Heiligen ernst, der mich unbedingt beansprucht? Verlasse ich mich wirklich auf seine vergebende Liebe, bleibe ich bei der empfangenen Liebe? Beides ist zu beachten: Die Unbedingtheit des Anspruchs und die Unbedingtheit der Liebe! Die Liebe aber ist das Größere. Diese Gewißheit ermutigt zu einem Leben in Zuversicht und Vertrauen.

Zusammenfassung

Von Jesus Christus her läßt sich das Jüngste Gericht verstehen als das endgültige Offenbarwerden der Menschen und als die endgültige Befreiung von der Macht der Sünde. Über das künftige Geschick der Menschheit läßt sich keine umfassende Theorie aufstellen (wie es z.B. in der Lehre von der Allversöhnung versucht worden ist). Die Aussagen vom Gericht sind vielmehr existentiell zu verstehen, als Aufruf an den Einzelnen, den Anspruch Gottes ernstzunehmen und der Unbedingtheit seiner Liebe zu vertrauen.

4.3 Ewiges Leben

Im gängigen Sprachgebrauch bezeichnet „Ewigkeit" eine sehr lange Zeit oder einen Zustand von endloser Dauer. Demgegenüber wird in der Bibel das Wort „ewig" nicht im quantitativen sondern im qualitativen Sinne verstanden. „Ewiges Leben" ist echtes oder erfülltes Leben, weil es mit Gott, dem Ursprung des Lebens, verbunden ist. Das in Jesus Christus begründete ewige Leben hat eine gegenwärtige und eine zukünftige Dimension, die untrennbar zusammengehören: Das „ewige Leben" kann schon jetzt wirklich werden als wahres Leben in der Gemeinschaft mit Gott. Zugleich gilt: Das „ewige Leben" wird durch das Sterben nicht fraglich gemacht; sondern es kommt für immer zu seiner Erfüllung, es wird vollendet in der unvergänglichen Gemeinschaft mit Gott (vgl. Joh 5,24)[25].

---

[25] In den letzten Jahren haben Berichte von Menschen, die klinisch tot waren,

Die christliche Hoffnung auf das ewige Leben muß von allen Spekulationen über das Jenseits unterschieden werden. Sie hat ihren Grund in der Gottesbeziehung, die als gegenwärtig erfahren wird. Angesichts der vergehenden Zeit, angesichts der Macht des Todes hält der Glaubende an Jesus Christus fest. Eschatologische Zukunftsaussagen sind „nicht ein Vorhersagen von Zukunft, sondern ein Hineinsagen des Glaubens in die Zukunft..."[26]. In diesem Sinne ist der Tod nicht die Grenze der Hoffnung. Vielmehr wird Gott als der Herr der Zeit und als der Herr über den Tod geglaubt.

Bilder des künftigen Lebens

Im Unterschied zur Apokalyptik wird das ewige Leben im Neuen Testament nicht anschaulich ausgemalt. Der Bezug zur Gottesgemeinschaft kommt in der Verheißung zum Ausdruck: „Selig sind, die reines Herzens sind, denn sie werden Gott schauen" (Mt 5,8). Auch Paulus spricht davon, daß wir jetzt im Glauben leben, dann aber im Schauen (vgl. 2. Kor 5,7). „Wir sehen jetzt durch einen Spiegel ein dunkles Bild; dann aber von Angesicht zu Angesicht. Jetzt erkenne ich stückweise, dann aber werde ich erkennen, wie ich erkannt bin" (1. Kor 13,12). In der unmittelbaren, ungebrochenen Gemeinschaft mit Gott wird das menschliche Sein zu seiner endgültigen Bestimmung kommen.

An einigen Stellen finden sich bildhafte Aussagen vom kommenden Reich Gottes oder vom zukünftigen Leben, die in ihrem Charakter als Bilder verstanden werden müssen. So wird das Bild vom himmlischen Mahl gebraucht: „Viele werden kommen vom Osten und vom Westen und mit Abraham und Isaak und Jakob im Himmelreich zu Tisch sitzen" (Mt 8,11; vgl. Lk 13,29). In der Offenbarung des Johannes heißt es: „Laßt uns

---

dann aber weitergelebt und von ihren Erfahrungen berichtet haben, viel Beachtung gefunden (vgl. R. A. Moody, Leben nach dem Tod, Hamburg 1977; E. Wiesenhütter, Blick nach drüben. Selbsterfahrungen im Sterben, Gütersloh 1974; J. Chr. Hampe, Sterben ist doch ganz anders, Erfahrungen mit dem eigenen Tod, Stuttgart 1975).

Diese Erfahrungen, etwa das Wahrnehmen eines strahlenden Lichtes und das Gefühl einer Geborgenheit, können nicht als Beweis für ein künftiges Leben angesehen werden, wohl aber als „ein Zeichen für eine Transzendenz im Tod" (H. Küng, Ewiges Leben? München/Zürich [3]1986, S. 37).

[26] G. Ebeling, Dogmatik III, S. 428.

freuen und fröhlich sein und ihm die Ehre geben; denn die Hochzeit des Lammes ist gekommen und seine Braut hat sich bereitet" (Offb 19,7; vgl. 19,9; 21,9). Die Bilder vom Mahl und vom Hochzeitsfest bringen die endgültige Erfüllung der Freude, der Gemeinschaft und der Nähe zu Gott und Christus zum Ausdruck. In anderem Zusammenhang begegnet die Vorstellung vom himmlischen Gottesdienst und der zukünftigen Stadt (Hebr 12,22 f.; 13,14), dem himmlischen Jerusalem (Offb 21,2) oder den himmlischen Wohnungen (Joh 14,2 f.). Diese Worte enthalten in bildhafter Weise die Verheißung, daß der Glaubende zu seiner endgültigen Bestimmung kommen, daß er sein „ewiges Zu-hause" in der Nähe Gottes finden und bei ihm geborgen sein wird, daß zugleich auch die menschliche Gemeinschaft ihre Erfüllung finden wird. Diese Hoffnung wird umschlossen von der Erwartung eines neuen Himmels und einer neuen Erde (Offb 21,1), von der Verheißung für die ganze Schöpfung.

In eindringlicher Weise kommt die christliche Hoffnung in einem Text Luthers zum Ausdruck: „Wohin gelangt denn, wer auf Gott hofft, wenn nicht in das Nichts seiner Selbst? Wohin aber entschwindet der, der in das Nichts entschwindet, wenn nicht dahin, wohin er gekommen ist? Er ist aber aus Gott und dem eigenen Nichts hervorgegangen, deshalb kehrt zu Gott zurück, wer in das Nichts zurückkehrt. Kann doch unmöglich außerhalb von Gott fallen, der außerhalb seiner selbst und aller Kreatur zu fallen kommt, der Kreatur, die Gottes Hand von überall her umgreift. Denn er hält die Welt in seiner Hand, wie Jesaja sagt (40,12). Stürze also durch die Welt hindurch, wohin stürzt du dann? Doch in die Hand und den Schoß Gottes."[27]

Zusammenfassung

„Ewiges Leben" im Sinne der christlichen Botschaft ist wahres, erfülltes Leben, Leben in der Gemeinschaft mit Gott. Es beginnt im Glauben an Jesus Christus bereits in der Gegenwart. Es wird durch das Sterben nicht fraglich gemacht, sondern es kommt für immer zu seiner Erfüllung.

---

[27] M. Luther, WA 5, S. 168.

Abkürzungen häufiger zitierter Literatur

K. Barth, KD = Die Kirchliche Dogmatik, Band I, 1–IV, 4 (Fragment), Zürich 1932 ff.

Bekenntnisschriften = Unser Glaube. Die Bekenntnisschriften der evangelisch-lutherischen Kirche, Ausgabe für die Gemeinde; im Auftrag der Kirchenleitung der Vereinigten Evangelisch-Lutherischen Kirche Deutschlands (VELKD) herausgegeben vom Lutherischen Kirchenamt, bearbeitet von H. G. Pöhlmann, Gütersloh 1986.

G. Bornkamm, Jesus = Jesus von Nazareth, Stuttgart/Berlin/Köln/Mainz [13]1984.

G. Bornkamm, Paulus = Paulus, Stuttgart/Berlin/Köln/Mainz, [6]1986.

R. Bultmann, Theologie NT = Die Theologie des Neuen Testaments. Tübingen [9]1984, hg. von O. Merck.

H. Conzelmann/A. Lindemann, Arbeitsbuch = Arbeitsbuch zum Neuen Testament, Tübingen [4]1979.

EKL = Evangelisches Kirchenlexikon. Internationale theologische Enzyklopädie, hg. von E. Fahlbusch, J. M. Lochmann, J. Mbiti, J. Pelikan, L. Vischer, Göttingen [3]1986 ff.

G. Ebeling, Dogmatik I–III = Dogmatik des christlichen Glaubens, Band I, Tübingen [2]1982; Band II, Tübingen [2]1982; Band III, Tübingen [2]1983.

Erwachsenenkatechismus = Evangelischer Erwachsenenkatechismus (s. S. 316).

H. Graß, Glaubenslehre I und II = Christliche Glaubenslehre, Teil 1. Stuttgart/Berlin/Köln/Mainz 1973; Christliche Glaubenslehre, Teil 2 Stuttgart/Berlin/Köln/Mainz 1974.

Heidelberger Katechismus = Der Heidelberger Katechismus, hg. von O. Weber, Gütersloh [2]1983.

W. Joest, Dogmatik 1 und 2 = Dogmatik, Band 1: Die Wirklichkeit Gottes, Göttingen 1984. Dogmatik, Band 2: Der Weg Gottes mit dem Menschen, Göttingen 1986.

W. G. Kümmel, Theologie NT := Die Theologie des Neuen Testaments nach seinen Hauptzeugen Jesus-Paulus-Johannes, Das Neue Testament Deutsch, Ergänzungsreihe, Band 3, Göttingen [4]1980.

F. Lang, Korintherbriefe = Die Briefe an die Korinther. Das Neue Testament Deutsch, Band 7, Göttingen/Zürich 1986.

E. Lohse, ntl. Theologie = Grundriß der neutestamentlichen Theologie, Stuttgart/Berlin/Köln/Mainz, [3]1984.

M. Luther, WA = Werke. Kritische Gesamtaugabe („Weimarer Ausgabe") 1883 ff.

M. Luther, Ausgewählte Schriften = Ausgewählte Schriften, Band I–VI., hg. von K. Bornkamm und G. Ebeling, Frankfurt M. 1982.

M. Noth, 2. Mose = Das zweite Buch Mose. Exodus, Das Alte Testament Deutsch, Band 5, [7]Göttingen 1984.

G. v. Rad, 1. Mose = Das erste Buch Mose. Genesis, Das Alte Testament Deutsch, Band 2–4, Göttingen [11]1981.

G. v. Rad, 5. Mose = Das fünfte Buch Mose, Deutoronomium, Das Alte Testament Deutsch, Band 8, Göttingen [4]1983.

G. v. Rad, Theologie AT I und II = Theologie des Alten Testaments, Band I: Die Theologie der geschichtlichen Überlieferungen Israels, München [9]1987. Band II: Die Theologie der prophetischen Überlieferungen Israels, München [9]1987.

RGG = Die Religion in Geschichte und Gegenwart. Handwörterbuch für Theologie und Religionswissenschaft, Band I–VI und Registerband, hg. von K. Galling, Tübingen [3]1957–1965, Studienausgabe Tübingen 1986.

J. Roloff, Neues Testament = Neues Testament, Neukirchen [4]1985.

Sachwissen = H. Freudenberg/K. Goßmann, Sachwissen Religion, Göttingen 1988.

W. H. Schmidt, Atl. Glaube = Alttestamentlicher Glaube in seiner Geschichte, Neukirchen [5]1986.

W. H. Schmidt, Einführung AT = Einführung in das Alte Testament Berlin/New York [3]1985.

W. Schmithals, Lukas = Das Evangelium nach Lukas, Zürcher Bibelkommentare NT 3,1, Zürich 1980.

W. Schrage, Ethik NT = Ethik des Neuen Testaments, Das Neue Testament Deutsch, Ergänzungsreihe Band 4, Göttingen 1982.

S. Schulz, Johannes = Das Evangelium nach Johannes, Das Neue Testament Deutsch, Band 4, Göttingen [15]1983.

H. Schwarz, Gotteslehre = Kurs: Gotteslehre. Band 1, Gott oder kein Gott? Band 2, Die Suche nach einer letzten Grundlage; Band 3, Gottes Selbstoffenbarung in der jüdisch-christlichen Tradition; Göttingen/Zürich 1984.

H. Schwarz, Kirche = Die christliche Kirche. Band 1, Die Entstehung der Kirche; Band 2, Die großen Veränderungen; Band 3, Die Verheißung für die Zukunft, Göttingen/Zürich 1986.

E. Schweizer, Markus = Das Evangelium nach Markus, Das Neue Testament Deutsch, Band 1, Göttingen [16]1984.

E. Schweizer, Matthäus = Das Evangelium nach Matthäus, Das Neue Testament Deutsch, Band 2, Göttingen [16]1986.

E. Schweizer, Lukas = Das Evangelium nach Lukas, Das Neue Testament Deutsch, Band 3, Göttingen [19]1986.

P. Tillich, Systematische Theologie I–III = Systematische Theologie, Band I Stuttgart [8]1985; Systematische Theologie, Band II, Stuttgart [8]1984; Systematische Theologie, Band III, Stuttgart [4]1984.

H. Weder, Rede = Die „Rede der Reden". Eine Auslegung der Bergpredigt heute, Zürich 1985

C. Westermann, Ausgewählte Psalmen = Ausgewählte Psalmen, Göttingen 1984.

C. Westermann, Theologie AT = Theologie des Alten Testaments in Grundzügen, Das Alte Testament Deutsch, Ergänzungsreihe Band 6, Göttingen [2]1985

U. Wilckens, Auferstehung = Auferstehung. Das biblische Auferstehungszeugnis historisch untersucht und erklärt, Gütersloh [3]1981

W. Zimmerli, atl. Theologie = Grundriß der alttestamentlichen Theologie. Stuttgart/Berlin/Köln/Mainz [5]1985

Bibelausgaben, Nachschlagewerke, Einführungen

Die Bibel nach der Übersetzung Martin Luthers, in der revidierten Fassung von 1984, Stuttgart 1985.

Zürcher Bibel. Die Heilige Schrift des Alten und des Neuen Testaments, Zürich [17]1980.

Die Gute Nachricht. Die Bibel in heutigem Deutsch, Stuttgart[2] 1982.

Einheitsübersetzung der Heiligen Schrift. Die Bibel, Gesamtausgabe, Stuttgart/Klosterneuburg 1985.

Das Neue Testament, übersetzt und kommentiert von U. Wilckens, Gütersloh/Köln/Zürich [7]1984.

C. H. Peisker, Zürcher Evangelien-Synopse, Zürich [23]1985.

W. Brändle, Taschenbuch theologischer Fremdwörter, Gütersloh 1982.

F. Hauck/G. Schwinge, Theologisches Fach- und Fremdwörterbuch, Göttingen[6] 1987.

Evangelisches Kirchenlexikon (= EKL). Internationale theologische Enzyklopädie, hg. v. E. Fahlbusch, J. M. Lochman, J. Mbiti, J. Pelikan, L. Vischer, Göttingen[3] 1986 ff.

Die Religion in Geschichte und Gegenwart (= RGG). Handwörterbuch für Theologie und Religionswissenschaft, Band I–VI und Registerband, hg. von K. Galling, Tübingen[3] 1957–1965, Studienausgabe Tübingen 1986.

Taschenlexikon für Religion und Theologie, 5 Bände, hg. von E. Fahlbusch, Göttingen[4] 1983.

Evangelischer Erwachsenenkatechismus (= Erwachsenen-Katechismus). Kursbuch des Glaubens, hg. von W. Jentsch, H. Jetter, M. Kiessig, M. Reller, H. Echternach, im Auftrag der Katechismuskommission der Vereinigten Evangelisch-Lutherischen Kirche Deutschlands, Gütersloh[4] 1982.

H. Freudenberg/K. Goßmann, Sachwissen Religion. Ein Begleit- und Arbeitsbuch für den Religionsunterricht in der Sekundarstufe II und für die Erwachsenenbildung. Mit einem Beitrag von K. F. Haag, Göttingen 1988.

H. Schwarz, Kurs: Gotteslehre (= Gotteslehre), Band 1, Gott oder kein

Gott? Band 2, Die Suche nach einer letzten Grundlage; Band 3, Gottes Selbstoffenbarung in der jüdisch-christlichen Tradition; Göttingen/Zürich 1984.

H. Schwarz, Kurs: Die christliche Kirche (= Kirche) Band 1, Die Entstehung der Kirche; Band 2, Die großen Veränderungen; Band 3, Die Verheißung für die Zukunft, Göttingen/Zürich 1986.

Bibelstellenregister

319

Namenregister

321

Sartre, J.P. 50f.
Saul, 143
Sauter, G. 81, 181, 196
Schleiermacher, D.F. 164
Schottroff, L. 133f.
Schweitzer, A. 50, 76f., 129f.,
  136f.
Seneca 123
Servet, M. 244
Sölle, D. 55, 133, 139, 211f.,
  304f.
Staniloae, D. 158
Stegemann, W. 133f.
Stephanus 261
Sueton 106f.

Süßmann, G. 74f.

Tacitus 106
Theißen, G. 134
Thomas v. Aquin 39–41
Tiberius 108
Tillich, P. 53f., 78, 103f, 164f.,
  194f., 286
Tolstoi, L.N. 136

Wegscheider, J.A.L. 189
Wolf, E. 162

Zinzendorf, N.L. von 188f.
Zwingli, H. 22, 281

Sachregister

Abendmahl 168, 204–206,
  267–270, 280–283
Aberglaube 56, 287
Altes Testament 17–20
Anfechtung 185f., 217f., 223f.,
  249f.
Angst 94–99, 223f.
Amt 260–262, 270–277
Apokalyptik 111, 216f.,
  290–301, 303f.
Arbeit 60–63, 84f., 235–238
Atheismus 45–51, 102,
  217–224, 302f.
Auferstehung, Auferweckung
  198–224, 264–270,
  288–312
Aufklärung 43f., 189f., 210f.,
  285f., 301f.

Barmen, Theologische Erklärung
  von 23, 161f.
Befreiung 28–31, 256–258
Bekenntnis 21–23, 155–157,
  161f., 241–243, 274f., 279f.
Bergpredigt 121–125, 135–138
Bibelauslegung 15–21
Blut Christi 178, 188f.,
  267–270, 280–282
Bund 31, 86, 92, 193, 267–270
Buße, s. Umkehr

Dank, Dankbarkeit 80f., 142,
  252
Dogma
– christologisches 22, 156–158
– trinitarisches 22, 241–244
Dreieinigkeit, s. Trinität

Biblisch-Theologische Schwerpunkte ____

Die Reihe gibt elementare Antworten auf wesentliche Fragen des Glaubens. Richtungsweisende Texte der Bibel, Bekenntnisse der Kirche und Kerngedanken christlicher Theologie werden für einen größeren Leserkreis erörtert.

Band 1: **Gerald Kruhöffer · Grundlinien des Glaubens**
Ein biblisch-theologischer Leitfaden
1989. 326 Seiten, kartoniert

Als nächste Bände sind in Vorbereitung:

Band 2: **Gisela Kittel · Der Name über alle Namen I**
Biblische Theologie / AT (Herbst 1989)

Band 3: **Gisela Kittel · Der Name über alle Namen II**
Biblische Theologie / NT (Frühjahr 1990)

In zwei Bänden führt dieser Gesamtentwurf Biblischer Theologie von den Auszugserfahrungen Israels zu den Ostererfahrungen der Jünger Jesu. Er weist den sachlichen Zusammenhang auf, der zwischen alt- und neutestamentlicher Gottesoffenbarung, zwischen alt- und neutestamentlichem Glauben besteht. Leitfaden der Darstellung ist die Frage nach dem »Namen über alle Namen«. Der Gottesname, den Mose am brennenden Dornbusch noch als Geheimnis und Rätsel erfährt, verbindet sich in der Geschichte Israels mit grundlegenden Heils- und Gerichtserfahrungen, bis er schließlich im Neuen Testament mit dem Namen und der Geschichte Jesu zu einer unlöslichen Einheit verschmilzt.

Band 4: **Gottfried Voigt · Gemeinsam glauben, hoffen, lieben**
Paulus an die Korinther I (Herbst 1989)

Einer der bewegtesten Paulusbriefe wird so ausgelegt, daß der denk- und lernbereite Bibelleser die Gedankengänge nachvollziehen kann und zugleich etwas von dem Atem dieses ehrwürdigen apostolischen Glaubenszeugnisses verspürt. Aktualität wird nicht künstlich gesucht; sie wird von selbst spürbar, wo es zum Hören kommt.

Die Reihe **wird fortgesetzt** und ist zu ermäßigten Subskriptionspreisen zu beziehen. Bitte verwenden Sie für Ihre Fortsetzungsbestellung die beiliegende Karte.

Vandenhoeck & Ruprecht · Göttingen/Zürich

Hans Freudenberg / Klaus Goßmann

Sachwissen Religion

Ein Begleit- und Arbeitsbuch für den Religionsunterricht in der Sekundarstufe II und für die Erwachsenenbildung. Mit einem Beitrag von Karl Friedrich Haag. 1988. 288 Seiten mit 25 Abbildungen und 9 Karten, kartoniert

Wilfried Joest

Dogmatik

Band 1: **Die Wirklichkeit Gottes**
(UTB 1336). 2., durchgesehene Auflage 1987. 341 Seiten, Kunststoff
Band 2: **Der Weg Gottes mit dem Menschen**
(UTB 1413). 1986. XII, 355 Seiten, Kunststoff

Ingo Baldermann

Einführung in die Bibel

(UTB 1486). 3., neubearbeitete Auflage von »Die Bibel – Buch des Lernens«. 1988. 291 Seiten, Kunststoff

Hans Schwarz

Kurs: Die christliche Kirche

Band 1: **Die Entstehung der Kirche**
1986. 135 Seiten, kartoniert
Band 2: **Die großen Veränderungen**
1986. 139 Seiten, kartoniert
Band 3: **Die Verheißung für die Zukunft**
1986. 131 Seiten, kartoniert

Hans Schwarz

Kurs: Gotteslehre

Band 1: **Gott oder kein Gott?**
1984. 118 Seiten, kartoniert
Band 2: **Die Suche nach einer letzten Grundlage**
1984. 154 Seiten, kartoniert
Band 3: **Gottes Selbstoffenbarung in der jüdisch-christlichen Tradition**
1984. 99 Seiten, kartoniert

Vandenhoeck & Ruprecht · Göttingen/Zürich